在扶贫路上

一位挂职扶贫干部的实践与思考

汪 鹏 著

社会科学文献出版社
SOCIAL SCIENCES ACADEMIC PRESS (CHINA)

序 一

○王伟光

翻阅了卫东等同志推荐的《在扶贫路上》,感到很亲切、很欣慰,也很有启发。

一、真切体悟了我们党的初心和使命。习近平总书记指出,消除贫困、改善民生、逐步实现共同富裕,是社会主义的本质要求,是我们党的重要使命。党的十八大以来,扶贫开发成为中国共产党和中国政府最重要的工作任务之一,习近平总书记亲自挂帅、亲自出征、亲自督战,脱贫攻坚力度之大、规模之广、影响之深,前所未有。党的十九大报告指出,"脱贫攻坚战取得决定性进展,六千多万贫困人口稳定脱贫,贫困发生率从百分之十点二下降到百分之四以下",并强调要"突出抓重点、补短板、强弱项,特别是要坚决打好防范化解重大风险、精准脱贫、污染防治的攻坚战,使全面建成小康社会得到人民认可、经得起历史检验"。十九届一中全会闭幕后,习近平总书记在同中外记者见面时强调:"我们将举全党全国之力,坚决完成脱贫攻坚任务,确保兑现我们的承诺。"这个承诺,就是确保到2020年现行标准下农村贫困人口全部脱贫,消除绝对贫困;确保贫困县全部摘帽,解决区域性整体贫困;就是到中国共产党建党一百周年时全面建成小康社会。这是中国共产党向全世界作出的庄严承诺,是全体共产党人的伟大担当,是人类历史上前无古人的千秋伟业。古今中外,除了中国共产党领导下的中国政府,还没有一个政党和政府敢定下"消灭绝对贫困、全面建成小康社会"的宏伟目标。习近平总书记在"不忘初心、牢记使命"主题教育工作会议上指出:"为中国人民谋幸福,为中华民族谋复兴,是中国共产党人的初心和使命,是激励一代代中国共产党人前赴后继、英勇奋斗的根本动力。"具体到每名党员干部,守初心、担使命,必须落实在岗位上、体现到工作中,转化为推进改革发展稳定和党的建设等工作的实际行动。脱贫攻坚一线条件艰苦、问题复杂、"硬骨头"较多，必须密切与群众想在一起、干在一起，必须引导群众开拓创新、锐意进取，必须团结群众埋头苦干、真抓实干，这既是检验扶贫干部忠诚、干净、担当与否的"试金石"，更是共产党员"守初心、担使命"的"大熔炉"。就此而言，《在扶贫路上》见微知著，生动再现了反贫困斗争一线的火热实践，体现了中国共产党人的初心使命，展现了贫困地区干部群众脱贫致富的信心决心。

二、深刻感受了我们党的脱贫攻坚理论创新。党的十八大以来，以习近平同志为核心的党中央从全面建成小康社会要求出发，把扶贫开发工作纳入"五位一体"总体布局、"四个全面"战略布局，作为实现第一个百年奋斗目标的重点任务，做出一系列重大部署和安排，全面打响消除绝对贫困的精准脱贫攻坚战。习近平总书记在多个重要场合、重要会议、重要时点，就脱贫攻坚提出了一系列新思想、新观点。《在扶贫路上》一个鲜明特点是，文章前面几乎都有针对性地引用一些习近平总书记关于扶贫工作的经典语句，既是画龙点睛的"导读"，也是相得益彰的"阐释"，加深了读者对习近平总书记关于扶贫工作的重要论述的理解。读完这本集子，我深深地感到：党的十八大以来，我们党加强对脱贫攻坚工作的全面领导，已建立各负其责、各司其职的责任体系，精准识别、精准脱贫的工作体系，上下联动、统一协调的政策体系，保障资金、强化人力的投入体系，因地制宜、因村因户因人施策的帮扶体系，广泛参与、合力攻坚的社会动员体系，多渠道、全方位的监督体系和最严格的考核评估体系，积累了许多宝贵经验，形成了中国特色脱贫攻坚制度体系，为全球减贫事业贡献了中国智慧、中国方案，实现了我们党脱贫攻坚的重大理论创新，拓展了中国特色脱贫攻坚道路。比如，全国政协围绕中心、服务大局，充分发挥协商监督等职能优势，以多种方式为打赢脱贫攻坚战献计出力，实际上也推动了中国共产党领导的多党合作和政治协商制度的创新。2018年，全国政协围绕深度贫困地区的脱贫问题，召开了专题议政性常委会会议。会前6位政协副主席分别带队，4个专门委员会参与，利用两个月时间分赴6省份34个贫困县实地调研。委员们在调研报告和常委会会议讨论发言中，提出了许多很好的建议，并通过信息专报

序 一

等形式报送中央领导和有关部门。全国政协委员 2018 年提交的脱贫攻坚提案有 233 件，都已基本办复，很多意见和建议得到中央有关部门的重视和采纳，为打赢脱贫攻坚战发挥了积极作用。

三、清晰认知了马克思主义理论骨干人才的培养路径。马克思主义是科学的理论、人民的理论、实践的理论、不断发展的开放的理论，是马克思主义政党的思想武器和行动指南，是我们共产党人的"真经"。2018 年 4 月 23 日，习近平总书记在主持中共中央政治局第五次集体学习时强调，学习马克思主义基本理论是共产党人的必修课。我们重温《共产党宣言》，就是要深刻感悟和把握马克思主义真理力量，坚定马克思主义信仰，追溯马克思主义政党保持先进性和纯洁性的理论源头，提高全党运用马克思主义基本原理解决当代中国实际问题的能力和水平，把《共产党宣言》蕴含的科学原理和科学精神运用到统揽伟大斗争、伟大工程、伟大事业、伟大梦想的实践中去，不断谱写新时代坚持和发展中国特色社会主义新篇章。落实习近平总书记上述指示，一方面，广大党员、干部特别是高级干部要坚持读原著、学原文、悟原理，坚持学以致用、用以促学，学好用好马克思主义立场、观点、方法，不断提高马克思主义理论素养；另一方面，要精心培养一支新时代政治可靠、作风过硬、理论深厚、学术精湛的高层次的马克思主义理论骨干和哲学社会科学后备人才。这既是坚持和发展马克思主义、学习研究宣传马克思主义的必要条件，也是我国繁荣发展哲学社会科学事业、加快构建中国特色哲学社会科学体系的必然要求。问题随之而来：如何着力发现、培养、集聚一批习近平总书记强调的有深厚马克思主义理论素养、学贯中西的思想家和理论家，一批理论功底扎实、勇于开拓创新的学科带头人，一批年富力强、锐意进取的中青年学术骨干，构建种类齐全、梯队衔接的哲学社会科学人才体系。对此，习近平总书记 2016 年 5 月 17 日上午在京主持召开哲学社会科学工作座谈会并发表重要讲话时强调，坚持和发展中国特色社会主义，是理论和实践的双重探索。广大哲学社会科学工作者坚持以马克思主义为指导，深入研究和回答我国发展和我们党执政面临的重大理论和实践问题。要把坚持马克思主义和发展马克思主义统一起来，结合新的实践不断做出新的理论创造，这是马克思主义永葆生机活力的奥妙所在。2017 年，在庆祝中国社会科学院建院 40 周年之际，习近平总书记专门发来贺信，希望中国社会科学院的同志们和广大哲学社会科学工作者，紧紧围绕坚持和发展中国特色社会主义，坚持马克思主义指导地位，贯彻"百花齐放、百家争鸣"方针，坚持为人民做学问的理念，以研究我国改革发展稳定重大理论和实践问题为主攻方向，立时代潮头，通古今变化，发思想先声，繁荣中国学术，发展中国理论，传播中国思想，努力为发展 21 世纪马克思主义、当代中国马克思主义，构建中国特色哲学社会科学学科体系、学术体系、话语体系而奋斗。我体会，习近平总书记对马克思主义理论骨干人才的要求，通俗地讲有四条：坚持用学术讲政治，做马克思主义的忠诚信奉者和坚定实践者；坚持人民是历史创造者的观点，尊重人民主体地位，树立以人民为中心的研究导向；坚持理论联系实际的马克思主义学风，注重回答普遍关注的问题，用中国理论解读中国实践，为党和人民继续前进提供强大精神激励；坚持实践第一的观点，多到实地调查研究，立足中国特色社会主义伟大实践，提出具有自主性、独创性的理论观点，不断推进实践基础上的理论创新。

为认真学习、深刻领会、全面贯彻落实习近平总书记的重要讲话和贺信精神，2017 年 9 月 12 日，我在出席中国社会科学院大学、中国社会科学院研究生院和马克思主义学院开学典礼时，对包括马克思主义理论骨干博士研究生在内的广大同学提出三点要求：第一，坚信坚持、真学真用马克思主义；第二，坚定坚守理想信念，确立树立共产主义远大理想、中国特色社会主义共同理想和社会主义核心价值观；第三，密切联系实际和群众，秉承弘扬理论联系实际的马克思主义学风。

细品《在扶贫路上》，不难发现，这本集子不仅呈现了习近平总书记扶贫工作重要论述落地见效的实践，也展现了习近平生态文明思想、"三农"工作论述等理论创新和实践创新的成果；既体现了作者汪鹏同志坚持以马克思主义为指导，真学真懂真信真用习近平新时代中国特色社会主义思想的自觉追求，也体现了作者把理论自信转化为清醒的理论自觉、坚定的政治信念、科学的思维方法的深入思考；既是基层党员干部用当代中国马克思主义武装头脑、指导实践、推动工作的实践，也是继续推进和发展马克思主义中国化、时代化、大众化的初步尝试。

最后，祝愿汪鹏同志在扶贫路上，不断深化认识，着力推动理论创新

序 一

和实践创新的良性互动，为坚持和发展21世纪中国的马克思主义作出应有的贡献。

（作者为十三届全国政协常务委员、民族和宗教委员会主任，中国社会科学院大学教授）

序 二

○宋贵伦

汪鹏同志的新书《在扶贫路上》就要出版了。上周（7月8日），他抱着还有墨香的新清样来到我办公室，希望我看看并写个序。我愉快答应。因为，我觉得，这于情于理都是应当的。

其一，他干的是大事，是神圣的事业，我应该表达敬意。 2017年初，汪鹏同志作为新华社处级干部，按照组织安排，到河北省新河县挂职县委副书记，迄今已经两年四个月有余，超过了挂职期，即将结束挂职。这一时期，正值习近平总书记和党中央号召全面打赢脱贫攻坚战的决胜时期。2017年，习近平总书记在党的十九大报告中，向全党全国人民发出号召，向全世界庄严宣示，到2020年，用三年的时间，全面打赢脱贫攻坚战，全面建成小康社会。这是一个伟大而神圣的事业。新河县是国家级贫困县，是新华社对口扶贫支援单位。汪鹏同志是带着神圣使命去挂职，肩负着历史责任去履职的。他充满激情地在新河扶贫一线奋战了800多个日日夜夜。他干的是大事，是神圣的事业。为脱贫攻坚这个伟大事业，为汪鹏同志等一大批到基层一线扶贫的挂职干部，我相信，许多人与我一样，都愿意用各种方式表达崇敬之情。为汪鹏同志的扶贫新书写序，就是我表达敬意的一个好机会、一个不错的方式。

其二，汪鹏同志是到我的家乡扶贫，我应该感谢他。 我与汪鹏同志有许多共鸣点。首先，我们都是中央机关到基层挂职的干部。我于1993年10月从中共中央宣传部到北京市西城区委宣传部挂职副部长，一年后留下来任职常务副部长，接下来任部长，在西城区工作共7年时间。2000年9月调北京市委宣传部，先是任副部长，后来兼任北京市社科联党组书记、常务副主席。2007年10月到2018年10月担任北京市委社会工作委员会

序 二

书记、北京市社会建设工作办公室主任。2018年11月调北京师范大学任教授，在国家级高端智库培育单位中国教育与社会发展研究院从事社会建设研究教学工作。我们同样来自中央宣传部门，同样有到基层挂职的经历。所以，一见如故，一拍即合，共同感受、共同语言很多，一有机会就促膝长谈。其次，更为重要的是，汪鹏同志是去我的家乡挂职扶贫。我1960年出生，在新河长大，1979年从新河考入北京师范大学中文系。新河地处冀南，属邢台市辖。新河历史悠久，源远流长，已有2000多年历史。春秋时期属晋，西汉高祖十一年（公元前196年），始置堂阳县，因地处堂河之北而得名。后晋更名为蒲泽县，以地近漳滏、低湿产蒲而得名。北宋皇祐四年（1052年），升新河镇为新河县。新河县2005年被定为全国千年古县，2012年被列为国家扶贫开发工作重点县，2018年脱贫摘帽。新河人杰地灵，古有参与荆轲刺秦王的田光，三国名将颜良，元朝将军孔元，明朝将军武胜，明朝诗人、画家宋鹅池，清朝御前侍卫宋广东，现代有红军高级将领董振堂、国民党上将庞炳勋，当代有史学家傅振伦、新中国开国大印制作者张樾丞等。元朝宰相脱脱晚年生活并安葬在新河县董村。另据古本《新河县志》等史料记载，北魏时期替父从军的花木兰也是新河县董村人，后人借此写下《木兰辞》。元代以后，历代新河文人都有诗歌赞颂花木兰。如明知县左毓镡在《新河咏古六首·木兰》中写道："对镜洗红妆，替爷守朔方。功成归故里，不用尚书郎。"又如清举人翟裕后在《堂阳赋》中说："文有田光，武有孔元，德仁有木兰。"新河境内曾有木兰祠。新河是我的故乡，我的祖辈从山西洪洞县迁此后，数代人生于兹、长于兹。我的家乡多年贫困，小时候吃不饱的印象一直很深。汪鹏同志作为一个中央机关干部，抛家舍业到我的家乡扶贫，我应当代表家乡人民向他致敬和感谢！他让我为他的扶贫专著写序，我义不容辞。

其三，汪鹏同志写这本书与我有关，我应该善始善终。 2019年初，我的新书《十年磨一"建"：社会建设理论与实践路径研究》（上、下册）出版。3月1日，与汪鹏同志等县领导在京见面时，我把新书送给他，请他指正。他随即跟我说，他也正想把在新河扶贫的有关稿件结集出版。于是，就与我探讨了如何编辑的问题。我给他出了一些主意，包括书名、分类，他基本上采纳的是我的建议。解铃还须系铃人。我出主意我写序，也应当。

其四，汪鹏同志这本书很好，我愿意向读者推荐。 上周出差昆明几天回来，我抓紧挤时间看了汪鹏同志的书稿。这本书，共分为四部分，记录了作者在扶贫路上800多个日日夜夜的所见所闻、所思所感。第一部分"蒲泽情深"，收录了13篇调研报告。此部分以《振堂故里话初心》开篇，将讲好振堂故事、学习振堂精神与振兴振堂故里紧密结合起来。13篇报告，客观记录了作者深入基层的足迹，表达了作者对贫困乡村群众的无限深情。第二部分"堂阳凝思"，收录了作者61篇理论文章，全面展现了作者密切结合实际，深入学习践行习近平总书记关于扶贫工作重要论述的成果。第三部分"溢水心谣"，收录了作者24篇文艺作品，展现了作者的文艺才华。如他在2017年8月28日创作的《无题绝句》中写道："树绿风清收夏色，云淡气爽秀浩渺。草木色闲盼秋波，山水在心觅逍遥。"第四部分"'新''新'相应"，取新华社与新河县、新闻记者与新河人民心心相印、决战决胜脱贫之意。这部分共收录了10篇关于新河脱贫攻坚的报道。其中《一个传统农业县的脱贫之路——来自河北新河的调查报告》，为新华社近日刊发的长篇通讯，全景式报道了新河合力脱贫攻坚的成功之路。汪鹏同志这本书，内容丰富，理论与实践相结合，现实感、亲近感很强，是一部充满深情、充满哲理、充满泥土气息的好书，读来很受感动、很有感融。所以，发自内心地写上这些话，愿把这本好书推荐给大家。

是为序。

2019年7月18日于北京师范大学

（作者为北京师范大学中国教育与社会发展研究院副院长，教授，博士生导师，北京市社会建设促进会会长）

序 三

○文炜

近日，一同事受朋友之托，发挥专业优势，帮作者对《在扶贫路上》的政治方向、内容导向、价值取向等进行审核，并邀我为序一篇。

贵伦同志写的序言和作者的自序画龙点睛，我对《在扶贫路上》的结构、内容等很快有了系统把握。顺藤摸瓜，细品了有关文章。透过字里行间，我再一次走上了反贫困斗争的一线，走近了我那些可亲可敬的战友——扶贫干部们，走近了我挚爱的那些身在贫困却与命运不屈抗争的父老乡亲们。听到了攻坚一线喧天的战鼓声，看到了"撸起袖子加油干"的熟悉场景，感受到了激昂的斗志。

结合本职工作和此前经历，从扶贫专业的角度，我认为《在扶贫路上》有三个特点。

一、见微知著。一滴露珠，可以映出太阳的光辉。《在扶贫路上》从不同侧面、不同角度展现了中国反贫困斗争一线的生动实践，特别是进一步加深了我对新华社定点扶贫工作的了解。近年来，新华社充分发挥舆论引导主力军、主渠道、主阵地作用，为打赢打好脱贫攻坚战提供了有力舆论支持。一方面发挥单位行业优势，聚集全社资源和力量，精心做好定点扶贫工作，帮助贵州石阡县、河北新河县脱贫摘帽；另一方面发挥新华社联系广泛的优势，依托民族品牌工程，推动构建各方力量参与的大扶贫格局。2019年3月31日，国务院扶贫办社会扶贫司与中国社科院社会责任研究中心联合发布80个中国企业精准扶贫优秀案例，其中碧桂园、伊利、苏宁、东风、京东、中国光大银行等新华社民族品牌工程入选企业的扶贫经验，入围《中国企业精准扶贫50佳案例（2018）》。可以说，《在扶贫路上》见微知著，展现了脱贫攻坚战的成功经验和深刻启示，充分证明了以习近平同志为核心的党中央在反贫困斗争中坚强有力的领导和科学正确的决策，充分证明了中国特色脱贫攻坚制度体系的巨大优越性，充分证明了脱贫攻坚离不开广大干部群众的艰苦奋斗。

二、知行合一。古人云，"知者行之始，行者知之成"。在辩证唯物主义和历史唯物主义看来，认识世界和改造世界是人类创造历史的两种基本活动。认识的任务不仅在于解释世界，更重要的在于改造世界。善于发现问题、全面分析问题、妥善解决问题是领导干部必须掌握的工作方法，也是精准识贫、扶贫、脱贫、防贫的内在要求。五级书记抓扶贫的体系里，县、乡、村三级组织，是推动脱贫攻坚责任落实、政策落实的关键。特别是乡村工作是实打实的，只有强化问题意识，坚持问题导向，下足绣花功夫，敢于较真碰硬，才能确保中央各项方针政策走过"最后一公里"落地见效。无论作者三访新河县仁里乡东边仙村，还是细品省领导会上说的那句"没有问题才是最大的问题"，都体现了他"打破砂锅问到底"的问题意识。而且，作者坚持知行合一，在"找病根"的基础上积极"抓药方"，勇于、敢于、善于分析解决问题，体现了新时代对领导干部素质能力的基本要求。

三、寓理于情。寓理于情，融情于理，理自神然。潜移默化中传播真理，自然抒情中阐释道理，娓娓道来中表达观点，是《在扶贫路上》一个鲜明的特点。无论扶贫干部用"绣花"功夫改造"钉子户"危房，还是作者在贫困户家中满含热泪"现场办公"，都在践行习近平总书记"以人民为中心"的思想，诠释"脚下沾有多少泥土，心中就沉淀多少真情"的内涵。特别是作者在"跋"中表达了自己对初心使命的敬畏、对脱贫攻坚的认同、对扶贫一线的难舍，同时在润物细无声中论证"反贫困斗争不可一蹴而就，扶贫永远在路上"这一真知灼见。贫困是一个相对概念，是一种动态现象，是习近平总书记亲自挂帅、亲自出征、亲自督战的脱贫攻坚战，旨在确保到2020年我国现行标准下农村贫困人口实现脱贫，贫困县全部摘帽，解决区域性整体贫困，并不意味着消除相对贫困。习近平总书记强调指出，脱贫和高标准的小康是两码事。我们不是一劳永逸，毕其功于一役，相对贫困、相对落后、相对差距将长期存在。所以，反贫困斗争，既要打攻坚战，还要打持久战。目前，脱贫攻坚工作取得重大决定性成就，但同时也存在一些困难和问题。还是要一手抓尽锐出

序 三

战、攻坚克难，确保深度贫困地区不拖后腿，"两不愁三保障"不留死角；一手抓巩固成果、防止返贫，努力提高脱贫质量，提升可持续减贫能力。要坚持聚焦"两不愁三保障"标准不动摇，既不降低也不拔高。严格执行贫困人口和贫困县退出标准和程序，确保脱真贫、真脱贫。同时切实做到贫困县党政正职保持稳定，摘帽不摘责任；脱贫攻坚主要政策继续执行，摘帽不摘政策；扶贫工作队不撤，摘帽不摘帮扶；把防止返贫放在重要位置，摘帽不摘监管。

习近平总书记强调指出："党政军机关、企事业单位开展定点扶贫，是中国特色扶贫开发事业的重要组成部分，也是我国政治优势和制度优势的重要体现。"包括新华社在内的各中央定点单位要继续深入学习贯彻习近平总书记扶贫工作重要论述和党中央、国务院决策部署，以定点扶贫工作的更大成效践行党的初心使命，助力精准脱贫攻坚战。

（作者文炜，作家、剧作家、记者，现任国务院扶贫开发领导小组办公室《中国扶贫》杂志社副社长、执行总编）

目 录
CONTENTS

难以忘怀的记忆
　　——在扶贫一线的 800 多个日日夜夜 ················ 001

第一部分
蒲泽情深——走村入户挖穷根

振堂故里话初心 ·· 003
精准脱贫关键是找准路子构建好机制
　　——来自河北省新河县白神首乡刘秋口村的调查 ······ 020
黄韭点亮脱贫致富梦
　　——河北新河县新河镇宋亮村调研记 ················ 025
一个村庄的决战
　　——三访东边仙庄村脱贫攻坚札记 ·················· 030
建强党支部　帮出好日子
　　——河北新河县西流乡白杨林村调研记 ············· 034
脚步量民情　扶贫送春风
　　——河北省新河县仁里乡九柳村调研记 ············· 037
"准孤儿"奖状背后故事多
　　——河北省新河县新河镇六户村调研记 ············· 041

产业兴旺，才谈得上乡村振兴
　　——来自河北新河县寻寨镇南王家庄村的调查……………044
新河：农村危改"钉子户"签约记……………………………047
新河：这个扶贫队，村民都说好……………………………050
河北新河："扶贫小院"撬动乡村治理大文章………………052
何鹏程复学记…………………………………………………055
我与老邢话"护驾"……………………………………………057

第二部分

堂阳凝思——知行合一钉钉子

苦干实干拼命干　扶志扶智扶真贫
　　——我们这样助力新河脱贫攻坚……………………………063
对标找差距　"对表"抓落实
　　——近期调研脱贫攻坚工作的初步思考……………………071
挂职不越权　帮忙不添乱
　　——在担当尽责中为脱贫攻坚贡献智慧和力量……………077
推动企业爱心行动落新河……………………………………080
广告"软实力"成为脱贫攻坚"硬支撑"……………………084
新华社民族品牌工程有效助力精准脱贫攻坚战……………086
新河元素闪亮上海中国品牌日系列活动……………………090
定点扶贫"责任田"变成行业扶贫"试验田"………………095
坚持三个导向　提高帮扶实效………………………………097
扶贫先扶志的内在逻辑与实现路径…………………………101
加大对贫困家庭子女"扶志"力度…………………………110
授人以"渔"　从心开始……………………………………114
公益扶贫重在"筹心"………………………………………118
"互联网＋教育"扎根新河沃土利好多……………………123
送教下乡　上门培训…………………………………………126

目 录

爱心无大小　关键看行动 …………………………………… 130
反对形式主义莫要因噎废食 …………………………………… 132
发挥新华社优势　推动脱贫攻坚"三落实" …………………… 134
媒体融合发展助推脱贫攻坚战 ………………………………… 137
媒体融合：用得好是真本事 …………………………………… 139
媒体融合贵在"融心" …………………………………………… 142
讲政治，媒体经营不能置身事外 ……………………………… 144
"扎根工程"是学习践行马克思主义新闻观的本质
　　要求和重要基础 …………………………………………… 148
县乡宣讲要触及"末梢神经" ………………………………… 154
扶贫政策宣讲也要努力"狠幽默"
　　——兼评《很哲学狠幽默——一天读懂西方哲学史》……… 157
赞"送春联下乡"　更盼"对联常下乡" …………………… 159
扶贫赠报　凝心聚力 …………………………………………… 161
消费扶贫大有可为 ……………………………………………… 164
换个角度看国奶扶贫项目 ……………………………………… 167
打好组合拳是健康扶贫落地落实落细的关键 ………………… 171
低保制度与扶贫政策衔接应注重把握"度" ………………… 178
真脱贫稳脱贫必须尊重规律 …………………………………… 181
习近平青年工作论述明确了共青团助力脱贫攻坚的着力点 … 184
脱贫攻坚是贫困县供销合作社深化改革第一引擎 …………… 189
脱贫倒逼党建不是伪命题 ……………………………………… 194
虚工要实做　软活要硬干 ……………………………………… 196
脱贫致富关键在党支部 ………………………………………… 198
年终迎检莫"走样"多"走心" ……………………………… 202
细品"没问题才是最大的问题" ……………………………… 204
由检查致歉说开去 ……………………………………………… 208
脱贫攻坚要在作风攻坚 ………………………………………… 210
职务有天花板　干事没有天花板 ……………………………… 214
人人皆可创造"里程碑" ……………………………………… 216

帮助"半边天"撑起"一片天" ………………………………………… 219
"富脑袋"才能"富口袋"
　　——河北省新河县就业扶贫助力乡村振兴工作思考 ………… 222
乡风文明建设要真正舞好党建"龙头" ……………………………… 228
村史馆：承载乡愁 留住记忆 ………………………………………… 235
整治农村人居环境一定要走好群众路线 …………………………… 238
勤廉家风育扶贫清风 ………………………………………………… 244
"开笔礼"，溯源在其次 ……………………………………………… 254
培育党内政治文化需要大力加强党的思想建设 …………………… 256
社会治理要善用意识形态补短板固底板 …………………………… 260
区域经济一体化是贫困地区高质量发展的关键 …………………… 262
"洋"收割机折射农业供给侧改革大课题 …………………………… 270
反贫困斗争　雷锋精神不能缺席 …………………………………… 272
不仅人大尽责　更要人人尽责 ……………………………………… 275
多想"一失万无"　就能"万无一失" ……………………………… 279
落实"河长制"要抓住三个着力点 ………………………………… 282
防汛抗洪：既要强化干部主体责任更要发挥群众主体作用 ……… 285
脱贫攻坚增强了向世界说明中国的话语权 ………………………… 287
坚守初心　方能勇担使命 …………………………………………… 292

第三部分

滏水心谣——战地黄花分外香

无题绝句 …………………………………………………………… 299
短训偶感 …………………………………………………………… 300
霜降时节话重阳 …………………………………………………… 301
"小雪"节气顿悟 ………………………………………………… 302
大道无痕　书山有路 ……………………………………………… 303
惊蛰到　春耕忙 …………………………………………………… 304

目 录

父教不能缺席	305
愚人节断想	308
来新一年琐忆	312
聚焦深贫 攻坚克难	313
建军节礼赞	319
立秋夜游南湖	320
出伏誓师有感	321
依依不舍战友情	322
特殊日子 殷切期望	325
披星戴月 风雨兼程	327
静夜思	328
贺新年 迎鏖战	329
至人本无我	331
难忘这个劳动节	334
内心充盈 收获不远	339
己亥端午抒怀	341
七一忆初心	342
和侠行天下诗	343

第四部分
"新""新"相应——风雨同舟绘彩虹

脱贫攻坚增强了"四个自信"	347
小县大志气 旧貌换新颜	
——脱贫攻坚战促新河县各项工作增比进位突破	350
一个传统农业县的脱贫之路	
——来自河北新河的调查报告	352
"他们给县里带来了实打实的好项目"	
——新华社驻河北省新河县扶贫工作队帮扶侧记	360

俯身为民实干　挺胸为党争光
　　——河北省新河县扶贫一线干部群像 ············ 365
今天是个好日子
　　——河北省新河县开展尊老敬老活动侧记 ············ 368
众人划桨开大船
　　——河北省新河县寻寨镇董夏村脱贫记 ············ 370
小村要有大志气
　　——河北新河县荆庄乡盖村脱贫记 ············ 374
不让一个贫困群众掉队
　　——河北省新河县白神乡暴地贾村脱贫记 ············ 378
新河印象 ············ 382

跋 ············ 384
后　记 ············ 387

难以忘怀的记忆
——在扶贫一线的 800 多个日日夜夜

千秋大业，共同奋斗。脱贫攻坚，决胜小康。贫困是一个世界性难题，不仅发生在欠发达国家，也依然存在于发达国家，已成为各国共同面对的最大全球性挑战之一。消除贫困一直是全人类梦寐以求的共同理想，也是古今中外治国理政的一件大事，更是当今时代的重要议题。2017年6月16日，在瑞士日内瓦召开的联合国人权理事会第35次会议上，中国代表全球140多个国家，就共同努力消除贫困发表联合声明。这是全球与反贫困斗争的历史上，中国人树起的一座里程碑。习近平总书记在党的十九大报告中指出，"从现在到二〇二〇年，是全面建成小康社会决胜期"，强调"特别是要坚决打好防范重大风险、精准脱贫、污染防治的攻坚战，使全面建成小康社会得到人民认可，经得起历史检验"。这是中华民族的千秋大业，是向全世界作出的庄严承诺。

不忘初心，驰而不息。勠力同心，其利断金。消除贫困，实现共同富裕，是社会主义的本质要求，是中国共产党人的使命担当。中国共产党自成立之日起，就一直带领人民持续向贫困宣战。新中国成立70年来，中国人民自力更生、砥砺奋进、改革创新、接续努力，累计减少贫困人口8亿余人，对全球减贫贡献率超过70%。党的十八大以来，以习近平同志为核心的党中央把脱贫攻坚纳入"五位一体"总体布局和"四个全面"战略布局，摆到治国理政的重要位置，吹响打赢脱贫攻坚战的集结号，脱贫攻坚取得了重大决定性成就，创造了人类减贫史上的最好成绩，现行标准下的农村贫困人口从2012年的9899万人减至2018年的1660万人，贫困发生率从10.2%下降到1.7%，为全球减贫事业贡献了中国智慧和中国方案，赢得世界广泛赞誉。非盟委员会主席法基认为，中国发展经验值得整个世界借鉴，特别是对于非洲这样渴望推进经济和社会发展的地区。《经济学人》撰文点赞："中国是世界减贫事业的英雄。"联合国开发计划署前署长海伦·克拉克说："中国最贫困人口的脱贫规模举世瞩目，速度之快绝无仅有！"联合国粮农组织农村减贫战略主任本杰明·戴维斯表示："我们正探索如何将中国的经验分享给其他国家。中国与拉丁美洲、非洲地区国家开展了一系列扶贫项目合作，这些项目已取得了实实在在的成果。"联合国秘书长古特雷斯指出，中国在减贫方面的骄人业绩，对全球产生了积极的"溢出效应"。

久困于穷，冀以小康。万夫一力，天下无敌。在世界反贫困斗争波澜壮阔的时代画卷中，在中国反贫困斗争永不磨灭的历史坐标下，在以习近平同志为核心的党中央带领全国各族人民向绝对贫困总攻的决战场上，在习近平总书记强调的专项扶贫、行业扶贫、社会扶贫等多方力量、多种举措有机结合和互为支撑的"三位一体"大扶贫格局里，新华社和新河县紧紧联系在一起，凝聚在一起，战斗在一起。

新河县位于河北省南部，邢台市东北部，是红军名将董振堂故里。西汉至唐，新河县称堂阳县，以地处堂水之阳为名；后晋更名蒲泽县，以地近漳滏、低湿产蒲而得名；宋初并入南宫县。因新河镇滨临漳河之衡水新道，又取汉代"新市侯国"之"新"，加境内多河，且取"众志成城，心合则固"意，遂命名"新河"。北宋皇祐四年（1052年）升新河镇为新河县，以镇名（治所）命名县名。新河县2005年被定为全国千年古县，2012年被列为国家扶贫开发工作重点县。2015年底，根据党中央、国务院定点扶贫工作的安排，新华社对口帮扶新河县。

亲自挂帅、亲自出征、亲自督战。党的十八大以来，习近平总书记走遍了全国14个集中连片特困地区，对脱贫攻坚工作做出一系列重要部署，提出了"下一番'绣花'功夫"的"精准扶贫"策略。习近平总书记对河北爱之深、爱之切，党的十八大以来7次视察河北，每次都对脱贫攻坚提出明确要求，为新河县决战决胜脱贫、为新华社助力新河脱贫攻坚提供了遵循，指明了方向。在以习近平同志为核心的党中央坚强领导下，全党全社会广泛动员、合力攻坚的局面迅速形成，中央统筹、省负总责、市县抓落实的脱贫攻坚体制逐步健全，五级书记抓扶贫的脱贫攻坚责任体系、政策体系、投入体系、动员体系、监督体系、考核体系等顶层设计不断完善。

难以忘怀的记忆

《中共中央 国务院关于打赢脱贫攻坚战的决定》《中共中央 国务院关于打赢脱贫攻坚战三年行动的指导意见》发布，成为指导脱贫攻坚的纲领性文件。国务院印发"十三五"脱贫攻坚规划，细化落实中央决策部署。中办、国办出台配套文件，中央和国家机关各部门出台系列政策文件或实施方案，全国各地相继出台和完善"1+N"的脱贫攻坚系列举措……

近四年来，在中央和国家机关工委、国务院扶贫办的有力指导下，新华社党组加强组织领导、社扶贫领导小组统筹安排、社办公厅协调督查、各相关责任单位通力配合，聚集全社资源和力量，精心做好定点扶贫各项工作。德国诗人特拉克尔说，"与你同行的人比你到达的方向重要"。即使山水相隔、千里之遥，新华社干部职工与新河人民心手相连。对习近平总书记关于精准扶贫、精准脱贫、乡村振兴战略、打赢打好脱贫攻坚战等系列重要讲话和重要指示精神，新华社党组书记、社长蔡名照第一时间主持召开党组会、专题会传达学习并研究落实工作措施，并于2018年5月29日至30日到新河县深入调研，与省市县领导及新华社驻县扶贫工作队座谈，对做好定点扶贫工作进行部署，提出具体要求。新华社党组副书记、总编辑何平2019年5月22日至23日到新河县调研，就做好脱贫攻坚报道和定点扶贫工作做出具体安排。新华社副社长、党组成员，社扶贫领导小组组长刘正荣多次主持召开扶贫工作专题会议，每周听取工作情况汇报，研究解决定点扶贫工作遇到的困难和问题，并于2018年12月12日至13日到新河县调研，推进帮扶措施落实到位。其他社领导结合实际，积极做好有关扶贫工作。社扶贫领导小组加强统筹协调，安排专人督促工作任务稳步推进，确保各项帮扶措施落地见效。经组织安排，张晓炜、位华松同志2015年底来新河县扶贫；2017年4月25日，我和朱峰同志组成新华社第二批扶贫工作队进驻新河；2018年6月27日，刘奕湛同志来到新河县，进一步加强了定点扶贫力量。2019年7月24日，我和刘奕湛同志与第三批工作队进行了工作交接。

实字当头，以干为先。在新华社办公厅和新河县委县政府直接指挥下，我们强化"四个意识"，坚定"四个自信"，做到"两个维护"，强力推动习近平总书记关于扶贫工作的重要论述落地见效，推动新华社定点扶贫工作和省市县脱贫攻坚部署落实落细。我们坚持在扶贫一线贯彻新华社党

在扶贫路上
ZAIFUPINLUSHANG

组"政治建社、新闻立社、创新兴社"的治社原则，调研制定"1+5"的管理制度体系和工作台账、管理台账，划定工作底线和红线，明确努力目标和高线，大力弘扬"对党忠诚、勿忘人民、实事求是、开拓创新"的新华精神。我们坚持扶贫与扶志扶智相结合，突出宣传扶贫和推广扶贫、创新教育和信息扶贫、做实产业帮扶和消费扶贫，聚焦"两不愁 三保障"、着力搭桥扶贫，推动构建各类社会力量参与的大扶贫格局。我们在扶贫一线实施新华社"扎根工程"，与基层干部群众打成一片，融为一体，用心用情用力推动脱贫攻坚责任落实、政策落实、工作落实，有幸见证参与了新河脱贫摘帽的全过程、全链条、全环节。我们坚持"功成不必在我，功成必定有我"，在第一批工作队夯实的基础上，一张蓝图绘到底、一任接着一任干、一件接着一件办、一锤接着一锤敲，全力助推新河县脱贫攻坚，多次得到上级领导的肯定性批示。2019年5月5日，河北省人民政府发出通知，批准包括新河县在内的21个县退出贫困县序列。

　　时光如梭、岁月情深。两年三个月，在人生历史长河中如白驹过隙、沧海一粟，但我的生命早已深深烙下了新河印记，早已深深浸入了燕赵大地，早已深深结下了故土情缘。我们与新河县干部群众一起摸爬滚打、攻坚克难，一道同甘共苦、风雨同舟，凝铸了天地可鉴、日月可昭的深厚情谊。我们深深体会到：只有在中国共产党的坚强领导下，才能形成五级书记抓扶贫的强大动员体系、政策体系、投入体系、帮扶体系；只有在中国共产党的坚强领导下，才能创造出其他国家不可能实现的减贫速度和减贫奇迹。我们深深体会到：脱贫攻坚是较真碰硬的"要命活"，扶贫干部在用辛苦指数换取老百姓的幸福指数。正是广大干部群众苦干实干，才打赢了一场又一场硬仗。我们深深体会到：只有沉下心、扑下身，深深扎根人民，紧紧依靠人民，才能获得无穷的力量。我们深深体会到：脱贫攻坚这场没有硝烟的战争锤炼了贫困地区干部群众吃苦耐劳的意志和严深细实的作风，这既是我们扎根新河扶贫的强大动力，也是我们"守初心、担使命，找差距、抓落实"的不竭源泉。

　　职业习惯使然，我一直立足新河看全国，跳出新河看新河，认真感悟思考新河大地日新月异的变化。《在扶贫路上》这本小集子，记录了我在新河挂职扶贫的800多个日日夜夜的所见、所闻、所感，从一些侧面，以

难以忘怀的记忆

小见大，展现了中国反贫困斗争一线决战的生动实践，阐释了中国特色脱贫攻坚制度体系的巨大优越性，见证了全党全社会打赢打好脱贫攻坚战的信心决心，反映了人民群众奋力实现"民亦劳止，汔可小康"千年梦想的孜孜追求，体现了以习近平同志为核心的党中央做出的"确保到2020年所有贫困地区和贫困人口一道迈入全面小康社会"的庄严承诺。

言之必行，行胜于言。循道而行，功成事遂。站在刚刚脱贫摘帽的新河大地，我们有充分的理由坚信，有以习近平同志为核心的党中央的坚强领导，有贫困地区干部群众的艰苦奋战，有各级党委政府的强力推动，有社会各方的倾力帮扶，我们一定能如期打赢精准脱贫攻坚战，如期实现第一个百年奋斗目标，为实现中华民族伟大复兴的中国梦打下更加坚实的基础，为全球减贫事业和人类文明进步作出新的更大的贡献。

2019年7月25日于新河县委

第一部分
蒲泽情深——走村入户挖穷根

"脚下沾有多少泥土,心中就沉淀多少真情。"2018年8月21日至22日在北京召开的全国宣传思想工作会议上,习近平总书记对宣传思想战线提出殷切希望:"不断增强脚力、眼力、脑力、笔力,努力打造一支政治过硬、本领高强、求实创新、能打胜仗的宣传思想工作队伍。"2019年1月25日,中共中央政治局就全媒体时代和媒体融合发展举行第十二次集体学习时,习近平总书记强调,希望广大新闻工作者发扬优良作风,扑下身子、沉下心来,扎根基层,把基层特别是脱贫攻坚一线作为学习历练的平台和难得机会,增加见识、增进感情、增长才干,实实在在为当地百姓解决实际问题,为贫困乡村带来新变化。作为一名新华社工作人员,作为一名扶贫战士,我坚持在扶贫一线实施新华社部署的"扎根工程",遍访了新河县76个贫困村和部分非贫困村,用心用情记录这场没有硝烟的战争。一个个"沾泥土、带露珠、冒热气"的故事,在田间地头、广袤乡野、街头巷尾孕育,既有奋斗,也有收获,更有期盼……

第一部分
蒲泽情深

我们千万不能在一片喝彩声、赞扬声中丧失革命精神和斗志,逐渐陷入安于现状、不思进取、贪图享乐的状态,而是要牢记船到中流浪更急、人到半山路更陡,把不忘初心、牢记使命作为加强党的建设的永恒课题,作为全体党员、干部的终身课题。

——中共中央政治局 2019 年 6 月 24 日就"牢记初心使命,推进自我革命"举行第十五次集体学习,习近平总书记主持学习并发表讲话时强调

振堂故里话初心

7 月 2 日,红军名将董振堂的家乡,河北省新河县召开全县重点工作指标体系调度会,落实稳定脱贫奔小康的任务责任。傍晚,罕见的 11 级大风和暴雨突袭。交警、城管、电力、应急等部门全员上阵,新华社援建的新河融媒体中心跟踪报道,当夜无眠。7 月 3 日,县委县政府安排,新河县扶贫办指导,各乡镇(开发区)迅即排查暴风雨造成的贫困户、边缘户受灾情况。符合理赔条件的,立即启动防贫险,确保贫困人口不因灾而返贫、不因灾而降低脱贫质量。全县党员干部深入贫困村,开展扶贫慰问活动。冀云新河客户端和新河发布等微信公众号发布东董村甜瓜种植基地被暴风雨严重破坏等受灾信息,呼吁社会各界伸出援手……

有幸作为见证者、参与者,我认为这些事件从一些侧面再现了一个刚刚脱贫摘帽的国家级贫困县深入开展"不忘初心、牢记使命"主题教育的生动实践。

缅怀振堂功绩悟初心

2017 年 4 月 25 日,组织送我到新河扶贫。快到青银高速新河出口时,远远看到耸立着一块醒目的指示牌"董振堂将军故里"。下午,我们瞻仰了董振堂事迹陈列馆。此后,无论谁来新河调研,我都建议瞻仰董振堂事迹陈列馆。

在扶贫路上
ZAIFUPINLUSHANG

湘江之战、西路军蒙难、皖南事变，被称为中国人民解放军军史上三大悲剧。更悲剧的是，董振堂亲历了湘江之战，并成为西路军高台蒙难中的悲剧英雄。每次步入董振堂事迹陈列馆，我的心情都非常沉重，禁不住屏住呼吸去感受历史的无情与沧桑，感恸西路军的惨烈和悲剧，感佩董振堂的崇高和悲壮，对董振堂的心路历程有了更多的感同身受。

在董振堂事迹陈列馆里，陈列着董振堂亲笔撰写的《宁暴经过》，里面有这样一段话："看清楚了国民党欺骗、压迫、剥削，认清楚了唯有共产党终能工农劳苦群众谋解放到底。"正是信仰的力量，董振堂在第三次反围剿的前线发动震惊中外的宁都起义，在红军危难之时加入红军；正是中国共产党的初心，董振堂才实现思想的彻底转变，从一个"国军"中将，成长为以共产主义为信仰的红军高级将领。

据史料记载，宁都起义后曾担任红五军团总指挥的季振同、曾担任红十五军军长的黄中岳，都在肃反运动中被错杀。第五次反"围剿"时，敌人玩"反间计"，在战场上丢些材料，诬陷董振堂"反水"。委屈之时、危急关头，董振堂坚信党会证实他的清白，坚决完成中央命令红五军团"掩护部队应不顾一切阻止及部分地扑灭尾追之敌"的最艰苦的后卫任务，赢得了"五军团殿后　守无不固"的美誉。董振堂事迹陈列馆内有"湘江血战"的短片，为确保红军主力和中央机关顺利渡江，粉碎敌人消灭红军于江边的阴谋，红五军团血染湘江，其34师被重重包围，包括师长陈树湘在内的5000余人全部壮烈牺牲。这也是战争剧《绝命后卫师》的原型。

1937年1月，董振堂率部攻占甘肃高台，被马步芳的两万多人包围，孤立无援。激战九昼夜后，他和红5军3000多名将士壮烈牺牲。新河县很多研究董振堂的人说，董振堂稍微动点"心眼"，根本不会牺牲，但他"誓与高台共存亡"。在董振堂看来，"革命了，个人的一切都交给了党……"。正是党的初心催发的"为中华民族的解放和劳动人民的利益坚韧不拔、自我牺牲的精神和英雄气概"（据徐向前题词），支撑董振堂成为一名"坚决革命的同志"，战斗到生命最后一刻，把最后一颗子弹留给自己，决不被俘。

初心因坚守而炙热，使命因担当而荣光。董振堂起义后，加入中国共产党，先后参加了赣州、漳州等战役和中央苏区第四次、第五次反"围剿"，屡建奇功，荣获中华苏维埃临时中央政府授予的最高荣誉奖章——

第一部分
蒲泽情深

红旗勋章。他血洒高台的噩耗传到延安后,党中央在宝塔山下举行了追悼会,毛泽东动情地说:"路遥知马力,董振堂是坚决革命的同志。"1938年,毛泽东亲笔题词:"以宁都起义的精神用于反对日本帝国主义,我们是战无不胜的!"20世纪60年代,根治海河会战,董振堂家的祖坟被划到海河泄洪道内。毛泽东听说后,指示修改规划,海河南大堤拐了一道弯,绕过了董家祖坟。2009年9月,董振堂被评选为"100位为新中国成立作出突出贡献的英雄模范人物"。

讲好振堂故事忆初心

习近平总书记曾指出,祖国是人民最坚实的依靠,英雄是民族最闪亮的坐标。一切民族英雄,都是中华民族的脊梁,他们的事迹和精神都是激励我们前行的强大力量。作为曾与彭德怀、林彪等人齐名的红五军团长,董振堂曾当选中华苏维埃共和国中央执行委员、中革军委委员,是河北省参加长征的最高级别红军将领,不仅是新河的骄傲,也是河北的光荣。河北省石家庄华北军区烈士陵园和甘肃高台烈士陵园,都建有董振堂纪念碑亭。

为了纪念董振堂,新河县在1947年至1950年间曾改名为振堂县。近年来,新河县先后建设了振堂公园、振堂中学、董振堂事迹陈列馆、振堂路等纪念设施,重修了董振堂故居,承办了河北省纪念红军长征胜利70周年活动。遗憾的是,董振堂的名声与他的历史贡献并不相称,除了当地人、历史亲历者及研究者外,普通人对董振堂知之甚少。

为此,新河县专门成立了"董振堂精神研究会",把讲好董振堂故事、弘扬董振堂精神与脱贫攻坚紧密结合起来,激发"忆初心、守初心、践初心"的正能量。2018年9月30日、10月1日,央视《朝闻天下》和《新闻联播》先后播出《勋章的故事——董振堂把最后一颗子弹留给自己》。10月18日,新华社播发通稿《董振堂:长征中的铁流后卫》,《人民日报》《光明日报》《经济日报》等中央主流媒体和《河北日报》等数十家省级主流媒体转载,《运城晚报》《南阳日报》等地方媒体也纷纷转载。2019年4月3日至5日,新河县积极推动,河北广播电视台拍摄的三集理论文献纪录片《董振堂》连续三天在河北卫视晚间播出,备受社会各界关注。一些

在扶贫路上
ZAIFUPINLUSHANG

红5军团老战士及子女积极与摄制组联系，讲述历史情景。开国中将饶子健之女饶灵宁、张化一之女张桂兰、寇惠民之子寇国庆等红5军团后代先后来新河缅怀董振堂。新河县政协编印了《纪念董振堂将军文集》《董振堂生平年谱》，派出多个考察组赴广东、江苏、四川等地联络红5军团老战士及家属，搜集红5军历史资料，配合县委县政府筹备董振堂精神研讨会。红5军团后代的讲述，让董振堂的形象更加清晰饱满，更加伟岸高大。县文化馆组织创作的红色歌曲《我的乡亲董振堂》也正式出炉。

2018年5月29日至30日，新华社党组书记、社长蔡名照到新河县调研定点扶贫和脱贫攻坚工作。图为30日上午，蔡名照社长一行瞻仰董振堂事迹陈列馆，当看到1934年2月12日红色中华通讯社（简称红中社）发布的报纸《红色中华》报道董振堂当选为中央执行委员的"中华苏维埃共和国中央执行委员会布告"时，蔡名照社长感慨地说："红色中华就是我们新华社的前身，当时负责编辑的同志都是我们党内的知名人物，这份年代久远的珍贵报纸很有历史意义。"

同时，新华社驻新河扶贫工作队依托新华社民族品牌工程，一方面全媒体地推广董振堂等新河"名片"，另一方面协调最高人民检察院办公厅总值班室、企业观察报社、社会科学文献出版社、润丰集团等机关、单位或企业来董振堂事迹陈列馆或董振堂故居开展主题党日活动并捐赠款物。上市公司瑞康制药北京子公司捐资10万元，在董振堂事迹陈列馆设立爱国主义教育基地。碧桂园集团捐资10万元，助力董振堂家乡西里村发展，将董振堂故居列为爱国主义教育基地。6月28日，碧桂园河北区域联合新河县荆庄乡在董振堂故居举行"不忘初心 牢记使命"主题党日活动。西李村党支部书记宋振全说，乡党委政府精心设计，村西头将设立一座缅怀董振堂的村标：村标基座124厘米，代表董振堂诞辰124周年；第一台阶高度42厘米，表示董振堂牺牲时只有42岁；第二台阶高度82厘米，象征将军已牺牲82

第一部分 蒲泽情深

周年……提醒全村党员不忘初心,苦干实干,带领全村百姓早日奔小康。

董振堂事迹陈列馆负责人宋秀英介绍,由于县委县政府高度重视,新华社、中央电视台等主流媒体加强宣传推广,来董振堂事迹陈列馆参观的学生及红5军后代不断增长,2018年多达30万人次。机关、单位来董振堂事迹陈列馆开展主题党日活动、举行公祭英烈活动等已成为一种常态;县属振堂中学,用"忠诚、担当、团结、奉献"的振堂精神教育学生,加强青少年思想品德教育;纪念馆讲解员也经常深入幼儿园等单位宣讲董振堂将军事迹……

弘扬振堂精神践初心

长征精神永放光芒。在风雨如磐的长征路上,崇高的理想、坚定的信念,激励和指引着董振堂率领的"铁流后卫"一路向前。从某种意义上而言,董振堂精神是长征精神的体现。

习近平总书记指出,每一代人有每一代人的长征路,每一代人都要走好自己的长征路。今天,我们这一代人的长征,就是要实现"两个一百年"奋斗目标、实现中华民族伟大复兴的中国梦。2019年5月20日,习近平总书记在江西考察调研中,前往赣州市于都县向中央红军长征出发纪念碑敬献花篮。他说:"我们到这个长征出发地,就是来体验红军当年出发的情况。现在我们正走在开启建设社会主义现代化国家的新征程上,我们要继往开来,重整行装再出发!"习近平总书记铿锵有力的话语,激起现场热烈的掌声和欢呼声,也让电视机前收看《新闻联播》的我陷入沉思。

在全党深入开展"不忘初心 牢记使命"主题教育之际,习近平总书记身体力行、率先垂范,来到中央红军长征集结出发地探寻"初心"源头,想让全国人民都知道,中国共产党不忘初心,全中国人民也要不忘初心,不忘我们的革命宗旨、革命理想,不忘我们的革命前辈、革命先烈,不忘苏区的父老乡亲们。作为董振堂家乡的党员干部,我们更要在弘扬董振堂精神中守初心、践初心,"继往开来,重整行装再出发",走好决战脱贫、决胜小康的新长征。

一部新河史,既是新河干部群众跟着党不忘初心、牢记使命的奋斗

在扶贫路上
ZAIFUPINLUSHANG

史，也是加强党的领导，抓好党建促脱贫的发展史。2019年5月5日，河北省政府网站发布《河北省人民政府关于赞皇县等21个县（区）退出贫困县的通知》，批准包括新河在内的21个县（区）退出贫困县序列。可以告慰董振堂将军的是，他一生追求的梦想正逐步成为现实，他的家乡正逐步驶入全面小康的快车道。同时，我们要清醒地看到，脱贫摘帽只是"万里长征走完了第一步"，强化后续帮扶措施、巩固提升脱贫成果、建立精准防贫机制、实施乡村振兴、完善小康指标体系等方面的任务还很繁重，有的刚刚启动，有的还正"破题"，工作不得有丝毫松懈。

面对新时代新河人民对美好生活的向往，我们要常常叩问初心，筑牢信念之基，补足精神之"钙"，永葆赤子之心，怀揣忠诚之心，不断砥砺奋进，践行"四个意识"，增强"四个自信"，做到"两个维护"。当下，戒骄戒躁，扎实做好扶贫工作，就是我们最根本的初心、最庄严的使命。

董振堂之死，诚如肖华诗云"悲壮千古"。细品新河县振堂公园碑林上一幅幅情真意切的批示、题词、诗词，仰望董振堂事迹陈列馆前伟岸的董振堂雕塑，总能让人肃然起敬、扼腕湿襟。他英武刚毅的神情、炯炯有神的眼睛，仿佛在无声诉说着"战死错路"、壮志未酬的遗恨。

斯人已逝，以承为祭。倘若董振堂泉下有知，我们缅怀他的事迹，弘扬他的精神、决战脱贫、决胜小康，应可让他欣慰。因为新时代的画卷中有他实现民族独立和人民解放的"初心"，有他忠诚担当的品质，有他坚决革命的精神……

（人民网2019年7月9日）

延伸阅读

董振堂：敌对阵营过来的人，如何成为我方令人敬仰的高级将领

87年前的12月14日，董振堂、赵博生、季振同等举行了震惊中外的"宁都起义"。笔者近日来到河北邢台市新河县，瞻仰了董振堂事迹陈列馆。董振堂是新河县西李家庄人，故乡立有他的墓碑，但那是衣冠冢，一代名将的

第一部分
蒲泽情深

遗骸，与众多西路军将士一起，湮没在祁连山下茫茫大漠戈壁之中。

董振堂短暂的42年人生，似乎与冬天有着不解之缘：他出生于1895年12月21日，宁都起义是1931年12月14日，他牺牲的时间，在1937年1月20日……在将军故乡的雪夜中，细细思考他的一生，一个为中国前途命运迷茫的旧军阀，为何能够成长为有着坚定信仰、奋斗到生命最后一刻的红军高级将领？

本文选取跟董振堂相关的十个片段：他在寒夜中的呐喊与觉醒；信仰的力量，如同寒夜中燃起的火苗，熊熊而燎原；他在寒夜最深重的时刻倒下，而他的同志，继续奔向曙光。

一

这是中国革命史上极具象征意义的一个时刻：1931年12月14日深夜，宁都起义爆发，国民党26路军宣布加入红军。他们连夜向中央苏区开拔，走出黑暗，迎来了翌日的朝阳辉映，苏区军民敲锣打鼓，列队欢迎。身材高大的董振堂走在队前，他素来是个不苟言笑的军人，此刻满脸愉悦之情。

26军被改编成了中国工农红军第5军团，且不论这次起义对蒋介石及其麾下国民党军队的心理打击，也不说对刚诞生的中华苏维埃共和国的干部群众的精神鼓舞，就看看他们给红军增加了什么家底吧：1.7万余官兵，1个军部、2个师部、6个旅部、11个整团，携带着2万多件轻重武器和8部电台以及大批装备物资……中央苏区主力红军力量得到极大加强，从3万多人猛增到5万人，2万多件武器有力地改善了红军装备，各种物资也让处于"围剿"之中处境艰难的中央苏区得到及时补给（宁都起义比原计划推迟一天，是因为新发下的2万套冬装和军饷这一天抵达宁都），更为珍贵的是，起义部队一次带来了8部电台和40多名通信技术人员！

中国人民解放军的无线电通信事业，是从红军第一次反"围剿"缴获的一台半电台起家的。"半台"之来历：红军战士第一次缴获电台时不"识货"，砸掉了发报机，只剩下收报机，领导闻讯大怒，勒令以后不准再乱碰电台。在这一部半电台的基础上，组建了新华社的前身红中社。宁都起义后，8部电台加上40多名技术人员，让红军无线电事业实现了飞跃发展。

在扶贫路上
ZAIFUPINLUSHANG

游客在江西瑞金红中社旧址参观（资料片）　新华社记者 宋振平 摄

《毛泽东年谱》上记载：1932年1月13日，时任中华苏维埃共和国临时中央政府主席毛泽东、副主席项英，特地带着董振堂、赵博生等起义将领一同到位于瑞金叶坪村的红中社参观。

史料记载：宁都距离瑞金不到100公里，1931年11月7日，中华苏维埃共和国第一次代表大会召开，同一天诞生的红中社，播发了"一苏大"召开的消息，被驻宁都的26路军接收到了，这更坚定了他们起义的决心。

二

1932年3月7日，赣州南门城下，董振堂率先手舞大刀冲进敌阵，身后数千把大刀举起来，白光闪闪，杀声震天，敌人哪见过这阵势，仓皇逃入城内。

这是宁都起义后董振堂率部参加的第一次战役。当时红军围攻赣州半个月，没有攻下有"铁赣州"之称的坚城，反而被敌人反包围，情势危急之际，董振堂率领作为总预备队的红5军团第13军杀入战场，以大刀贴身近战，掩护攻城部队撤退，随即红军撤围赣州。

董振堂从小习武，他所在的西北军，素来以大刀著称（1933年春天长城抗战时，西北军29路军的大刀曾在喜峰口把日本鬼子砍出了心理阴影）。起义整编两个月后，这支劲旅在赣州城下闪亮登场，从此成为红军中能攻

第一部分
蒲泽情深

善守、以打防御战著称的精锐部队，人手一把步枪、一把驳壳枪、一把大刀，令敌人闻风丧胆。

赣州之战后，董振堂、赵博生等率部又参与了漳州、南雄水口、乐安宜黄、黄狮渡等战役，以及第四次、第五次反"围剿"战斗，硬撼强敌，从不退缩。以南雄水口之战为例，从1932年7月2日至10日，历时9天，这是红5军团首次独立作战，时任政委的聂荣臻后来在《聂荣臻元帅回忆录》中写道："水口战役是著名的恶仗，双方伤亡之大，战场景象之惨烈，为第二次国内革命战争时期所罕见……"

何为恶仗？当时红5军团对手是尚未领教过红军厉害的粤军，他们想南撤广东，颇为悍勇。战至9日，尸横遍野，董振堂感觉不对劲：情报不是说对方只有4个团吗，怎么这么难打？后来才知道：哪是4个团，足足有10个团！当时红5军团投入战斗有6000多人，也就是说，6000名红军，阻击了1万多粤军！10日，决胜之日，红5军团从正面，毛泽东亲率红1军团从侧面，向敌人发起总攻，激战1小时，击溃敌人。战后统计，9天恶战，毙伤敌人3000人，仅在红5军团阵地前，被大刀砍死的敌人尸体就有近千具，粤军被打服了，很长时间不敢轻举妄动。红5军团也付出惨重牺牲，有的团剩余不过百人……

在宁都起义一周年之际，董振堂、赵博生双双获得"红旗奖章"——这是中华苏维埃临时政府仿造苏联红军奖章样式，最早制作、最早颁发而且仅颁发一次的奖章，比红军后来制作颁发的"八一红星奖章"，还要早8个月。

三

毛泽东曾派他的夫人贺子珍来到起义后整编中的红5军团，为大家表演节目。董振堂感慨不已。

把起义旧军队改造成一支新型人民军队，并不容易。中央在红5军团中建立了政治工作和政治委员制度，确立共产党的领导，还从1、3军团中抽调大批优秀干部到红5军团工作，政治上实行官兵平等，连队成立士兵委员会，同时组织政治学习，进行阶级教育……

回首这段历史，不得不感慨中国共产党政治建设的强大威力。

董振堂、赵博生、季振同等率部起义的过程，堪称国共两党的生死谍战，

在扶贫路上
ZAIFUPINLUSHANG

一方面，蒋介石对杂牌部队歧视，企图让红军与之两败俱伤自己坐收渔利，结果将董振堂等"逼上梁山"；另一方面，中共地下党员做"兵运"工作，成效卓著。

西北军中，很早就有共产党员在活动：1926 年 8 月，共产党员刘伯坚应冯玉祥之邀，担任西北军政治工作干部，积极改造旧军队，与杨虎城、吉鸿昌、邓宝珊、赵博生、董振堂等西北军高级将领结下深厚友谊。虽然短短九个月后，刘伯坚就因冯玉祥"清党"而被"礼送出境"，但从此留下火种，在以后的历史关键时刻，一次又一次影响了西北军：宁都起义、察绥抗日同盟军成立、西安事变，直至淮海战役开始时，西北军最后一支余部还在张克侠、何基沣率领下起义。

在对红 5 团队的政治改造中，不是简单地说教灌输，政治工作做到了这支旧军队的心坎上：红军政工干部深入浅出讲红军与白军的区别，讲红军为什么要打仗、为谁打仗，讲红军的三大纪律、八项注意；文艺宣传效果也很好，工农剧社的宣传队下到红 5 军团慰问演出，话剧《为谁牺牲》描写了一个白军士兵的悲惨遭遇，对大家的思想触动很大，不少人流下悲愤的眼泪，还有人带头高呼："打倒反动派！"

博物馆工作人员展示收藏的中国工农红军第五军军号（资料片）。新华社记者 彭张青 摄

第一部分
蒲泽情深

四

1932年4月下旬，董振堂入党了，他把自己积攒下来的3000块银圆，全部作为党费上缴，这事在红军中传开了，连毛泽东都惊动了，找他谈话，让他给自己留些钱用，给家里也寄点，他说："现在我当了红军，又入了党，留着这些钱也没有用了，我要把一切献给党，甚至连生命也献给党！"在毛泽东的劝说下，他留下了300块银圆，其余的全部作为党费。

此事颇见董振堂的性格。燕赵之地，自古多慷慨悲歌之士，忠义，一直是董振堂的性格特征，但是，加入红军后，他的思想发生了巨大转变，从一个信仰和服从长官的旧军人，成长为以共产主义为信仰的红军高级将领。信仰的力量，支撑他到生命最后一刻。

据新河县编撰的《董振堂》记载，新河自古多灾而民性不屈，尤其是在19世纪末20世纪初，华北大地苦难深重，风云激荡。董振堂出身贫困农家，家里咬牙供他读书，他很刻苦，暗下决心，发奋读书（写得一手好字），学好本领，救国救民。后来他到保定陆军军官学校学炮科，这个学校不简单，是中国近代史上第一所正规陆军军校，毕业生后来不少到黄埔军校当教官。董振堂以优异成绩毕业，去了冯玉祥的西北军，卷入军阀混战。中原大战后，冯玉祥失败，董振堂所部被蒋介石收编，派到江西打红军。他痛苦、茫然，不知出路在何方——直到加入红军。

宁都起义后，董振堂带头撕掉了国民党军的帽花、胸章、领章，但要成为一名真正的红军将领，他还需要面临政治思想的彻底转变。他成功完成了转变。

在中国历史上，经历了三湾改编和古田会议、确定了"党领导枪"的中国工农红军，是一支崭新的军队。董振堂热爱这支军队。

五

刚加入红军不久，董振堂看到朱德总司令生活朴素，就给他送了一条毛毯，这是董振堂以前在北京买的，当时买了两条，紫地大花，厚实松软，俄国货。

这条毛毯一直陪着朱德，经历了长征的日日夜夜，直到抵达陕北革命根据地。"西安事变"后，周恩来要去西安谈判，正值冬天，朱德又把这条毛毯送给了周恩来御寒。

1937年4月25日，周恩来乘卡车从延安出发，前往西安继续同国民党谈判。路途颠簸，便把毛毯垫在背后。在途经甘泉县劳山时，遭到土匪袭击。这是周恩来一生中遇到的最大危险之一。打退土匪后，周恩来派人找回毛毯，毛毯已被枪弹打穿了十余处。到西安后，周恩来派人找城里最好的织补店修补。

很难还原周恩来当时的心情——这条破了十几个洞的毛毯的原主人董振堂，在三个多月前，已经悲壮牺牲了……

周恩来很珍惜这条毛毯，抗战爆发后，朱德率部开赴前线，周恩来又把这条毛毯送给了朱德。在山西，朱德睡的炕烧得太热，毛毯给烧了一个洞，卫士和房东大娘精心缝补。两年后，毛毯多处磨损断线，又被送到八路军后勤部的被服厂缝补。随后，朱德带着它南征北战，直到新中国成立。

这条毛毯，今天陈列在军事博物馆里。

在它面前，顿悟什么叫革命情谊。

湘江战役遗址——广西兴安县界首渡口（资料照片）。湘江战役是中央红军长征以来最为惨烈的一仗。新华社发

六

电视剧《绝命后卫师》重现了红军长征血战湘江的悲壮往事，红5军团34师师长陈树湘受伤昏迷被俘，醒来后毅然从腹部伤口拉出肠子扯断……还有什么比陈树湘的牺牲，更能说明湘江之战的惨烈？此役，作为红军后卫的红5军团，由两个师1万余人减少到了一个师不足5000人，

第一部分
蒲泽情深

军团长董振堂几天几夜没有休息,亲临前沿阵地指挥战斗。

湘江之战、西路军蒙难、皖南事变,被称为中国人民解放军军史上三大悲剧,董振堂亲历了湘江之战,并成为西路军蒙难之役中的悲剧英雄……

红军长征过湘江时的序列是这样的:林彪率红1军团为左路,彭德怀率红3军团为右路,两个军团前头开路;罗炳辉率红9军团在红1军团之后跟进,周昆率红8军团在红3军团之后跟进,两个军团掩护左右侧翼的安全,军委纵队居中,董振堂率领红5军团殿后。在战火的洗礼中,董振堂与他指挥的红5军团,逐步形成了善打防御战、阻击战的作战风格。这也是从长征开始到结束,红5军团一直担任后卫的重要原因。

血战湘江、四渡赤水、翻雪山、过草地……今人怎能想象当时红5军团殿后之艰难?在1935年5月金沙江阻击战中,因缺乏渡船,为掩护兄弟部队过江,军委不得不一再命令第5军团延长撤防日期。从3天3夜,到6天6夜,一直到9天9夜。不足5000人的红5军团,硬是把10000多名敌人死死拖在阵地前。董振堂命令:"就是只剩一个人也要守住阵地,没有命令绝不撤离,保证主力安全过江。"

在这样的对手面前,习惯了拥兵自重、互相倾轧、见死不救的国民党部队,焉能不败?

长征途中,董振堂率红5军团,保障了军委纵队及中央红军的后方安全,被誉为"铁流后卫"。《董振堂》一书认为:没有这支"铁流后卫"的阻击掩护,红军的长征也许是另外一种结局。

红军当年跨过的荒无人烟的茫茫草地　新华社发

在扶贫路上
ZAIFUPINLUSHANG

七

　　1935年4月,红军在贵州北部山区急行军时,国家政治保卫局局长邓发的妻子陈慧清分娩了,她痛得满地打滚,敌人追上来了,与红军后卫激烈交火。董振堂拎着枪跑过来问:还有多久能生出孩子?谁也不知道。董振堂又跑回阵地,大喊:"你们一定要打出一个生孩子的时间来!"

　　他们不顾牺牲,坚守阵地,整整两个小时后,孩子生出来了(这个可怜的孩子随即被包裹起来,放在地上,留下一张请人收养的字条和几块银圆),产妇匆匆上路。阻击的战士见到她,怒目而视。董振堂大怒:"你们瞪什么瞪!我们今天革命打仗为的是什么?"

　　每次看到这一段,都不禁热泪盈眶——为先烈的艰辛,更为先烈的担当。董振堂,真心英雄!

红军长征时经过的雪山——川康边界的夹金山　新华社发

八

　　红军渡过于都河开始长征时,留守苏区坚持斗争的刘伯坚赶过来送别董振堂。这两个男人的友谊始于1926年9月17日内蒙古五原县城的"五原誓师"大会,当时受邀担任冯玉祥部队总政治部副部长的共产党员刘伯坚,登台演讲:"我们的官兵兄弟都是贫苦工农出身,我们要革命,要为工农而战,为工农当家做主的新中国而战!"董振堂坐在台下,心灵受到极大震撼。从此,刘伯坚于他,亦师亦友。宁都起义后,董振堂在苏区见

第一部分
蒲泽情深

到了阔别四年多的刘伯坚，后者任红5军团政治部主任，在将这支旧军队改造成纪律严明、听党指挥、不怕牺牲的红军队伍过程中，刘伯坚付出了巨大心血。

于都之别，也是两人的永别。

1935年3月初，刘伯坚在战斗中左腿中弹，不幸被捕。敌人让他戴着镣铐，在江西大庾县最繁华的街道示众，他虽为囚徒，却气宇轩昂，路旁的人们敬佩不已。回到牢中，他写下了著名的诗歌《带镣行》。这一年3月21日，刘伯坚被敌人杀害，时年40岁。毛泽东赞誉他为"我党我军政治工作第一人"。

刘伯坚牺牲前，还不知道自己的妻子王叔振已先他一步在闽西游击区牺牲了，他留下的遗书是："我为中国革命没有一文钱的私产，把三个幼儿的养育都要累着诸兄嫂。我四川的家听说久已破产又被抄没过，人口死亡殆尽，我已八年不通信了，为着中国民族就为不了家和个人，诸兄嫂明达当能了解，不致说弟这一生穷苦，是没有用处。"

他牺牲后不到两年，甘肃高台县，在援军被阻击无法到达的情况下，董振堂率军浴血奋战9昼夜，与敌人战斗到最后一刻，3000多人全部壮烈牺牲。董振堂牺牲后，残暴的敌人砍下了他的头颅，悬挂在高台城楼上。

董振堂是红军时期牺牲的最高将领之一，牺牲时任中央军委委员、红五军军长，年仅42岁。新中国成立后，中央派人到高台寻找他的遗骸，虽百般努力，终无所获。

他甚至连照片也只留下了一张：新中国成立后，董振堂的侄子董光权回到董家的老宅院，从残垣断

董振堂（资料片）　新华社发

壁的墙缝里，找到了当年日本鬼子抄家时，他偷偷藏在墙缝里的叔叔的照片。从墙缝取出时，照片下面三分之一已经霉烂，从多半身像变成了半身头像。这张黑白半身照片，还是董振堂在西北军时拍摄的。这也是迄今为止发现的董振堂唯一的原始照片。

九

照片中，董振堂神情英武刚毅，双目炯炯有神。今人睹之，怎不肃然起敬！董振堂与刘伯坚，是同一类的悲剧英雄：他们播种，却不问收获。他们为了胜利而奋斗，却没有等到胜利的时候。

1935年元旦，蒋介石发出悬赏：朱德、毛泽东、徐向前，生擒者各奖十万元，献首级者各奖八万元；林彪、彭德怀、董振堂、罗炳辉，生擒者各奖八万元，献首级者各奖五万元……

后人总是在假设：假设董振堂不牺牲，1955年授衔时，他是元帅，还是大将？

宁都起义的部队中，涌现了一大批党内军内高级干部，1955年到1964年，共有31人被授予中国人民解放军将军军衔，其中1位上将、5位中将。

假设董振堂不牺牲……但他毕竟牺牲了，还有那么多高级将领，都牺牲了：卢德铭、王尔琢、黄公略、张子清、邓萍、左权、刘志丹、叶挺、彭雪枫……

历史无法假设，但可以肯定的是：董振堂，还有那么多牺牲的烈士，不是为了元帅或将军的军衔去奋斗，他们前仆后继，是为了信仰。因为他们是忠诚的共产党员。

董振堂受过委屈，第五次"反围剿"时，由于博古、李德的错误指挥，红军与敌人以堡垒战对堡垒战，遭遇惨败。丢掉广昌后，董振堂提出不应该以红军血肉之躯去攻打敌人的碉堡，结果李德大怒，把失败的责任推到董振堂和彭德怀等人身上。当然，彭老总当时也雷霆大怒，冲李德吼出了那句著名的"崽卖爷田不心疼"。

也是在第五次"反围剿"时，敌人玩"反间计"，在战场上丢些材料，说董振堂要"反水"，拉队伍重新回到国民党阵营。关键时刻，董振堂坚信党，

第一部分
蒲泽情深

最终党组织也证实了他的清白。

董振堂牺牲的噩耗传到延安，中共中央在宝塔山下为他举行了隆重的追悼会，毛泽东深情地说，"路遥知马力"，董振堂是"坚决革命的同志"。

中国共产党领导的革命得以成功，何等艰苦卓绝，哪是投机所得？大浪淘沙，意志薄弱者、信仰不坚定者，哪怕顶着耀眼的光环，最终也现出原形，比如张国焘，中共"一大"代表，最终却成了可耻的叛徒；而董振堂，从敌对阵营过来，成为一名共产党员后，至死都未忘记入党时的誓词：

"遵守党纲党章和纪律；绝对忠实，为党工作，永不叛党；保守党的秘密，服从党的一切决议；经常参加支部生活和活动；按期交纳党费；如有违上列各项愿受党的严厉纪律制裁。"

这份当年的入党誓词，至今保存在福建建宁革命纪念馆内。

十

20世纪60年代，根治海河会战，原有的规划，要在新河县挖一条人工漳河，董振堂家的祖坟被划到海河泄洪道内，需要动迁。

毛泽东得知此事，指示修改了规划，海河南大堤拐了一道弯，绕过了董家祖坟。

时至今日，不时有人专程来此瞻仰，察看大堤之"弯"。

这道拐弯的大堤，是历史给一位真心英雄的丰碑！

（《新华每日电讯》2018年12月14日，作者为关山远）

在扶贫路上
ZAIFUPINLUSHANG

精准脱贫关键是找准路子构建好机制
——来自河北省新河县白神首乡刘秋口村的调查

新河县白神首乡刘秋口村2014年被确定为国家级扶贫开发重点村，全村270户980人，其中建档立卡贫困户199户506人。2017年以来，新华社深入贯彻习近平总书记"要因地制宜，把培育产业作为推动脱贫攻坚的根本出路"的有关要求，统筹党费、扶贫、捐赠等资金165万元，先后援建了刘秋口村8座高效香菇大棚、10座鱼菜共生高水平大棚，有效有力推动刘秋口村稳定脱贫。2018年6月29日召开的邢台市扶贫脱贫驻村帮

第一部分
蒲泽情深

2018年5月29日至30日，新华社党组书记、社长蔡名照到定点扶贫县新河县考察调研，看望慰问贫困户，深入田间地头企业学校，考察产业扶贫和乡村振兴建设情况，向学校捐赠电脑、图书等，并与县领导及新华社驻新河扶贫工作队座谈。图为名照社长一行实地考察新华社援建的高效香菇大棚项目。

扶工作推进会观摩了刘秋口村香菇大棚项目，南河、巨鹿、临西县组织扶贫干部调研刘秋口村香菇大棚项目。刘秋口村连续3年被新河县委县政府评为"扶贫工作先进村"。

为提高帮扶项目实效，新华社驻新河扶贫工作队会同县委办、扶贫办、脱贫办和乡村两级组织深入调研，探索建立了精准扶贫脱贫的工作机制。

一、**党建引领促脱贫的长效机制**。为推动香菇大棚成为刘秋口村脱贫致富的支柱产业，县人社局指导建立了香菇大棚的"扶贫车间"，村党支部在香菇产业链上设立了"党员示范岗"，在扶贫一线发挥和检验共产党员的先锋模范作用，推动实现基层党建工作与精准帮扶工作的深度融合。

二、**贫困户与项目利益联接机制**。新河县扶贫办、财政局等部门和白神乡统筹新华社帮扶资金，作为刘秋口村"两委"评议确定的建档立卡户（每户1万元）的股金，统一交给大棚的建设运营主体——新河县运鸿种植专业合作社，分别签订入股分红协议。大棚运营常设岗位5个（均为贫困户），每人月收入2000元左右；采菇高峰期用工10余人，每人每天收入50元左右，有力助推刘秋口村贫困群众脱贫。

三、项目受益贫困户动态调整机制。签订分红协议的建档立卡贫困户优先享受分红，受益贫困户一旦稳定持续脱贫，刘秋口村"两委"就及时酌定新的受益对象，力争新华社帮扶资金发挥最大的作用。

四、项目运营和收益分配监管机制。设立"新华社援建"的项目公示牌，接受社会各界监督。新河县运鸿种植专业合作社对香菇大棚进行日常管理，县财政局加强项目绩效管理，白神乡和县委办驻村工作队，加强项目运营和收益分配监管，全力培育带动脱贫致富的"造血"项目。

2019年4月1日，刘秋口村"两委"根据新华社援建8座香菇大棚的收益情况和运鸿种植合作社2018年3月与65户贫困户（已有6户去世）签订的《入股分红协议书》，共为59户贫困户（每户1000元）分红5.9万元。

同时，落实蔡名照社长2018年5月29日来新河县调研提出的要求，新华社驻新河扶贫工作队会同有关县直部门和白神乡反复调研论证，指导刘秋口村利用新华网100万元援建资金，克服春季大气污染防治严禁水泥、

无人机拍摄的刘秋口村8座高效香菇大棚和10座鱼菜共生大棚

第一部分
蒲泽情深

沙子等建筑材料运输造成的困难，建成10座鱼菜共生高水平大棚，既体现协调、绿色发展的循环经济理念，也具有可观的经济效益（根据目前市场行情测算，项目年收益30万元左右），为刘秋口村巩固脱贫成果、减少贫困增量、建立防贫机制夯实了基础。

此外，新华社驻新河扶贫工作队从加强技术人员培训、发力消费扶贫等方面，培育刘秋口村香菇种植产业。经与新华社机关管理服务中心、工会和碧桂园方面无缝对接，新华社机关食堂批量采购新河香菇、小米等农特产品；仅2019年"五一"前后，新华社34个部门单位和分社的工会订购刘秋口村石磨面、香菇等新河农特产品；碧桂园河北区域和碧桂园"凤凰优选"超市累计推销刘秋口村香菇近16万元，既带动贫困家庭增收，又提高了广大村民参与特色种植的积极性。

目前，新河县扶贫办牵头，白神首乡正指导刘秋口村"两委"，将上述实现精准扶贫精准脱贫的工作机制，"复制"到10座鱼菜共生高水平香菇大棚项目，有效扩大香菇种植大棚项目帮扶的覆盖面，探索刘秋口村解决贫困增量和返贫问题的防贫长效机制。（本文系参评中国扶贫杂志社与人民网征集"2018年中国优秀扶贫案例"的推荐材料，原标题为《新华社援建新河县刘秋口村香菇大棚项目探索精准脱贫防贫机制》）

相关链接

来自新河县白神首乡刘秋口村村民的感谢信

尊敬的蔡名照社长及新华社各位领导：

您们好！我们刘秋口村全体村民怀着无比激动的心情向蔡社长表示崇高的敬意和衷心的感谢！感谢新华社对我村脱贫攻坚工作的大力支持，对全村老百姓的热切关心和帮助！

5月29日，蔡社长在百忙中抽出时间到我们刘秋口村进行定点帮扶调研，详细了解了村内基本情况，包括产业扶贫、党建扶贫和科技扶贫，对我们脱贫攻坚工作给予了充分的肯定。蔡社长还到建档立卡贫困户刘

在扶贫路上
ZAIFUPINLUSHANG

和仲、刘迎春家中走访慰问，与他们进行亲切交谈，了解他们的生活状况和实际困难，并为他们送去了表示新华社一片心意的慰问金，贫困户对蔡社长的关心倍感温暖和亲切。至今他们经常回忆起蔡社长与他们促膝长谈的场景，说蔡社长平易近人，没有官架子，很好说话，就像我们的亲人一样。

刘秋口村隶属新河县白神首乡，全村共有270户980人，有建档立卡贫困户199户506人，目前未脱贫66户94人，是国家级贫困村。2016年以来，在贵社的对口帮扶下，我们村通过抓产业、抓科技、抓党建，脱贫攻坚工作取得可喜成效，累计脱贫133户412人。特别是新华社帮扶工作队汪鹏、朱峰两位同志经常深入我村走访农户，倾听村民心声，帮助我们出谋划策，积极发挥新华社优势，宣传推介刘秋口村的香菇产业及脱贫举措，他们密切党群、干群关系，树立了新华社帮扶工作队的良好形象。今年3月，贵社投资65万元，为我村建设了8个高标准双拱香菇大棚，可使65户贫困户每户每年增收1000元，实现了稳定脱贫，贫困群众对贵社的感谢之情无法用言语来表达。

当贫困户们听说新华社帮助村里建图书馆和再建20个香菇大棚的时候，纷纷对为帮助贫困户增加收入和丰富村内文化生活所做的努力，表达陆崇高的敬意，对今年全村脱贫出列增强了信心。

感谢你们！真诚感谢你们为刘秋口村所做的一切以及由此而带给刘秋口村的变化和发展，感谢你们的辛勤付出。期盼你们一如既往关心支持刘秋口村脱贫致富和发展，更希望蔡社长再来刘秋口村指导工作。

最后，祝愿你们身体健康！工作顺利！家庭幸福！

此致

敬礼！

刘秋口村全体村民敬上
2018年6月26日

（新华社《前进报》2018年7月13日）

第一部分
蒲泽情深

村基层党组织是党在农村全部工作和战斗力的基础,是贯彻落实党的扶贫开发工作部署的战斗堡垒。抓好党建促扶贫,是贫困地区脱贫致富的重要经验。要把扶贫开发同基层组织建设有机结合起来,抓好以村党组织为核心的村级组织配套建设,把基层党组织建设成为带领乡亲们脱贫致富、维护农村稳定的坚强领导核心,发展经济、改善民生,建设服务型党支部,寓管理于服务之中,真正发挥战斗堡垒作用。

——《习近平总书记在河北省阜平县考察扶贫开发工作时的讲话》(2012年12月29日、30日),载《做焦裕禄式的县委书记》,中央文献出版社,2015,第21~22页

黄韭点亮脱贫致富梦
——河北新河县新河镇宋亮村调研记

1月13日的河北新河县,温度近于零摄氏度。

位于新河县城东2.5公里的宋亮村似乎暖和得多,"坚持以人民为中心的发展思想""产业兴旺、生态宜居、乡风文明、治理有效、生活富裕""懂农业 爱农村 爱农民""传党情 听民生 谋发展 促和谐""坚决打好蓝天保卫战"等宣传贯彻十九大精神的横幅标语随处可见;从村西往东走,即可看到墙上"新河特产 宋亮黄韭 菜中珍品"的醒目"广告";走到宋亮村东头,一排排半地下的温室大棚映入眼帘,有的村民在拾掇大棚,有的村民忙着收割,洋溢着一种新年征战新征程的新气象。笔者在调研中深切感到:黄韭特色种植正由一个精准到户的扶贫项目,逐渐成为宋亮村广大村民决胜小康的致富路子。

扶贫项目有望成为致富好门路

　　黄韭,也称韭黄,以娇嫩鲜艳、清香可口著称,含有丰富的维生素A、维生素B、维生素C及糖类、蛋白质等营养物质。宋代大文豪苏东坡曾写下"断荤东风料峭寒,青蒿黄韭试春盘"的赞美诗句。据有关部门考证,记载的宋亮村黄韭栽培技术可追溯到明代永乐年间,距今已有五百多年历史。村党支部书记兼村委会主任邢金岭介绍,一方水土养一方产业,宋亮村的黄韭与其他地方相比,长得快、味道香。自记事起,宋亮村就种植黄韭,但都在自家院子里种,没有大棚式的规模种植。2015年10月,新河镇争取县扶贫资金帮宋亮村建了10个黄韭简易棚,并买了种子,每2个贫困户负责一个棚,已带动20户贫困户、59人脱贫。2016年,又整合涉农资金13万元,为宋亮村增建了13个棚。新河镇镇长董韬认为,这种简易棚性价比高,一两人就能忙过来,投资少、利润高、见效快,当年即能收回成本。笔者走进村民邢书泽负责的2号棚,一片片鲜嫩的黄韭长势喜人。邢书泽和老伴从2015年开始经营这个棚,每年纯收入近6000元,2016年已脱贫摘帽。

宋亮村传统的黄韭种植大棚

第一部分
蒲泽情深

2018年12月12日至13日，新华社党组成员、副社长、扶贫领导小组组长刘正荣到新河县调研定点扶贫和脱贫攻坚工作。图为12日晚，正荣同志冒着夜色到宋亮村调研，下到半地下的黄韭大棚，了解黄韭盆景的种植、加工等情况。

为支持宋亮村黄韭种植项目，邢台市建行驻宋亮村工作队精准帮扶，邢台建行申请"绿色通道"，在最短时间内争取建行总行捐赠资金15万元。目前，宋亮村的黄韭大棚初见规模，经营大棚的，除了17户建档立卡人员外，还有16户非贫困户。邢金岭介绍说，这两年黄韭盆景市场也供不应求，一亩地出黄韭盆景260余盆，每盆按市场价平均80元计算，一亩地毛收入2万多元，刨去成本8000元，每亩净挣1万多元。2017年，宋亮黄韭种植总收入超过15万元，平均每户约7000元。黄韭种植这个精准入户到人的脱贫项目，已为村民找到了一条增收致富的好路子。

党员带好头让群众见甜头有劲头

宋亮村黄韭由庭院式作坊种植向大棚规模种植转变的过程，也是新河县加强基层组织建设促进脱贫攻坚的真实写照和缩影。新河县委强调，让每一个农村党组织都成为脱贫攻坚的战斗堡垒，让每一名党员都成为带领群众脱贫致富的开路先锋。邢金岭坦言，村民们在调整农村种植结构上有很多顾虑，当初贫困户参与大棚种植黄韭的积极性并不高。有的担心市场销路，有的怕政策反复，风险不可预测。按照新河镇党委的安排，他和村两委一班人研究决定，从33名党员中挑选几个敢闯敢干的能人，先带头干起来，群众看到甜头后自然会跟着干。邢金岭家有超市等买卖，生活殷实，但作为村里脱贫攻坚的"领头雁"，也不惧收割、包装等黄韭种植的复杂工序，包下一个棚。支部委员宋英辉、村委委员邢振栋等党员纷纷带头建大棚。贫困户李金才是村里的青年党员，动员其内弟邢瑞贞一起负责一个棚。年底一算账，一亩小麦只能挣1000元，种植黄韭平均收入则超过5000元，而且销售由村合作社统一负责，供不应求，大家种植黄韭的积极性空前高涨。

谈及于此，笔者也交流了自己学习省市县委党建扶贫工作部署的一些体会。扶贫的主体是干部，脱贫的主体是群众。党建扶贫，必须做到把村党支部建设、驻村工作队的工作与脱贫攻坚捆绑起来，着力唤醒建档立卡贫困群众的主体意识、进取意识和市场意识，首先从思想上"拔穷根"，激发脱贫致富的内生动力。在场的干部群众深表赞同。

黄韭如何真正成为致富"引擎"？

宋亮村2012年被确定为新河县重点贫困村，总人口440人，土地总面积1175亩，耕地884亩，2017年14户29人脱贫摘帽出列后，建档立卡人员目前还有10户20人。2018年是新河县脱贫攻坚的收官之年，宋亮村干部群众对全村今年脱贫出列充满信心，没有看出他们的压力。邢金岭说，"大家伙都尽快富起来，是共同的期盼，村委会已经初步制订了扩大黄韭种植规模的规划，希望上级领导给予宋亮村更多的支持，让宋亮黄韭有朝一日亮相上海世博会。"

实践证明，没有产业带动，很难脱贫，更别说致富；缺乏产业支撑，脱贫也难以持续。根据新河镇产业扶贫的布局，除黄韭种植外，还有光伏发电、华兴汽配件制造、顺驰眼镜盒业等项目合力带动宋亮村贫困群众稳定脱贫增收。宋亮村具备了以黄韭种植为"龙头"，以村合作社为主体，高标准规划、大规模种植、市场化运营，推动实现农业现代化的条件。交

第一部分
蒲泽情深

谈间隙，笔者建议镇村两级干部做好三件打基础利长远的事：一是领会新河县委十届三次全会精神，对标深州等地区种植黄韭的有效做法，进一步优化宋亮村黄韭产业规划；二是构建非贫困户与黄韭种植产业的利益联结机制，积极引导和推进土地流转；三是通过有关部门或驻村工作队等牵线搭桥，依托高校院所和相关企业，制定宋亮村黄韭种植的规程。对此，新河镇党委书记李刚表示，按照县委"一乡一业""一村一品""一户一策"的部署，新河镇会同县直有关部门，正在加大对宋亮村黄韭种植产业的指导和培育力度，推动实现十九大"乡村振兴"战略强调的"产业兴旺"。

据《新河史话》记载，相传宋亮村原名宋粮庄，由于邻村后保居庄一庙顶上塑有一只铁公鸡，正冲宋粮庄街口，居民以为鸡"吃"粮，对宋粮庄不利，于是将村名改为宋亮村，意为鸡鸣东方亮。今天，宋亮村民不再迷信，也无须迷信，有黄韭种植这个"引擎"的带动，宋亮村将名副其实地"亮起来"。

（《新华每日电讯》2018年1月18日）

一个村庄的决战
——三访东边仙庄村脱贫攻坚札记

东边仙庄村，隶属河北省新河县仁让里乡，顾名思义，这里是有传说故事的地方。据康熙年间的《县志》记载，相传村有边氏女，生而美善未及聘，一夕升天空，以此名其地，村西边有仙女台，遗址今无。今天，东边仙庄村人正用力书写脱贫攻坚的真实故事。

2017年9月19日，县委书记李群江带队调研产业扶贫情况，路过东边仙庄村，笔者听到了村委班子强的评价；不久，习惯"打破砂锅问到底"的笔者到东边仙庄村，与驻村工作队和村支书进行了初步交流。在新河县脱贫攻坚的收官之年，2018年1月24日下午，笔者再次到东边仙庄村调研产业扶贫等情况。三次调研，笔者感触颇深，聚力主业、服务企业、扩大就业正成为东边仙庄村探索从贫困到脱贫、从脱贫到小康两步并作一步走的有效路径。

聚力主业："光伏扶贫 + 低保兜底"构建脱贫"双保险"

东边仙庄村2013年被确定为国家级扶贫开发重点村，时有贫困人口411户963人，2014年建档立卡时，贫困人口242户543人。近年来，新河县纪委驻村工作队和村两委班子把脱贫攻坚作为头等大事和第一要务，协同发力，218户504名建档立卡群众已脱贫出列，还剩24户39人，计划2018年脱贫出列。

古人云，"法乎其上，得乎其中；取法其中，得乎其下"，为确保真脱贫，防止脱贫又返贫现象，驻村工作队发扬干就干好、干就一流的作风，会同村两委班子商定，脱贫攻坚战，必须按照从贫困到脱贫、从脱贫到小康两步并作一步走的要求，由打赢向打好转变，努力实现更高质量的脱贫和小康。

> 第一部分
> 蒲泽情深

东边仙村的光伏电站

光伏扶贫是国家发起的精准扶贫工程，新河县积极探索"政府＋企业＋金融机构＋贫困户"的光伏产业新路。村党支部书记陈清涛介绍，村里的光伏电站已并网发电，每个贫困户每年都能稳定收益 3000 元；27 名贫困群众还享受着"低保"待遇，可支配收入超过了国家线，增幅也高于全省标准。新河县脱贫办主任姬志勇介绍，光伏扶贫和低保兜底已经构建了东边仙庄村贫困群众脱贫的"双保险"。

服务企业："猪鸭养殖＋特色种植"渐成富民产业

按照省市安排，新河县实施决战脱贫决胜小康两步并作一步走的战略。东边仙庄村在仁让里乡和县纪委驻村工作队指导下，一方面高标准谋划脱贫任务，另一方面积极为驻村企业服务，推动发展富民产业，夯实全村小康的物质基础。

2014 年 7 月，争取上级扶贫资金支持，东边仙庄村流转 100 亩土地，建了 100 个大棚，但由于市场行情、经营不善等因素，承包大棚的老板几易其主。2017 年 8 月，新河县利用国开行扶贫贷款 980 万元拓宽修葺的仁东线竣工后，村里就斥资近 2 万元，为路旁的大棚装了监控探头。经陈清

在扶贫路上
ZAIFUPINLUSHANG

2018年1月24日，作者到东边仙村调研产业扶贫情况

涛牵线，来自山东夏津的朱玉江已承包大棚种红薯。总投资15亿元的河南牧原百万头生猪养殖项目是新河县产业扶贫的"大手笔"，仁让里乡负责同志介绍，建设新河牧原公司第四养殖场所需的724亩地，东边仙庄村不到一个月就征完了。场长闵文飞说，他们与村委会经常互动，占地每亩每年补助村里1000元，19位村民在公司养猪，还上了"五险一金"，月工资人均3800元左右，2018年计划实施牧原"5+"资产收益金融扶贫模式，每个贫困户还可获收益3200元。村东北角的健加乐鸭业公司是县纪委招商引资项目，不仅带动本村19人就业，而且也帮扶后良家庄、西边仙庄等11个周边村的40多名群众收获了工资性收入。

县纪委驻村工作队队长刘庆勇介绍，除了村里现有的700亩皇冠梨和100亩优质桃种植及光伏扶贫项目，仅驻村企业占地补偿每年给东边仙庄村带来的资产性收入就超过100万元。笔者深深体会到，大力培植产业项目，不仅利于帮助农民增加财产性收入，创造工资性收入，也利于盘活闲置土地资源，强化节约用地，推动规模经营，进而助推农村新型经营主体培育。这符合中央对"三农"工作的顶层设计和改革方向。

扩大就业：引导农民向职业农民和产业工人转变

东边仙庄村在新河县城东南约14公里处，人口2246人，耕地3800亩，

第一部分
蒲泽情深

人均耕地不足1.2亩。陈清涛说，尽管村里平整了近400亩荒地，但耕地太少这个最大的村情，仍是脱贫致富奔小康的最大"桎梏"，常年在外务工人员600余人。

2017年，新河牧原公司、健加乐鸭业公司、山东津安劳保用品厂等企业驻村后，为村民在家门口就业提供了更多的机会。为此，村两委班子和驻村工作队一直通过入户宣讲、大喇叭广播等方式，引导广大村民就近就业，逐渐转变为产业工人或职业农民。同时，引导在外务工的致富能手回乡创业。村民牛润泉在石家庄发展装修业务，势头不错，响应村里的号召，已准备回新河县开辟业务。他说，这样既能降低成本，又能带动邻居一起挣钱。

党的十九大提出乡村振兴战略后，按照中央和省市部署，新河县多次召开会议进行具体安排，确定城乡融合发展的路线图和时间表。在笔者看来，东边仙庄村是新河县对外形象的窗口村，具备了推动城乡融合发展的独特"地利"。邯黄铁路货运站依村而建，仁东线从村东头穿过，与春秋路、新冀线、西新线互联互通，实现了东边仙庄村到县城、乡政府、高速路口、308国道不到15分钟的交通圈。

在调研结束时，笔者发现，道德评议会和红白理事会等村规民约上墙公布，对接城乡垃圾一体化处置工作的5个便捷清运式垃圾箱摆放在村委会院内，工作人员正在修理社区直饮水站，原来村西北角的垃圾场已被改造为村民活动广场，"倡导文明新风 塑造农村新貌"的村牌坊格外醒目……

大地为纸，勤劳作笔。在返程的路上，一个念头油然而生，真诚期盼东边仙庄村正在酝酿的"绿化""美化""亮化"工作，悄然揭开乡村振兴的序幕。

（《新华每日电讯》2018年2月1日）

建强党支部　　帮出好日子
——河北新河县西流乡白杨林村调研记

走进河北新河县西流乡白杨林村大队部，墙上"驻村帮扶结真情，无私奉献为百姓""心系群众办实事，扶贫帮困暖人心""为村里修桥铺路，替群众排忧解难"三个锦旗格外醒目。"走访的村民都念驻村工作队的好。"带队验收该村脱贫退出工作的邢台市扶贫办干部田鹏说。

带着问题访真贫　　着力民生增福祉

"一想起当地村民哽咽表达的感谢和希望，我们就没理由不千方百计为群众解难题。"邢台市建设局、气象局驻白杨林村扶贫工作队队长陈志军说。

2018年3月，工作队进驻白杨林村，迅即围绕"两不愁三保障"，访民情听民意，把民生项目作为突破口。陈志军介绍，针对村三条主街道两侧坑坑洼洼、积水难排等人居环境方面的短板，工作队首先自筹资金10万元，并争取配套资金，硬化拓宽街道，并在两侧种植70棵龙爪槐；统筹上级支持和村集体资金20万元，打一眼500米的深水井，彻底解决村民"吃水难"的问题；发挥优势，精准服务，圆了8户贫困户的安居梦；协调改造村南西沙河上的危桥，根治困扰村民的交通问题，使得水利和收割机械过桥，266亩旱地变成了良田……一个个民心工程落地，提升了广大村民的幸福感、获得感。老党员李根会还编了快板在街头传唱。

带着感情扶真贫　　聚焦富民育产业

习近平总书记强调，发展产业是实现脱贫的根本之策。要因地制宜，把培育产业作为推动脱贫攻坚的根本出路。工作队一方面谋划事关"两不愁三保障"的民生项目，另一方面坚持扶贫从输血转向造血，探索培育脱贫致富的产业。

白杨林村有多年养羊的历史传统，工作队调研提出了"依托自身资源，调整产业结构，开展特色养殖"的发展思路，引导贫困户发展肉羊养殖业，拓宽增收渠道。住在村口的贫困户张西成感受颇深："俺和老伴在工作队鼓励下，今年养了29只羊，加上政府各项贴补，年底肯定能脱贫。"

此外，工作队通过融合各类资金、联合其他单位等方式，落实扶贫资金。在县扶贫办指导下，全村建档立卡贫困户与河北途盟机械制造有限公司达成入股分红协议，有劳动能力的贫困户培训上岗后还可以挣工资。

常言道，"群众心里有杆秤"。帮扶成效，群众看在眼里、记在心里。老党员李卫中说，工作队来后，村里大变样，乡亲们提振了精气神，村干部也挺起了腰杆。

带着责任脱真贫　　建好支部强堡垒

"等靠要"等精神层面的贫困是最根本的贫困，脱真贫、真脱贫必须坚持扶贫先扶志，激发贫困群众脱贫的内生动力，拔掉思想观念上的"穷根"。这就要求充分发挥基层党组织的战斗堡垒作用，锻造党的政治优势、组织优势和密切联系群众的优势，进而转化为脱贫攻坚和乡村振兴的优势。

白杨林村一度民风不好，近年来县乡两级党委出重拳整治，白杨林村

在扶贫路上
ZAIFUPINLUSHANG

由乱到治。陈志军与村党支部书记李国信这两个当过兵的汉子，都认为要进一步建强党支部，以更好地促进脱贫攻坚，培育文明乡风。工作队自筹资金购买音响设备，组建广场舞队伍，完善党员活动室、便民服务中心等功能，增强了党支部的向心力。

针对少数贫困户"等低保、靠扶持、要救济"的依赖思想及强调"家里很困难""我脱不了贫"等怕脱贫、不愿脱贫的现象，工作队积极开展讲形势、讲政策、讲问题、讲先进、讲要求的"五讲"活动，让贫困户成为扶贫政策的明白人，既打消其"脱了贫就少了扶持""脱了贫享受不了政策"的思想顾虑，又对标脱贫致富典型，"照照镜子、红红脸蛋"，从内心深处打消"等靠要"的念头。

作为驻村第一书记，陈志军还以上率下，号召工作队和村干部主动当好指导员、技术员、调解员、服务员、宣传员、信息员"六大员"，推动脱贫攻坚落实落细，"小事不出村，大事不越级"。陈志军说，创新帮扶形式，切实提高党支部的凝聚力和战斗力，是下一步的工作重点，也是市县组织部门对党建扶贫的要求。

对这支工作队，西流乡乡长贾建强高度评价，"他们在较短时间内帮助解决了乡村两级组织由于各种原因没解决到位的难题"。多家媒体也对工作队事迹进行了报道。

对此，陈志军没有"贪功"，他认为工作实效得益于三个没想到："没想到县委县政府这么重视脱贫攻坚，没想到乡党委政府抓得这么紧，没想到村'两委'能打硬仗。"

（《新华每日电讯》2018 年 11 月 14 日）

第一部分
蒲泽情深

脚步量民情　扶贫送春风
——河北省新河县仁里乡九柳村调研记

民居整齐划一，街道干净整洁，麦田果园成片，光伏太阳能电池板熠熠生辉，村民脸上洋溢着笑容……近日，笔者在河北省新河县仁里乡九柳村调研，看不出这是一个年前出列的贫困村。乡党委书记苏世峰介绍，这欣欣向荣的景象离不开帮扶单位新河县人民法院的不懈努力。

一个坚强有力的法治保障

走进村口，坐在轮椅上的张志民，热情地和我们打招呼。县法院驻村工作队队长张卫中介绍，张志民因聋哑和两腿残疾行动不便，以前靠两个车轱辘出门。工作队报告情况后，县法院立即与残联联系，申请免费轮椅。张志民家属收到轮椅时，连声说道："感谢党，感谢县委政府，感谢新河法院。"

根据新河县脱贫攻坚工作的安排，新河法院自2016年帮扶九柳村。九柳树位于新河县、南宫市和衡水市的冀州区三县（区）交界处，交通条件较差，群众生产生活条件比较落后。全村330户1050人，建档立卡贫困户38户、贫困人口50人，主要依靠传统种植业增收，脱贫任务艰巨。县委书记李群江、县长李宏欣、县委副书记王建中等领导多次实地调研指导，新河法院调研制订《新河县人民法院扶贫工作细则》，为扶贫提供强有力的法治保障。院党组书记、院长刘建鹏说，新河县法院专门成立了扶贫领导小组，将扶贫作为"一把手"工程，制订年度方案，安排干警分包贫困户，责任到人。

九柳村党支部书记刘国红介绍，建鹏院长既当"指挥员"又是"战斗员"，调研发现九柳村道路不畅、路面没硬化等问题后，立即协调县交通局、住建局等单位投资130多万元，新修乡村公路3条（全长4500多米），铺设花砖2000余平方米，与县城和周边村庄实现了互联互通，极大地方便了群众出行。为改变村容村貌，院领导班子会同驻村工作队、村"两委"及村内青壮年劳力30余人，对九柳村2000余平方米的坑池渠沟进行整治清理，并多次组织全院干警为行动不便的贫困户打扫院落和室内卫生，消除"眼球贫困"。

一支倾情帮扶的工作队

为了扎实做好驻村帮扶工作，新河法院选派党组副书记张卫中带领两名农村工作经验丰富、群众工作能力较强的干警组成驻村工作队。工作队员有时骑着电动车摸排群众生产生活情况，更多的时候用脚步丈量民情，随身携带的笔记本上写满了贫困户基本信息、差异需求。工作队发现自来水不能全天供应，立即报请院党组协调相关县直部门，在仁里乡支持下，投资9.5万元，整修了九柳村自来水管网，新换了水泵、电柜和配电设备，盖起了新泵房，方便了群众用水。

县法院党组副书记、副院长宋兆瑞说，每年冬天，工作队都发动单位职工为九柳村贫困户捐赠棉衣、棉被和生活用品等，送去党和政府的关怀和温暖。节假日前后，为困难群众送去食用油、面粉、大米等生活用品，不断提升"两不愁 三保障"的水平。

"感谢县法院帮我完成危房改造，让我又有了温暖的家"，站在新房门前的贫困户吴献军，喜悦之情溢于言表。他原有的几间土坯房因意外火灾而倒塌，工作队第一时间帮其协调争取资金，盖起了砖混结构的新房。

工作队这一驻就是三年多，细致入微的服务，让扶贫的春风拂过九柳村每个角落。走在村里，不时能看到村民自编自写的春联，体现着村民发自内心感谢党和政府的真挚情怀。

一套标本兼治的帮扶措施

脱贫攻坚重在标本兼治，增强贫困群众摆脱贫困的信心和能力。新河法院以"扶志""扶智"为抓手，因地制宜开展产业扶贫、智力扶贫和精准帮扶，探索全方位、多层次、立体式扶贫，不断增强扶贫"造血"能力。

第一部分
蒲泽情深

刘建鹏同志带头捐款资助九柳村建档立卡贫困家庭学生，县法院帮助村委会安装宽带，捐赠4台电脑、2台复印打印一体机；协调电信部门，为贫困群众免费办理了电话卡和宽带，打通了信息服务困难群众的最后一公里。工作队还专门为九柳村购买400多本书，便于村民学习种养殖知识。

"注重产业扶贫，增强群众脱贫的内生动力，是驻村帮扶的一条有效做法。"张卫中介绍，工作队在帮助49户贫困户争取光伏扶贫、资产收益分红项目的基础上，引导村民修建9个钢构大棚，开展蔬菜、甜瓜等特色农业种植；争取扶贫资金3万元，组织5家农户联户办了养鸡场，养鸡1万多只；争取扶贫资金1.8万元，协调三户群众养牛15头。九柳村已有31户贫困户、41名贫困人口通过产业项目如期脱贫摘帽，人均收入由2200元增长到4600元。

建设坚强战斗堡垒的制度保证

人民日报评论员

《中国共产党支部工作条例（试行）》日前发布，这是我们党历史上第一部关于党支部工作的基础主干法规。《条例》以习近平新时代中国特色社会主义思想为指导，贯彻党章要求，落实新时代党的组织路线，继承"支部建在连上"光荣传统，又体现党支部建设新做法新经验，具有很强的指导性和时代感，为全面加强新时代党支部建设提供了基本遵循。

九层之台，起于累土。党支部是党的基础组织，是党的组织体系的基本单元，是党在社会基层组织中的战斗堡垒，是党的全部工作和战斗力的基础。全党400多万个党支部，广泛分布在各地区、各领域，构成了党执政大厦的稳固地基，这是我们党的巨大组织优势。党的十八大以来，以习近平同志为核心的党中央高度重视党支部建设，提出一系列新思想新要求，突出强调把全面从严治党落实到每个支部、每名党员，推动全党形成了大抓基层、大抓支部的良好态势，取得了明显成效。当前，推进伟大斗争、伟大工程、伟大事业、伟大梦想，必须把党支部建设放在更加突出的位置，提升组织力、强化政治功能，全面提高党支部建设质量，不断夯实党长期执政的组织基础。

要让党支部在基层工作中唱主角。《条例》以党章为根本遵循，着眼提升组织力、强化政治功能，突出党支部担负直接教育党员、管理党员、监督党员和组织群众、宣传群众、凝聚群众、服务群众的职责，提出了党支部的基本任务和各领域党支部的重点任务，为党支部唱好主角提供了制度依据、明确了工作标准。按照《条例》要求，各领域党支部都要坚持把党的政治建设摆在首位，自觉践行党的宗旨和群众路线，认真履职尽责，充分发挥作用，把党员组织起来、把群众动员起来，确保党的路线方针政策和决策部署贯彻落实，真正成为党在社会基层组织中的坚强战斗堡垒。

要加强党支部标准化、规范化建设。《条例》紧密结合实际，突出问题导向，着眼补齐短板，对创新支部设置、完善工作机制、开展组织生活和加强党支部委员会建设等作出明确规定。要按照《条例》要求，巩固完善传统领域党支部建设，拓展建设新兴领域党支部，做到党和国家事业发展到哪里，党支部建设就要跟进到哪里，使党的组织和党的工作全覆盖。要优化组织设置、理顺隶属关系，健全工作机制、强化工作保障，使党支部既能"安营扎寨"，又能有效运转。要激发党支部工作活力，坚持落实"三会一课"、主题党日等组织生活制度，加强党员经常性教育、管理、监督和服务，充分发挥党员先锋模范作用，做好群众思想政治工作，使党支部充满正能量、富有战斗力。

"欲筑室者，先治其基。"重视支部、善抓支部，是党员领导干部特别是党组织书记政治成熟的表现。如果一个地方、一个单位党支部建设问题一大堆，这个地方和单位的党组织书记就是没有尽到责任，就是没有抓好工作。《条例》对党委（党组）和党组织书记抓党支部建设——作出规定，既赋了权，也明了责。各级党委（党组）要牢固树立"四个意识"，切实把抓好党支部作为组织体系建设的基本内容、管党治党的基本任务、检验党建工作成效的基本标准，采取有力措施，组织推动《条例》的学习宣传和贯彻落实，不断增强党员领导干部特别是党组织书记抓好党支部工作、推动党支部建设的本领，全面提高新时代党支部建设质量。

《人民日报》（2018年11月26日01版）

春风化雨润无声。现在，新河法院驻村工作队员被九柳群众称为"亲人"，驻村第一书记张卫中被邢台市委市政府评为"全市驻村精准扶贫工作优秀第

在扶贫路上

一书记",工作队员李跃辉被河北省政府评为"省级帮扶优秀工作队员"。

(《法制网》2019年5月16日)

延伸阅读

法治助推扶贫攻坚

3月13日,十三届全国人大一次会议举行第四次全体会议。会后,国务院扶贫办主任刘永富就脱贫攻坚在"部长通道"回答记者提问时说,要坚决纠正扶贫领域出现的形式主义问题,特别是要惩治一些腐败现象。

脱贫攻坚是在最薄弱的环节做精准的事情,这既意味着工作的难度,也说明工作的重要性。近5年来,中国扶贫工作的成就硕果累累、举世瞩目,减少了6853万贫困人口,年均减少1370万人。也正因为有了扎实的基础,党的十九大明确提出了坚决打赢脱贫攻坚战。

扶贫工作向来不易,不仅需要与贫乏的自然资源、落后的生产方式做斗争,还要与人陈旧的观念习俗和贪婪的欲望相较量,而且还有刘永富所谈到的那些扶贫领域出现的形式主义和腐败现象,这些都阻碍着扶贫工作的深入推进。从这个意义上说,扶贫也需要法治之力。做好法治扶贫,靠法治提高生产力,是推动扶贫攻坚的必选项。

法治扶贫说的不仅是送法下乡和法律工作者参与扶贫,更重要的是用制度性的成果提供经济社会发展的经验,用刚性的力量肃清贪腐的泥垢,用依法行政的积极作为去除形式主义的怪胎。

毫无疑问,在新时代,人们对美好生活充满了向往也充满了希望,攻坚克难的扶贫目标一定会如期实现。因为人们不仅看到了扶贫工作不断取得的成就,更看到了包括国家深化监察体制改革的重大举措,反腐败的党规与国法日益健全、日益完善,坚决纠正扶贫领域出现的形式主义问题并且惩治腐败现象,必然会使脱贫攻坚更加有效地向前推进,而这正是人们的希望所在。

(《法制日报》2018年3月15日,作者为凌锋)

第一部分
蒲泽情深

抓好教育是扶贫开发的根本大计,要让贫困家庭的孩子都能接受公平的有质量的教育,起码学会一项有用的技能,不要让孩子输在起跑线上,尽力阻断贫困代际传递。

——《习近平总书记在中央经济工作会议上的讲话》(2014年12月9日),载《习近平扶贫论述摘编》,中央文献出版社2018年8月版,第133页

"准孤儿"奖状背后故事多
——河北省新河县新河镇六户村调研记

"一家三口原本过着平静的生活,2015年厄运突降,户主李世华因淋巴癌去世,妻子接受不了这沉重的打击,料理完丧事不久便离家出走,至今杳无音信,丢下8岁的李子健一人……"近日,笔者到河北新河县新河镇六户村"访真贫"时,新河镇党委书记李刚先介绍了李子健家的基本情况。

走进李子健家,"三好学生""优秀学生""征文比赛二等奖""2015—2016学年上半年考试获得第一名"等贴满墙上的大红奖状深深地震撼了我。一个疑问油然而生:一个"准孤儿"为什么能自强不息?

多亏党的政策好 奖状是最好的慰藉

"村委班子经民主评议集体研究,第一时间跑办,提供最低生活保障。"2018年换届当选的"80后"村支书张森强介绍,由于李子健的叔叔李新华常年在北京打工,抚养重担落在了79岁的爷爷奶奶肩上,六户村"两委"也一直把李子健列为重点帮扶对象,实现了资产收益、光伏、低保兜底等扶贫政策全覆盖。县教育局不但落实了"两免一补"教育扶贫政策,还为李子健发放了无障碍入学补助。

在扶贫路上
ZAIFUPINLUSHANG

"原想我们老两口万一不在了，孙子该咋办？多亏党的好政策，解除了我们的后顾之忧。"李子健的奶奶李云英表示，她和老伴李彦洲都患有高血压、冠心病等慢性病，年事已高，最放不下的就是孙子李子健，学校发的奖状是最好的慰藉。由于大家都关心，孙子没有因为家庭变故荒废学业，反而更加努力了。2018年上五年级时，他在衣柜上用粉笔写下自由诗《鞭策自我》，时刻提醒自己，好好学习，天天向上，力争考上新河最好的中学。

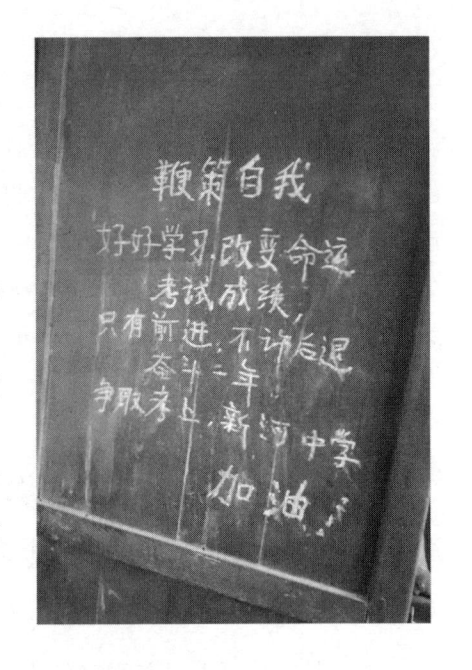

驻村干部帮到家　有了难事去找他

根据新河县扶贫脱贫工作的统一安排，县人社局干部结对帮扶六户村53户建档立卡家庭。人社局驻村工作队及时帮助解决李子健的各种困难，将党的温暖带给这个困难家庭。帮扶责任人郑建鹏是一个很有责任心的年轻干部，经常到李子健家走访慰问。2018年10月17日，村干部与工作队走访时发现李子健因腿部无故疼痛，请假在家休学。郑建鹏随即联系县中医院骨科医生，全程陪同检查治疗，李子健很快康复回到校园。懂事的李子健在院墙上写下了打油诗答谢：驻村干部帮到家，有了难事去找他……

扶贫叔叔再相见　长大我要去感恩

"一方有难，八方支援"，社会各界对这个家庭也给予了重点关注。碧桂园集团自2018年10月针对新河县365个贫困家庭学生开展结对帮扶活动，李子健当年得到1000元的助学金。2019年春节前夕，碧桂园驻新

第一部分
蒲泽情深

河县乡村振兴办公室工作人员董亚青,专门带着毛毯和棉衣等到李子健家慰问,鼓励他好好学习,争取长大后到碧桂园工作。小子健很受鼓舞,在家中显著的位置写下:扶贫干部同时到,携带物品到我家,感谢党的好领导,党民和谐是一家……

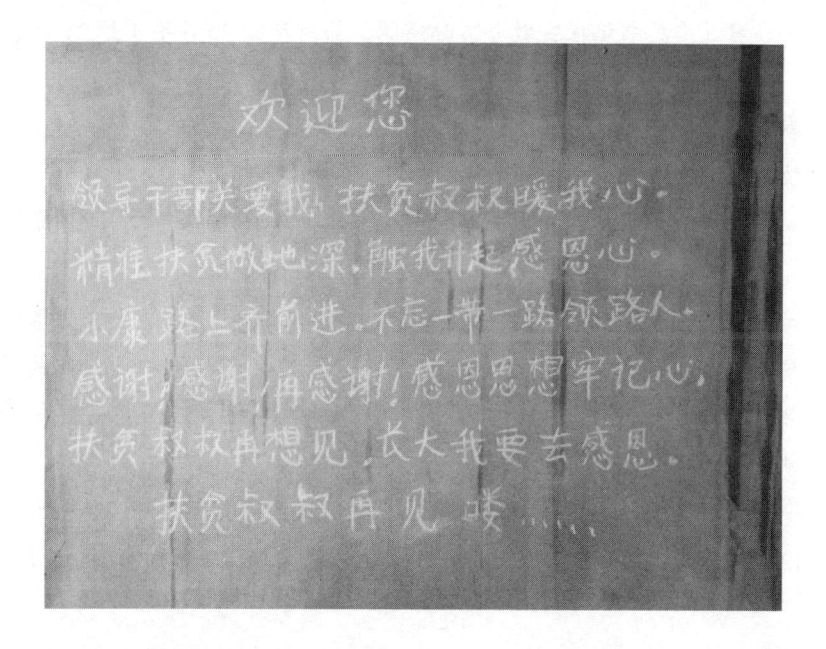

看到李子健家墙上的一个个奖状、一句句感恩的话,笔者深切体悟到,脱贫攻坚是一个系统工程,不仅仅需要党委政府担当担责,发挥主体作用,更需要全社会共同努力,形成合力。一句话,众人划桨开大船。近年来,新河县全党动员、全民参与、全县发力,构建政府、社会、市场"三位一体"的大扶贫格局,全力推动实现高质量的稳定持续脱贫。

(《新华每日电讯》2019年4月9日)

要脱贫也要致富，产业扶贫至关重要，产业要适应发展需要，因地制宜、创新完善。

——习近平总书记在安徽考察时强调，据新华社 2016 年 4 月 24 日电

发展产业是实现脱贫的根本之策，要因地制宜，把培育产业作为推动脱贫攻坚的根本出路。

——习近平总书记在宁夏考察时强调，据新华社 2016 年 7 月 18 日电

产业扶贫是稳定脱贫的根本之策，但现在大部分地区产业扶贫措施比较重视短平快，考虑长期效益、稳定期效益、稳定增收不够，很难做到长期有效。如何巩固脱贫成效，实现脱贫效果的可持续性，是打好脱贫攻坚战必须正视和解决好的重要问题。

——《习近平总书记在打好精准脱贫攻坚战座谈会上的讲话》（2018 年 2 月 12 日），载《习近平扶贫论述摘编》，中央文献出版社，2018，第 83 页

产业兴旺，才谈得上乡村振兴
——来自河北新河县寻寨镇南王家庄村的调查

河北省新河县城西南约 15 公里处，有一个历史悠久的村子——南王家庄村。南王家庄村虽然是一个边远的贫困村，但民风淳朴、邻里和睦，在村内街道和田间地头洋溢着广大农民群众对乡村振兴的殷切期盼。

二十多年无上访：乡风文明的鲜明体现

"俺村里外出打工的不少，留在家里的大多是老人和小孩，没有劳动力，浇地有困难，村里就安排了专人负责分片浇地，不管家里有没有人，

一个电话，准能按时浇上。"南王家庄村支委王宝丰介绍，党员主动为群众排忧解难，带好一个头、影响一群人，这是邻里之间和睦相处的基础。

婚丧嫁娶等红白喜事讲排场、相互攀比、大操大办在南王家庄没有"市场"。村红白喜事会长王振起主导，全村红事烟酒统一档次标准，白事一律不摆酒席，红白事上的担子轻了，村民们享受着自己给自己"松绑"的喜悦。村民张彩华一脸笑容地说："前一阵子我儿子结婚，摆酒席满打满算才花了6000多，省下的钱给儿子添了一辆摩托车。"

党员干部带头、约定村规民约、丰富文化生活……不经意间，这个边远小村营造出了和谐文明的良好氛围，家庭无纠纷，邻里不红脸。已在河北新河县寻寨镇政府工作六年有余的人大主席张洪勋说："我分包这个村有些年头了，还没出现过上访问题，连去镇政府上访的都没有。""我们村20多年没有出现过上访的了！"南王家庄村干部王国卫补充道。

空心化问题突出：乡村治理的最大挑战

农村"空心化"问题是南王家庄村乡村治理的最大挑战。在对村里23户村民的走访调查中发现，有7户长年不在村，搬到县城或邢台、石家庄等周边城市居住，房屋闲置，耕地交由他人租种；有8户为60岁以上老年人，子女已搬走或长年在外，劳动能力不足，耕地利用率低；有8户为40~60岁的中年人，平时在县城或就近打零工，农忙时在家务农，子女在外打工或上学；没有40岁以下的青壮年长住户。

究其原因，王国卫一语道破："在村里就是种地，没什么别的收入，一亩地一年才挣几百块钱。年轻的都出去打工了，有稳定工作的就搬走了，村里大部分是留守老人。不是开玩笑，村里要是来个偷东西的都没人能追得上。"他还介绍，由于宅基地费用极低，有的不在村里住，还占着宅基地，空房、空宅基地闲置还影响了村容村貌。

发展富民产业：乡村振兴的首要任务

南王家庄是典型的平原村农业村，土地肥沃，浇水方便，村民长期以

在扶贫路上
ZAIFUPINLUSHANG

传统种植业为主，温饱问题很容易解决，按常理不应发展成为贫困村。对此，寻寨镇党委书记王忠才一针见血地指出，这些年惠农政策越来越多，村民手里能留住些钱，开始安于现状，少了些绝地求生的干劲，导致长期以来没有发展自己的富民产业。村民单一依靠传统种植，抵御风险能力很低，一旦遇到变故，或因病，或因学，或因灾，极易致贫。

在新河县，对有劳动能力的贫困户而言，一靠教育、医疗、民政等扶贫政策，二有入股分红等产业扶贫措施，三来可以务工挣"闲钱"。新河县振堂中学驻村工作队成员张宪耀说："村民如果能在家门口挣三千的，一般不到北京挣六千。"由于南王家庄和附近的村庄都没有富民产业，大家只能外出务工，这是"空心化"问题的根源所在。

王忠才介绍，为了解决"空心化"问题，寻寨镇2017年协调了颐膳美食品、浩帅服装等企业到各村开展招聘、培训等活动，实现青年就近就业，留住了一些人才。其中，南王家庄13家贫困户与新河金嘉盒业签订了分红协议，每人每年领取300元收益。

寻寨镇的探索表明，"产业兴旺"是乡村振兴的源头根本、基础前提和中心任务。只有产业兴旺，才能留住农村人才青年，集聚乡村振兴必需的人、财等发展要素，改变各种要素单向由农村流向城市的"虹吸效应"，才能谈得上乡村振兴战略规划的城乡一体化融合发展。

（《新华每日电讯》2018年3月3日）

第一部分
蒲泽情深

全党同志务必把思想和行动统一到党中央决策部署上来、统一到实现"两个确保"的目标上来，决不能落下一个贫困地区、一个贫困群众。

——《习近平总书记在中央扶贫开发工作会议上的讲话》（2015年11月27日），《十八大以来重要文献选编》（下），中央文献出版社2018年版，第47页

新河：农村危改"钉子户"签约记

6月6日，"芒种"节气，正是抢收抢种、播撒希望的季节。邢台海关（原邢台检验检疫局）驻河北新河县董夏村工作队王宝刚打来电话说，郎安贵已与村里签订危房改造协议，收完小麦就开始改造。这标志着农村危房改造政策对董夏村应保人员实现了全覆盖。

"我死之前，房子塌不了"

据村支书刘子芳介绍，郎安贵，66岁，收养1女，已出嫁。现1人居住，无劳动能力，属于建档立卡贫困户。其居住的北屋为1980年盖的老房子，不足50平方米，年久失修，早已被村里列入危房改造重点户。但耿直朴实的郎安贵以过一天是一天，不想给政府添麻烦为由，拒绝老房改造。驻村工作队就把协商争取郎安贵房屋改造列为帮扶工作的重中之重。

5月4日，笔者到董夏村调研时，驻村工作队王宝刚同志介绍了他们和村支书多次与郎安贵沟通的情形。由于郎安贵长期独自生活，缺乏改善生活条件的动力，见到工作队就把"我死之前，房子塌不了"挂在嘴边，不愿改造住房。

"要盖就盖三房，要么就不盖"

此后，县住建局包联寻寨镇人员耐心讲解危房改造政策，村支书与驻村工作队经常与郎安贵谈心，鼓励其改善居住条件，提升生活自信，彻底摆脱"混日子"的状态。工作队王文亮同志说，每逢阴雨天气，他们就和村支书到郎安贵家，查看院内有无积水，外露电线电路是否漏电，详细说明所住危房的风险。郎安贵的思想慢慢开始动摇，但也打起了自己的"小算盘"，"要盖我就盖三房，要么就不盖"。在他看来，宅基地是三间，"盖三间房让亲戚来家里有个住的地方，盖两间空间太小"。

经测算，盖三间房需要4万多元，盖两间房需要2.5万元，政策规定对危房改造补助2.3万元。如果尊重郎安贵的意见，就要"特事特办"，但这样势必导致贫困户之间的相互攀比。村支书和工作队一时陷入进退维谷的状态。

"就盖两间房，板上钉钉了"

此后，村委会和工作队等各个方面，通过多种方式，继续向郎安贵解

第一部分
蒲泽情深

释危房改造政策。郎安贵对危房改造还是较为犹豫，甚至有点不想支出个人部分资金。5月31日，笔者再次到董夏村调研，与镇包村干部、村支书、工作队同志走访郎安贵时，他刚骑着电动三轮车从地里回来。听明来意，当问及危房改造的想法和存在的困难时，郎安贵突然斩钉截铁地说："就盖两间房，板上钉钉了。"村支书说："还变吗？"郎安贵说："不变了，就盖两间房，不够的钱我自己出。"郎安贵态度的一百八十度"大转弯"，在场的同志都有点措手不及。这就是常说的"精诚所至，金石为开"吧。

郎安贵签订危房改造协议的前后，让人更加深切地体悟到，把我们党惠民富民的扶贫政策真正转化为广大群众的幸福感、获得感、安全感，必须下足"绣花"功夫。据县住建局介绍，农村危房改造在政策上和改造标准上有明确的安排，全局人员分包乡村，督促危房改造进度，并组织协调县开发、建筑公司包乡、包户对无能力自建的改造户先期垫付建设的全部费用。目前，全县798户已开工733户、竣工366户，预计7月中下旬可全部完成任务。

（《新华每日电讯》2018年6月9日）

我们一定要想方设法、群策群力,尽量让乡亲们过上好日子。我们在中央工作的同志要关心和支持乡亲们发展生产、改善生活,各级党委和政府也要关心和支持乡亲们发展生产、改善生活,大家一起来努力,让乡亲们都能快点脱贫致富奔小康。

——《在河北省阜平县考察扶贫开发工作时的讲话》(2012年12月29日、30日),载《做焦裕禄式的县委书记》,中央文献出版社,2015,第20页

新河:这个扶贫队,村民都说好

"通过检查和入户调查,群众的认可度很高,这个村的扶贫工作挺好。"日前,河北省扶贫开发成效实地考核暨贫困县退出实地验收组同志,到新河县荆庄乡北陈海村入户调查时如是说。

"北陈海村距县城11公里,现有耕地4500亩,农业人口477户1396人,其中常住人口310户882人,常年在外人口167户514人,生产小组6个,低保户98户118人,五保户11户11人,残疾人40人,共有党员42人……"没有准备,不看笔记本,邢台市工商局驻村扶贫工作队队长贾凤桐如数家珍地介绍着实让调研组同志吃了一惊。

2018年3月,工作队驻村后,迅速摸排核实贫困人口,务求因户施策、精准帮扶。除建档立卡户外,工作队还多次走访脱贫户和普通农户,动态管理脱贫信息,确保底数清、信息准、资料全。村党支部书记赵茂领说,工作队没事就入户走访,及时帮老百姓的忙。

作为一名军转干部,贾凤桐努力用军人作风打造政治过硬、作风扎实的工作队。工作队三名同志吃住在村,每月在村工作时间都超过了25天。队员陈化昌介绍,贾凤桐母亲患脑血栓住院,他一没回家,二没给大伙说。

贫困户贾巧棉老人用手指着桌子上的一堆鸡蛋说,小贾人蛮好,这是

第一部分
蒲泽情深

他前天得知我生病后送来的。

据荆庄乡党委书记张献涛介绍,市工商局领导经常到北陈海村调研督导帮扶工作,组织开展了过节送温暖、扶贫日、冬日暖心等系列走访慰问活动,对驻村帮扶工作有求必应。

村党支部副书记周良军说,驻村工作队来后,大家伙都觉得日子越过越红火了。硬化亮化绿化村内主要道路,方便群众出行;修建文化长廊及村部宣传栏,筹建"农村书屋",丰富群众文化生活;完善村级卫生室,方便群众就医;修渠2400米,方便灌溉……

村民幸福感的提升得益于局科以上干部结对帮扶贫困户。工作队改善惠及村民生产生活公共设施,着力因户因人施策,精准帮扶。

新河县脱贫摘帽"百日会战"期间负责督导荆庄乡工作的县领导李占鳌说,北陈海村受访的贫困户和非贫困户,都说工作队好。

赵茂领介绍,工作队和村"两委"通过召开村党员大会、村民大会和入户走访、亮化宣传标语、印刷政策明白纸等方式,宣传解读扶贫开发政策和惠农措施,开展送政策、送法律、送文化、送科技、送信息等活动,使群众成为扶贫政策的明白人,切实认知并感谢党的好政策。同时,深入田间地头,引导贫困群众转变观念,克服"等靠要"思想,先摆脱意识贫困和思路贫困,增强脱贫致富的信心决心。

笔者结束调研走出大队部时,刚好碰上患有肺癌的周华彬。在谈及先住院后付费、一站式报销、门诊大额慢性病报销、慢病签约服务等健康扶贫政策落实情况时,他竖起了大拇指:"村里都帮着办了!"

(《新华每日电讯》2018年12月10日)

消除贫困、改善民生、实现共同富裕，是社会主义的本质要求。现在，我国大部分群众生活水平有了很大提高，出现了中等收入群体，也出现了高收入群体，但还存在大量低收入群众。真正要帮助的，还是低收入群众。

——《习近平总书记在河北省阜平县考察扶贫开发工作时的讲话》（2012年12月29日、30日），《做焦裕禄式的县委书记》，中央文献出版社2015年版，第15页

全面建成小康社会，城市和乡村都要发展好。乡村振兴，关键是产业要振兴。要鼓励和扶持农民群众立足本地资源发展特色农业、乡村旅游、庭院经济，多渠道增加农民收入。农村基层党组织要成为带领农民群众共同致富的主心骨和坚强战斗堡垒。

——习近平总书记在海南省考察工作时强调（2018年4月11日、12日、13日），据新华社2018年4月13日电

河北新河："扶贫小院"撬动乡村治理大文章

"老伴去世了，我到'扶贫小院'做加工活后，每天差不多能挣30块钱，和大家伙一起热热闹闹地干活，还消除寂寞了……"河北新河县荆庄乡荆庄村"扶贫小院"里，60多岁的王素稳一边安装轻便简易的生日蜡烛部件，一边用朴实的话语说着。

小院业主孙建青介绍，小院承接宁晋县百花烛业有限公司的生日蜡烛配件安装业务，吸纳16人就业，其中建档立卡贫困户7户7人。

农村留守妇女、残疾人、老年人等具备一定劳动能力的老弱病残人群，虽有强烈的就业愿望，但囿于身体、家庭等条件，无法出村到工厂打工，需要强度低、易入门、离家近的就业岗位，是脱贫攻坚的"硬

骨头"。

近年来，新河县通过协调场地、帮助办理工商注册登记、落实补贴政策等措施，引导爱心企业和人士办起居家加工的"扶贫小院"（"扶贫车间"）。在新河县，"扶贫小院"不仅帮助老弱病残等贫困劳动力稳定就业增收，而且还从"乡风文明、治理有效、生活富裕"等层面有力助推了乡村振兴战略的落地生根。

新河县人社局局长徐向国介绍，人社局引导"扶贫小院""扶贫车间"建设，2018年审核挂牌的16个"扶贫小院"和扶贫车间，带动210名老人、妇女、残疾人和贫困劳动力就地就近打工挣钱，年人均增收5000元以上，打通了"老弱病残"贫困户就业扶贫的"最后一公里"。

打造就业创业两平台

"全乡19个村都有儿童玩具、生日蜡烛等零部件的代加工点，共吸纳百余户贫困户就业，其中像荆庄村孙建青这样县人社局挂牌的'扶贫小院'有4家。"荆庄乡党委书记张献涛表示，乡村两级组织把"扶贫小院"作为增加脱贫致富内生动力的重要载体，组织各加工点与生日蜡烛厂家对接，争取更多的加工"活"源，培育荆庄乡就业扶贫的特色。

当地干部群众认为，扶贫小院吸引了农村劳动力就近就地就业和外出务工人员返乡创业，有利于留住农村青年人才，集聚先进生产要素，破解农村空心化、留守儿童、空巢老人问题。

"扶贫小院""扶贫车间"等微工厂实行来料加工、订单生产，是企业生产经营活动的延伸拓展，既降低了企业用工成本，也打造了农村就业创业两个平台，助推了"产业兴旺"的实现。比如，碧桂园新河乡村振兴办公室和新河县供销社在寻寨镇殷家庄村建立的"扶贫车间"，开展组装"西洋剑"儿童玩

作者（左二）到新河县荆庄乡荆庄村调研扶贫小院带动脱贫情况。

具和加工蜡烛的技能擂台竞赛，有效增强了贫困户致富靠双手的意识，提高了劳动效率。

坚持"治理有效""乡风文明"两着力

新河县将2019年确定为乡村振兴推进年，提出巩固脱贫成果，发展特色富民产业，建设美丽乡村，培育乡风文明。广大干部群众认为，"扶贫小院"不仅带动脱贫致富，而且可通过基层党组织的细致工作，逐步把"扶贫小院"变成"爱心小院"，推动移风易俗，实现有效治理。

县供销社驻殷家庄村扶贫脱贫工作队队长王子明说，过去这个村三五成群在街口打牌、聊闲天现象很常见。建起"扶贫车间"后，老百姓尝到了甜头，大白天玩牌的少了，村风得到明显改善。

笔者在调研和与在场的干部群众交流中深切感到，"扶贫小院"和"扶贫车间"虽小，学问却很大，特别是通过签订双向协议，约定从业人员工作机会、工资水平等，在很大程度上体现着法治观念。而且从社会学的角度讲，进入"扶贫小院"务工的村民们，聚在一起，边干边聊，增进了相互的感情，提升了安全感和幸福感。这无疑是实施乡村振兴战略的有益实践。

河北省扶贫办官网转发《新河："扶贫小院"撬动乡村治理大文章》。

（《新华每日电讯》2019年2月15日）

第一部分
蒲泽情深

何鹏程复学记

今年初，我与新河县扶贫办同志来董夏村调研脱贫攻坚时，没有听说有辍学情况，教育扶贫政策对全村应帮应扶学生实现了全覆盖。5月4日，我再去董夏村调研时，村党支部书记刘子芳介绍，贫困户何占义的儿子何鹏程正在寻寨镇上六年级，近期一直和他奶奶待在家，不愿意去上学。驻村工作队王宝刚同志介绍了孩子不愿意上学的具体原因：父母离异多年，缺少母爱，孩子性格孤僻，有一定的自卑心理。

为了孩子继续上学，何占义采取多种方式"逼"何鹏程尽快返回学校，但何鹏程以各种方式拒不复学。为此，驻村工作队、村干部和结队帮扶老师，到何占义家里宣传教育扶贫政策，耐心讲解接受教育的好处，反复做何鹏程的思想工作。5月15日，驻村工作队的派出单位原邢台检验检疫局（现已并入邢台海关）主要负责同志带队专门到何占义家走访慰问，积极开导孩子继续接受教育。

对此，我现场也说了自己的态度。控辍保学，全力阻止贫困的代际传递是稳定实现扶贫对象"两不愁三保障"（不愁吃、不愁穿，保障义务教育、基本医疗和住房）的一个重要目标，也是精准扶贫的一项底线任务。自己愿为董夏村精准扶贫脱贫当好服务员。村支书和驻村工作队员表示，一定千方百计，说啥也不能让孩子辍学。

5月31日，我再赴董夏村时，与工作队和村支部一起去何占义家慰问。何占义以领导关心等理由，正劝何鹏程复学，但何鹏程哭哭啼啼表示抗议。我和同行的乡村两级干部也"趁热打铁"，表示一定给孩子创造更好的学习环境和生活条件……

功夫不负有心人。6月5日一早，邢台海关驻董夏村工作队王文亮接到信息：寻寨镇和寻寨中心校协调，特事特办，为小何办理了去南阳小学的转学手续。由于何鹏程正上6年级，其学籍暂时保存在寻寨小学，待升初中后，再将其学籍由寻寨小学转出。我们"说啥也不能让孩子辍学"的

在扶贫路上
ZAIFUPINLUSHANG

愿望正在变成现实。回到办公室，我写了一篇调研札记《说啥不能让孩子辍学》，总社同事编辑后在6月9日的《新华每日电讯》刊发，充分肯定了乡村两级组织、驻村工作队和教育部门的辛勤付出和扎实工作。今天上午，王文亮给我详细介绍了何鹏程重返校园的一些感人细节。

邢台海关驻董夏村工作队队长、驻村第一书记陈平得知何鹏程同意到南阳小学就读后非常激动，利用周末时间到邢台市购置了书包、辅导书等学习用具。昨天一早，驻村工作队、董夏村村支书刘子芳和寻寨镇中心校校长程水平去接何鹏程去南阳小学。何占义激动地说："我没知识没文化，不知道怎么劝孩子上学，你们帮我解决了大问题。"陈平将书包、辅导书等交到何鹏程手中时，他腼腆地说："谢谢。"陈平嘱咐道："到了学校咱们要抓紧学习，弥补知识啊。"何鹏程使劲点了点头。

昨天上午，在南阳小学办公室，董夏村村支书刘子芳、驻村工作队、寻寨镇中心校校长程水平向南阳小学校长赵光晓介绍了何鹏程的情况。赵光晓随即叫来六年级班主任张晓浩，做了如下安排：让何鹏程坐在同村学生旁边，专门安排老师照顾何鹏程生活，进行学习辅导和心理疏导，帮助其尽快融入新的环境，以良好状态迎接小升初考试。

驻村工作队帮助何鹏程整理好床铺，送其进入班内，班主任现场介绍了他的情况，讲台下响起热烈的掌声，何鹏程脸上也露出了灿烂的笑容。在回董夏村的路上，何占义一直说："多亏了党和国家的好政策，感谢工作队，感谢程校长，可算不用再给这臭小子操心了，我可以安心打工挣钱了，太谢谢啦！"

回想何鹏程辍学又复学的点点滴滴，回味何占义那句发自肺腑的感谢，眼前突然浮现出南阳小学偌大的操场、整齐的校舍、洁净的环境，还有小何慢慢舒展的额头……

（本文系作者2018年6月12日的工作日志）

第一部分
蒲泽情深

  致富不致富,关键看干部。在脱贫攻坚战场上,基层干部在宣讲扶贫政策、整合扶贫资源、分配扶贫资金、推动扶贫项目落实等方面具有关键作用。

  ——《习近平总书记在东西部扶贫协作座谈会上的讲话》(2016年7月20日),《习近平扶贫论述摘编》,中央文献出版社2018年8月版,第43页

我与老邢话"护驾"

  河北省新河县城沿省道安新线往北行约5公里处,有一个很有历史渊源的护驾村。8月9日,笔者就脱贫攻坚、乡村振兴、基层党建等到护驾村进行了调研。

全村都姓耿　就我家姓邢

  从安新线拐入护驾村东口,"和谐文明村庄"的牌子映入眼帘。走进村内"朝阳大街",碰到一个皮肤黝黑、略显驼背的"老汉"骑着三轮车转悠。包联护驾村的新河镇干部张建勇说,这就是村支书兼村委会主任邢殿峰。简单的寒暄过后,笔者的一个疑问脱口而出:"您怎么不姓耿?"

  据《新河史话》记载,明永乐二年,耿姓由山西洪洞县迁到新河落户,因同族先人汉东光候耿纯曾护卫光武帝刘秀,故改村名为"护驾村",

护驾村内的耿纯塑像

护驾村自然是耿纯的后代。老邢介绍,全村都姓耿,就他这一户外姓,但

是是耿家的亲戚。舅舅死于抗战期间，撇下年幼的表弟，母亲搬到护驾村陪外婆定居下来。村委会副主任耿建新说，虽然老邢是外姓，但姓耿的从没把他当外人，我们跟着他干服气提气。

有作为有正气　大家才服气

张建勇说，大家服气，是老邢一点一滴干出来的。改革开放初期，30来岁的邢殿峰干起了跑运输，成了为数不多的万元户，后来开了纸管厂，每年纳税1万多元，带动了不少村民增收。由于各方面成绩突出，邢殿峰被推选为新河县政协委员，1992年10月加入中国共产党。1995年11月，望腾乡（后并入新河镇）党委找到邢殿峰，希望他把村里事"挑"起来。老邢说，自己习惯干点具体事，不适合"当官"。但一想到乡亲们过的那个日子，就应了这个事。"临危受命"，面对10余万元的"白条"账和各种纠纷，邢殿峰拿出了干企业的劲头，大刀阔斧地清理债务、无证宅基地等"毒瘤"，同时公开招标，实现村两个扬水站高效运转，让村民灌溉及时用上了便宜水。

事非经过不知难，老邢说着说着哽咽了。耿建新说，这三斧子抡下去，老邢一炮打响了，村里再也没有上访的。我笑问老邢，"主政"20多年，最大的心得是什么。他不假思索地说，有作为有正气，大家才服气。

脱贫攻坚是大事　党员必须冲在前

服气、提气等朴实的话语，或许是对一名村干部的最高褒奖。看着大队部悬挂的"讲党性、讲团结、树正气""为党旗增辉　为百姓办事""依法治村　学法守法"等标语和"邢台市移风易俗文明乡风示范村"等牌匾，加深了我们对"服气提气"等评价的理解。

在老邢看来，脱贫攻坚是最大的事，也是全村共同富裕的必由之路。护驾村有193户762人，目前有建档立卡贫困户11户17人。为了打好打赢脱贫硬仗，老邢在"精准"上出了狠招。打开村党支部会议记录本，大多是研究扶贫事项。贫困户耿敬川，本人因车祸不能劳动，媳妇有智力障碍，村"两委"就把他家列为特殊帮扶对象，数次开会研究帮扶其一家三口稳定脱贫的

第一部分
蒲泽情深

特殊措施。耿建新的母亲重病,本可列为建档立卡贫困户,但为了确保精准识别的公信力,经过衡量比对、"过筛子",老邢提议将其从贫困户中剔除。

耿建新说,他没有丝毫怨气,老邢就是硬气,在涉及群众的利益面前,总是先从党员、干部的亲戚朋友"开刀"。老邢笑着说,这不是硬气的问题,党员就是党员,关键时刻,必须冲在前,必须做好榜样,这事没商量。

乡村振兴鼓人心　扎根农村人才少

走在护驾村绿树成荫的道路上,走进美丽幸福乡村文化活动广场和专门的村史馆、图书室,不难体会广大村民的幸福感。老邢说,这是各级领导关心支持的结果。

近年来,村"两委"以建设"弘扬民族精神、传承民族文化"主题公园为契机,从开办"习近平总书记文化建设"宣传橱窗、树立耿纯雕塑、制作短视频"耿纯的故事"等方面,挖掘护驾村深厚的文化底蕴,凝聚决战脱贫、决胜小康的智慧力量。

老邢说,党的十九大提出的乡村振兴战略鼓舞人心,但年轻人都想在城里打工或做买卖,不愿扎根村里创业,这是目前最大的困惑。新河镇党委书记李刚表示,全力支持护驾村"村庄公园化、生活现代化"等推动乡村振兴的设想。年轻人不愿搞农业,给"两委"换届也带来了困扰。镇党委一直引导年轻致富能手充实到基层战斗堡垒,但他们在县城打工每月挣3000多元,回来当村干部,才领几百块钱还操心……

老邢的困惑和李刚的担忧,其实指出了贫困地区实施乡村振兴战略普遍面临的"痛点"——缺乏人才支撑。乡村振兴的主体是农民,基础在村,关键在产业,核心在人才。培养一支懂农业、爱农村、爱农民的新时代"土专家""田秀才",是护驾村谋划乡村振兴的当务之急。

(《新华每日电讯》2018年8月21日)

第二部分
堂阳凝思——知行合一钉钉子

　　思想是行动的先导。习近平总书记关于扶贫工作的重要论述，是习近平新时代中国特色社会主义思想的重要组成部分，丰富发展了马克思主义反贫困理论，创新拓展了中国特色扶贫开发道路，充分体现了马克思主义政党的本质特征和社会主义的本质要求，充分体现了中国共产党以人民为中心的发展理念，充分体现了新发展理念对脱贫攻坚的统领，充分体现了当代共产党人和习近平总书记的深厚情怀，为新时代打赢脱贫攻坚战提供了行动指南，为全球贫困治理贡献了中国智慧和中国方案。全面学习、深刻领会、准确把握其重大理论意义和实践价值，既是每名党员学习贯彻习近平新时代中国特色社会主义思想、推动党的十九大精神落地落实的内在要求，更是扶贫战士精准施策、助力高质量稳定持续脱贫的必由之路。两年多来，我坚持学以致用、用以促学、知行合一，深入感受新河日新月异的变化，及时梳理一些体会。其中，《扶贫先扶志的内在逻辑和实现路径》被评选为2018年"习近平总书记关于扶贫工作的重要论述"主题征文活动获奖征文。我作为8名获奖论文作者代表之一，很荣幸地参加了中宣部、国务院扶贫办于2018年10月29日在京联合召开的学习贯彻习近平总书记关于扶贫工作的重要论述研讨会。

第二部分
堂阳凝思

苦干实干拼命干　扶志扶智扶真贫
——我们这样助力新河脱贫攻坚

自2015年底新华社对口帮扶新河县以来，新华社坚决贯彻习近平总书记关于扶贫工作的重要论述，深入落实党中央、国务院决策部署，聚集全社资源力量，助力新河决战决胜脱贫。

对习近平总书记关于精准扶贫、精准脱贫、乡村振兴战略、打赢打好脱贫攻坚战等系列重要讲话和重要指示精神，社党组书记、社长蔡名照第一时间主持召开党组会、专题会传达学习并研究落实工作措施，并于2018年5月29日至30日到新河县深入调研，走访慰问贫困群众，捐赠教学设备和图书，对产业扶贫、乡村振兴和我社帮扶项目推进等进行考察，检查落实情况，与省市县领导及扶贫工作队座谈，并对做好定点扶贫工作进行安排部署、提出明确要求。社党组副书记、总编辑何平2019年5月22日至23日到新河县调研，就做好脱贫攻坚报道和定点扶贫工作做出安排。社党组成员、副社长、社扶贫领导小组组长刘正荣定期主持召开扶贫工作专题会议，及时研究解决定点扶贫工作遇到的困难和问题。其他社领导根据分工，积极做好有关扶贫工作。社扶贫领导小组加强统筹协调，安排专人督促定点扶贫工作落实落细。办公厅每年制发《定点扶贫重点工作安排》，指导工作队结合实际编制工作台账，细化落实措施和完成时限。2017年4月以来，办公厅、总编室、总经理室、人事局、国内部、教育培训中心、机关管理服务中心、新闻信息中心、中国经济信息社、新华网、新媒体中心、河北分社等87人次到新河县调研，为当地脱贫攻坚提供指导、帮助和支持。

驻新河扶贫工作队紧紧围绕新华社加强定点扶贫的部署、社领导来新河调研提出的要求，坚持目标导向、问题导向、实践导向，创造性抓好落实，全力推动新华社定点扶贫和省市县脱贫攻坚部署落地见效，助力新河县如期脱贫摘帽。河北省委省政府主要领导和邢台市委市政府主要领导等对新

在扶贫路上

华社帮扶新河做出肯定性批示。两年多来，我们重点做了以下工作。

一是坚持边建边用，新河融媒体中心渐成推动县域治理体系与治理能力现代化的智慧平台。落实蔡名照社长要求，新华社技术局、新闻信息中心、新媒体中心等组成的工作专班，援建了新河县集宣传报道、政务发布、信息总汇、便民服务等功能为一体的融媒体中心。工作队会同县委宣传部，坚持"节俭、先进、实用"原则，边学边干、边建边用，探索贫困地区建设县级融媒体中心可复制可推广的经验。新闻信息中心、新媒体中心、河北分社负责同志多次来新河调研指导。新闻信息中心调研制订的《新河县融媒体中心建设方案》，从援建可视化数据大屏展示设备、提供融媒体新闻平台操作系统软件、研发新河县融媒体新闻客户端、嵌入新华社"现场云"平台、免费提供新华社有关信息、加强培训等方面做出安排。何平总编辑在新河调研期间，实地考察新河融媒体中心建设进度，详细听取汇报，提出具体要求。自2019年5月初使用新华社县级融媒体专线以来，新河县融媒体中心对新华社的权威报道特别是习近平总书记的报道，第一时间在客户端发布，并且编排进电视、广播、报纸、网站等同步推送，充分彰显了县级融媒体专线几乎零时差推送的优势，打通信息传播的"最后一公里"，推动党的创新理论"飞入寻常百姓家"，实现中央声音在基层传播的全覆盖、无死角。新河融媒体中心依托新华社"现场云"平台，深耕本地，在快速提升内容生产能力、由"值班制"向"在线化"转型、以新型报道方式带动队伍升级、从"新闻写手"向互联网"运营人员"拓展、发挥组织体系优势零成本扩充产能等方面聚焦聚力，有效克服了技术、资金、人才等"短板"，迅速实现了融媒产品"质"与"量"的提升，关注度快速提升，满足了干部群众对新闻事件的直播需求。县委全会、县"两会"等重要事件，新河县融媒体中心运用"现场云"进行图文直播，浏览量瞬间过万，当地春晚的直播也因独具地方特色，被推荐到新华社客户端。《真天使！老人公园心脏骤停 途经护士跪地抢救》被新华社客户端转发推送后，单条浏览量高达23.9万人次。一万甚至几万的浏览量，对新华社来说不算什么，但对于一个县城来说，基本实现了平均每户家庭都有一人关注。上级宣传部门和新华社援建工作专班对此给予了充分肯定。在新华社"现场云"新中国成立70周年协作报道暨全国县级融媒体中心培训班上，

第二部分
堂阳凝思

新河县融媒体中心荣获"现场云优秀融合奖"。2019年7月7日上午，新河县融媒体中心接受了有关市领导和各县（市、区）党政主要负责同志的观摩。

二是坚持扶贫先扶志，脱贫攻坚报道有效增强了贫困群众脱贫的内生动力。我们坚持"扶贫先扶志"，加强沟通对接，发挥新华社的整体优势和全媒体报道优势，营造决战脱贫、决胜小康的良好氛围。两年多来，新华社累计播发各类稿件47篇。何平总编辑深入新河调研、亲自策划，国内部、河北分社5名同志历时20余天蹲点采写的主题通讯《一个传统农业县的脱贫之路——来自河北新河的调查报告》，展现了我国精准脱贫攻坚战的成功经验和深刻启示，充分证明以习近平同志为核心的党中央在领导反贫困斗争中坚强有力的领导和科学正确的决策，充分证明中国特色社会主义制度的优越性，充分证明脱贫攻坚离不开广大干部群众的艰苦奋斗。稿件在"新华全媒头条"播发后，130多家媒体采用，《新华每日电讯》《河北日报》《河北经济日报》等头版刊发，不少平面媒体整版展示；中宣部"学习强国"平台重点推送，河北省网站全网推送，其中长城网等在首页首屏推广，形成了"刷屏之效"。朱峰同志会同河北分社两名同志采写的《俯身为民实干 挺胸为党争光——河北省新河县扶贫一线干部群像》，得到省委书记王东峰等领导的肯定性批示，有力鼓舞了新河干部群众战胜贫困的信心和决心，成为对贫困家庭"扶志"的生动案例。

三是坚持扶贫必扶智，教育扶贫和信息扶贫的力度不断加大。我们坚持"扶贫必扶智"，沟通聚合内外资源，大力开展教育扶贫。新华社教育培训中心送教下乡、上门培训，特邀北京京源学校校长白宏宽，北京师范大学教育学部宋萑教授、苏君阳教授，分别围绕校长的课程领导力、新教研与微课题研究、核心素养背景下的中小学课程与教学变革进行授课，新河县各中小学校长、副校长、中高层干部、年级组长等470余人参训，对授课专家和培训内容高度评价。新华社保育院以点带面，从幼师培训等方面建立帮扶新河学前教育的长效机制，累计捐赠价值15万元的玩具器材。新华网参与主办的"授渔计划·青年之声"精准扶贫行动，将帮助新河8名贫困学子成才就业；协同壹基金为新河县捐赠878套温暖包和5台净水器，折合人民币45.2万；协同民福社会福利基金会为新河县直二小捐赠总价值20万元的校服和多媒体触摸教学机。经社扶贫办协调，中国扶贫基金会发起的"新未来高中生成长计划"，每年为新河中学50名贫困生分别支持3000元的助学金（三年共计45万元）。经社民族品牌工程办公室安排，伊利集团"营养2020计划"走进新河县，赠送一批学生奶、280套迪斯尼书包和儿童书籍等学习用品。经工作队向中国扶贫开发协会反复推介，"腾讯智慧校园"项目落户新河，每年免收新河教育信息化投入300多万元；国家信息中心2017年12月举办的中国"互联网+教育"峰会上，新河与陕西富平县等10地区被评为"腾讯智慧校园"全国示范区；腾讯技术团队免费指导新河教育系统拓展"腾讯智慧校园"功能运用，探索教育精准扶贫的"新河模式"，建成可随时点击查阅的教育资助系统数据库，动态监控建档立卡家庭人口去向，全程跟踪服务贫困家庭学生。人民网以《河北新河："互联网+教育"探索精准扶贫模式》进行了报道。乐名片（北京）科技爱心团队发起的"乐名片·爱心音乐教室圆梦计划"落户董振堂妻子家乡王府村，探索与新河县音乐教师的互动机制。

经新华社邀请，国务院扶贫办考核评估司负责同志，在脱贫摘帽考核验收前到新河县解读国家脱贫攻坚重点政策。广大党员干部表示，培训接地气，针对性强，有助于创新思路，强化措施，推动实现高水平、高质量的脱贫。按照新华社副社长刘正荣2018年底在新河县调研时提出的相关要求，新华出版社每出一本新书，邮寄5本供"新河之窗"综合馆收藏；新闻信息中心协调重点报刊，每期分别赠送2份给"新河之窗"综合馆展示。中国经济信息社为新河县党政班子免费开通"新华财经""新华丝路""新华信用"三大国家级信息平台的专用账号，提供《经济分析报告·乡村振兴》《高管信息》《政务智库报告》扶贫信息，同时就策划新河乡村振兴研讨会等派员到新河县调研；社民族品牌工程办公室赠阅《新华每日电讯》《参考消息》《瞭望》等报刊，为县领导提供参考。工作队搜集整理京津劳务市场信息，协调北京市顺义区人力资源和社会保障局与新河县人社局签订了劳务合作协议，支持新河建档立卡家庭劳动力转移就业。

四是坚持着力造血式扶贫，产业帮扶和消费扶贫提高了贫困群众自我发展的能力。工作队学习贯彻习近平总书记"要因地制宜，把培育产业作为推动脱贫攻坚的根本出路"的有关要求，统筹总社拨付的35万元党费

第二部分
堂阳凝思

和30万元扶贫资金，援建了白神乡刘秋口村8座高效香菇大棚项目。为提高帮扶实效，工作队调研建立了党建引领促脱贫、贫困户与项目利益联接、受益贫困户动态调整和收益分配监管的精准扶贫机制。2018年6月29日召开的邢台市扶贫脱贫驻村帮扶工作推进会组织观摩了刘秋口村香菇大棚项目，南河、巨鹿、临西县安排扶贫干部调研刘秋口村香菇大棚项目。

2019年4月1日，刘秋口村"两委"根据8座香菇大棚收益情况和运鸿种植合作社2018年3月与65户贫困户（已有6户去世）签订的《入股分红协议书》，共为59户贫困户（每户1000元）分红5.9万元，有劳动能力的还可在大棚打工挣工资。在此基础上，我们落实名照社长2018年5月29日在刘秋口村调研提出的要求，会同有关部门，指导白神乡和刘秋口村利用新华网100万援建资金，建成10座鱼菜共生大棚，为刘秋口村巩固脱贫成果、减少贫困增量、建立防贫机制夯实了基础。同时，工作队用好新华社2018年度30万元扶贫资金，整合各类涉农资金，培育新河镇宋亮庄村黄韭种植产业，为广大村民找到了一条增收致富的好路子。

此外，工作队从加强技术人员培训、发力消费扶贫等方面，打通产业扶贫的"最后一公里"。碧桂园新河乡村振兴办公室先后组织新河县14人次参加"青创10万+"碧桂园返乡扎根创业青年研修班、精准扶贫劳务经纪人特训营活动；通过联动华大农业提供24小时免费技术咨询等方式，帮助众乐种植专业合作社创业创收，带动当地脱贫。工作队还发力消费扶贫，助推扶贫产业。经工作队与机关管理服务中心、工会等无缝对接，新河农业农村局到新华社推介新河农特产品。新华社机关食堂批量采购新河香菇、小米等农特产品。2019年"五一"前后，新华社有34个部门单位和分社的工会订购新河农特产品，总价164.57万元，既带动贫困户增收，又提高了广大群众发展特色种植的积极性和主动性。

五是坚持常态推介新河，新华社民族品牌工程有效有力助推新河脱贫和招商引资。依托新华社民族品牌传播工程每年资助的1500万元广告额度，通过新华社报刊、网站、客户端、微信公众号等全媒体平台，循环播发《将军故里 魅力新河》《魅力开发区 投资之宝地》等10个专版专页和招商宣传片《以心相交 合其久远》等视频广告，推介新河县情、地方特色、招商引资优势等；采取多种方式，推广红军将领董振堂等新河"名片"。

新华网选派专业团队支持"新河之窗"城市综合展馆建设，新河政府网已链接到新华网。社民族品牌工程办公室精心安排邢台市、新河县组团参加上海"中国品牌日"系列活动，并就"民族品牌进新河"到新河县实地调研。市县领导表示，在这样大的平台上长时期推介新河，体现了新华社对新河发展的关爱。新华金融信息交易所免费搭建新河网上推介招商平台并组建微信群，与新河县政府分管领导和各乡镇党委书记对接互动。

工作队还依托新华社民族品牌工程，聚焦"两不愁 三保障"，沟通聚合新华社内外资源，探索推动习近平总书记倡导的大扶贫格局。经工作队协调，知名创客公司"米巧米创客引擎"在新河投资140万元，联合县人社局成立了"新河县创业孵化园"，已有78家小微企业（创客）入驻，直接带动就业142人，间接带动就业586人。中鼎国盛、北京爱可生、北京盛壹管理咨询等组织人员考察新河招商项目。中国中医药研究促进会与新河县签署《综合健康扶贫项目公益资金使用协议》，助力新河县慢性病防治的样本管理和临床研究。北京大好河山集团捐资200万元，支持新河县中医院采购手术室设备。北京联慈健康扶贫基金会开展"国奶扶贫"公益项目，累计发放52.68万元的奶粉。工作队与新河邮政签订了协同帮扶新河备忘录，推动新华社与中国邮政战略合作向助力新河脱贫延伸。任丘爱心基金会连续两年为新河符合条件的贫困户购买邮政简易保险，市县邮政从免除农产品上线保证金、邮储银行提供扶贫贴息贷款等方面支持新河；省市邮政捐款，支持工作队分包的盖村脱贫攻坚。

经社领导协调，办公厅、总经理室推动，工作队对接，碧桂园集团与新河县签订了乡村振兴结对帮扶协议。碧桂园"苗木小镇"项目落户新河县，计划投资1400万元，已落地1067万元，受益群众51户102人；碧桂园旗下广东博智林机器人有限公司全资子公司——博翰居新型建材有限公司落户新河县，注册资金1000万元，带动20人就业，达产后年产值6000万元；捐资300万元，支持新河筹建重特大疾病防治基金；捐款56.3万元，结对帮扶新河县365名贫困生。碧桂园"凤凰优选"超市河北总店在新河注册，前期租金、装修等费用30万元，碧桂园推销新河香菇、羊肚菌等扶贫产品累计26.3万元。举行了3次新河县就业招聘会，组织了2期苗木种植技术专场培训会，40人培训后上岗；协同新河县供销社在寻寨镇殷庄

第二部分
堂阳凝思

村建立扶贫微工厂，带动23户无法出门务工的劳动力"足不出户"就业。联合县农业农村局，邀请河北电视台在西流乡申家庄村录制"农博士在行动"节目，中国农大燕国胜博士现场指导葡萄种植技术；联合中国电子商务中心和新浪微博举办了"百县千红新农人"培训班，新河县65名返乡创业青年参训后，开始利用高质量社交视频推介新河重点农特产品。

六是坚持助力党建促扶贫，以弘扬红色名片董振堂为主题的党日活动内容丰富、效果好。打铁必须自身硬。工作队坚持在县委领导下，在扶贫一线贯彻新华社"政治建社、新闻立社、创新兴社"的治社原则，推动全面从严治党在工作队内部向纵深发展，大力弘扬"对党忠诚、勿忘人民、实事求是、开拓创新"的新华精神，努力建设政治过硬、本领高强、求实创新、能打胜仗的工作队，为扶贫挂职夯基固本。

我们坚持树牢"四个意识"，认真学习习近平总书记关于扶贫工作的重要论述和重要指示精神，时刻与习近平新时代中国特色社会主义思想对表对标。坚持一切行动听指挥，建立了"新河定点扶贫工作群""社扶贫办（新河）工作群"等微信蓝信群，完善与总社分社沟通的平台，建立工作队与县领导和扶贫干部高效对接的机制，确保政令畅通。坚持标本兼治，调研制定《新华社驻新河扶贫工作队管理暂行规定》《新华社驻新河扶贫工作队践行马克思主义新闻观若干准则》等制度，形成了"1+5"的管理制度体系，划定工作底线和红线；制订《工作台账》《管理台账》，明确目标和高线。坚持以高度的政治自觉和饱满的精神状态深入开展"不忘初心、牢记使命"主题教育，对标红色名片董振堂等典型，查问题、找差距、抓整改，以政治建设为统领，全面加强自身建设。坚持在扶贫一线实施"扎根工程"，扎下新闻业务之根、人生价值之根、为民情怀之根，旗帜鲜明斗"四风"、正歪风、树新风，坚决杜绝形式主义、官僚主义。

同时，工作队坚持助力党建促脱贫，配合县委县政府，把推广红色名片董振堂、弘扬董振堂精神与脱贫攻坚紧密结合起来，进一步凝聚担当干事创业的正能量。经工作队推介，最高检办公厅总值班室、中证焦桐基金、新华社新闻信息河北分中心、企业观察报社、社会科学文献出版社、润丰集团团委等来董振堂事迹陈列馆、董振堂故居开展党日活动并捐赠款物。上市公司瑞康制药北京子公司捐款10万元，成为第一家在董振堂事迹陈列馆设立爱国主义教育基地的企业。碧桂园集团把董振堂故居列为爱国主义教育基地，开展主题党日活动，并捐资 10 万元。碧桂园河北区域从台账管理、资金支持等方面，务实开展碧桂园新河乡村振兴办公室与宋亮庄村党支部的党建共建工作。新河县委组织部选派县乡（镇）扶贫工作负责同志和部分村党支部书记 20 名干部，参加了碧桂园集团与 9 省 14 帮扶县扶贫经验交流活动。参训同志表示，学到了很多经验，开阔了眼界，拓宽了思路，有利于进一步抓好基层党建工作。

（摘编自《新华社驻新河县第二批扶贫工作队工作情况报告》）

第二部分
堂阳凝思

"发展也要讲兵法，兵无常势。有所为是发展，有所不为也是发展，要因时而宜。"

——2018年4月26日，习近平总书记在深入推动长江经济带发展座谈会上强调，新华社2018年4月26日电

内蒙古产业发展不能只盯着羊、煤、土、气，要大力培育新产业、新动能、新增长极。同时，也要注意有所为有所不为，不能搞大呼隆，一哄而起。

——2018年3月5日，习近平总书记参加内蒙古代表团审议时强调，新华社2018年3月5日电

要真真实实把情况摸清楚。做好基层工作，关键要做到情况明。情况搞清楚了，才能把工作做到家、做到位。大家心里要有一本账，要做明白人。要思考我们这个地方穷在哪里？为什么穷？有哪些优势？哪些自力更生可以完成？哪些需要依靠上面帮助和支持才能完成？要搞好规划，扬长避短，不要眉毛胡子一把抓。帮助困难乡亲脱贫致富要有针对性，要一家一户摸情况，张家长、李家短都要做到心中有数。

——《习近平在河北省阜平县考察扶贫开发工作时的讲话》（2012年12月29日、30日），载《做焦裕禄式的县委书记》，中央文献出版社，2015，第21页

对标找差距 "对表"抓落实
——近期调研脱贫攻坚工作的初步思考

来新河前夕，我认真学习了中央关于精准扶贫、精准脱贫的一系列要求和新华社党组关于定点扶贫工作的安排。2017年4月25日来新河报到以来，仔细研读县委决战脱贫、决胜小康规划和第十次党代会、全县三级

干部会议、重点工作攻坚动员会暨干部作风整顿大会等会议文件，通过各种形式听取部分班子同志和干部群众的意见。结合近期县委组织的两次调研考察，我体会，新河县的脱贫攻坚工作固然要对标找差距，但更要"对表"抓落实，人人当好行动派、个个成为实干家。

一　有所不为而有所为

古人云："人有不为也，而后可以有为。"新河基础差、底子薄等资源禀赋的实际，决定了我们要科学谋划，有所不为而有所为。近年来新河县脱贫攻坚的实践也表明，县委确定的"干一件、成一件、好一件"的项目建设思路，符合实际，非常正确。所以，对标学习之后，我们依然要保持清醒的忧患意识，保持县委强调的战略定力和发展耐力，用正确的思路做正确的事，不妄自菲薄，更不盲目跟风；不贪大求多，更不急躁冒进，切实做到有所不为而有所为。比如，打造影视小镇、农村影视基地是大厂县提升城市品质、实现内涵发展的一条重要措施，但新河不能邯郸学步，亦步亦趋。可借鉴其城市建设理念，从建设"新河之窗"综合展馆、宣介红色名片董振堂助力红色旅游、争创文明县城等能干且能干好的事情出发，一步一个脚印，精准发力，提升城市品位，助推招商引资工作。

二　扩大增量优化存量

近几年来，新河县把脱贫攻坚作为第一民生工程和首要政治任务，大力探索切合新河发展实际的决战脱贫、决胜小康的发展之路，彻底摆脱了长期处于后三名的局面，找到了建设经济强县、美丽新河的自信，也奠定了精准脱贫、精确发展的基础。

根据县委安排，把产业扶贫作为脱贫攻坚的根本之策，按照"两符合一能够"的原则，抓招商、上项目、拓增量。在这个过程中，应牢树存量增量一盘棋的发展理念，用好增量，带动、改善、提升存量，同时以存量积聚增量，实现存量和增量的有机结合，防止存量增量互不相干、彼此割裂的倾向。比如，新河已经培育了一批规模可观的温室大棚，但一些瓜农、菜农囿于销售渠道有限，销售价远远低于市场价。我们在抢抓"互联网+"机遇，布局电商等产业的时候，应充分考虑尽快"补齐"现有农业产业园区提质增效的发展"短板"。

三　集中资源定向突破

正确把握点与面的关系，实现以点带面、由线到面、由面到体，是我们党的一个重要工作方法，也是县委脱贫攻坚工作的一条重要经验。实践证明，坚持定向突破，抓重点、破难点、育亮点、以点带面、集中连片，是我们新河县把要素优势转化为经济优势、把比较优势转化为竞争优势、把后发优势转化为成长优势的有效途径。点面结合，关键在点，核心在通过点的先行先试，积累经验，确保风险可控、效果可期。就此而言，2017年5月2日召开的全县重点工作攻坚动员会暨干部作风整顿大会非常及时，有助于彻底解决阻碍创新发展的"堵点"、影响干事创业的"痛点"、政府服务的"盲点"，从而以重点工作定向突破带动脱贫攻坚高效推进。

四　软实力与硬实力"比翼齐飞"

硬实力比较容易理解，第一季度全市县域经济主要指标综合排名中，新河名列第七，是我们硬实力的鲜明体现。相比而言，讲好新河故事、宣传新河形象、向世界说明新河等软实力的建设还有很大空间。与大厂县的软实力建设相比，我们也有一定差距。当前，最紧迫的是加强县情的宣传教育，加快"新河之窗"城市综合展馆项目进度，完善阐释新河的话语体系，掰开了，揉碎了，讲透了，确保干部群众如数家珍，随时随地准确地推介新河。同时，通过报道、标语、创意广告等营造决战决胜脱贫攻坚的良好氛围，引导在外的优秀农民工带着资本、技术、团队回乡创业，打造"归雁经济"。

对我这个刚"入伙"的新河人而言，目前的调研仍然是初步的，形成的一些思考也是浅层次的。新华社驻新河扶贫工作队将进一步加强调研，

在扶贫路上

边学边干,尽快制订落实《新华社进一步做好定点扶贫工作安排》的工作计划,提交县委研究。

(本文系作者按照新河县委要求撰写的考察体会)

延伸阅读

习近平为何要对领导干部设立"对表单"?

一年之计在于春。早春二月,习近平总书记开年首次"党课",在省部级主要领导干部学习贯彻十八届六中全会精神专题研讨班开讲。

这是自2014年以来,习近平连续第4年在"省部级主要领导干部专题研讨班"上做重要讲话。

"高级干部要注重提高政治能力""高级干部必须加强自律、慎独慎微""高级干部要以身作则、率先垂范"……习近平在2月13日的研讨班开班式上,多次重点提及"高级干部",对广大党员领导干部,特别是高级干部立下思想行为"对表单"。

补钙壮骨 提高政治能力

"为政之要,唯在得人"。2015年2月,在省部级主要领导干部学习贯彻十八届四中全会精神全面推进依法治国专题研讨班开班式上,习近平特别提出"关键少数"的概念。党的各级领导干部作为执政兴国的骨干力量,是毫无疑问的"关键少数"。

他在十八届中央纪委七次全会向"关键少数"发声:"党的高级干部要自觉经常同党中央对表,校准自己的思想和行动。"

"讲政治",提高政治能力是习近平对高级干部提出的"对表"要求之一。2016年1月11日,习近平在八一大楼接见调整组建后的军委机关各部门负责同志时就曾强调,"军委机关的领导干部讲政治是第一要求"。

"我们党作为马克思主义政党,必须旗帜鲜明讲政治,严肃认真开展党内政治生活。"在今年2月13日的讲话中,习近平再次强调"讲政治"

第二部分
堂阳凝思

的重要性："讲政治，是我们党补钙壮骨、强身健体的根本保证，是我们党培养自我革命勇气、增强自我净化能力、提高排毒杀菌政治免疫力的根本途径。"

他进一步对党的高级干部提出要求，要注重提高政治能力，牢固树立政治理想，正确把握政治方向，坚定站稳政治立场，严格遵守政治纪律，加强政治历练，积累政治经验，自觉把讲政治贯穿于党性锻炼全过程，使自己的政治能力与担任的领导职责相匹配。

国防大学教授颜晓峰在接受采访时指出，政治能力是党的高级干部的第一能力，应坚决防止和克服忽视政治、淡化政治、削弱政治的倾向。

手握戒尺 必须加强自律

党的十八大以来，从严治党"踏石留印、抓铁有痕"，开启了一场广泛而深刻的变革。

"上安下顺，弊绝风清"。在十八届六中全会6000多字的公报全文中，"高级干部"成为高频词。全会强调，新形势下加强和规范党内政治生活，重点是各级领导机关和领导干部，关键是高级干部特别是中央委员会、中央政治局、中央政治局常务委员会的组成人员。

习近平在13日省部级主要领导干部学习贯彻十八届六中全会精神专题研讨班讲话中指出，领导干部特别是高级干部必须加强自律、慎独慎微，经常对照党章检查自己的言行，加强党性修养，陶冶道德情操，永葆共产党人政治本色。

"对领导干部特别是高级干部来说，加强自律关键是在私底下、无人时、细微处能否做到慎独慎微，始终心存敬畏、手握戒尺，增强政治定力、纪律定力、道德定力、抵腐定力，始终不放纵、不越轨、不逾矩。"习近平一语指出加强自律的关键所在。

"欲影正者端其表，欲下廉者先之身"。

中央党校教授谢春涛曾在接受采访时指出，把高级领导干部这个"关键少数"作为严肃党内政治生活的重点和关键，就是要让领导干部尤其是高级领导干部树立起规矩意识，时刻保持警惕，紧绷纪律红线，既要管好自己，也要管好家属亲友身边人，真正树立和增强自律意识、标杆意识、表率意识。

率先垂范 亲自抓、亲自管

"教者，效也，上为之，下效之"。

"领导干部特别是一把手要亲自抓、亲自管，确保贯彻落实不走偏、不走样。"习近平在13日省部级主要领导干部学习贯彻十八届六中全会精神专题研讨班讲话中指出，高级干部要以身作则、率先垂范，凡是要求党员、干部做到的自己必须首先做到，凡是要求党员、干部不做的自己必须首先不做。

他语重心长地对参加培训的省部级主要领导干部说："希望在座各位带个好头，在全面从严治党中做出新业绩、树立好形象。"

百代兴盛依清正，千秋基业仗民心。各级党员领导干部，特别是高级干部的形象，关系着群众的口碑，关系着人心的向背。

2014年以来，习近平连续4年在"省部级主要领导干部专题研讨班"上做重要讲话，分别以学习贯彻十八届三中、四中、五中、六中全会精神为主题，涵盖"四个全面"的各个方面，为高级干部在具体工作中如何做指明了方向。

综观习近平为高级干部划出的这些思想行为"对表"要求，再次警醒广大党员领导干部，"办好中国的事情，关键在党"。

（人民网2017年2月16日，作者为申亚欣、吴竞）

第二部分
堂阳凝思

脱贫攻坚是一场必须打赢打好的硬仗，是我们党向全国人民做出的庄严承诺。一诺千金。党的十八大以来，各省区市党政一把手向中央签军令状的，只有脱贫攻坚这一项工作。各级党政干部特别是一把手，必须增强政治担当和责任担当，以高度的历史使命感亲力亲为抓。这里，我还要强调，贫困县党委和政府对脱贫攻坚负主体责任，党政一把手是第一责任人，攻坚期内干部队伍要保持稳定，把主要精力用在脱贫攻坚上。对于不能胜任的要及时撤换，对于弄虚作假的要坚决问责。中央有关部门要研究制定脱贫攻坚战行动计划，明确三年攻坚战的时间表和路线图，为打好脱贫攻坚战提供导向。

——《习近平总书记在打好精准脱贫攻坚战座谈会上的讲话》（2018年2月12日），载《习近平扶贫论述摘编》，中央文献出版社，2018，第51页

党和国家要把抓好扶贫开发工作作为重大任务，贫困地区各级领导干部更要心无旁骛、聚精会神抓好这项工作，团结带领广大群众通过顽强奋斗早日改变面貌。"当官不为民做主，不如回家卖红薯。"说的就是这个道理。

——《做焦裕禄式的县委书记》（2015年1月12日），中央文献出版社，2015，第7页

挂职不越权　　帮忙不添乱
——在担当尽责中为脱贫攻坚贡献智慧和力量

坚决打赢脱贫攻坚战，让贫困人口和贫困地区同全国一道进入全面小康社会，是我们党的庄严承诺。作为促进全体人民共享改革发展成果、实现共同富裕的重大举措，脱贫攻坚是县委县政府的头号政治任务和第一民生工程，事关我们党的执政基础和执政能力，事关新河县经济强县、美丽

在扶贫路上
ZAIFUPINLUSHANG

新河建设进程，已经成为全党动员、全民参与、全县发力的要事紧事。助力新河决战决胜脱贫，是党中央交给新华社的重要政治任务。作为新华社派驻新河的扶贫工作队成员，我和朱峰同志自4月25日进驻新河县以来，在县委、县政府直接指挥下，坚持围绕服务中心、帮忙不添乱，坚持调研为先、边学边干不懈怠，做了一些力所能及的事情。但这是初步的、碎片化的，与新华社党组和省市县委的要求相比，与新河广大干部群众需求相比，更是微不足道的、有很大差距的。

下一步，我们将紧紧围绕《新华社进一步做好定点扶贫工作安排》《〈新华社进一步做好定点扶贫工作安排〉任务分解方案》，一切从新河县实际出发，遵循规律，主动作为，在落地落实落细上花大力气、下硬功夫。重点从四个方面做起。

一、提升站位，牢树"四个意识"。脱贫攻坚是我们党的政治责任、政治使命、政治承诺、政治担当，我和朱峰同志将深入学习贯彻习近平总书记关于扶贫工作的重要论述和河北省、邢台市、新河县委关于脱贫攻坚工作的一系列部署，特别是习近平总书记6月23日在深度贫困地区脱贫攻坚座谈会上的讲话精神，勤于对表对标，坚持访真贫、看真贫、扶真贫、真扶贫，不断提高政治站位，牢固树立"四个意识"，切实把决战脱贫的政治责任记在心上、扛在肩上、抓在手上，持续加压加力。按照新河"里程碑"式党员干部的要求，定义工作目标、拓宽工作思路、创新工作方式，谋划组织所急、脱贫所需、群众所盼的实事，同时在精准识贫、精准扶贫、精准脱贫的一线锤炼党性、提升素质。

二、深化调研，推动"三个结合"。2017年以来，新华社党组深入学习贯彻习近平总书记关于扶贫工作的重要论述和重要指示精神，就定点帮扶工作先后做出一系列安排，新华社帮扶新河的力量大大加强，措施更加具体，要求更加严格，机制更加完备。6月14日，工作队召开新华社帮扶新河工作研讨会，通报新华社的相关安排，征求县委、县政府分管扶贫开发工作领导和重点县直部门、各乡镇及开发区的主要负责同志的意见和建议，在此基础上，制定了《新华社驻新河县扶贫工作队调研制度》。我们将加强统筹，抓好制度落实，增强调研的前瞻性和系统性，倾听广大干部群众想什么、盼什么、急什么，摸准"穷根"、明确靶向，推动三个结合：

第二部分
堂阳凝思

新华社帮扶计划和新河县情相结合,激发贫困群众脱贫攻坚内生动力和用好用足"外援"相结合,工作队精准帮扶和自身锻炼提高相结合,真正帮到点上、扶到根上、暖到心上,不断提高新华社帮扶工作的精准性和实效性。

三、突出重点,务求工作实效。 在把握时效,做好宣传扶贫的基础上,用好用足新华社全媒体平台,在解读政策信息、宣传董振堂红色"名片"、推广扶贫产业产品、谋划产业帮扶项目、挖掘千年古县历史文化资源、培养宣传教育人才等方面精准发力,积极推动新华社定点帮扶工作的措施在新河精准落地、精准推进。同时,发挥新华社点多面广、信息资源丰富的优势,紧盯京津冀和雄安新区外迁企业信息,按照"两符合、一能够"原则,推动招商引资工作。近期,在教育扶贫上谋实招、下实功、求实效。下周三,将在新河教文广新体局举行腾讯智慧校园项目走进新河仪式。

四、完善机制,加强自身建设。 制度管根本、管长远,精准帮扶,关键是构建好的体制机制。一是建章立制,夯实精准扶贫工作基础。工作队先后研究制定了《新华社驻新河第二批扶贫工作队调研制度》《新华社驻新河第二批扶贫工作队工作规划》《新华社驻新河第二批扶贫工作队约法八章》,下一步还要制定《新华社专项扶贫资金使用管理办法》等制度,推动实现精准"滴灌"。二是挂职不越权,做事不做客。作为一名中直挂职干部,克服短期思想,坚决摒弃"镀金"思想和"过客"心态,把脱贫攻坚当作新华社的事、当作自己家的事,实挂实干;把握好角色定位,不越权、不越位、不拆台,展现新华人的风采。三是守住"底线"、勇闯"高线"、不越"红线"。我长期在机关工作,缺少基层工作经验,我将抓住这次学习锻炼的机会,以实际行动回答好"挂职为什么""挂职期间做什么""离开挂职岗位留什么"三个问题,讲政治、讲大局、讲纪律、讲规矩,守住"底线",不越"红线",切实树立挂职干部的良好形象。四是综合施策,加强与中国扶贫开发协会等方面的交流,加强与新华社办公厅扶贫办等相关部门的沟通,加强与新华社国内部、新华网、河北分社等扶贫工作组成员单位的对接,健全上下贯通、左右联通、内外畅通的工作机制。

〔本文系作者2017年7月8日下午参加县委理论中心组学习(扩大)会议的发言〕

新形势下，东西部扶贫协作和对口支援要注意由"输血式"向"造血式"转变，实现互利双赢、共同发展。西部地区产业支撑带动能力不强，自身造血功能比较弱，靠过去单一的、短期的、救济式的送钱送物难以从根本上解决问题。西部地区资源富集、投资需求旺盛、消费增长潜力巨大、市场广阔，这对东部地区发展来说是重要机遇，可以动员东部地区企业广泛参与。

——《习近平总书记在东西部扶贫协作座谈会上的讲话》（2016年7月20日），载《习近平扶贫论述摘编》，中央文献出版社，2018，第104页

加大产业带动扶贫工作力度，关键是要激发企业到贫困地区投资的积极性，使企业愿意来、留得住。中央出台了一系列关于企业参与脱贫攻坚的支持政策，如吸纳农村贫困人口就业的企业按规定享受税收优惠、职业培训补贴等支持政策，落实企业和个人公益扶贫捐赠所得税税前扣除的政策，对带动贫困人口脱贫的企业给予扶贫再贷款的政策，等等。这些政策要加紧细化、落到实处。

——《习近平总书记在东西部扶贫协作座谈会上的讲话》（2016年7月20日），载《习近平扶贫论述摘编》，中央文献出版社，2018，第104页

推动企业爱心行动落新河

2018年5月20日，碧桂园精准扶贫乡村振兴行动启动会在广东顺德碧桂园总部召开。碧桂园与全国13县达成结对帮扶协议，其中新华社定点帮扶县河北新河县在列。邢台市委副书记、市长董晓宇批示指出"是新华社促成了项目"，并出席启动仪式做了推介邢台市的主旨演讲。这标志着社领导关于依托新华社民族品牌工程牵线搭桥，做实相关帮扶项目的部署，取得初步成果。

第二部分
堂阳凝思

社扶贫领导小组推动

新华社党组高度重视定点扶贫工作，社党组书记、社长蔡名照强调发挥新华社新闻信息资源丰富、点多面广、联系广泛的优势，开展"搭桥扶贫"。2018年2月2日召开的新华社扶贫领导小组专题会议提出，依托新华社民族品牌传播工程资源，对接上市公司、优秀企业等社会力量，为石阡、新河县的招商引资引智项目牵线搭桥。3月2日，新华社办公厅印发《新华社2018年定点扶贫重点工作安排》，将"牵线搭桥，做实帮扶项目"列为重点工作。为抓好落实，刘正荣和宫喜祥等社领导亲自与部分入选民族品牌工程的企业负责人沟通，探讨有关品牌企业到石阡、新河县考察对接相关项目的可行性。

相关部门协调联动

为确保有关安排部署尽快落地见效，新华社办公厅、总经理室有关负责同志，就发挥新华社民族品牌工程资源优势，支持定点扶贫工作多次研商，并与相关企业沟通，制订实施方案。在此基础上，2018年4月11日到12日，新华社扶贫办来江铭和杨富强同志，河北分社王洪峰等同志与碧桂园集团党委副书记、副总裁朱剑敏一行到新河县考察对接。朱剑敏介绍了计划帮扶新河的基本思路，表示碧桂园集团将通过发展农业产业、打造美丽乡村田园综合体、推广村企党建扶贫模式以及设立医疗救助基金等，助力新河县脱贫攻坚。

新河县和工作队快速行动

根据碧桂园集团帮扶计划，新河县迅速成立4个项目对接小组，工作队明确协助分管招商引资工作的朱峰同志，全力配合对接。碧桂园农业专家团队、河北公司团队、邢台片区团队、苗圃项目团队先后来新河县调研。针对包括新河县在内的13个结对帮扶县，碧桂园计划采取"一县一业""一村一品"

的模式，因地制宜精准扶贫。根据双方协议并经充分沟通，碧桂园集团将先重点研究新河县万亩沙岗枣林改造提升及东董村羊肚菌、灵芝种植项目扩大规模、技术升级等事项。通过"凤凰优选"平台，打通农产品销售产业链，增加产品品牌价值，带动农产品稳定销售和贫困户就近就业。

碧桂园"牵手"新河，在河北引起强烈反响，截至2018年5月29日，"百度"搜索引擎上有关"碧桂园集团帮扶新河县加快脱贫""碧桂园落户新河，开启县域市场布局"等相关信息高达285万条。下一步，工作队要全力推动碧桂园集团在新河县的扶贫项目早结硕果，聚焦聚力落实蔡名照社长5月30日上午座谈会上对新华社扶贫工作队提出的要求，充分发挥新华社点多、面广、新闻信息资源丰富等独特优势，依托新华社民族品牌工程入选企业等资源，扎扎实实为新河县脱贫攻坚和经济社会发展牵线搭桥。

（本文系作者2018年5月31日的工作日志）

延伸阅读

碧桂园与河北新河县达成精准脱贫乡村振兴结对帮扶协议

在新华社牵线搭桥下，世界500强企业碧桂园集团20日与河北省邢台市新河县达成结对帮扶协议，共同推进精准脱贫乡村振兴。碧桂园集团创始人、董事局主席杨国强与邢台市人民政府市长董晓宇参加了协议启动仪式。

新河县2012年被列为国家扶贫开发重点县。新华社作为国家通讯社，从2016年起对新河县实施定点扶贫，并不断派出扶贫工作队到新河县驻点帮扶。2017年，碧桂园入选新华社"民族品牌传播工程"首批企业，并在今年将精准扶贫提升到主业的高度。因此，新华社积极促成碧桂园与新河县战略合作。

据了解，碧桂园计划采用一村一品、一县一业的模式，因地制宜精准扶贫。目前，通过集团内部竞岗和外部招聘的首批扶贫人员，已经实现全脱产驻村扶贫。接下来，碧桂园将发挥党建引领作用，集团党委统一指挥，以产业发展和就业培训为主要措施，结合现代农业，探索一条可造血、可复制、可持续的乡村振兴道路。

第二部分
堂阳凝思

杨国强说，得益于改革开放带来的社会发展，使碧桂园有机会做更多的事、帮更多的人，中央提出2020年全面脱贫，这是一件很伟大的事情。我们现在承诺参与到全国精准脱贫、乡村振兴事业中去，一定听党和政府的，努力把它做好，为国家尽我们应尽的责任。

按照碧桂园集团与新河县达成的协议，碧桂园将发挥企业自身优势，并借助党和政府完善的管理体系，发挥企业效能，通过科学培育种养殖产业、提供职业培训和就业岗位等，在新河县打造现代化农业产业园区、田园综合体等，助力新河县精准脱贫乡村振兴。

董晓宇表示，近年来，邢台市委、市政府把脱贫攻坚作为头等大事和第一民生工程，贫困发生率由2015年的5.3%降到2017年的1.6%。但是当前工作压力依然较大，任务十分繁重。碧桂园积极承担社会责任，践行"以人民为中心"发展理念的责任担当和家国情怀，令人感动钦佩。

"我们全力支持新河县抓住这一重大机遇，全力推动碧桂园在新河县的扶贫项目早结硕果。我们也希望碧桂园以此次签约为契机，深化与邢台市的全面战略合作，邢台市委、市政府将提供最大支持和最优服务。"董晓宇说。

新河县县长李宏欣与碧桂园集团河北区域总裁李晓明签订了结对帮扶协议。

（新华社客户端河北频道5月22日电）

广告"软实力"成为脱贫攻坚"硬支撑"

今天,县委书记李群江率领由县四大班子领导、乡镇及县直单位负责人组成的考察团,到沙河市参观考察产业发展、生态农业及旅游业发展情况。

北京大好河山集团董事长黄国林今天来新河与县中医医院签订捐赠协议。下午3时,签约仪式在新河县中医医院举行。我代表县委县政府和新华社驻新河扶贫工作队对北京大好河山集团助力新河县脱贫攻坚表示感谢。黄国林董事长介绍了北京大好河山集团转型发展和履行社会责任的情况,决定出资200万元助力新河县脱贫攻坚,其中150万元用于新河县中医医院采购手术室设备,50万元用于农村危住房改造。

帮助新河县援建一个高水平手术室,是新华社副社长刘正荣年初在新华社新闻大厦会见县委书记李群江一行时,商定的一项帮扶措施。根据北京大好河山集团与新河县中医医院签订的捐赠协议,新华社将为北京大好河山集团提供价值200万元的广告服务。这是新华社驻新河扶贫工作队加强推广服务、创新广告扶贫的一个有效探索,是新华社广告资源转换成助力脱贫攻坚的资金等"硬支撑"的一个成功案例。

今年5月以来,落实社领导要求,我们依托新华社民族品牌工程,通过社办报刊、网站、客户端等全媒体广告平台,循环播发《将军故里魅力新河》《魅力开发区 投资之宝地》等广告专版专页,与新华社有关新河县脱贫攻坚的新闻报道,打出了宣介新河的"组合拳",有效提高了新河的知名度,一些企业先后到新河县参观考察。在此基础上,我们拓宽工作思路,针对关注新华社、关注新河的重点企业进行个性化推介,探索把新华社全媒体广告资源优势等"软实力"转化成助力定点扶贫的资金、项目等"硬实力"。

8月19日,新华社受权发布了《中共中央国务院关于打赢脱贫攻坚战三年行动的指导意见》。2018年是实施精准脱贫攻坚战三年行动的第一年,

第二部分
堂阳凝思

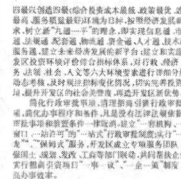

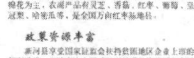

也是新河县决战决胜脱贫摘帽的关键之年。对新闻宣传战线来说，助力扶贫是政治责任和政治担当，也是重要的坐标定位。媒体一方面，可利用自身优势宣传扶贫经验，展示脱贫成果，讲好脱贫故事，充分发挥新闻舆论工作的"领航者""定盘星"作用；另一方面，还可借力互联网、新媒体、广告资源等，挖掘多种多样的扶贫公益模式。为此，一些主流媒体深入脱贫攻坚一线，投身公益事业，创新扶贫路径。

新华社推出了民族品牌工程，引导品牌企业助力脱贫攻坚战；中国吉林网和《吉林日报》推出"第一书记代言"栏目，为"第一书记"代言的各类优质农产品免费站台，用户还可以扫描二维码或是通过产品热线进行选购；今贵州客户端则在客户端首页焦点位置放置"文军扶贫"专栏，不定期推出免费广告助力脱贫攻坚……

这些实实在在的扶贫模式，不仅强化了党媒责任与使命担当，也让人看到了可操作的帮扶路径，为贫困群众找到了脱贫致富的好路子。

（本文系作者2018年10月11日的工作日志）

加大各方帮扶力度。要加大东部地区和中央单位对深度贫困地区的帮扶支持，强化帮扶责任，"谁的孩子谁抱"。对东西部扶贫协作和对口支援、中央单位定点帮扶的对象在深度贫困地区的，要在资金、项目、人员方面增加力度。东部经济发达县结对帮扶西部贫困县"携手奔小康"行动和民营企业"万企帮万村"行动，都要向深度贫困地区倾斜。国务院扶贫办要做好这方面的对接工作。要通过多种形式，积极引导社会力量广泛参与深度贫困地区脱贫攻坚，帮助深度贫困群众解决生产生活困难。要在全社会广泛开展向贫困地区、贫困群众献爱心活动，广泛宣传为脱贫攻坚作出突出贡献的典型事例，为社会力量参与脱贫攻坚营造良好氛围。

——《习近平总书记在深度贫困地区脱贫攻坚座谈会上的讲话》（2017年6月23日），人民出版社单行本，第15~16页

我们坚持政府投入的主体和主导作用，深入推进东西部扶贫协作、党政机关定点扶贫、军队和武警部队扶贫、社会力量参与扶贫。

——《习近平总书记在打好精准脱贫攻坚战座谈会上的讲话》（2018年2月12日），载《习近平扶贫论述摘编》，中央文献出版社，2018，第107页

新华社民族品牌工程有效助力精准脱贫攻坚战

2019年3月31日，国务院扶贫办社会扶贫司与中国社会科学院社会责任研究中心联合发布80个中国企业精准扶贫优秀案例，首次以案例形式总结企业精准扶贫的经验做法，树立典型、以点带面，促进更多企业积极承担社会责任、参与脱贫攻坚。碧桂园、伊利、苏宁、东风、京东、中国光大银行等"新华社民族品牌工程"入选企业的扶贫经验，入围《中国企业精准扶

第二部分
堂阳凝思

贫50佳案例（2018）》。结合新华社定点帮扶新河县的工作，我深切体会到，新华社2017年6月实施的民族品牌工程，已经并正有效助力精准脱贫攻坚战。

一、整合提供进一步扩大新河影响的推广渠道。新华社自2015年底定点帮扶新河县以来，通过一批体现时度效的新闻报道，着力介绍新河扶贫做法，讲好新河脱贫故事，展示新河脱贫成果。在此基础上，新华社落实习近平总书记"推动中国制造向中国创造转变，中国速度向中国质量转变，中国产品向中国品牌转变"等要求实施的民族品牌工程，整合了新华社丰富的媒体资源、强大的传播能力以及专业的智库力量，为我国优秀民族品牌进一步扩大影响力提供有效的推广渠道，也为扩大新河影响，助力脱贫攻坚铺了路、架了桥。按照新华社加强定点扶贫工作的安排，2018年5月，推介两个定点扶贫县列入"新华社民族品牌工程"。新华社民族品牌工程办公室组建专门团队，制定推介石阡、新河的策划方案。按照新华社社长、党组书记蔡名照2018年5月29日至30日在新河县考察提出的要求，工作队会同有关县直部门，用好新华社民族品牌传播工程提供的1500万元广告额度，通过新华社报刊、网站、客户端等全媒体广告平台，循环播发《将军故里　魅力新河》《魅力开发区　投资之宝地》《投资新河　成就未来》《河北新河：历史悠久　人文独特》《河北新河：扶贫产业快速发展》《河北新河：推动构建大扶贫格局》《新河脱贫奋斗篇》等专版专页，涵盖新河县情、地方特色、招商引资优势等内容，大大提升了新河县的知名度和影响力。很多朋友说，几乎每天都能看到和听到新华社有关新河的介绍，红军将领董振堂等新河"名片"享誉全国，为脱贫攻坚和招商引资营造了良好环境。

二、推动构建各类力量参与的大扶贫格局。习近平总书记指出，脱贫攻坚，各方参与是合力。必须坚持充分发挥政府和社会两方面力量作用，构建专项扶贫、行业扶贫、社会扶贫互为补充的大扶贫格局，调动各方面积极性，引领市场、社会协同发力，形成全社会广泛参与的脱贫攻坚格局。经新华社宣传报道和"新华社民族品牌工程"的全媒体推介，新华社丰富的媒体资源、强大的传播能力、专业的智库力量等软实力的优势进一步彰显，新华社和新河县对社会各界的感召力不断增强。基于此，工作队加强沟通推介，知名创客公司"米巧米创客引擎"在新河县设立分支机构，联合县人社局成立了"新河县创业孵化园"，已有78家小微企业（创客）入驻，直接带动就业142人，间接带动就业586人。任丘爱心基金会连续两年为符合条件的新河贫困群众购买邮政简易保险。上市公司瑞康制药北京子公司捐资10万元，成为第一个在董振堂事迹陈列馆设立爱国主义教育基地的企业。国资委主管的企业观察报社捐赠6万元支持董振堂家乡西李村脱贫，为部分贫困村发放慰问品。润丰集团、中证焦桐基金、新华社新闻信息中心河北中心等相继到董振堂事迹陈列馆、董振堂故居开展党日活动并捐赠款物。中鼎国盛、北京爱可生等企业组织人员实地考察新河县招商项目。经社民族品牌工程办公室协调，伊利集团"营养2020计划"落户新河县，赠送一批学生奶、280套迪士尼书包和儿童书籍等学习用品。新河县还有望纳入新华社民族品牌工程合作企业康美药业参与建设的"新时代文明实践中心"，届时康美药业的"智慧+"大健康战略将落户新河。

三、助力新河建立健全脱贫防贫长效机制。2019年的中央一号文件指出，巩固和扩大脱贫攻坚成果，减少和防止贫困人口返贫。所以，我们一方面要贯彻习近平总书记"发展产业是实现脱贫的根本之策。要因地制宜，把培育产业作为推动脱贫攻坚的根本出路"的要求，大力开展产业扶贫，推动实现稳定持续脱贫；另一方面，要针对因病致贫等群体，建立抑制贫困的长效机制，坚决防止出现一边脱贫一边又有一些人返贫的现象。经新华社副社长刘正荣协调，办公厅、总经理室推动，碧桂园集团自2018年5月20日与新河县签订乡村振兴结对帮扶协议以来，在助力新河产业扶贫、就业扶贫、人才扶贫等方面做了一些富有成效的探索，经县主要领导审阅，县委办公室2019年2月12日编印的《新河信息》以《碧桂园集团勇担社会责任 助力新河精准扶贫》为题，介绍了碧桂园助力新河脱贫的做法和成效。近日，碧桂园控股有限公司批复，捐赠300万元帮助筹建新河县健康扶贫重特大疾病防治基金，完善防贫机制。碧桂园计划投资1400万元，建设新河"苗木小镇"，已落地560万元，受益群众51户102人。碧桂园"凤凰优选"超市河北总店在新河注册，租金装修费30万元，2018年推销新河扶贫产品16.3万元。集团高管捐款56.3万元，结对帮扶新河县365名贫困生。通过提供40万元帮扶资金、联动华大农业免费提供技术咨询等方式，支持东董村众乐种植专业合作社带动当地脱贫。举行了3次新

第二部分 堂阳凝思

河县就业招聘会，组织了2期苗木种植技术专场培训会，40人培训后上岗；在寻寨镇殷庄村建立扶贫微工厂，带动23户无法出门务工的劳动力"足不出户"就业。联合中国电子商务中心和新浪微博举办"百县千红新农人"培训班，新河县65名返乡创业青年参训后开始利用高质量社交视频推介新河特色农产品。先后组织新河县13人次参加青年致富带头人培训、返乡创业青年清华大学研修班、精准扶贫劳务经纪人特训营。邀请河北电视台在申家庄村录制《农博士在行动》节目，中国农大燕国胜博士现场讲解葡萄种植技术。与社扶贫工作队帮扶的宋亮庄、盖村开展村企党建结对活动，到新河敬老院举行"关爱老人走进夕阳红　我们在行动"活动。

目前，按照新华社办公厅印发的《新华社2019年定点扶贫重点工作安排》，新华社民族品牌工程办公室正策划以"中国品牌日"等活动为契机，积极稳妥引导新华社民族品牌工程入选企业到石阡、新河县投资兴业，助力脱贫攻坚和乡村振兴。

（新华社《经营管理业务》2019年第3期）

推动中国制造向中国创造转变、中国速度向中国质量转变、中国产品向中国品牌转变。

——2014年5月10日，习近平总书记在河南考察工作时强调，新华社2014年5月10日电

新河元素闪亮上海中国品牌日系列活动

5月8日至10日，新华社联合《经济日报》、中国贸易促进会、中国品牌建设促进会、国务院国资委新闻中心等在上海举办"中国品牌日"系列活动。经社民族品牌工程办公室安排，新河县全程参与，积极宣传推介，取得良好效果。

5月8日下午，邢台市分管招商引资工作的副市长张西军接受全媒体访谈，推介邢台市和新河县；5月9日上午主论坛、下午两个平行论坛和中国品牌日5·10晚会循环播放的暖场片中，新河县的宣传片与新华社和上海市普陀区的宣传片平行播出；会场各个竖屏显示器，循环播放新河"元素"；会场门口免费搭建新河展台，展销菊花茶、眼镜盒等产品；新华社联合上海广播电视台、东方卫视、东方网等举办的2019中国品牌日5·10晚会，县长李宏欣在会上介绍新河脱贫摘帽概况。

活动期间，新华社副秘书长、办公厅主任宫喜祥，总经理室总经理张永平、副总经理潘海平，中国金融信息中心党委书记、董事长叶国标，新华社上海分社副社长季明等到新河县展台，亲切看望新河县代表团，了解重点产品带动脱贫情况，就民族品牌进新河等进行沟通。

应该说，通过新华社民族品牌工程办公室和新河县委县政府的周密策划，邢台市、新河县在上海中国品牌日活动实现了闪亮登场、精彩亮相。我也深深地体会到，新闻媒体在推进中国精准脱贫伟大事业的进程中，应该而且可以承担起为实现中国梦"鼓"与"呼"的社会责任。

第二部分
堂阳凝思

河北省邢台市人民政府副市长张西军：
大力支持当地特色产业和品牌发展

新华网上海5月8日电（王蓓蓓）8日，河北省邢台市人民政府副市长张西军做客2019"民族品牌面对面"全媒体大型访谈。他表示，邢台市地处河北省南部，交通便利风景优美，最近几年经济迅速发展，政府也大力支持当地特色产业和品牌发展。

他称，邢台市历史非常悠久，是仰韶文化的发源地之一。之前邢台是重工业城市，生产煤炭和钢铁等，最近几年正由重工业向制造业信息化转型升级，如今已经有今麦郎方便面、御捷电动车等多个全国知名品牌。

邢台市已经形成了自己的产业集群，20多个县基本上每个县都有特色产业和品牌，经济实力较强，例如有玻璃、宠物饲料、汽车零部件、自行车、儿童车、高档面料纺织、电信电缆及食品产业等，所以在品牌方面邢台市确实取得了长足的发展。张西军指出，邢台市政府还搭建平台，对机器人、3D打印等高端制造业给予政策和资金的大力支持。

2019"民族品牌面对面"全媒体大型访谈，是2019年"5·10中国品牌日"系列活动之一，由新华社民族品牌工程办公室、新华社新闻信息中心、中国经济信息社、新华网、新华社新媒体中心、中国品牌建设促进会、中国国家品牌网、《中国名牌》杂志社联合主办。

"高举旗帜，引领导向，围绕中心，服务大局，团结人民，鼓舞士气，成风化人，凝心聚力，澄清谬误，明辨是非，连接中外，沟通世界。"习近平总书记强调的这48个字，概括了在新时代党的新闻舆论工作的职责和使命。在人人都有"话筒"的当下，我们首先要按照习近平总书记的系列讲话和指示精神，坚持正确的政治方向和舆论导向，用心感受、用脚采访、

在扶贫路上
ZAIFUPINLUSHANG

用笔还原，勇于发声、敢于发声、善于发声，讲好沾泥土、带露珠、冒热气的中国脱贫故事，传播具有新时代特色的中国扶贫模式，展示其他国家不可能实现的减贫奇迹和减贫速度。这是新闻工作者的第一要务，更是扶贫战士的第一选择。

同时，我们要集成报纸、网站、手机、客户端、微博微信、智库等形成传媒矩阵，全天候、全方位、立体式地推介地方名片、品牌和招商引资优势等，为当地经济社会发展创造良好环境，创造有利条件。

（本文系作者2019年5月11日的工作日志）

延伸阅读

为中国品牌的全球传播增添更多文化自信
——中国品牌日主题晚会在东方卫视热播

（新华社上海5月11日电，记者许晓青）2019中国品牌日5·10晚会10日晚在上海东方卫视热播。晚会以"全球传播，世界共享"为主题，创新媒体传播和表达方式，汇聚品牌、科技、文艺等多领域精英，共同为我国民族品牌的创造力、影响力点赞，向新中国成立70周年献礼。

新华社民族品牌工程办公室与东方卫视牵手打造的这台晚会，对中国品牌日的形象和内核进行了建构和挖掘，通过媒介力量推动中国品牌在社会大众心目中形成更多共识。

中国品牌的人文关怀和文化价值究竟如何彰显？当代中国品牌的文化自信怎样才能更加传得开、叫得响？晚会落幕，引发各界思考和热议。

——中国品牌的文化自信在创新创造中彰显。

技术工人等代表着中国品牌的豪迈骨气。他们是中国品牌的实力托举者。他们在各自岗位上建功立业，推动中国制造向中国质量迈出坚实步伐。

中国品牌的人文关怀和文化价值要有"中国式"的表达和积淀。电视

第二部分
堂阳凝思

画面中，研发团队、创新者们所介绍的"中国星""中国造"，扎实推动高质量发展，在增强民族自豪感和自信心的同时，也激发受众对中国品牌的文化自信。

从"中国制造"走向"中国创造"，这样的改变是一次次技术突破，是一件件实实在在的产品。参加晚会的著名学者张维为点评，创新进取，自我革新，是一个人、一个行业、一个国家兴旺发达的不竭动力。

——中国品牌的文化自信在青春奋斗中彰显。

著名青年钢琴家郎朗奏响《我爱你中国》，著名歌唱家张也咏唱《万家灯火》，一批蜚声国际的实力派文艺界人士亮相晚会。

代表青春力量的歌手尚雯婕、周笔畅、平安等为中国品牌唱响《最终信仰》《原来你也在这里》《新的天地》。影视演员江疏影、相声演员张云雷等登台为中国品牌的活力点赞。

晚会上，奥运冠军邹市明和苗族歌手雷艳化身家乡的推荐人，助力"黔货出山"，助推脱贫攻坚。近年来，更多的企业加入到了扶贫公益项目当中，帮助贫困地区实现产业发展，与基层、贫困县联动，将特色农产品转化为带有品牌美誉度、知晓度的商品，而"一县一品"品牌扶贫计划也让人们看到产业扶贫的前景。

——中国品牌的文化自信在经济全球化中彰显。

外国企业家、常住上海的外国友人纷纷到场为中国品牌点赞。德国人阿福（Thomas Derksen）说，他最大的愿望是要把中国的"网络购物"带到德国去，让更多欧洲的朋友享受中国品牌的便利。来自中欧班列的列车长自信地回答，中欧班列连接起亚欧市场，德国朋友的梦想将更快实现。

参加晚会的著名学者郑永年说："一个个中国品牌，竖起中国经济迈向高质量发展的路标。"

"向世界讲好'中国故事'，同时也擦亮中国广电人的文化品牌。"参与筹备这台晚会的东方卫视有关负责人告诉记者，广播电视媒体人也从

在扶贫路上
ZAIFUPINLUSHANG

中国品牌发展历程中汲取力量，今年初上海广播电视台东方卫视陆续推出《闪亮的名字》《诗书画》《这就是中国》等一批创新节目，下半年还有《长江之恋》《我们的国货》《大城无小事》等全新节目亮相，相当一部分创新节目也将形成文化品牌。

中国品牌日主题晚会由新华社、中国贸易促进会、中国品牌建设促进会、国务院国资委新闻中心指导，新华社民族品牌工程办公室、新华社新闻信息中心、中国经济信息社、新华网、新华社新媒体中心、上海广播电视台、东方卫视、东方网等联合主办，中国国家品牌网承办。

第二部分
堂阳凝思

定点扶贫"责任田"变成行业扶贫"试验田"

昨天,星期六,室外温度低至零下8度,但中国邮政集团新河分公司会议室内喜气洋洋。

经前期反复沟通并履行报批程序,我代表新华社新河扶贫工作队与新河县扶贫办主任焦雨时、中国邮政集团新河分公司经理苗军签订了《新华社驻新河扶贫工作队协同新河邮政公司帮扶新河合作备忘录》,沧州市任丘慈善基金会副会长陆建勋与焦雨时主任、苗军经理签订了《新河县精准扶贫保险三方协议书》。新河县委常委、纪委书记魏广秀代表县委县政府对陆建勋一行助力新河脱贫攻坚表示欢迎和感谢,县委常委、办公室主任张志武主持了签约仪式。

根据协议,自2018年1月1日起,新华社连续两年为新河县四套班子和脱贫攻坚领导小组成员单位分别赠送一份《新华每日电讯》《参考消息》《半月谈》,邮政免收投递发行费;我沟通协调的沧州任丘市爱心基金会(瑞安达光电科技有限公司发起)连续两年为新河县符合条件的贫困户(县扶贫办提供名单)购买邮政简易保险。市县邮政从"邮乐购"服务站对新河贫困村全覆盖、缩短新河农品上网审批日期、免除农品上线保证金、邮储银行为新河建档立卡贫困户提供贴息贷款等方面助力新河脱贫攻坚。

近日,新华社驻新河县扶贫工作队与中国邮政新河县分公司帮扶新河签约仪式举行。

在签约仪式上,新华社驻新河扶贫工作队与中国邮政新河县分公司签署了合作备忘录。沧州市任丘慈善基金会副会长陆建勋和新河县扶贫办主任焦雨时、中国邮政新河县分公司总经理苗军签订《新河县精准扶贫保险三方协议书》。

在扶贫路上
ZAIFUPINLUSHANG

因为工作原因,这几年与中国邮政集团办公室、邮政业务局、市场协同部的同志保持着密切联系。来新河扶贫后,中邮信通实业投资有限公司副总经理张玉恒、河北省邮政公司副总经理谢文超和北京市邮政局王华祥等同志主动打来电话说,需要邮政方面扶贫的,他们全力协调支持。对此,有的同志说邮政改制后经营困难,除了电商扶贫外,帮不了什么大忙。不过,后来通过学习习近平总书记关于扶贫工作的重要论述,我越来越感到,有必要拓宽思路,争取邮政等方面充分发挥行业优势,进一步加大对新河脱贫攻坚战的支持力度。

确保到2020年所有贫困地区和贫困人口一道迈入全面小康社会,是以习近平同志为核心的党中央对全国人民的庄严承诺。打好打赢精准脱贫攻坚战,是一项政治任务和神圣使命,必须全党动员、全民参与,尽锐出战、协同作战。

所以,昨天无论对新华社、中国邮政,还是对新河县,都是一个值得纪念的日子。签订的两份协议将新华社定点扶贫的"责任田",变成了邮政行业扶贫的"试验田",中国邮政与新河县更加紧密地联系在一起。对我本人而言,倍感欣慰,毕竟推动实现了新华社与中国邮政长期以来的战略合作,向精准扶贫领域延伸拓展,这不仅有很强的政治意义,也有利于推动、引导、协同其他专项扶贫、行业扶贫力量,打出新河精准扶贫的"组合拳"。

(本文系作者2017年12月17日的工作日志)

第二部分
堂阳凝思

切实落实领导责任。坚持党的领导，发挥社会主义制度可以集中力量办大事的优势，这是我们的最大政治优势。实现贫困人口如期脱贫，是我们党向全国人民做出的郑重承诺。责任重于泰山，各级党委和政府一定要不辱使命。要强化扶贫开发工作领导责任制，把中央统筹、省负总责、市（地）县抓落实的管理体制，片为重点、工作到村、扶贫到户的工作机制，党政一把手负总责的扶贫开发工作责任制，真正落到实处。什么东西只有抓得很紧，毫不放松，才能抓住。抓一阵子松一阵子，热一阵子冷一阵子，就会"沙滩流水不到头"。

——《习近平总书记在部分省区市扶贫攻坚与"十三五"时期经济社会发展座谈会上的讲话》（2015年6月18日），载《习近平扶贫论述摘编》，中央文献出版社，2018，第35页

坚持三个导向　提高帮扶实效

按照县委理论中心组学习方案要求，近期我反复研读中央和省市县关于脱贫攻坚工作的讲话、批示、要求以及《省市县脱贫攻坚政策文件汇编》，认真学习领会中办印发的《关于进一步激励广大干部新时代新担当新作为的意见》，进一步激发了我立足新时代、践行新思想、展现新担当新作为的积极性、主动性、创造性。特别是坚持问题导向、目标导向、实践导向，结合本人思想和工作实际，调研并制定了锐意进取、担当作为的工作措施。现将有关情况简要汇报如下。

一　坚持问题导向，深入查摆履职担当方面的不足

（一）扶贫政策研究不够透彻。到新河以来，始终把学习贯彻习近平总书记系列重要讲话精神和党的十九大精神作为首要政治任务，自觉把日

常工作放到新华社定点扶贫的布局中定位、放到全县中心工作中谋划，时时事事与精准扶贫等要求对表对标。但在一定程度上仍存在对习近平总书记扶贫思想理解不深、扶贫政策把握不准等情况，直接影响了宣传政策、解疑释惑、推动落实的实操能力。

（二）责任没有完全落实到位。我牢树"四个意识"，牢记职责使命，始终把纪律和规矩挺在前面，提出新华社扶贫工作队与市县扶贫工作队一样，要主动自觉接受县委组织部的管理和纪委的监督，树立中直挂职干部忠诚、为民、务实的良好形象。但是，把"挂职"看得过重，工作有点放不开，畏手畏脚。总认为种好自己的"责任田"，扎实做好帮扶即可，实际上没有充分履行一名县委常委的职责。

（三）调研不够深入扎实。坚持在扶贫一线实施"扎根工程"，经常走村入户调研，但是调研的全面性、深入性和实效性不够。一是到分包村去得勤，深入其他贫困村调研不多。二是到贫困村调研多，到非贫困村调研比较少。三是对调研发现的一些问题研究不够，还没有真正做到一抓到底。

针对上述不足，我将把研究政策、学习专业作为一种政治责任、一种职业追求、一种工作状态，着力增强适应新时代发展要求的本领能力。坚持集体学习与自学相结合，加强政治理论和扶贫业务学习，切实用习近平新时代中国特色社会主义思想武装头脑、指导实践，不断弥补知识弱项、能力短板、经验盲区，努力成为扶贫领域的行家里手。

二 坚持目标导向，认真制订实现担当尽责的措施

下一步，新华社驻新河扶贫工作队将认真落实蔡名照社长来新河调研检查工作提出的要求，对照《新华社加强定点扶贫工作重点任务安排》，进一步完善《新河扶贫工作队重点工作台账》，力争将新华社对新河的支持尽快转化为具体帮扶成果。

（一）推动形成宣传扶贫合力，营造干部担当作为的舆论氛围。会同县委宣传部加强与新华社国内部和河北分社等采编部门的对接，加强与有关中央媒体和省内重点媒体的联动，努力形成宣传新河的合力。紧紧围绕

新河脱贫攻坚大局，把握时、度、效，充分发挥新华社全媒体报道的优势，及时挖掘脱贫典型，讲好脱贫故事，着力营造干部担当作为的良好舆论氛围，激发贫困家庭脱贫致富的内生动力，增强广大干部群众决战脱贫、决胜小康的决心和信心。

（二）大力推广新河"名片"，助力脱贫攻坚。充分发挥新华社民族品牌传播工程的平台优势，推介好新河"名片"和重点产品，助力新河脱贫攻坚。新华网、新华社客户端、新华社重点报刊及所属网站、客户端、微信公众号以《将军故里　魅力新河》为题，已对新河县情进行了整体介绍，即将播发《美丽开发区　投资之宝地》等专版。适时推介号称"世界镜盒看中国，中国镜盒看新河"的眼镜盒等新河重点产品。根据县委县政府印发的《关于鼓励重点规上工业企业参与帮扶脱贫工作的实施方案》和有关县直部门意见，择时推介为脱贫攻坚作出突出贡献的重点企业。

（三）聚力教育扶贫和健康扶贫，谋实招求实效。工作队坚持"扶贫必扶智"，全力配合与碧桂园集团沟通对接，争取其出资设立的教育扶贫基金和医疗救助基金项目尽快落地。近期，在新华社扶贫办统筹下，申报"伊利集团 2020 营养计划"，配合制订新河幼师培训计划和部分建档立卡贫困家庭学生的资助方案。同时，加强与北京大好河山集团和社有关部门的沟通，争取新华社援建新河县综合性手术室等项目资金早日落地。

（四）挖掘新华社联系广泛等优势，服务新河经济社会发展。落实社领导要求，对邢台市、新河县提出的政策咨询、信息服务等项目，我们第一时间报请总社统筹。总结新华社推荐碧桂园集团与新河对接的经验，依托新华社民族品牌传播工程资源，积极对接上市公司、优秀企业等社会力量，为新河生化企业转型升级等重点招商引资项目牵线搭桥。

三　坚持实践导向，在助力脱贫攻坚中推进乡村振兴

实施乡村振兴战略，既是党的十九大做出的重大决策部署，也是新时代"三农"工作的抓手，《中共中央 国务院关于实施乡村振兴战略的意见》作了解读，县委十届三次全会进行了具体安排。作为县委常委，我按照"当好参谋、抓好落实"的要求，就乡村振兴先后到 12 个村调研，其中有 3

篇调研报告在媒体刊发。我体会，脱贫攻坚不仅是党的十九大部署的三大攻坚战任务之一，也直接关系乡村振兴战略的实施成效。摆脱贫困，既是实施乡村振兴战略的重要内容，也是乡村振兴的前提。建议乡村两级组织抓落实时，要在推动精准脱贫和乡村振兴战略相互支撑、相互配合、有机衔接上下功夫，打好脱贫攻坚与乡村振兴的组合拳。作为一名扶贫战士，我将彻底打消依赖思想，以等不起、慢不得、睡不着的干劲韧劲，争做"里程碑"式的好干部，在助力新河脱贫攻坚中全力推进乡村振兴战略落实。

（本文系作者 2018 年 6 月 21 日在县委理论学习中心组专题学习会上的发言）

第二部分
堂阳凝思

　　党的十八大以来脱贫攻坚的成功实践，充分证明了总书记重要论述的科学性、真理性。在最后攻坚阶段，必须坚决按照总书记的要求，坚持既定路线方针政策不动摇，确保焦点不散、靶心不变。要把提高脱贫质量放在首位，强化产业和就业扶贫，促进稳定脱贫、可持续脱贫。要因地制宜推进脱贫攻坚，有效调动各地积极性和创造性。要集中力量攻坚深度贫困，引导资源要素向深度贫困地区聚焦。要充分发挥贫困群众主体作用，增强脱贫内生动力。要做好脱贫攻坚与乡村振兴的衔接，接续推动脱贫地区经济社会发展和群众生活改善。要全面加强党对脱贫攻坚的领导，凝聚全党全社会力量，坚决打赢脱贫攻坚战。

　　——中央政治局委员、国务院副总理，国务院扶贫开发领导小组组长胡春华在学习贯彻习近平总书记关于扶贫工作的重要论述研讨会上强调（据新华社北京 2018 年 10 月 29 日电）

扶贫先扶志的内在逻辑与实现路径

　　扶贫先扶志是习近平扶贫工作论述的重要内容。习近平同志早在 1992 年《摆脱贫困》一书中就指出，扶贫工作中"输血"重要，"造血"更重要，扶贫先扶志，一定要把扶贫与扶志有机地结合起来，既要送温暖，更要送志气、送信心。党的十八大以来，习近平总书记多次强调"扶贫先扶志"等扶贫方略。笔者从为什么先扶志、扶谁的志、如何扶志等方面，对"扶贫先扶志"的内在逻辑和实现路径进行探讨。

一　提高政治站位，切实认知扶贫先扶志的重大意义

　　思想是行动的先导，坚持扶贫先扶志，必须在深刻理解"扶志"内涵的基础上，进一步提高政治站位，强化"扶贫先扶志"的思想自觉和行动

自觉。

我们坚持开发式扶贫方针，把发展作为解决贫困的根本途径，既扶贫又扶志，调动扶贫对象的积极性，提高其发展能力，发挥其主体作用。

——《国家主席习近平在2015减贫与发展高层论坛发表的主旨演讲》（2015年10月16日），《十八大以来重要文献选编》（中），中央文献出版社，2016，第717页

（一）"扶志"激发贫困群众脱贫的主体意识。全国上下打响脱贫攻坚战以来，各地明确脱贫时间表、路线图和施工图，针对贫困户的帮扶措施接踵而至。但在一些地方，由于形势教育、思想动员不够，搞"被动脱贫"，助长了一些贫困户不思进取的"等靠要"思想。比如，媒体报道，一些偏远的贫困村，扶贫物资运进村，有的贫困户竟不愿动手。在他们看来，层层签了脱贫军令状，到期完不成目标，上面会拿扶贫干部开刀。再如，一些贫困户整天想着怎样享受国家优惠政策，不想脱贫；个别贫困村甚至出现不以贫为耻、反以贫为荣，争戴"贫困帽"的苗头。扶贫的主体是干部，贫困户是扶贫的客体，同时也是脱贫的主体，是扶贫成败的关键性因素。"扶志"就是给贫困群众的精神"补钙"，强化他们脱贫的主人翁意识，避免"干部干、群众看"等乱象。

要改进工作方式方法，改变简单给钱、给物、给牛羊的做法，多采用生产奖补、劳务补助、以工代赈等机制，不大包大揽，不包办代替，教育和引导广大群众用自己的辛勤劳动实现脱贫致富。

——《习近平总书记在深度贫困地区脱贫攻坚座谈会上的讲话》（2017年6月23日），人民出版社单行本，第16~17页

（二）"扶志"激发贫困群众脱贫的内生动力。习近平总书记指出，"贫困地区发展要靠内生动力""幸福不会从天降，好日子是干出来的，脱贫致富终究要靠贫困群众用自己的辛勤劳动来实现。"从辩证唯物主义

第二部分
堂阳凝思

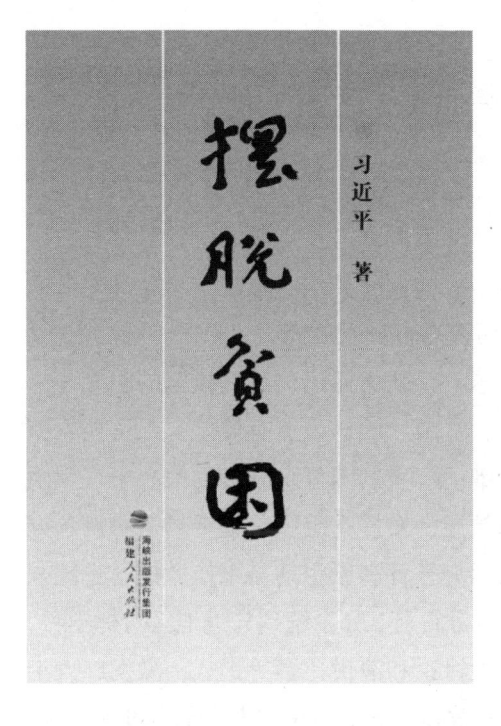

内因与外因的关系来分析，内生动力本质上是人的主观能动性，而内生动力的外化就是改造客观的实践活动。就精准脱贫而言，扶贫政策、项目、措施等是"外因"，贫困群众的内生动力是"内因"。"外因"最终要通过"内因"产生作用。没有贫困户全身心、全过程的参与，再精准的帮扶也难以真正落地见效。"扶志"就是要加大精神扶贫的工作力度，激发脱贫攻坚的内生动力，推动广大贫困群众从"要我脱贫"向"我要脱贫"转变，从根本上铲除滋生贫穷的土壤。

（三）"扶志"激发贫困群众脱贫致富的信心决心。古人云，有志始知蓬莱近，无为总觉咫尺远。贫困并不可怕，真正可怕的是甘于贫困，丧失改变贫困面貌的斗志和信心。在一些地方，个别贫困户"等、靠、要"的思想事实上导致了扶贫工作的恶性循环，帮扶越多，他们越想保贫，在家坐等扶贫干部访贫问苦。习近平总书记强调："弱鸟可望先飞，至贫可能先富，但能否实现'先飞'、'先富'，首先要看我们头脑里有无这种意识，贫困地区完全可能依靠自身努力、政策、长处、优势在特定领域'先飞'，以弥补贫困带来的劣势。如果扶贫不扶志，扶贫的目的就难以达到，即使一度脱贫，也可能会再度返贫。"可谓"脱贫路不远，就怕人志短"，"扶志"就是帮助广大贫困群众激发穷则思变、穷则思勤的发展意愿，树立脱贫信心，立下致富志向。

一个人的物质贫困只是一时，精神贫困可能伴随一生。只有高度重视精神层面的帮扶，治贫治根、扶贫扶心，才能彻底解决贫困户"思想贫困"问题，牢树摆脱贫困的志气，鼓足决战贫困的勇气，筑牢决胜贫困的"精神高地"。

二 突出重点对象，紧紧抓牢"扶志"的关键环节

对症拔穷根，是落实精准扶贫、精准脱贫各项任务的核心。就"扶志"而言，应突出党员干部、贫困乡村、贫困群众等重点领域，针对部分贫困群众不想、不敢、不会、不能脱贫等症结，分类精准施策，帮助贫困群众先彻底摆脱意识和思路的贫困，进而提高自我发展能力。

（一）着力先扶党员干部的"志"，强化党建对脱贫攻坚的引领。一些地方，个别干部在对包联贫困村、贫困户的认识上有偏差，工作还不够实，有形式主义倾向，直接影响了带动广大贫困群众脱贫的信心士气。因此，必须加强党组织对扶贫工作的领导，发挥党组织总揽全局、协调各方的领导核心作用，强化各级干部的形势教育和思想动员工作，把思想统一起来，把"志"先扶起来。比如，通过分行业、分系统到先进地区对标学习，开展以脱贫攻坚为主题的解放思想大讨论和演讲比赛等形式，激发广大干部从自我做起，从现在做起，从干事做起，下足绣花功夫，拿出过硬办法，激发脱贫攻坚的内生动力。有道是"送钱送物不如送个好支部"，笔者体会，乡村两级党组织尤其要加强党建工作，激发"神经末梢"，把党建触角延伸到每个党员干部，真正让党员干部的心热起来、行动起来。同时，尽快把那些真正懂农业、爱农村、有公心的明白人，培养成为脱贫致富的带头人，激励广大贫困群众树立摆脱贫困的信心。

（二）聚力扶贫困乡村的"志"，夯实激发脱贫内生动力的基础。目前剩余的贫困人口都是贫中之贫、困中之困，大多数分布在集中连片特困地区、革命老区、民族地区、边疆地区。自然条件差、基础设施薄弱、人才流失严重等客观因素，是制约贫困群众脱贫主观能动性的主要因素。一些贫困户渐渐习惯贫困，没有了脱贫的意识；有的虽然有脱贫致富的想法，但心有余而力不足，不敢突破自身局限脱贫；有的一时不知从哪里下手，不知如何脱贫。所以，扶贫困乡村的"志"，应从夯实激发脱贫攻坚内生动力的客观基础做起，在引导群众愿脱贫、能脱贫、敢脱贫、会脱贫上聚力，激发贫困群众在脱贫攻坚中的主体作用。俗话说，"要想富，先修路"，可先以改善贫困村路、水、电、气等基础设施等为切入点，同时因地制宜发展特色种养殖等"造

血"项目，创造摆脱贫困的客观条件，增强战胜贫困的底气。

（三）全力扶贫困群众的"志"，提高贫困群众摆脱贫困的素质能力。一些贫困户多年来扶而不起、帮而不富、助而不强，看似缺乏穷则思变的信心，其实与见识、眼界、素质等方面的"短板"密切关联。习近平总书记强调，扶贫先扶志，扶贫必扶智。"扶智"，顾名思义，帮助贫困群众拓宽视野、革新思维、提高素质。如果说"扶智"为解决"思想贫困"问题提供有力保障，"扶能"则直接帮助贫困群众提高战胜贫困的实操能力。笔者体会，可从四个方面推动扶志与扶智、扶能的有机结合。一是把教育扶贫作为防止贫困代际传递的关键一着，从农业实用技术、农产品营销知识、职业技能等方面构建多渠道、多元化、多形式技能教育体系；二是强化就业扶贫，建设扶贫创业培训中心，着力解决贫困群众就业问题；三是发挥农业专业合作社、供销合作社等合作经济组织优势，强化农民科技致富意识；四是党员干部与贫困户结对帮扶，讲政策、传经验、送技术，谋划脱贫思路。对脱贫过程中遇到挫折的贫困户，及时给予特殊的资金、物资、项目等帮扶，增强贫困户奋发有为的意识。

三　注重标本兼治，不断完善长效扶志的工作机制

制度和体制机制管全局、管方向、管根本、管长远。精准扶贫、精准脱贫，关键是构建好的体制机制。坚持扶贫先扶志，也要注重标本兼治，不断完善相关工作机制。

（一）建立脱贫攻坚的宣传动员机制。宣传工作是粮草，是喉舌，是利剑。在脱贫攻坚进入啃硬骨头、攻城拔寨的冲刺阶段，更需要常态化的强有力的思想保证和舆论支持，持续激发贫穷群众脱贫致富的内生动力。笔者建议，从三个方面建立脱贫攻坚的宣传动员机制。一是政策宣讲常态化。通过在醒目位置张贴扶贫工作的标语、横幅，组织"一对一""面对面"等各种形式的宣讲，推动各项扶贫政策进村、入户、上墙。二是思想教育长效化。组织能人大户与贫困家庭结对子，帮扶干部与贫困户交朋友，经常入户做思想工作，让贫困户向党员干部学，跟着能人大户做，增强脱贫致富的斗志。三是正向激励机制化。开展诸如"苦干实干、主动脱贫"等

评选表彰活动，让脱贫典型上广播电视、上手机、上报刊、上网站、上光荣榜。坚持身边人讲身边事、身边人讲自己事、身边事教育身边人，奏响"宁愿苦干、不愿苦熬"的主旋律，形成争先脱贫、先富带后富的浓厚氛围。

（二）**健全各类社会力量助力脱贫的大扶贫机制**。辩证唯物主义认为，外因是事物发展的外部条件，内因指事物发展的内在原因。外因虽然通过内因起作用，但同时"诱发"内因。就脱贫攻坚而言，党委政府、企业、社会组织、驻村工作队、村干部等外部扶贫力量，对贫困群众脱贫的内生动力就是一种"倒逼"和推动。习近平总书记指出，"全党全社会要继续共同努力，形成扶贫开发工作强大合力"，"要坚持专项扶贫、行业扶贫、社会扶贫等多方力量、多种举措有机结合和互为支撑的'三位一体'大扶贫格局，健全东西部协作、党政机关定点扶贫机制，广泛调动社会各界参与扶贫开发积极性"。党委政府应打破政府、市场、社会扶贫的边界，探索建立政府、市场、社会等各类力量扶贫的大扶贫格局，形成外部多元扶贫与内部自我脱贫的互动机制。

（三）**完善贫困户参与脱贫攻坚的利益联接机制**。实践证明，广大贫困群众的全力推动是精准扶贫成功的关键。扶贫措施能否带来实实在在的利益，是贫困群众能否积极参与脱贫攻坚的主要因素。传统、送钱、送物送项目等大包大揽的做法，忽略了贫困户参与这个关键因素，既助长了贫困群众可能存在的依赖心理，又消磨了一些群众主动脱贫的自身动力。所以，建立贫困群众深度参与扶贫的利益联接机制，引导他们参与扶贫工作全过程，通过其辛勤付出实现脱贫，是"扶志"的根本所在。一要转变传统扶贫观念，赋予贫困户对扶贫资源的充分的决策权和话语权，建立干部与群众共担脱贫风险与责任的"命运共同体"。二是推动农民专业合作社、供销合作社和信用合作社改革创新，为贫困户提供全方位社会化服务，帮助农民走组织起来的农村市场化发展路子。三是推进扶贫供给侧结构性改革，根据资源条件和比较优势，

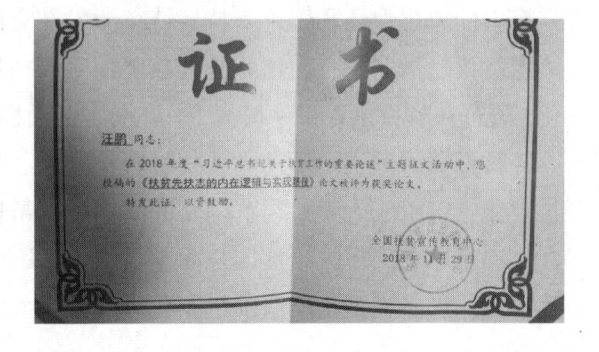

第二部分
堂阳凝思

差异化发展特色产品，着力让贫困人口分享改革红利。比如，通过龙头企业带动，建立利益共享机制。再如，大力发展贫困村集体经济，将扶贫小额信贷等作为贫困户出资占股，按股分红，形成户户参与、人人共享的利益分配机制。

结合扶贫一线的实践，我深深体会到：坚持扶贫先扶志，拔除"思想穷根"已逐渐成为扶贫工作"硬骨头"中的"硬骨头"。我们应进一步提高政治站位，聚焦聚力帮助广大贫困群众激发脱贫攻坚的内生动力，提高摆脱贫困的发展能力，把习近平总书记强调的"扶贫先扶志"落到实处。

延伸阅读

五年六次脱贫座谈会，总书记谈了啥？

党的十八大以来，从延安、贵阳、银川、太原、成都，再到重庆，习近平总书记在国内考察调研期间主持召开了六场以脱贫为主题的座谈会，这一系列座谈会成为中国打赢脱贫攻坚战的重要节点。六次座谈会，六次不同重点，总书记都谈了啥？

小康不小康，关键看老乡

2015年2月13日，陕西延安，陕甘宁革命老区脱贫致富座谈会。

在这场座谈会上，习近平总书记指出，一些老区发展滞后、基础设施落后、人民生活水平不高的矛盾仍然比较突出，特别是老区还有数量不少的农村贫困人口，我们必须时刻挂在心上。实现第一个百年奋斗目标、全面建成小康社会，没有老区的全面小康，特别是没有老区贫困人口脱贫致富，那是不完整的。

这次座谈会上，总书记讲话很动情，体现了深沉的人民情怀以及对老区群众的深厚情谊，也再次强调了全面建成小康社会的关键点和落脚点：小康不小康，关键看老乡。

在精准扶贫、精准脱贫上下更大功夫

2015年6月18日，贵州贵阳，集中连片特困地区扶贫攻坚座谈会。

在此次会议上，习近平总书记指出，"十三五"时期是我们确定的全

在扶贫路上
ZAIFUPINLUSHANG

面建成小康社会的时间节点，全面建成小康社会最艰巨、最繁重的任务在农村，特别是在贫困地区。各级党委和政府要把握时间节点，努力补齐短板，科学谋划好"十三五"时期扶贫开发工作，确保贫困人口到2020年如期脱贫。

如何确保？总书记着重从方法论上做了指示和部署，核心在于两个字：精准。他强调，扶贫开发贵在精准。各地都要在扶持对象精准、项目安排精准、资金使用精准、措施到户精准、因村派人（第一书记）精准、脱贫成效精准上想办法、出实招、见真效。

充分发挥制度优势，完善结对帮扶

2016年7月20日，宁夏银川，东西部扶贫协作座谈会。

在此次座谈会上，习近平总书记用"三大"来定位东西部扶贫协作和对口支援，可见其重视程度。他强调，这是推动区域协调发展、协同发展、共同发展的大战略，是加强区域合作、优化产业布局、拓展对内对外开放新空间的大布局，是实现先富帮后富、最终实现共同富裕目标的大举措。

总书记说，东西部扶贫协作和对口支援，在世界上只有我们党和国家能够做到，充分彰显了我们的政治优势和制度优势，必须长期坚持下去。同时对进一步做好这项工作提了4点要求：提高认识，加强领导；完善结对，深化帮扶；明确重点，精准聚焦；加强考核，确保成效。

聚焦深度贫困地区，打好硬仗中的硬仗

2017年6月23日，山西太原，深度贫困地区脱贫攻坚座谈会。

随着脱贫攻坚战的深入推进，激战的战场一方面在缩减，另一方面也更加凸显出来，那就是深度贫困地区。在此背景之下，习近平总书记专门召开座谈会，部署相关工作。他说，现有贫困大多集中在深度贫困地区。脱贫攻坚本来就是一场硬仗，深度贫困地区脱贫攻坚更是这场硬仗中的硬仗。

这次座谈会的主题，是对精准扶贫理念的一次生动诠释。聚焦重点地区，以问题为导向，着力补短板……总书记要求，对深度贫困地区必须给予更加集中的支持，采取更加有效的举措，开展更加有力的工作。

把提高脱贫质量放在首位

2018年2月12日，四川成都，打好精准脱贫攻坚战座谈会。

决胜脱贫攻坚进入倒计时阶段，不少贫困县将集中摘帽，这时候强调

高质量脱贫,很有针对性。此次座谈会上,习近平总书记指出,脱贫攻坚工作中的形式主义、官僚主义、弄虚作假、急躁和厌战情绪以及消极腐败现象仍然存在,有的还很严重。他要求各级党委和政府必须认真查找和解决这些突出问题。

脱贫要得到群众认可、经得起历史检验,必须是高质量的。总书记强调,要把提高脱贫质量放在首位,聚焦深度贫困地区,扎实推进各项工作。

着力解决"两不愁三保障"突出问题

2019年4月16日,重庆,解决"两不愁三保障"突出问题座谈会。

决胜脱贫攻坚进入关键之年,座谈会的主题愈加细化、具体化。习近平总书记指出,到2020年稳定实现农村贫困人口不愁吃、不愁穿,义务教育、基本医疗、住房安全有保障,是贫困人口脱贫的基本要求和核心指标,直接关系攻坚战质量。

在2018年的成都座谈会上,总书记就指出,稳定实现贫困人口"两不愁三保障",既不能降低标准、影响质量,也不要调高标准、吊高胃口。此次座谈会进一步明确,"两不愁"基本解决了,"三保障"还存在不少薄弱环节。他要求各地区各部门摸清底数,聚焦突出问题,确保如期完成任务。

(半月谈网2019年5月15日)

扶贫必扶智。让贫困地区的孩子们接受良好教育，是扶贫开发的重要任务，也是阻断贫困代际传递的重要途径。

——《习近平总书记给"国培计划（2014）"北京师范大学贵州研修班参训教师的回信》，新华社 2015 年 9 月 9 日电

发展乡村教育，让每个乡村孩子都能接受公平、有质量的教育，阻止贫困现象代际传递，是功在当代、利在千秋的大事。要把乡村教师队伍建设摆在优先发展的战略位置，多措并举，定向施策，精准发力。

——习近平总书记主持召开中央全面深化改革领导小组第十一次会议并发表讲话时强调，新华社 2015 年 4 月 1 日电

要加大对农村地区、民族地区、贫困地区职业教育支持力度，努力让每个人都有人生出彩的机会。

——习近平总书记在全国职业教育工作会议上就加快职业教育发展做出重要指示，新华社 2014 年 6 月 24 日电

努力让每个孩子享有受教育的机会，努力让 13 亿人民享有更好更公平的教育，获得发展自身、奉献社会、造福人民的能力。

——习近平主席在联合国"教育第一"全球倡议行动一周年纪念活动上发表视频贺词，新华社 2013 年 9 月 25 日电

加大对贫困家庭子女"扶志"力度

前不久，《河北女孩王心仪 707 分考进北大，家庭贫困的她写文"感谢贫穷"》的报道刷爆朋友圈。王心仪引发社会关注，不是因为《感谢贫穷》一文的感染力，也不是因为她感谢的贫困，而是因为她面对贫困表现出的

第二部分
堂阳凝思

王心仪与妈妈在一起　赵鸿宇　摄

坚韧和努力,也就是习近平总书记强调的"扶贫先扶志"的"志"。

习近平总书记多次指出,要加强扶贫同扶志、扶智相结合。对贫困家庭"志智双扶",激发脱贫致富的内生动力,增强战胜贫困的能力信心,已成为各地脱贫攻坚的自觉行动。但在具体实践中,"扶志"往往只强调扶贫困群众的志。

"千灯万盏,不如心灯一盏。"孩子们的价值取向既体现教育扶贫的成败,也关乎贫困家庭的脱贫攻坚战。王心仪的"心声"启示我们,要进一步加大对贫困家庭子女扶志的工作力度。

扶志是教育扶贫的重要内容和应有之义

让贫困地区的孩子们接受良好教育,是扶贫开发的重要任务,也是阻断贫困代际传递的重要途径。教育既是贫困的表现和原因,也是扶贫手段和脱贫目标,扶智必将增强孩子们向上向善向好的斗志勇气。对于教育扶贫,各地不仅要从控辍保学、提高教学质量等扶智的层面去实施,还要从"挖掉穷根"的治本之策的高度去谋划。

在扶贫路上
ZAIFUPINLUSHANG

王心仪坦言,她在改变境遇的过程中,"带来了性格上的历练、人格上的完善"。据王心仪的老师介绍,高考结束后,她就到保定一家辅导机构做辅导员。当北大录取通知书寄到家门口时,她还在异地打工。

这应该是教育扶贫的最高境界,让一个寒门学子坚信了教育与知识的力量,使得物质的匮乏不仅没有造成王心仪的精神贫困,反而给她带来精神的高度充盈。

"小手"拉"大手"实现扶智效果最大化

不难理解,如果贫困家庭子女牢固树立摆脱贫穷的斗志与决心,就会倍加珍惜教育扶贫政策创造的条件,发愤图强、早日成才,同时把新知识、新观念、新思路、新技能潜移默化地渗透到家庭中,激发父母亲友脱贫致富的主体意识和内生动力。

据媒体报道,陕西照金北梁红军小学精心编撰照金革命史及"照金精神"校本教材,开展"照金精神进校园"活动,教育引导学生从红色文化中汲取精神力量,通过"小手拉大手",激发群众艰苦创业、埋头苦干的内生动力。再如河北邢台市新河县,在落实"两免一补""三免一补"等教育扶贫政策的基础上,制订教育系统职工与建档立卡贫困家庭学生结对帮扶方案,鼓励和引导孩子们牢固树立知识改变命运的信念,坚定上学成才、就业创业助力家庭脱贫的信心,实际上也是推动实现"小手"拉"大手"的重要举措。

"大手"牵"小手"奏出教育扶志"大合唱"

少年智则国智,少年强则国强。教育扶贫是阻断贫困代际传递的"造血式扶贫",不是仅靠党委政府就能落实到位的事,需要家庭、社会等方面的"大合唱"。

比如王心仪自强不息的背后,不仅有政府、学校、老师的帮扶,还有良好的家庭氛围特别是其母亲的熏陶。研读《感谢贫穷》中"母亲早早地

第二部分
堂阳凝思

教我开始背诗算数，以至于我一岁时就能够背下很多唐诗……贫穷可能动摇很多信念，却让我更加执着地相信知识的力量"，"母亲告诉我，土松，苗反而会出不来，破土之前遇到坚实的土壤，才能让苗更茁壮地成长"等生动的描写，我们不难体会"一个普通但对教育与知识充满执念的家庭"对王心仪成长的作用。

在新河县，"授渔计划""共同行动"等社会组织助力教育扶志扶智，也取得了较好效果。近日，振堂中学两名学生代表致信新河县委书记李群江，表示"共同行动"夏令营活动点燃了激情，一定兑现入营誓言，将爱心传递到底。

因此，加强教育扶志，必须完善国家主导、地方联动、社会各界共同参与的教育扶贫机制，变各级党委、政府和教育部门的"独唱"为各方联动支持教育扶贫的"大合唱"。

专家说，"扶贫先扶志"决定了教育扶贫的先导性功能，"扶贫必扶智"决定了教育扶贫的基础性地位，"脱贫防返贫"决定了教育扶贫的根本性作用。"教育扶贫，授人以渔"，我们要坚持扶志先行，志智双扶，帮助更多条件艰苦的学生励志成才，带动更多的家庭增强脱贫的斗志和能力。

（《半月谈》2018年第9期）

在 扶 贫 路 上
ZAIFUPINLUSHANG

授人以"渔" 从心开始

今天下午,新华网参与主办的"授渔计划·青年之声"精准扶贫完美千人助学行动在北京嘉里大酒店启动。新华社扶贫办主任来江铭、新华网公益文化部主任高向梅、新华社驻石阡扶贫工作队队长田朝晖和我参加了启动仪式。包括石阡、新河部分贫困学生在内的1000名孤儿、留守儿童和贫困学生将有计划地完成职业教育,掌握技能走向社会,带动家庭脱贫。

2013年,为进一步贯彻习近平总书记提出的"精准扶贫"和"扶贫先扶智"的指示精神,民政部主管、发起的全国性公募基金会中国社会福利基金会联合新华网、北京师范大学、中育集团、美年大健康共同发起授渔计划,协同各项目学校、合作企业共同实施。此次活动由公安部扶贫办、团中央"青年之声"综合服务办公室、共青团中央网络影视中心、中国人民公安大学、中国社会福利基金会、新华网、中央电视台团委、中央电视台社会与法频道主办,完美(中国)有限公司、中国青年网、授渔计划公益促进中心承办。

就习近平总书记强调的扶贫先扶志、扶贫必扶智而言,"授渔计划·青年之声"精准扶贫完美千人助学行动探索了扶贫与扶志、扶智结合的模式。一是项目联合北京师范大学、山东理工大学、各省项目职业学校、合作企业共同实施项目,为受助学生搭建一个有保障、可持续全面成长成才的公益平台,满足了贫困人口对于未来的渴望,激发了他们摆脱贫困的内生动力和信心勇气;二是项目有组织地安排受助学生完成中等职业教育和成人大专/本科教育并实习就业,增强了他们摆脱贫困的能力;三是项目严格按照标准程序,实现精准识别、精准施策、精准帮扶、精准落地,推动实现"一人就业、全家脱贫"的稳定持续脱贫;四是利于构建各类社会力量参与的大扶贫格局,用公益助学方式为受助生提供更好的教育资源和生活条件,为扶志扶智探索了有效路径和有力保障。

扶贫的主体是干部,脱贫的主体是群众。贫困群众既是脱贫攻坚的对

第二部分
堂阳凝思

象，更是脱贫进而致富的主体。有些贫困户扶不起，除了生存环境恶劣、自然灾害多发等客观因素制约外，缺乏人穷志不穷的理念、缺乏战胜贫困的勇气、缺乏勤劳致富的思路等精神的贫困是根本原因。加之个别地方少数扶贫干部工作方法简单，给政策、给资金等表面功夫治标不治本，助长了少数贫困群众"等、靠、要"的依赖思想。

精神、思路上的贫穷才是真正的贫穷。古人云，"授人以鱼，不如授人以渔"。给钱给物只能解一时之贫，精准扶贫更需从思想、技术上"志智双扶"拔穷根。特别是脱贫攻坚到了啃硬骨头、攻坚拔寨的冲刺阶段，必须充分调动激发贫困人口的"志""智"内因，将外部"输血"式扶贫与内部"造血"式脱贫相结合，巩固"输血"成果，帮助贫困群众从"要我脱贫"的错误认识中走出来，树立"我要脱贫"的信心决心，增强摆脱贫困的动力能力和底气勇气。

"志智双扶"是打赢脱贫攻坚战的薄弱环节，也是最大难点，不可寄望一蹴而就、一劳永逸，需要绵绵用力、久久为功，发扬钉钉子精神抓落实。让我们一起努力。

（本文系作者2017年5月24日的工作日志）

延伸阅读

"授渔计划·青年之声"精准扶贫完美千人助学行动在京举行

2017年5月24日，"授渔计划·青年之声"精准扶贫完美千人助学行动在京举行。第十届全国人大常委会副委员长、中国关心下一代工作委员会主任顾秀莲出席了本次活动。

此次活动由公安部扶贫办、团中央"青年之声"综合服务办公室、共青团中央网络影视中心、中国人民公安大学、中国社会福利基金会、新华网、中央电视台团委、中央电视台社会与法频道主办，完美（中国）有限公司、中国青年网、授渔计划公益促进中心承办。

在中国欠发达地区，有些留守儿童、孤儿或家庭贫困的孩子因家庭贫困和学习薄弱，可能会面临辍学困境，难以获得良好的成长教育。教育扶

在扶贫路上
ZAIFUPINLUSHANG

贫是阻断贫困代际传递、引导青少年健康成长的有效途径。2015年，团中央"青年之声"互动社交平台联合中国社会福利基金会"授渔计划"共同发起"授渔计划·青年之声"精准扶贫一帮一助学行动，以职业教育为出发点，通过教育、技术扶贫，有效帮助困境学生实现"学历+技能"的双丰收，并为学生成长提供后续的就业支持与再教育服务，为贫困地区经济发展培养职业人才。

团中央"青年之声"服务办公室主任、团中央网络影视中心党委书记金东在致辞中表示，中共中央、国务院近日印发的《中长期青年发展规划》将"完善现代职业教育体系，推进产教融合、校企合作"纳入其中，并明确要求大力推进"青年之声"网络互动社交平台建设，使之成为服务青年发展的重要阵地。此次活动是深入贯彻"精准扶贫"指示精神、落实国家《中长期青年发展规划》的重要举措，将凝聚社会爱心，切实帮扶贫困学子成长成才，为实现中华民族伟大复兴的中国梦的历史重任凝聚力量。

活动现场，完美（中国）有限公司携手爱心企业、爱心人士与困境学子进行"一帮一"结对子助学，现场捐赠600余万元爱心善款，资助1000

第二部分
堂阳凝思

名孤儿、留守儿童和困境贫困学生有计划地完成职业教育，帮扶范围涵盖江西赣州，四川大凉山，贵州铜仁、普安、兴仁，湖北十堰、襄阳，甘肃平凉，云南昭通，河北新河，陕西，山西等，让孩子们实现重新上学梦想，掌握技能走向社会，带动家庭脱贫，共同推动精准扶贫战略多元化实施。

作为侨商企业的杰出代表，完美（中国）有限公司20多年来践行"取之社会，用之社会"公益理念，以社会责任作为企业发展的原动力，大力投入助力贫困学子的健康成长和全面教育的公益慈善事业。此次全面启动"授渔计划·青年之声"精准扶贫完美千人助学行动，将引领企业员工、经销商、供应商在未来更好地参与公益，践行企业社会责任。

活动中，与会领导嘉宾为爱心企业、爱心人士颁发了荣誉证书，并为完美（中国）有限公司颁发"授渔计划公益典范伙伴"牌匾。授渔计划志愿者春雷、张天甫、茸芭莘那等艺术家现场用歌曲助力公益行动，海嘉国际双语学校、海嘉幼儿园的小志愿者们也带来了精彩的舞蹈、器乐表演。

活动最后，授渔计划志愿者代表向社会各界爱心人士发出真诚邀约，希望各位同心聚力，共同传播爱、连接爱、分享爱，共同诠释公益之美，为困境贫困学生送去温暖，用自己的实际行动帮助更多的困境学生，圆他们上学梦。

公安部装财局副巡视员、公安部扶贫办主任王强，新华社办公厅办公室主任、新华社扶贫办主任来江铭，中国社会福利基金会理事长咸学森，中国人民公安大学校长曹诗权，中央电视台社会与法频道节目部副主任王昔，中国青年网副总裁、总经理金锐，完美（中国）有限公司总裁胡瑞连等领导嘉宾以及授渔计划项目学校负责人、学生代表等近500人参加本次活动。

锦鲲（北京）国际文化传播公司、深圳金宝宝幼儿园、上海小黑妞资产管理公司、上海君悦律师事务所、北京世纪云智国际贸易公司、浙江美声服饰辅料公司、成都来也旅游发展股份公司等爱心企业也现场参与捐赠资助困境学生。

（新华网2017年5月25日）

在扶贫路上
ZAIFUPINLUSHANG

全面建成小康社会，实现第一个百年奋斗目标，一个标志性的指标是农村贫困人口全部脱贫。完成这一任务，需要贫困地区广大干部群众艰苦奋战，需要各级扶贫主体组织推动，需要社会各方面真心帮扶，需要不断改革创新扶贫机制和扶贫方式。要广泛宣传学习先进典型，激励全党全社会进一步行动起来，激励贫困地区广大干部群众进一步行动起来，形成扶贫开发工作强大合力，万众一心，埋头苦干，切实把精准扶贫、精准脱贫落到实处，不断夺取脱贫攻坚战新胜利。

——习近平总书记对全国脱贫攻坚奖表彰活动做出指示（2016年10月15日），新华社2016年10月15日电

公益扶贫重在"筹心"

5月12日是汶川地震十周年纪念日，也是我国第十个全国防灾减灾日。壹基金创始人李连杰先生出席当日在成都举行的"成都壹基金青少年与未来防灾体验馆暨联合国开发计划署与中国风险治理创新项目成都基地"启动活动时表示，公益不仅是筹款，更是"筹心"，需要长期唤醒各种力量去共同保护公众的利益。在李连杰看来，"慈善更多的是感性，人是感性的群体动物，当短期情感推动达到一定程度，发生了情感行为，那就是慈善"。但公益不是，需要努力形成一个"全民参与，人人公益"的持久状态。

研究壹基金的发展历程，相信很多人会认同李连杰先生的上述观点。2007年，李连杰与中国红十字总会合作设立"中国红十字会李连杰壹基金计划"。从基金会成立伊始李连杰亲自带团队，到后来"去李连杰化"甚至理事长、秘书长等决策团队几经更迭，壹基金依然运转良好。一个很重要的原因，是全社会的公益意识在提高，人们已认可壹基金公益平台。

作为一名扶贫战士，李连杰"公益不仅是筹款，更是'筹心'"的论

第二部分
堂阳凝思

述，引起了我的"共鸣"。结合扎根扶贫一线的所见所闻，我深深体会，精准扶贫绝不是简单地精准"筹款"送钱送物、筹划项目，更重要的也是"筹心"，一方面，坚持"扶贫先扶志"，激发干部群众特别是贫困家庭脱贫的内生动力，增强摆脱贫困的信心和勇气；另一方面，要着力增强社会各界对脱贫攻坚的思想认同、政治认同、情感认同、行动认同，构建习近平总书记反复强调的大扶贫格局。站位坚决打赢脱贫攻坚战的全局，我们尤其要培育全社会的公益意识，引导社会力量参与扶贫攻坚，真正建立完善政府、社会、市场协同推进，专项扶贫、行业扶贫、社会扶贫"三位一体"大扶贫格局。笔者以为，公益扶贫可从三个方面努力。

一要建设人人公益的公益文化。 古人云："观乎人文，以化成天下。"中华民族一直提倡用人文精神"教化"天下，文而化之，化而文之。文化是一个国家、一个民族发展中更基本、更深沉、更持久的力量。培育全社会的公益意识，首先要努力建设公益关乎人人、人人参与公益的文化。我们可追溯中国源远流长的"慈善"事业及积极意义，挖掘中华优秀传统文化中的公益基因，宣扬身边热心公益的好人善举，营造"好人自有好报"的浓厚社会氛围。近年来，很多地方和单位举办互联网公益文化节、生态公益文化节、青年公益文化节等主题公益活动，成为建设公益文化的一个有效探索。笔者所在的新河县通过开展"青春建动 脱贫攻坚"演讲比赛、留守儿童心理疏导、关爱留守儿童捐赠、"百日会战"志愿者服务等公益活动，让一些没有承担扶贫任务的社会力量认识到，精准扶贫其实并不遥远，就在身边，每个人都可以用自己的方式为扶贫济困尽一份力。

二要搭建人人公益的平台。 人之初，性本善。大部分人有公益之心，但若没有平台之便，扶危济困的朴素"火苗"受到现实因素干扰，很容易被"浇灭"。培育全社会的公益意识，还应搭建让大家便捷参与公益的平台。细心的人会发现，大家在闲暇之余，稍微动下手指，就可以通过手机为腾讯乐捐、壹基金等募捐平台献爱心。实践证明，一些单位或爱心人士发起的基金会，不仅成为大家参与公益的平台，也逐渐成为参与扶贫攻坚的重要社会力量。比如，新华网协同壹基金两次到新河县举行"新华公益儿童安全小课堂进校园暨新河县精准扶贫壹基金温暖包发放行动"，取得良好社会反响。北京联慈健康扶贫基金会为包括新河在内的全国100多个贫困县实施了"国奶扶贫工程"。笔者体会，要让人人公益成为一个无须普及的常识，还必须总结经验，创新模式，大力完善诸如志愿服务App、"雷锋超市"等便于大家参与的公益平台。

三要完善人人公益的运行机制。制度机制管根本、管方向、管长远。为了让人人公益的意识内化于心，就必须建立完善推动人人公益的运行机制。首先要探索文艺"搭台"、慈善"唱戏"常态化。以倡导"人人可慈善、人人乐慈善"等朴素理念为主题，策划文艺演出，适时开展现场捐赠。在农村，落实乡村振兴战略有关"治理有效"的要求，进一步完善农村道德评议会，好人好事上墙公布，用身边的事教育身边的人，让大家学有榜样，行有示范，营造向上向善的氛围。在城市，要加大对《企业所得税法》《企业所得税法实施条例》中有关企业公益性捐赠支出在年度利润总额12%以内部分准予抵税政策的宣传解读力度，引导更多的企业投身公益，履行社会责任。比如，新河县提出，对为脱贫攻坚作出特殊贡献的企业，协调定点帮扶单位新华社为其免费提供有关品牌形象的推介。

公益是一种文化、一种氛围、一种风尚，更是一种责任。为推动全社会的公益意识与新时代同频，与脱贫攻坚共振，我在扶贫一线将一如既往地尽自己的绵薄之力。

（本文系作者2018年5月15日的工作日志）

相关链接

新华公益壹基金温暖包发放行动在新河县举行

年关将至，刺骨的寒风将人们围于屋内，路上行人寥寥，然而新河县扶贫培训中心却是另一番景象：孩子们在老师的带领下玩游戏，比赛做应急包、简易担架，欢声笑语打破了新河县凛冽沉寂的冬天。虽是冬季，却有春意。

2018年1月26日，由新华网、新华社河北分社主办，壹基金、新华网河北分公司协办的"新华公益儿童安全小课堂进校园暨新河县精准扶贫

第二部分
堂阳凝思

壹基金温暖包发放行动"在新河县举行。活动得到了中共新河县委、新河县人民政府的大力支持。

为了让孩子们能度过一个温暖、安全的寒假,本次活动除了发放温暖包以外,还增加了儿童安全小课堂活动。在活动现场,壹基金儿童平安专业指导老师深入浅出地为孩子们讲解安全知识,手把手地教会孩子们制作地震应急包和简易担架。现场不时传来孩子们的欢呼和笑声,游戏的方式既传递了基础安全知识,又不失趣味、浅显易懂,就连一旁的家长们也表示受益良多。

新华网公益文化部主任、新华善举基金秘书长高向梅表示,近年来,儿童安全成为社会关注的热点话题,新华网作为具有国际影响的互联网文化企业,充分发挥新闻媒体的传播能力,在预防儿童安全问题上给予了高度的关注,为此也做了大量宣传报道。"关注、塑造健康安全儿童生存环境,同样是我们义不容辞的责任。"高向梅主任说。

安全小课堂结束后,新华社河北分社副社长王洪峰,新河县委书记李群江,新河县委副书记汪鹏,新河县委常委、宣传部部长苑冀川,新河县委常委、县委办主任张志武,新河县政府副县长朱峰,新华网公益文化部主任、新华善举基金秘书长高向梅,壹基金品牌传播总监祝佳琳等为孩子们发放温暖包,并与学校师生进行了交谈,了解孩子们的日常学习生活情况。接过温暖包后,同学们纷纷穿起了新棉衣,脸上荡漾着暖心的笑容。

此次发放的壹基金温暖包里以保暖御寒物品为主,包含棉衣、棉靴、帽子、围巾、手套、袜子、美术套装、绘画本、袋鼠玩偶、书包、儿童减灾读本、护手霜和收纳纸箱 13 件物品,给孩子们一个暖冬。

"一颗善心,一个对未来的期待,我想这是温暖包这件事情里面非常重要的一个因素。"壹基金品牌传播总监祝佳琳说。温暖包像一颗种子埋进心里,慢慢地就会生根、发芽,她希望未来温暖包能够帮助更多的孩子,让他们感受温暖、感受爱,同时也能发挥纽带作用,让更多人感受温暖,热爱公益。

今年是新华公益在线募捐平台上线的第二年,也是与壹基金再度携手来到河北。此前温暖包项目曾作为首批入驻的公益项目,在 2016 年 11 月 19 日与新华公益携手来到新河县为当地 385 个贫困儿童送去了温暖。

新华公益在线募捐平台自 2016 年 11 月上线至今,已筹集善款 6000 余万元,参与人数近 58 万人次。新华公益致力于打造公益服务创新平台,凝聚优秀报道力量,实时动态追踪各公益组织进行的项目,充分运用新华公益在线募捐服务平台和新华善举基金优势,发挥社会精准帮扶和传播作用,向世界讲述中国公益故事。

(长城网邢台 1 月 26 日讯,记者白根海、通讯员安培强)

第二部分
堂阳凝思

"互联网+教育"扎根新河沃土利好多

2017年12月15日，国家信息中心、腾讯公司、上饶市人民政府在江西省上饶市共同主办2017第二届"互联网+教育"峰会，来自全国各地的500余位专家、学者、政府及企业代表参加此次盛会。新河县作为全国"腾讯智慧校园"三强县之一，应邀参会介绍经验，并与江西省上饶市、天津市和平区、陕西富平县等10个地区被国家信息中心、腾讯公司联合授予"腾讯智慧校园全国示范区"。新河县教育文化体育局副局长程文兴还接受了腾讯网等媒体的专访。

经中国扶贫开发协会副秘书长、1017扶贫基金主任蒋任重牵线搭桥，我和有关同志多次登门推介，2017年7月13日，腾讯智慧校园项目走进新河启动仪式在新河县教文广新体局举行。县委县政府高度重视，教育系统列为一把手工程，成立专项小组，狠抓技术培训，加强典型示范，加大督导检查，共同创建"连接校园 智有主张"移动端教育信息化应用平台，努力打造河北首家整县教育移动信息化先进示范。"腾讯智慧校园"项目迅速在全县各级各类学校应用推广，将"学生、家长、教师、学校"四类角色有效连接，推动实现了"管理、教学、教研、家校沟通"四个融合，学校管理和教育教学更加便捷、高效。对此，腾讯智慧校园公益项目运营总监应承龙高度肯定，表示新河县腾讯智慧校园工作开展得这么好，有两个没想到。第一个没想到是在新河能推进得这么快，在全国其他地方，从项目

引进到落地实施，起码需要 4 个月；第二个没想到是新河能推广得这么好，一开始想新河县这么小的地方，这么少的人口，对其能做到什么程度，并没有太大期望，但没想到新河的使用率这么高，推广得这么好……

就我本人而言，有点小小的成就感，能借力新华社金字招牌和影响力，引进了优质的教育资源。对新华社驻新河扶贫工作队来说，是我们发挥新华社新闻信息资源丰富、联系面广的优势，推动构建各类社会力量参与的大扶贫格局的一次探索。从定点扶贫层面讲，这是新华社落实习近平总书记反复强调的"扶贫先扶志""扶贫必扶智"的具体体现。

新河县被评选为"腾讯智慧校园"全国十大示范区，不仅是一个称号、一份荣誉，更是一种激励和压力传导。新华社扶贫工作队将继续协助配合教育系统把好事办实办好。

（本文系作者 2017 年 12 月 16 日的工作日志）

延伸阅读

河北新河："互联网＋教育"探索精准扶贫模式

河北省新河县紧紧围绕"不让一名适龄少年儿童因贫困而失学""确保每一名建档立卡户贫困学生人人享受资助"两大教育扶贫目标，依托新华社驻新河扶贫工作队协调引进的"腾讯智慧校园"平台，用互联网思维和大数据方法，探索教育精准扶贫、提质提智的"新河模式"，取得良好效果。

"腾讯智慧校园"项目去年 7 月在新河县落地后，教育系统攻坚克难，迅速在全县各级各类学校应用推广，将"学生、家长、教师、学校"四类角色有效连接，实现了"管理、教学、教研、家校沟通"四个融合，学校管理和教育教学更加便捷、高效，推动了该县"互联网＋教育"进程。去年 10 月 26 日，新河县被授予"腾讯智慧校园示范基地"荣誉称号，12 月 15 日，新河县作为全国"智慧校园"三强县之一，应邀参加了由国家信息中心、腾讯公司、上饶市人民政府共同主办的 2017 第二届"互联网＋教育"峰会，进行了经验介绍，并与江西省上饶市、天津市和平区、陕西富平县等 10 个

第二部分
堂阳凝思

地区被国家信息中心、腾讯公司联合授予"腾讯智慧校园全国示范区"。

今年以来,"腾讯智慧校园"项目通过与国家信息中心进行大数据合作,实施信息技术与教育教学深度融合,在提升教育管理效率、促进优质教育资源均衡分配、留守儿童关爱、教育精准扶贫等方面取得了一系列实践成果。以此为基础,新河县在腾讯公司技术团队的指导帮助下,在"智慧校园"平台上研发教育扶贫专用模块,建设调度指挥全县教育扶贫工作的平台,取得明显成效。

一、发布政策文件和扶贫动态。第一时间播发省、市、县有关脱贫攻坚的安排部署,及时解读《河北省城乡义务教育"两免一补"资助实施细则》《关于做好建档立卡贫困家庭学生资助工作的通知》等扶贫政策,动态呈现各地开展教育扶贫的有效做法。

二、建成教育资助系统数据库。开设"新河县教育精准扶贫一村一档"模块,从总体概况、分区名册、各村情况等方面,建成可随时点击查阅的教育资助系统数据库。为确保数据库信息完整、准确,县教文广新体局选派141名教师,分包141个自然村,与建档立卡学生家长、结对帮扶教师、学校、村及驻村工作队沟通联系,按县内就读学生、县外就读学生、建档立卡未在校人口等信息,分类录入。

三、动态监控建档立卡家庭人口去向。教文广新体局定期与县扶贫部门对接,依托大数据技术,对全系统扶贫数据进行实时观测和分析研判,动态监控全县所有3~24周建档立卡人口去向,及时更新有关信息,对全县所有建档立卡贫困家庭学生实行网格化管理,确保宝贵的扶贫资金精准投放到真正贫困的学生身上,保证每个贫困家庭孩子都上得起学。

四、全程跟踪管理贫困家庭学生。利用大数据平台,对贫困家庭学生从幼儿园到上大学全程跟踪管理,实行资助政策、操作程序与贫困学生的"精准对接"。今年以来,全县借助大数据资助学前段到高中段幼儿和学生5202人次、328.4万元;办理大学新生入学资助、信用助学贷款202人、134.9万元,全县建档立卡贫困户实现了零漏助、零辍学。

目前,该县贫困生资助工作正逐步从"保障型"到"精准型"转变,做到既"解困"又"育人",有力增强了贫困群众的幸福感和获得感。

(人民网2018年11月22日,作者为王世辉)

送教下乡　上门培训

2018年12月1日至12月2日，由新华社人事局牵头，教育培训中心送教下乡、上门培训，在新河县南湖会展中心举办了全县教育系统基层干部培训班。由于社领导高度重视，提出具体要求，办公厅、人事局、教育培训中心周密筹备实施，培训得到新河县委、县政府和教育系统的充分肯定。县教文广新体局全程录像，编辑制作光盘，作为教师轮训和日常培训的教材。长城网、邢台市政府网、新河县政府网和《新河报》、新河县电视台第一时间进行了报道。

一　反复征求当地需求，突出培训的针对性

蔡名照、刘正荣、严文斌等社领导高度重视此次培训，名照社长做出批示，要求认真听取新河县的意见。办公厅、人事局、教育培训中心早在10月18日召开专题会议，听取新河扶贫工作队调研梳理的培训需求。会后，人事局和教育培训中心围绕更新教育教学理念、提升学校管理水平、增强教师履职能力、提高师资队伍素质等十余个具体需求，提出了几套培训方案。考虑到此次培训时间短、规模大、层次多的特点，教育培训中心提出教学方案应兼顾学校管理和教学教研两个方面。新河扶贫工作队"三上三下"，征求有关县领导和教育系统的意见。教育培训中心最终确定此次培训优先解决三个问题：学校管理的执行力提升、教研课题研究水平提升及核心素养下的名师培养，并据此细化了教学方案，确定了课程内容和课时安排，每个课题安排半天（4课时），力求讲深讲透。

二　精心挑选业界专家，增强培训的感染力

2018年是新河县脱贫摘帽的收官之年，综合河北省扶贫办对新河县的2018年度扶贫成效实地考核、脱贫退出验收实地考核和第三方评估等安排，新河县提出此次培训尽量选在11月28日后的某个周末实施。这给教育培训中心邀请来新河授课的专家带来了很多困难。为此，教育培训中心统筹有关专家的时间窗口、研究领域和授课风格，优中选优，在师资选聘上进行了综合考量。由于此次培训学员大多为新河县各小学、初中、高中的教学管理者，教育培训中心邀请了"幼儿园+小学+中学"十五年一贯制学校——北京市京源学校校长白宏宽讲授学校管理课程。针对新河县教学教研和师资培养方面的需求，教育培训中心与国内最具权威性的师范类高校北京师范大学沟通，邀请在邢台市主持多个教研项目、熟悉基层情况的北师大教育研究所副所长宋萑教授，讲授教研课题研究课程；邀请研究核心素养名师培养的中国教育学会教育督导分会理事、北师大教育督导研究中心主任苏君阳教授，讲授名师培养课程。教育培训中心还就新河教育工作现状和培训对象、学员构成等与授课老师充分沟通，指导其精心设计课件和授课内容，增强了培训的感染力。

三　精心组织实施，务求培训的实效性

为提高培训实效，教育培训中心主任陈炜同志专门陪同"北京市杰出校长"白宏宽教授来新河授课，向新河县委书记李群江等县领导介绍了新华社送教下乡、上门培训等方面的安排，听取相关意见建议。县教文广新体局安排承担扶贫任务的同志全力以赴驻村帮扶，确保参训学员保持最佳状态，专门印发《培训手册》，从严守纪律、课堂互动、学以致用等方面提出要求。三位教授的精彩授课，在新河腾讯智慧校园系统和微信朋友圈形成了"刷屏之效"。白宏宽教授首先播放一段微电影，展示校本课程的具体形式与成果。然后，从课程领导力的构成、认清当代校长的时代使命、构建德智体美劳全面培养的课程体系等方面进行详细阐述。宋萑、苏君阳

教授走到学员中间站着授课，并不时与大家互动，参训学员热情高涨，认真听讲，用心记录。广大参训教师反映，本次培训受益匪浅，解决了教学遇到的实质性难题，领会了很多新的教育方法。教文广新体局有关负责同志介绍，听到大家一致的评价是，新华社邀请的教授站位高、理念新、先进管用，教育教学理论与实际教学相结合，希望新华社以后多办这样的培训。新河教师进修学校校长赵秀娟说，培训在不影响脱贫攻坚大局的情况下避免了迟到早退现象。教育系统微信工作群内这两天讨论最多的还是这次培训，"感觉意犹未尽，课却讲完了"，"专家的授课直观形象，通俗易懂，便于我们学以致用"，"白校长的教学案例结合实际，讲解深入浅出，既有高端引领，又有具体指导，比如'青春一封信'对我触动很大"，"难忘宋教授的激情演讲，教者法与会者学而得法，咱们做个研究者不再是遥不可及的事情"，"苏教授的讲座贴近学校实际，教育不仅传道、授业、解惑，更重要的是引领孩子们拥有健全的人格，德智体美劳全面发展，不能循规蹈矩地一味式教学"，"春风化雨滋润贫瘠土地，感谢新华社此次对新河教育的支持"。从各方面的反馈看，此次培训达到了预期效果。

（摘编自新河县教育系统基层干部培训班总结材料）

延伸阅读

新河县举行教育扶贫培训会暨教育系统基层干部培训班

12月1～2日，新河县教文广新体局在南湖会展中心举行教育扶贫培训会暨教育系统基层干部培训班。全县各中小学校长、副校长、中高层干部、年级组长等470余人参加培训。

此次培训得到了新华社的大力支持。新华社教育培训中心反复征求我县需求，特邀北京京源学校校长白宏宽，北京师范大学教育学部宋萑教授、苏君阳教授，分别围绕校长的课程领导力、新教研与微课题研究、核心素养背景下的中小学课程与教学变革进行了授课。教育培训中心主任、党委书记陈炜和新华社扶贫办主任来江铭出席开班仪式，并就加强定点扶贫、

第二部分
堂阳凝思

创新教育扶贫等与县委书记李群江等县领导沟通交流。

陈炜一行还看望了新华社驻新河扶贫工作队，瞻仰了董振堂事迹陈列馆，对我县大力弘扬振堂精神，实干实政，决战脱贫取得的成果给予充分肯定。陈炜表示，新华社教育培训中心将继续发挥优势，广泛对接资源，和新河干部群众一起，众志成城，打赢打好脱贫攻坚战。

（新河县人民政府网，作者为王世辉）

爱心无大小　关键看行动

据澎湃新闻、河南日报客户端等报道，在"6·26"国际禁毒日到来之际，6月24日，由河南省禁毒办联合郑州市禁毒办在郑州市紫荆山广场举办河南省"6·26"国际禁毒日宣传活动。

在活动现场，中国禁毒基金会理事、歌手田华与中央文史馆馆员、国务院参事室新闻顾问赵德润，奥运冠军邓亚萍、贾占波、李雪英，中央广播电视总台主持人张泽群，中国曲艺家协会副主席范军一起受聘为河南禁毒公益形象大使，副省长、省禁毒委主任、公安厅厅长舒庆为禁毒公益形象大使颁发聘书。

2015年11月13日，田华当选为公安部主管的中国禁毒基金会理事后，一直开始禁毒公益宣传。2017年6月26日国际禁毒日，田华在河南省洛阳市发起成立国内首支由复转军人组成的禁毒志愿者服务队，以"入伍保家卫国，退伍构筑禁毒长城"为目标，开展禁毒公益宣传活动，号召全社

第二部分
堂阳凝思

会禁毒志愿者用实际行动开展禁毒预防教育宣传，减少吸毒人数。

之所以关注田华，一是因为职业习惯，二是因为他是一个充满正能量的青年，还来过新河县。早在2010年11月，作为一名创作歌手，田华发起"温暖十方"公益行动，通过捐助、支教等方式到贵州、青海、西藏、新疆、山西、甘肃的山区小学帮扶贫困学童。2015年1月，成立中国首家声音商标创制机构乐名片（北京）科技有限公司后，成立专门爱心团队，发起了"爱心音乐教室圆梦计划"，呼吁更多爱心人士通过各种途径帮助更多需要帮助的学童。这个专项音乐公益活动也是他在贵州、青海、西藏、新疆、山西、甘肃开展"温暖十方爱心行动"的延续性专项公益活动。

得知我这个同乡在新河县扶贫后，2017年的10月16日下午，刚从英国出差回来的田华，顾不上倒时差，就带着乐名片科技爱心团队来新河县荆庄乡王府中心校举行了"乐名片·爱心音乐教室"挂牌仪式。这是"爱心音乐教室圆梦计划"落地的第11个音乐教室。

挂牌仪式上，乐名片（北京）科技爱心团队捐赠了音响、吉他、口琴等音乐器材。田华表示，能力有高低，爱心无大小，一定将公益行动持续推动贫困地区的爱心音乐课堂建设，用音乐播种阳光和希望。他用独特有趣的教学方法与现场师生互动，提出将新河作为公益行动的一个联系点，探索长效沟通机制。

正如田华说的"爱心无大小"，关键在于有行动。我在代表县委县政府答谢时指出，乐名片（北京）科技爱心团队捐赠的音乐器材虽然值不了多少钱，但在新河全县上下决战脱贫决胜小康的关键阶段，乐名片（北京）科技爱心团队的义举，无论对新河教育事业，还是对新河的脱贫攻坚，都有着重要意义。要把田华先生和爱心团队带来的正能量转化为我是新河、新河是我的自觉，转化为舍我其谁、实干担当的行动。教育部门要以"爱心音乐教室圆梦计划"落户新河为契机，引导广大青少年播种梦想、点燃梦想，真正做到总书记强调的敢于有梦、勇于追梦、勤于圆梦，为建设经济强县、美丽新河，实现中国梦增添强大的青春能量。

（本文系作者2019年6月24日的工作日志）

> 在扶贫路上
> ZAIFUPINLUSHANG

反对形式主义莫要因噎废食

　　今天上午，由阿里巴巴"公益宝贝"资助，中国扶贫基金会负责实施的新河中学"新未来高中生自强班"在新河中学四楼多媒体教室举行开班仪式。我和政府副县长张军伟、刘奕湛同志参加了仪式。

　　据媒体报道，2018年10月，阿里巴巴公益与中国扶贫基金会联合发起"新未来高中生"成长计划，计划在全国开设60个"新未来高中生自强班"，为3000名贫困高中生分别提供每年3000元助学金与班级成才活动支持，让孩子们能够顺利完成高中学业，并且帮助他们提升综合素质。

　　经新华社扶贫办协调，新河中学"新未来高中生自强班"共50名学生，均是家庭贫困且品学兼优的学生，每人每年获赠阿里巴巴公益资助的3000元，直至高中毕业（三年共计45万元）。前段时间听教文广体旅游局负责同志介绍，中国扶贫基金会已将2018年度15元万助学金打至新河中学专属账户，我说就不要举行开班仪式了，以免形式主义之嫌。后来，他们研究，认为还是要举行一个仪式，强化这些贫困学子自力更生、发奋学习、早日成才的意识。实践也证明，他们的提议是对的，形式是为内容服务的，有实质内容的必要形式还是要理直气壮地坚持。

　　今天的仪式，与会人员首先观看了"自强班"的宣传片，班主任和学生代表分别做了表态发言，然后举行了"自强班"授旗仪式，全体学生宣

新河中学"自强班"全体学生宣誓

第二部分
堂阳凝思

誓。最后，与会县领导讲话，希望孩子们自立自强、奋发有为，学好本领，为早日实现"中国梦"作出自己的贡献。

参加完这个仪式，我的第一反应是多有收获，倍感震撼，很受教育。既为"公益宝贝"计划增强了对阿里巴巴的认同，也为几十万商家通过"公益宝贝"平台资助"新未来高中生"倍感震撼，更为一个个贫困学子在爱心滴灌下成功逐梦而欢欣鼓舞。特别是邱玉姣同学代表新河中学"自强班"所做的声情并茂的发言，让很多人潸然泪下。邱玉姣家有三口人，父亲60多岁，多年糖尿病，不能外出打工，母亲也没有劳动能力。她表示非常感谢阿里巴巴公益，一定不会辜负阿里巴巴公益的爱心捐助，将来一定会尽最大努力为社会作出贡献，将这份爱心继续传递下去。她最后"学习上是没有什么捷径可走的，所以我们不能怕吃苦，要把严格的纪律和高昂的斗志投入到学习中去，遇到难题决不放过，碰到困难决不低头"，"我会尽我最大努力去帮助那些因贫困而上不起学的优秀的学生"的铮铮誓言，赢得了经久不息的掌声。

会后，我一直在思考反对形式主义与坚持必要的形式这个重大的问题。形式主义害死人，现在好比"过街老鼠，人人喊打"，这无可厚非。但也需要实事求是，具体情况具体分析，防止因噎废食，对形式不加研究地简单地全盘否定。在辩证唯物主义看来，内容与形式是辩证法的一对基本范畴。内容是事物一切内在要素的总和。形式是这些内在要素的结构和组织方式。没有了必要的形式，内容就失去了载体，工作就很难落到实处。毛主席曾说："不解决桥或船的问题，过河就是一句空话。"这里的"桥"和"船"，其实就是形式，就是抓落实的载体和抓手、方式和方法。任何一项工作都是依托一定的形式推进的，好的形式是实现目标的必要条件。

所以，我们一方面要清醒忧患，看到形式主义、官僚主义在每个人身上都有或明或暗的影子，以高标准高质量开展"不忘初心　牢记使命"主题教育为契机，从内心深处坚定防止形式主义、打破官僚主义的决心；另一方面，要充分认识到形式是为内容服务的，有实质内容的必要形式还要坚持，如果把形式主义当筐，什么都往里面装，把一些必要的形式当作形式主义来反对，就是一种矫枉过正的现象。对此，我们也要坚决抵制。

（本文系作者2019年6月28日的工作日志）

打好脱贫攻坚战，关键在人，在人的观念、能力、干劲。贫困地区最缺的是人才。近年来，我们向贫困地区选派了大批干部和人才，但从长远看，无论怎么加强外部人才支持，派去的人总是有限的，关键还是要靠本地干部队伍和人才。今年，要突出抓好各级扶贫干部学习培训工作，中央层面要重点对省级负责同志开展轮训，省、市、县都要加大干部培训力度，分级安排培训活动。各级培训方式要有所区别，突出重点。对县级以上领导干部，重点是提高思想认识，引导树立正确政绩观，掌握精准脱贫方法论，培养研究攻坚问题、解决攻坚难题的能力。对基层干部，重点是提高实际能力，要多采用案例教学、现场教学等实战培训方式，培育懂扶贫、会帮扶、作风硬的扶贫干部队伍，增强精准扶贫精准脱贫工作能力。要吸引各类人才参与脱贫攻坚和农村发展，鼓励大学生、退伍军人、在外务工经商等本土人才返乡担任村干部和创新创业。要关心爱护基层一线扶贫干部，让有为者有位、吃苦者吃香、流汗流血牺牲者流芳，激励他们为打好脱贫攻坚战努力工作。

——《习近平总书记在打好精准脱贫攻坚战座谈会上的讲话》（2018年2月12日），载《习近平扶贫论述摘编》，中央文献出版社，2018，第53页

发挥新华社优势　推动脱贫攻坚"三落实"

2018年是新河县脱贫摘帽的收官之年。河北省扶贫办对我县进行年度扶贫成效实地考核、脱贫退出验收实地考核和第三方评估之后，职业习惯使然，我一直努力跳出新河看新河、立足新河看全国，对新河大地日新月异的变化进行思考。结合近期反复研读县委宣传部辑印的系列学习材料，我深深体会到，习近平总书记亲自谋划推动的精准脱贫攻坚战，赢得了党心民心，厚植了我们党的群众基础和执政基础。每次下乡入村调研，经常看到一些贫困群众通过打油诗、对联、感谢信等朴素的方式感谢党的扶贫好政策，感谢县委县政府，感谢结对帮扶的干部。这些都为我们谋划脱

摘帽后的脱贫攻坚工作，实现稳定脱贫和可持续发展奠定了基础。结合新华社定点帮扶和我县实际，谈几点粗浅的认识。

一 突出宣传推广优势，营造稳定脱贫和可持续发展的内生动力和外部环境

三年来，新华社发挥全媒体报道的优势，聚焦新河，挖掘扶贫典型、展示脱贫成效、总结经验做法，取得明显成效。可进一步拓宽工作思路，加大宣传推广力度，营造建设经济强县、美丽新河的良好舆论环境。一是用好新华社新媒体中心为我县开通的"现场云"帐号、工作队协调河北省网信办马上开通的网络扶贫频道帐号，准确、及时讲好新河故事。二是推动河北分社与甘肃、江西分社等兄弟分社协同联动，在挖掘振堂精神、推广红色名片等方面加大力度。三是按规程适时邀请部分境外主流媒体，遵循跨文化传播的规律，向世界讲述新河故事。四是深入实施新华社"扎根工程"，采写一批"沾泥土""带露珠""冒热气"的脱贫故事，用身边的事教育身边的人，激发脱贫致富奔小康的内生动力。

二 放大信息服务优势，提供后续帮扶和巩固提升措施的决策参考

这两年，新华社通过免费提供扶贫信息和经济分析报告、赠阅重点报刊等形式，为县领导调度指挥脱贫攻坚提供一定程度的决策参考。工作队调研认为，在发挥新华社丰富信息资源优势，助力新河脱贫攻坚和乡村振兴方面，还有很多潜力可挖。比如，基于贵州省铜仁市委市政府的强烈需求，新华社所属中国经济信息社组织专业团队，连续三年调研、编制、发布《中国·铜仁精准扶贫指数报告》，以量化指数的形式对铜仁脱贫攻坚工作进行精准度量，为打好打赢脱贫攻坚战提供了参考标尺。新河县也可就完善脱贫摘帽后的后续帮扶和巩固提升措施，围绕发挥新华社经济信息服务优势，编制新河镜盒业发展指数的必要性和可行性等进行探讨。

三 挖掘联系广泛优势，构建大型民族品牌企业助力新河发展的大扶贫格局

三年来，两批驻县工作队发挥新华社点多、面广等联系广泛的优势，积极为我县招商引资牵线搭桥。新华社 2017 年 6 月启动的民族品牌传播工程，大大加强了新华社定点扶贫工作的力量。一是整合了新华社的推广优势，依托新华社民族品牌工程资助的 1500 万元广告额度，通过新华社报刊、网站、客户端等全媒体广告平台，循环播发《将军故里 魅力新河》《魅力开发区 投资之宝地》《投资新河 成就未来》《新河：历史悠久 人文独特》《河北新河：扶贫产业快速发展》等专版专页，推介了新河县情、地方特色、招商引资优势等内容。二是加强了新华社联系广泛的优势，依托民族品牌工程，推荐碧桂园、腾讯、伊利等上市公司助力新河脱贫攻坚。目前，入选新华社民族品牌工程的大型企业贡献了全国 GDP1/8 的收入。我县可通过组织重点企业参加新华社民族品牌传播工程相关活动、邀请入选企业与邢钢等新河重点规上企业对接合作等形式，进一步挖掘新华社联系广泛的优势，构建民族企业助力新河发展的"大扶贫"格局。

四 发挥工作队自身优势，协助县委县政府推动脱贫攻坚责任落实、政策落实、工作落实

脱贫摘帽不是终点，而是新的起点。作为扶贫挂职干部，工作队将自觉践行"四个意识"，坚决落实"两个维护"，切实强化一鼓作气攻城拔寨的决心，不断提高定点帮扶的实效和水平，全力协助县委县政府做好脱贫摘帽后续帮扶和巩固提升工作。同时，在县委县政府的调度指挥下，研究政策、学习专业、融入一线、打成一片，积累知识、丰富阅历，努力成为政策通、活字典和多面手，提高解决实际问题的实操能力。强化政治担当，强力攻坚突破，以饱满的工作热情、扎实的工作作风，推动脱贫攻坚责任、政策、工作落实。

（本文系作者参加县委第 18 次理论学习中心组专题学习会的书面发言）

第二部分
堂阳凝思

媒体融合发展助推脱贫攻坚战

昨天（5月20日）下午，中共江苏省委宣传部主办，紫金传媒智库和南京大学新闻传播学院协办，江苏省广播电视总台承办的紫金传媒论坛在南京举行。新华社副社长刘正荣应邀出席，作了《坚持创新为要 深入推进媒体融合发展》的演讲，这两天微信朋友圈广泛转发。

据澎湃新闻现场报道，新华社副社长刘正荣"媒介融合发展已经成为时代课题，但内容为王依然没有过时"的观点引起与会同志广泛关注。到新河以来，我一方面通过学习文件、查阅资料、深入一线等方式调研脱贫攻坚，另一方面也在不失时机地调研宣传工作，重点了解新河干部群众接受信息的习惯，调研新华社重点报刊在新河的覆盖面和阅读率。

从目前掌握的情况看，新河报、新河广播电视台、新河政府网和"新河发布"、"新河广播电视台"等微信公众号，作为新河脱贫攻坚的主流宣传阵地，围绕中心、服务大局，在第一时间发布中央和省市县脱贫攻坚部署、解读扶贫政策、交流帮扶经验、展示脱贫成果、营造良好舆论氛围等方面，发挥着不可替代的作用。同时，在一定程度上存在各自为战、力量分散等问题，制约了几家媒体的同频共振、协同创新、融合发展，影响了传播新河声音、讲好新河故事的实效。

回首传播史，传媒技术的每一次变迁都深刻重塑着新闻业态。近几年来，大数据、云计算等新一代网络信息技术和数字技术广泛应用，极大地改变了信息生产和传播方式，互联网特别是微博、微信、App等新兴媒体，重新定义了人们获取信息的方式和舆论生成的方式，正在深刻改变着媒体格局和舆论生态环境。党的十八大以来，以习近平同志为核心的党中央做出了推动传统媒体和新兴媒体融合发展的战略部署。2013年，党中央提出媒体融合发展以来，新闻单位积极探索融合发展路径。习近平总书记多次深入考察调研，多次主持召开重要会议，亲自谋划、亲自部署、亲自推动媒体融合发展。2014年8月18日，中央全面深化改革领导小组第四次会

在扶贫路上
ZAIFUPINLUSHANG

议审议通过了《关于推动传统媒体和新兴媒体融合发展的指导意见》。习近平总书记在会上强调,要着力打造一批形态多样、手段先进、具有竞争力的新型主流媒体,建成几家拥有强大实力和传播力、公信力、影响力的新型媒体集团,形成立体多样、融合发展的现代传播体系。据媒体报道,在《人民日报》、新华社、中央电视台等中央和地方主流媒体的带领下,传统媒体主动转型,发挥内容优势,"中央厨房"、全媒体平台、大数据应用、新闻客户端等项目取得重大进展,创造了许多具有广泛影响力的新兴媒体品牌,并且不断创新体制机制,让更多优秀的全媒体人才脱颖而出,让新媒体的辐射面更广,舆论引导力更强,融合传播力更加突出。从"相加"阶段迈向"相融"阶段,融为一体、合而为一,深度融合发展,已成为媒体传播格局变动的大势所趋。

县级媒体是我们党的主流思想舆论的"前哨"和一线阵地,是党的声音和新闻舆论到达群众的"最后一公里",也可以说是媒体融合的"最后一公里"。新华社社长蔡名照曾提出一个论断:"人类新闻史的发展过程,其实是受众和现场越来越同步的一个过程。"随着移动互联网和智能终端的普及,新河县每一个普通人成为信息传播的源头,每一个普通人比以往任何时候都有可能影响更多的人。这实际上已对新河报、新河广播电视台、新河政府网等新闻信息的传统生产方式、传播方式、分发方式提出了挑战。新河县广大扶贫干部经常通过微信沟通工作、收发信息、交流经验。

鉴此,笔者认为,推动县级媒体融合发展,不仅有利于整合县级媒体资源,巩固基层主流舆论阵地,解决基层阵地"水土流失"问题,牢牢掌握意识形态工作领导权,而且有利于增强县级主流媒体信息内容传播力、影响力、竞争力,进一步提升县级媒体的社会效益和经济效益。特别是贫困地区更应强化互联网思维、坚持移动优先、内容为王,加快媒体融合发展步伐,着力培育全媒型人才,锻造脱贫攻坚宣传的中坚力量,担当"唤起工农千百万同心干"的重任,营造决战脱贫、决胜小康的良好舆论氛围。

(本文系作者2017年5月21日的工作日志)

第二部分
堂阳凝思

媒体融合：用得好是真本事

按照新华社定点扶贫工作的安排，5月13日至15日，新华社保育院选派管理人员和骨干教师一行五人再次到新河县开展学前助教帮扶工作。

新华社援建的新河融媒体中心进行直播，进一步扩大了培训效果，成为新华社保育院此次帮教活动的一个亮点。一是新华社办公厅、机关管理服务中心的领导可以在北京，通过新河融媒体中心的链接远程收看培训情况；二是因各种原因没有参加培训的幼师，得空时可通过浏览新河融媒体中心的直播"回看"培训实况；三是河北省网信办和长城网新媒体集团联合主办的网络扶贫频道，转载了冀云新河客户端的关于此次培训的报道。

根据新华社办公厅和新闻信息中心等部门领导的要求和县委的工作安排，新华社驻新河扶贫工作队会同县委宣传部、县广播电视台坚持"边建边用、平衡作业"，一方面，抓好新华社研发的融媒体指挥系统运用和"冀云新河"客户端试运行，服务县委县政府中心工作；另一方面，坚持高标准、高质量，把握时间节点，加快"新河之窗"内融媒体中心施工进度，争取早日建成入

在扶贫路上
ZAIFUPINLUSHANG

驻，改善同志们的办公环境。实践证明，按照名照社长提出的"节俭、先进、实用"等建设理念，我们坚持边学边干、边建边用，在新闻信息中心、新媒体中心和技术局等工作专班指导支撑下，有效克服了技术、资金、人才等"短板"，正从"值班制"向"在线化"转变发稿流程，快速提升了内容生产能力，并产生了良好的传播效果。截至5月15日，累计报道及跟踪报道1468篇，累计浏览量（PV）25.6万，累计点赞6078条，县春晚、县委全会、县"两会"等多篇直播报道浏览量过万。《真天使！老人公园心脏骤停 途经护士跪地抢救》等被新华社客户端转发推送，浏览量高达23.9万。

新华社新媒体中心副总编辑贺大为，河北分社社长孙杰、副社长王洪峰来新河县调研时，对新河融媒体中心运用我社"现场云"平台和新闻信息中心牵头研发的"冀云新河"客户端，策划、采集、编发稿件等情况给了高度肯定，并寄望实现贫困县融媒体建设的"换道超车"。5月7日上午，在安徽省六安市召开的新华社"现场云"新中国成立70周年协作报道暨全国县级融媒体中心培训班上，新河县融媒体中心荣获"现场云优秀融合奖"。

习近平总书记明确指出，"用得好是真本事"。这句话，言简意赅、切中要害，道出了推动媒体融合向纵深发展的大方向。就新河融媒体中心而言，就是要从践行"四个意识"、增强"四个自信"、做到"两个维护"的站位，坚决落实习近平总书记"要扎实抓好县级融媒体中心建设，更好引导群众、服务群众"的要求，打造新河县集宣传报道、政务发布、信息总汇、便民服务等功能为一体的综合信息发布平台，最大限度扩大主流价值影响力版图，形成网上网下同心圆，让党的声音传得更开、传得更广、传得更深入，使全体人民在理想信念、价值理念、道德观念上紧紧团结在一起，更好地巩固党的政治基础和群众基础，推动县域治理体系和治理能力现代化。

（本文系作者2019年5月15日的工作日志）

相关链接

新华社保育院到新河县开展学前助教帮扶工作

2019年5月13日至15日，新华社保育院选派管理人员和骨干教师

第二部分
堂阳凝思

一行五人再次到新河县开展学前助教帮扶工作。新河县委副书记汪鹏，政府副县长张军伟、刘奕湛参加活动。

去年11月，新华社保育院副院长王春花带领骨干教师到我县开展了为期三天的学前助教帮扶工作，探索以点带面的长效帮扶机制。今年，新华社保育院继续通过辅导讲座、上示范课、打造墙饰环境、指导幼儿游戏操作等形式，为新河县幼教人员提供具体指导。同时，还为新河镇白穴口中心学校幼儿园等赠送了价值9万元的益智玩具和户外玩具器材。

在此次为期3天的助学帮扶期间，新华社保育院康燕宏、李立莎两位老师分别以《园本教研组织与实施》和《充分利用主题墙饰促进幼儿发展》为题，为全县170名幼教管理人员和教师开展了管理和能力提升方面的培训；王颖、王爽、李立莎三位老师为我县一线幼师现场示范了两节教学活动课。在此基础上，新华社保育院帮教工作小组还同我县各幼儿园园长、教师观摩了环境创设效果，针对环境创设问题进行互动，并围绕教师的角色转换与再认识、组织教学活动应把握的原则、幼儿管理者管理意识提升、幼儿园建设等方面提出指导性建议。

新河县委县政府高度肯定新华社保育院的助教帮扶工作，要求教育部门积极与新华社沟通对接，探索更加有效的助教帮扶机制。新华社机关管理服务中心办公室副主任马茵和康燕宏老师表示，下一步，新华社保育院将继续贴近新河幼儿教育工作实际，重点从教师专业技能培养、幼儿发展评价、幼儿园建设等亟待解决的问题入手，有针对性地制订帮扶计划，开展帮扶工作。

（冀云新河客户端2019年5月18日，记者脱志平、李秀秀）

在扶贫路上
ZAIFUPINLUSHANG

媒体融合贵在"融心"

6月12日至13日,新华社援建新河融媒体中心工作专班的牵头单位新闻信息中心主任储学军、副主任肖春飞等一行6人来新河实地调研融媒体中心建设工作。

储学军一行到"新河之窗"综合展馆实地调研了新河融媒体中心装修进度,并在县广播电视台召开座谈会,详细听取县委常委、宣传部部长苑冀川和县广播电视台台长冯计望关于新河融媒体中心技术平台、队伍建设以及"冀云新河"客户端试运行等情况的汇报。储学军同志对新华社驻新河扶贫工作队和县委宣传部坚持"节俭、先进、实用"原则,边学边干、边建边用,探索贫困地区建设县级融媒体中心可复制、可推广的经验并取得阶段性成果给予充分肯定。同时,从提高政治站位、更新思想理念、坚持移动优先、强化内容为王、谋划市场运营等方面,就尽快建好、用好、管好新河融媒体中心提出了具体意见。

互联网是我们这个时代最具发展活力的领域,也是我们面临的最大变量,习近平总书记多次强调,过不了互联网这一关,就过不了长期执政这一关。结合在新河两年多的调研思考,我体会推动县级媒体融合发展,就要运用互联网思维,遵循新兴媒体发展规律,全面推进县级新闻机构、传媒资源和传播平台的优化融合,提升县级融媒体中心的内容生产能力、综合服务能力和可持续发展能力,进一步扩大媒体在网络媒体中的传播力、引导力、影响力、公信力,构建网上网下同心圆,掌握舆论场主动权和主导权,凝聚各方同心决战脱贫、决胜小康、共筑中国梦的智慧和力量。抓好融媒体中心建设,最根本的是落实习近平总书记"要扎实抓好县级融媒体中心建设,更好引导群众、服务群众"的要求,推动县级融媒体中心上连党心、下接民心,真正成为连接群众的"最后一公里"、基层治理的"最后一公里",从而更好地满足人民群众的信息需求,更好地增强用户黏性,

第二部分
堂阳凝思

争取更多受众，更好地扩大主流价值的影响力。

所以，县级媒体融合，不能仅看阵容，更要看效果，即怎样借势借力媒介融合、技术融合、渠道融合、人才融合的传播力，唤醒、激发、挖掘干部群众潜藏于心的精气神，引导大家心往一处想、劲往一处使、汗往一处流，汇聚成为全面建成小康社会的"加油站"，成为实现中华民族伟大复兴的精气神。说白了，媒体融合的价值指向是"融心"，让党的声音在群众中传得更开、传得更广、传得更深入。

基于以上粗浅的认识，我在主持座谈会时，代表新河县委和新华社驻县工作队，就把握"融心"总基调，坚持"节约、先进、实用"原则，建好、用好、管好新河融媒体中心做了表态发言。

一是工作方法由加强沟通向无缝对接转变。无缝对接新华社援建专班和省市县有关要求，充分挖发挥新华社在内容策划、技术支撑、渠道分发、人才培训、外宣推广等方面的资源优势，增强工作的针对性和实效性。

二是内容生产由接地气到接天气与接地气结合转变。从拼海量向拼质量转变，从聚流量向聚人心转变，以内容优势赢得发展优势。注重以小见大，以小映大，既让党的创新理论和中央声音"飞入寻常百姓家"，又深度挖掘体现时代精神、反映时代面貌、引起广泛共鸣的时代楷模、最美人物、身边好人和先进典型，推动融媒体中心成为家门口、指尖上的服务窗口。

三是运营维护由"输血"向"造血"转变。一方面，用好新华社和各级财政支持的资金；另一方面，在体制重构、市场推广、产业运营、广告发布等方面加强谋划，建设全功能平台，强化用户连接和服务，拓展和增强自我造血能力。

四是队伍建设由能力提升到理念再造转变。新河融媒体中心依托县广播电视台的班底组建，要彻底打破传统办电视的惯性思维，首先彻底实现人的融合，尽快打造一支高素质专业化融媒体专家型人才队伍，为县级融媒体中心建设提供人才支撑。

（本文系作者2019年6月13日的工作日志）

> 在扶贫路上
> ZAIFUPINLUSHANG

讲政治，媒体经营不能置身事外

2016年2月19日，习近平总书记在党的新闻舆论工作座谈会上指出，在新的时代条件下，党的新闻舆论工作的职责和使命是：高举旗帜、引领导向，围绕中心、服务大局，团结人民、鼓舞士气，成风化人、凝心聚力，澄清谬误、明辨是非，联接中外、沟通世界。要承担起这个职责和使命，必须把政治方向摆在第一位，牢牢坚持党性原则，牢牢坚持马克思主义新闻观，牢牢坚持正确舆论导向，牢牢坚持正面宣传为主。这对媒体旗帜鲜明地讲政治提出了新的更高的要求。经营工作，作为媒体履职尽责的重要一环，不能被视为一种单纯的经济活动，更不能置身事外，也必须旗帜鲜明地讲政治，始终坚持正确的政治方向和舆论导向。

政治意识是准确把握媒体经营工作历史方位的前提

历史方位，是客观事物在历史发展中所处的位置。只有把历史方位认识清了、把握准了，我们才能找准行动的坐标，锚定前进的方向，更好地履职尽责。只有清醒认识和把握新闻舆论特别是媒体经营工作当前所处的历史方位，才能深入推演形势，正确研判任务，增强做好媒体经营工作的前瞻性、主动性和实效性。

媒体经营，作为媒体将生产要素投入市场，通过媒介产品生产、交换实现价值的过程，很容易被人看成一种简单的市场行为。细究起来，媒体经营不仅是拓展市场、创业创收等层面的简单的经济问题，也与新闻报道工作密切关联，是十分重大的政治问题。比如，报刊发行等工作直接扩大了媒体提供新闻信息产品的覆盖面，提高了报道的传播力和影响力，同时对新闻信息产品的质量和服务进行市场检验，可谓新闻报道的重要组成部分。就媒体经营的主要方式广告而言，向公众宣传，增加受众印象，影响消费者情感，形成购买的倾向态度，本质上就是一种舆论。

第二部分
堂阳凝思

2017年2月13日上午，习近平总书记在省部级主要领导干部学习贯彻党的十八届六中全会精神专题研讨班开班式上强调，历史经验表明，我们党作为马克思主义政党，必须旗帜鲜明讲政治，严肃认真开展党内政治生活。讲政治，是我们党补钙壮骨、强身健体的根本保证，是我们党培养自我革命勇气、增强自我净化能力、提高排毒杀菌政治免疫力的根本途径。笔者体会，从事媒体经营工作的同志，特别是负责经营管理的各级党员干部，旗帜鲜明地讲政治，首先必须牢固树立政治意识。因为，政治意识是政党对于自身性质宗旨、信念使命以及纪律制度的自觉认知与集体认同。政治意识的强弱，是党员干部政治觉悟高低的重要标志。在"政治意识、大局意识、核心意识、看齐意识"中，政治意识是统领，贯穿其中。只有政治意识内化于心，才能切实领会习近平总书记关于党的新闻舆论工作的一系列重要论述，厘清一些错误认识，排除一些干扰，正本清源，才能谈得上准确把握媒体经营工作的历史方位，那就是政治不失位、市场不缺位，先算"政治账"，再算"经济账"。

政治方向是牢牢坚持正确媒体经营工作导向的保障

方向决定导向。只有政治方向正确，才能谈得上确保媒体经营工作导向正确。

坚持正确的政治方向，必须贯彻政治家办报的基本要求。习近平总书记在党的新闻舆论工作座谈会上指出，新闻舆论工作者要增强政治家办报意识，在围绕中心、服务大局中找准坐标定位，牢记社会责任，不断解决好"为了谁、依靠谁、我是谁"这个根本问题。同时强调，新闻舆论工作各个方面、各个环节都要坚持正确舆论导向。各级党报党刊、电台电视台要讲导向，都市类报刊、新媒体也要讲导向；新闻报道要讲导向，副刊、专题节目、广告宣传也要讲导向……笔者体会，坚持政治家办报、办网、办客户端、办微博微信，自然也必须包括媒体经营。把坚持正确的舆论导向覆盖到媒体经营工作的各个方面和各个环节，是对媒体经营管理工作的基本要求。负责媒体经营管理的党员干部，要切实增强看齐意识，在思想上、政治上、行动上同以习近平同志为核心的党中央保持高度一致，自觉向党的理论路线方针政策和各项决策部署"对表"看齐。正确把握党性和人民性的关系，树立以人民为中心的工作导向，在围绕中心、服从服务大局中找准经营工作的坐标定位。既要按照贴近市场、贴近基层、贴近用户的原则创新产品、提升服务、组织创收，又要按照讲政治的标准严格要求，把握经营导向，规范经营行为，弘扬主旋律，传播正能量，实现媒体经营市场属性与意识形态属性的有效统一，社会效益与经济效益的有机结合。

坚持正确的政治方向，必须充分认知党和国家工作大局赋予媒体的职责使命，构建有利于保障新闻报道这个中心工作的体制机制。经营活动和新闻报道挂钩，不仅新闻报道难以搞好，而且新闻媒体的公信力也会受到影响。要坚持采编和经营两分开、两加强，严格划定经营工作底线，规范开展经营活动。这为媒体经营工作创新指明了方向和路径。长期以来，采编经营"混搭"是新闻媒体普遍存在的问题，是有偿新闻、有偿不闻等乱象的根源，既冲击了新闻报道，掩盖了新闻信息产品质量存在的问题，也不利于经营工作真正面向市场做大做强。彻底解决采编经营"交叉"问题，是中央的一贯要求，是社会各界的殷切期盼，也是媒体一直以来的探索。负责经营管理工作的同志，只有从讲政治的高度，才能深刻认识采编经营交叉"顽疾"的危害，才能把推动"两分开"作为重要政治任务，以"壮士断臂""刮骨疗伤"的决心，一抓到底，推动净化舆论环境、营造良好舆论生态。

坚持正确的政治方向，就必须坚持党对国有文化企业的领导。过去传统媒体经营几乎垄断了所有优质资源，可以坐等客户上门。在互联网背景下，传播渠道多样化、传播媒介多元化、媒体竞争白热化，媒体经营必须面向市场、创新理念、改革体制、转换机制、强身健体。在这个过程中，必须加强党的领导，为文化企业做强做优做大把关定向。习近平总书记在全国国有企业党的建设工作会议上强调，要通过加强和完善党对国有企业的领导、加强和改进国有企业党的建设，使国有企业成为党和国家最可信赖的依靠力量，成为坚决贯彻执行党中央决策部署的重要力量，成为贯彻新发展理念、全面深化改革的重要力量，成为实施"走出去"战略、"一带一路"建设等的重要力量，成为壮大综合国力、促进经济社会发展、保障和改善民生的重要力量，成为我们党赢得具有许多新的历史特点的伟大

第二部分
堂阳凝思

斗争胜利的重要力量。这些论述对国有文化企业和正在转企改制的经营性文化事业单位，都具有很强的思想性、针对性和指导性。只有坚持党的领导不动摇，充分发挥企业党组织的领导核心和政治核心作用，才能确保企业改革发展方向不偏移，才能有效抵御西方敌对势力、文化资本、文化产品和价值观念的渗透和冲击，才能切实把党的政治优势、组织优势和群众工作优势，转化为企业的竞争优势、创新优势和科学发展优势，以党建工作实效去推动经营业务顺利完成。

政治建设是打造高素质媒体经营队伍的关键

政以才治，事以才兴。在党的新闻舆论工作座谈会上，习近平总书记强调，媒体竞争关键是人才竞争，媒体优势核心是人才优势。要加快培养并造就一支政治坚定、业务精湛、作风优良、党和人民放心的新闻舆论工作队伍。这对打造高素质专业化媒体经营队伍提出了新的更高的要求。其中，政治坚定放在第一位。就经营人员而言，一方面要加强学习，开阔视野，增长才干，提升专业和能力水平，努力成为全媒型、专家型人才；另一方面，也是更重要的是加强思想政治建设，坚守政治信仰，坚定政治立场，永葆政治本色，确保理想信念坚定，对党的事业无限忠诚。否则，"政治坚定""党和人民放心"就无从谈起。所以，负责媒体经营管理的各级领导，要率先垂范，以上率下，把讲政治强党性摆在首要位置，带头做政治上的明白人，带动广大经营人员锻造政治素养，提高政治能力。要把党性锻炼作为永恒的课题，并把党性要求全天候、全流程、全环节地贯彻到经营工作中去。坚持不懈地组织广大经营人员加强政治学习，加强制度和规矩教育，加强警示教育，切实用科学理论武装头脑、固根守魂，不断提高党性修养和道德修养，确保政治意识立起来、政治素质强起来、政治纪律和政治规矩挺起来，使经营队伍风清气正，做到忠诚、干净、担当，在任何时候、任何情况下都能够经得起考验。

（《新闻战线》杂志2017年第6期）

选派扶贫工作队是加强基层扶贫工作的有效组织措施,要做到每个贫困村都有驻村工作队、每个贫困户都有帮扶责任人。脚下沾有多少泥土,心中就沉淀多少真情。工作队和驻村干部要一心扑在扶贫开发工作上,强化责任要求,有效发挥作用。对在基层一线干出了成绩、群众拥护的驻村干部,要注意培养使用,让他们在扶贫开发工作中发挥更大作用。

——《习近平总书记在部分省区市扶贫攻坚与"十三五"时期经济社会发展座谈会上的讲话(节选)》(2015年6月18日),载《习近平扶贫论述摘编》,中央文献出版社,2018,第38页

致富不致富,关键看干部。在脱贫攻坚战场上,基层干部在宣讲扶贫政策、整合扶贫资源、分配扶贫资金、推动扶贫项目落实等方面具有关键作用。要采取双向挂职、两地培训等方式,加大对西部地区干部特别是基层干部、贫困村致富带头人的培训力度,帮助西部地区提高当地人才队伍能力和水平,打造一支留得住、能战斗、带不走的人才队伍。向对口帮扶地区选派扶贫干部和专业人才,也要突出精准,缺什么补什么,增加教育、医疗、科技、文化等方面干部和人才比例,优化扶贫干部和人才结构。

——《习近平总书记在东西部扶贫协作座谈会上的讲话》(2016年7月20日),载《习近平扶贫论述摘编》,中央文献出版社,2018,第43页

"扎根工程"是学习践行马克思主义新闻观的本质要求和重要基础

习近平总书记在党的新闻舆论工作座谈会上指出,要深入开展马克思主义新闻观教育,把马克思主义新闻观作为党的新闻舆论工作的"定盘星",

第二部分
堂阳凝思

引导广大新闻舆论工作者做党的政策主张的传播者、时代风云的记录者、社会进步的推动者、公平正义的守望者。新华社自 2017 年初实施"扎根工程",推动采编人员到基层去、到群众中去、到生活中去,真正扎下新闻业务之根、人生价值之根、为民情怀之根。结合新华社扶贫工作队在国家级贫困县新河县的实践,我深深体会到,"扎根工程"体现了马克思主义新闻观的本质要求,是学习践行马克思主义新闻观的重要基础。

一 深扎政治建设之根,筑牢坚强党性之魂

打赢脱贫攻坚战,全面建成小康社会,是我们党对人民的庄严承诺。做好脱贫攻坚新闻报道本质上是政治任务,为脱贫攻坚提供有力舆论支持,是新华社义不容辞的政治责任。驻点扶贫工作队处在新华社脱贫攻坚报道的第一线,理应把党性意识融入血脉、注入灵魂,旗帜鲜明地把讲政治作为根本要求,牢牢坚持党性原则,牢牢坚持正面宣传为主,确保始终坚持正确的政治方向和舆论导向,自觉在思想上、政治上、行动上同以习近平同志为核心的党中央保持高度一致。为此,工作队进驻新河以来,坚决落实社党组"新华社本质上是党的政治机关,讲政治是我们一切工作的生命线"的要求,强学习、定制度、压责任,把讲政治落实到坚定信仰信念上、落实到牢固树立"四个意识"上、落实到坚决做到"两个维护"上,确保导向第一、安全第一、效果第一。一是始终把学习贯彻习近平新闻舆论思想、习近平扶贫工作论述和党的十九大精神作为首要政治任务,深入领会、坚决贯彻落实《习近平扶贫论述摘编》《习近平新闻舆论思想要论》等讲话、要求和新华社的安排,以及省市县脱贫攻坚工作的部署。二是以政治建设为统领,调研制定《新华社驻新河扶贫工作队管理暂行规定》等管理制度,划定工作底线和红线,明确努力目标和高线。三是突出政治引领,加强请示汇报,一切行动听指挥,确保政令畅通。一年多来扎根新河、参与脱贫攻坚的实践,增强了我们对习近平新时代中国特色社会主义思想的政治认同、思想认同、理论认同、情感认同。比如,每次下村听到最多的是"共产党好,党的政策好",我们听着心里热乎乎的,从内心深处体悟了习近平总书记以人民为中心的发展思想,更加明晰了脱贫攻坚报道的定位。

作者牵头调研制订新华社驻新河扶贫工作队"1+5"的管理制度体系，实现制度上墙，为扶贫挂职夯基固本。

二 深扎新闻业务之根，夯实前沿阵地之基

扶贫工作队处在脱贫攻坚报道的最前沿，在坚定政治信仰、站稳政治立场、保持政治定力、把牢政治方向的基础上，强化阵地意识，始终做到守土有责、守土负责、守土尽责，把宣传脱贫攻坚作为首要任务。一是调研制定的《新华社驻新河扶贫工作队工作规范》《新华社驻新河扶贫工作队调研制度》，提出了调查研究的具体要求。二是作为扶贫干部，深入乡村"走下去"、面对群众"走进去"，在田间地头学思践悟，已成为工作常态和习惯自觉，目前工作队的调研已覆盖全县 55 个贫困村（共 76 个贫困村）和部分有贫困人口的非贫困村。三是国内部、新华网、河北分社等采编部门把新河县作为调研基地或国情监测点，工作队明确朱峰、奕湛同志加强沟通对接，充分发挥新华社的整体优势和全媒体的报道优势，及时展示脱贫成效、挖掘扶贫典型、总结经验做法，为新河县决战脱贫、决胜小康提供舆论支持，营造良好氛围。一年多来，仅工作队策划，河北分社推出的新河脱贫攻坚的新闻稿件 18 篇、图片 100 余幅，新华网和中国政府网第一时间发布了有关新河县的重点报道，有力营造了干部群众担当作为的舆论环境，激发了贫困家庭脱贫致富的内生动力，增强了全县上下打好脱贫攻坚战的信心和决心。比如，工

作队朱峰会同河北分社两名同志调研采写题为《俯身为民实干，挺胸为党争光——河北省新河县扶贫一线干部群像》的通讯，全面展示新河县党员干部在扶贫一线锤炼党性、改革创新、凝聚民心，扑下身子抓落实，全力打赢脱贫攻坚战的良好精神面貌和工作实绩。河北省委和邢台市委主要领导做出肯定性批示，极大地鼓舞了当地干部群众的士气。

三 深扎人生价值之根，务求求真务实之本

在脱贫攻坚进入啃硬骨头、攻城拔寨的冲刺阶段，有幸融入新河、扎根扶贫一线，对工作队而言，既是服务大局能力的检验，更是对政治品质的考量。非常之时，当以非常之举，尽非常之力。一年多来，我们把深入调研作为精准扶贫、精准脱贫的重要抓手，以等不起、慢不得、睡不着的干劲韧劲，全身心融入和投入扶贫一线。**一是在调研中找准穷根扶真贫。**我们时刻盘算心里一本账：新河穷在哪里？为什么穷？有哪些优势？哪些自力更生可以完成？哪些需要依靠外力实现？随着调研的深入，我们逐步发现了"短板"。比如，个别贫困村存在"干部干，群众看""干部着急，群众不急"的现象；农业产业化程度整体不高，带动群众脱贫致富奔小康的能力还不强；等等，这都进一步加深了我们对习近平总书记"扶贫先扶志""扶贫必扶智"等论述的理解。**二是在调研中发挥优势真扶贫。**根据调研发现的"穷根"，工作队一方面通过各种形式向社扶贫办报告帮扶需求，另一方面有针对性地挖掘《黄韭点亮脱贫致富梦——河北新河县新河镇宋亮村调研记》《一个村庄的决战——三访东边仙庄村脱贫攻坚札记》《新河：农村危改"钉子户"签约记》等"带泥土""冒热气"的扶贫案例、脱贫故事，配合乡村两级组织做好脱贫攻坚的形势教育和思想发动。深入部分贫困村，解读扶贫政策，指导他们积极探索，采用劳务补助、以工代赈等机制，引导广大群众通过辛勤劳动脱贫致富，并聚合社内外资源，引进了"腾讯智慧校园"等"扶智"类项目。同时，落实社领导要求，实施广告精准扶贫，充分发挥新华社民族品牌传播工程的平台优势，全媒体推介新河县情、开发区、招商项目和重点产品，并挖掘新华社联系广泛等优势，助力招商引资和产业扶贫工作。调研发现，构建好的体制机制是巩固脱贫成果、

解决贫困增量和返贫问题的关键。为助力刘秋口村稳定脱贫，我们建立了总社援建香菇大棚项目的运行机制：贫困户与项目的利益联结机制、受益贫困户动态调整机制、收益分配监管机制、党建引领促脱贫机制，推动成为带动脱贫致富的"造血"项目。6月29日，邢台市扶贫脱贫驻村帮扶工作推进会观摩了我社援建的刘秋口村香菇大棚项目。

四 深扎为民情怀之根，锤炼担当作为之风

我们党以全心全意为人民服务为根本宗旨，除了人民的利益，党没有自己的私利，这决定了新闻事业对党负责与对人民负责的一致性。习近平总书记指出，党的新闻舆论工作，要坚持党性和人民性相统一，把党的理论和路线方针政策变成人民群众的自觉行动，及时把人民群众创造的经验和面临的实际情况反映出来，丰富人民精神世界，增强人民精神力量。作为战斗扶贫一线的新闻工作者，我们更要坚定人民立场这个根本落脚点，牢记"为了谁、依靠谁、我是谁"，尊重人民主体地位，常怀忧民之心、常思富民之策、常尽惠民之力。新河县淳朴的乡风民风、苦干实干的干部作风，也一直感染、激励着我们不断强化担当作为的意志和品质。我们体会，只有情系群众、敬

新华社驻新河扶贫工作队深入新河县白穴口村调研"三夏"工作

第二部分
堂阳凝思

畏群众，才能扑下身、扎下根，才能真正走进群众，感受群众想什么、盼什么、急什么，才能推出一批有思想、接地气的作品，确保报道来自人民、植根人民、服务人民，真正把坚持正确导向与通达社情民意统一起来，实现党心与民心同频共振，激发团结奋进的强大力量。工作队刚到新河时，走村入户，一些干部群众认为我们是"镀金"的，是"过客"，不怎么深入交流，后来觉得我们没架子，办实事，开始与我们交心。2019年5月4日，工作队到分包的董夏村调研时，耿直朴实的郎安贵以"年龄大了，过一天是一天，不想给政府添麻烦"为由，拒绝老房改造。看到村干部的无奈，我们鼓励他们一起耐心做工作，坚信"精诚所至，金石为开"。此后，县住建局包联人员耐心宣讲危房改造政策，村支书经常与郎安贵谈心，鼓励其摆脱"混日子"的状态，郎安贵思想慢慢动摇。5月31日，我们到董夏村走访时，当问及危房改造想法时，他斩钉截铁地说："盖两间房，板上钉钉了。"郎安贵180度的"大转弯"，让在场的同志有点措手不及。这件事让我们深刻地体会到，要把我们党惠民富民的好政策真正转化为广大群众的幸福感、获得感、安全感，就必须有强烈的为民情怀，下足"绣花"功夫。这也是梳理调研日志《新河：农村危改"钉子户"签约记》的背景。

总之，一年多来在新河扶贫的实践，加深了工作队对"扎根工程"内涵的理解。"扎根工程"不仅是马克思主义新闻观的本质要求，也是践行马克思主义新闻观的鲜活实践。下一步，工作队将进一步弘扬"对党忠诚、勿忘人民、实事求是、开拓创新"的新华精神，采取专题调研、蹲点调研等方式，在扶贫一线提高脚力、眼力、脑力、笔力，扎实做好脱贫攻坚报道等帮扶工作。

（《新华党建》2018年第10期）

在扶贫路上
ZAIFUPINLUSHANG

　　11月1日,中共中央政治局常委、中央书记处书记王沪宁出席学习贯彻党的十九大精神中央宣讲团动员会会议并讲话。他表示,结合党中央的重要会议、重大工作部署组织开展宣讲活动,受到广大干部群众欢迎。习近平总书记对做好党中央精神宣讲工作一贯高度重视,提出了明确要求。我们要切实做好这次集中宣讲工作,更好地把广大干部群众的思想和行动统一到党的十九大精神上来。

　　王沪宁表示,要牢牢把握在学懂弄通做实上下功夫的要求,精心做好党的十九大精神集中宣讲,推动学习宣传贯彻工作往实里走、往深里走,引导全党自觉维护习近平总书记党中央的核心、全党的核心地位,维护党中央权威和集中统一领导。党的十八大以来党和国家事业之所以全面开创新局面,根本在于以习近平同志为核心的党中央举旗定向、运筹帷幄,在于习近平新时代中国特色社会主义思想的科学指引。要紧紧围绕习近平新时代中国特色社会主义思想这个主线,讲清楚党的十九大的鲜明主题,讲清楚习近平新时代中国特色社会主义思想的丰富内涵,讲清楚党的十八大以来党和国家事业发生的历史性变革,讲清楚中国特色社会主义进入新时代的重大意义,讲清楚我国社会主要矛盾变化的深远影响,讲清楚"两个一百年"奋斗目标,讲清楚坚定不移全面从严治党的重大部署,把广大干部群众的思想和行动统一到党的十九大精神上来。参加宣讲的同志要全力以赴做好宣讲工作,认真学习备课,既全面系统又突出重点,全面准确宣讲,创新宣讲方式,回应干部群众关切,增强宣讲的针对性和实效性。要到企业、农村、机关、校园、社区,同干部群众开展面对面、互动式的宣讲,推动党的十九大精神走进基层、走进群众。

(据新华社北京2017年11月1日电)

县乡宣讲要触及"末梢神经"

　　党的十九大精神宣讲活动已在全国各地开启。十九大精神如何能够真正进农村入农户、进企业入班组、进校园入班级,打通理论服务群众的"最

第二部分
堂阳凝思

后一公里"，是宣讲活动取得成效的关键。

笔者在河北省新河县看到，目前已有3000多名干部"一竿子插到底"，用心开展村头宣讲、地头宣讲、小板凳宣讲。理论只有为掌握群众，才能变成物质力量。县乡两级党委面对基层，更应围绕谁来讲、讲什么、怎么讲等问题下功夫。

分众化确定宣讲人，面对面开展宣讲。理论宣讲要防止出现理论服务群众"最后一公里"阻塞不畅的老问题。可根据群众的文化程度、思想特点、实际需求来确定宣讲人，请群众身边的党的十九大代表，走进社区企业，走上田间地头，走到党员群众身边，面对面地"现身说法"，最大程度地拉近距离，这是宣讲入脑入心的前提。

菜单式选择宣讲重点，回应群众关切。走村入户等面对面的宣讲，如果简单地照本宣科，容易沦为形式主义，因此，一定要聚焦群众关心的热点、焦点、难点问题，解疑释惑。特别是对于贫困县而言，面对困难群众脱贫致富的发展期盼，宣讲应以脱贫攻坚为统领，讲清楚党的十九大报告哪些

新河县广播电视台

11月16日，县委副书记汪鹏到荆庄乡盖村宣讲党的十九大精神，盖村荆庄乡党委书记张献涛主持宣讲活动。

新河县广播电视台

县委副书记汪鹏在盖村群众文化广场上坐着小板凳，把村里的老党员、老干部、群众代表及"两委"班子组织起来，用浅显易懂、朴实无华的语言和丰富的例子相结合的宣讲形式，深入浅出的突出重点的把十九大报告中与群众息息相关的土地承包、脱贫攻坚、乡村振兴战略、生态文明建设等内容进行了宣讲解读，真正的让群众把十九大提出的实实在在的惠农政策搞清楚、弄明白。汪鹏对荆庄乡领导班子到董振堂故居宣誓等学习贯彻党的十九大精神的有效做法给予肯定，同时就学好用好党的十九大精神，推动乡村振兴战略落地落细落实提出三点希望：一是希望我们的党员干部多学习、多思考、多动手，真正把党的十九大精神学懂弄通，武装头脑，树牢"四个意识"，并组织开展多种形式的面对面的宣讲，让党的十九大精神家喻户晓，打通理论服务群众的"最后一公里"。二是希望乡村利用大喇叭广播、刷写标语、悬挂条幅、制作黑板报等宣传形式，营造宣传十九大的浓厚氛围。同时，积极宣传群众身边的好人好事，让大家学有榜样，做有标杆，带动村风、民风。三是希望大家用实际行动来贯彻落实党的十九大精神，积极发动盖村在外创业经商的成功人士返乡创业，发展产业项目，从而加快脱贫攻坚步伐，早日实现经济强乡美丽荆庄这一新时代目标。

在扶贫路上

内容与农村息息相关,让老百姓知道未来该干啥、怎样干,让贫困群众有盼头、有干头,增强获得感、幸福感和安全感。

比如,十九大报告提出乡村振兴战略,我们就要围绕"坚持农业农村优先发展,按照产业兴旺、生态宜居、乡风文明、治理有效、生活富裕,建立健全城乡融合发展体制机制和政策体系,加快推进农业农村现代化"等,对乡村振兴战略进行阐释解读。再如,十九大报告提出,"促进农村一二三产业融合发展,支持和鼓励农民就业创业,拓宽增收渠道",可以结合县乡村的实际工作,讲清楚什么是农村一二三产业的融合。只有讲到群众的心坎里,才能在同频共振中实现宣讲效果最大化。

系统性创新宣讲方式,力求直抵"末梢神经"。 确定宣讲人员和宣讲重点后,还应把群众当主角,探索群众乐于参与、便于接受的多样化的宣讲方式,把党的十九大提出的新理念、新论断,确定的新任务、新举措,转化成通俗的语言,善用微课堂、微宣讲等活泼形式,让群众听得懂、听得真、听得明,推动十九大精神真正抵达城乡社会"末梢神经"。

(《瞭望》2017 年第 45 期)

第二部分
堂阳凝思

扶贫政策宣讲也要努力"狠幽默"
——兼评《很哲学狠幽默——一天读懂西方哲学史》

2015年4月20日，好友张天龙（时任中船重工集团人事部综合处处长）赠我一本他历时三年潜心撰写的新著《很哲学狠幽默——一天读懂西方哲学》。由于各种原因，我一直没有认真研究这本书，这个周末，终于通读了全书的五个章节。这本书最大的特点和贡献是用非常诙谐的方式简介了西方古代哲学各个派别的世界观和核心观点，实现了深奥道理大众化、晦涩表述通俗化、复杂问题简单化，为没有哲学基础或哲学没入门的读者提供了一个快速了解西方古代哲学的快餐。

由此想到，扶贫政策宣讲也有必要"狠幽默"。对于扶贫干部而言，学习领会把握"一达标""两不愁 三保障""五个一批""六个精准"等中央关于精准扶贫精准脱贫的顶层设计是没问题的。但是在深度贫困地区，贫困群众往往文化程度不高、信息闭塞，对贫困习以为常，接受、理解、认知、运用扶贫政策相对困难。这就要求我们必须把扶贫政策变成通俗易懂的"地方话""知心话"，通过喜闻乐见的幽默形式，有针对性地向广大群众宣讲，推动习近平总书记关于扶贫工作的重要论述进村到户到人，入耳入脑入心。结合一些乡镇的经验和探索，我体会应从以下三个方面发力。

一、宣讲内容要变成"地方话""大白话"。认真研究下习近平总书记活动的报道，我们就会发现总书记与困难群众"话家常"时，说的都是最朴实的大白话，也都是最真切的大实话，他独特的个性化的语言风格，让我们觉得很过瘾、很解渴、很难忘。说白了，扶贫政策的宣讲，内容要通俗易懂，让贫困群众做扶贫政策上的明白人。村干部和驻村工作队，首先要摒弃照本宣科读《精准扶贫手册》内容的做法，对表精准扶贫精准脱贫方略，张贴各种便于记忆的宣传单、标语、海报；经常用通俗易懂的语言，与贫困户一起回顾精准扶贫工作以来村里发生的变化，坚定贫困户脱贫致富的信心。对县乡两级而言，要通过制作"扶贫政策明白纸"、"脱贫攻坚应知应会知识手册"、拍摄脱贫攻坚宣传片，策划以"脱贫攻坚"为主题的文艺节目等，梳理惠民政策，讲述脱贫故事，提高广大群众对扶贫政策的知晓率。

二、宣讲方式要尽量"接地气""聚人气"。要构建县、镇、村三位一体的扶贫政策宣讲体系，通过组建讲师团、组织宣讲队、出动宣传车等形式，实现多部门联动、多媒体互动、多方面齐动，务求做到宣讲全覆盖。通过张贴告知、入户提醒、微信短信和广播通知等方式，实现扶贫政策宣讲全天候。结合农民讲习所、群众座谈、文化汇演等，探索山歌、顺口溜、有奖问答、群众提问等群众喜闻乐见的形式，务求扶贫政策宣讲"接地气""聚人气"。采取"政策+解析+案例"的形式，开展面对面的宣讲，帮助贫困群众进一步梳理脱贫政策，找准脱贫路径，提升了政策宣讲的实战效应。特别是要通过向贫困户提问，参会群众抢答，在互动活跃的氛围中理解扶贫政策，力促贫困群众记得牢、悟得透、用得好。

三、宣讲人员要做群众"贴心人""知心人"。村"两委"干部、各帮扶责任人、第一书记、驻村工作队员等负责宣讲的同志，一方面要认真学习掌握扶贫政策，首先让自己成为"政策通""活字典"，成为扶贫政策的"明白人"；另一方面，要做群众可信赖的"贴心人""知心人"，推动宣讲往心里走，往实里走。坚持集中与分散相结合，在一般性的集中宣讲之余，要因户宣讲各类贫困对象的脱贫标准、扶贫政策扶持范围，有针对性地对产业扶贫、教育扶贫、易地搬迁等扶贫政策进行重点解读，面对面解疑释惑，争取让群众清楚每一项政策、明白每一个关键点、搞懂每一个问题，有效提升群众对精准扶贫、精准脱贫工作的满意度，浓厚学政策、知政策、懂政策、用政策的脱贫攻坚工作氛围。

（本文系作者2017年8月6日的工作日志）

第二部分
堂阳凝思

衡量一个时代的文艺成就最终要看作品。推动文艺繁荣发展，最根本的是要创作生产出无愧于我们这个伟大民族、伟大时代的优秀作品。没有优秀作品，其他事情搞得再热闹、再花哨，那也只是表面文章，是不能真正深入人民精神世界的，是不能触及人的灵魂、引起人民思想共鸣的。文艺工作者应该牢记，创作是自己的中心任务，作品是自己的立身之本，要静下心来、精益求精搞创作，把最好的精神食粮奉献给人民。

——《习近平总书记在文艺工作座谈会上的讲话》（2014年10月15日），载《十八大以来重要文献选编》（中），中央文献出版社，2016，第122~123页

赞"送春联下乡" 更盼"对联常下乡"

"扶贫先扶智"，要帮助农民脱贫，首先要帮助农民转变思想观念，提高文化素质。春节临近，各地特别是贫困地区纷纷开展"送春联下乡"等系列文化扶贫活动。身处扶贫一线，笔者深切感受到，现场写春联、送春联等送温暖活动，既弘扬了社会主义核心价值观，又有利于营造喜庆祥和的节日气氛，激发贫困群众脱贫致富的精神风貌。

细究起来，春联只是中国对联文化的一种表达方式。除春联外，大家熟知的楹联、婚联、挽联等都是对联文化的鲜明体现。笔者认为，从推动文化下乡、加强文艺扶贫、助力扶志扶智、涵育文明乡风、坚定文化自信

等角度，贫困地区可从三个方面着力，积极推动对联下乡常态化。

一是健全组织动员机制。比如，部分地方以县为单位规划文化扶贫内容，把"对联下乡"活动纳入相关工作计划中，以各种节假日、送温暖活动等为契机，为贫困地区送去对联，不仅将温暖送给了贫困户，也将文化传播到了贫困地区，可谓一举两得。

二是建设乡村文化队伍。写对联、送对联，实现对联常态下乡，仅靠组织推动和书法家、帮扶责任人的用心用情参与远远不够，还需通过培育乡土文化能人来壮大乡村文化队伍，让广大基层群众的文化创造力充分迸发，推动文化的种子种在农村大地，扎根农民心中。比如，据媒体报道，云南省师宗县组建农村18支文艺演出队，经常开展"送戏下乡、送对联下乡、送宣传画册下乡"等活动，送4000余副感党恩对联入户，宣传党的方针政策，引领贫困群众增强自力更生、艰苦奋斗、脱贫光荣的志气和信心决心。

三是及时反馈群众需求。要提高广大群众对文化下乡的知晓率和参与度，所送出的"文化"内容必须符合群众的需求。比如，有的地方通过发挥乡镇文化站等前沿阵地和各村党支部的战斗堡垒作用，第一时间反馈乔迁新居、举行婚礼、悼念先人等红白喜事对"对联"的需求，探索实现"自下而上、以需定供"的互动式、菜单式良性互动，推动实现送对联的形式、内容、时机符合群众多层次、多方面、多样化的"胃口"，确保对联下乡下到"底"。

文化生活要丰富，精神层面须补给，对农村地区而言，愈显重要。然而文化扶贫不能仅停留在送一副春联，画一张画。要让文化在贫困地区开出鲜花，结出硕果，必须建立文化下乡的长效机制，推动实现对联等文化下乡常态化。我们为"送春联下乡"活动点赞，更盼"对联常下乡"。

（新华网 2019 年 1 月 28 日）

第二部分
堂阳凝思

　　新闻舆论工作各个方面、各个环节都要坚持正确的舆论导向。各级党报党刊、电台电视台要讲导向，都市类报刊、新媒体也要讲导向；新闻报道要讲导向，副刊、专题节目、广告宣传也要讲导向；时政新闻要讲导向，娱乐类、社会类新闻也要讲导向；国内新闻报道要讲导向，国际新闻报道也要讲导向。

　　——《习近平总书记党的新闻舆论工作座谈会重要讲话精神学习辅导材料》，学习出版社，2016，第6~7页

扶贫赠报　凝心聚力

　　据新华社客户端甘肃3月26日电，今天上午，新华社甘肃分社联合碧桂园集团甘肃区域在兰州举行"新华社系列报刊走进甘肃农家书屋"赠阅活动，为全省3000多家农家书屋捐赠《半月谈》、《参考消息》和《瞭

新河县"新河之窗"综合展馆内的图书馆

望》周刊。

下午,新河县城管局局长苏晓鹏电告,"新河之窗"开馆在即,新华出版社捐赠的第一批图书已到位,涉及政治、经济、纪实、科技、文学、艺术、历史、社会、励志等百余种500余本。新华社赠阅的《新华每日电讯》《参考消息》《经济参考报》《瞭望》《半月谈》等重点报刊同步展示。

2017年4月25日到新河县扶贫后,在总社安排的"规定动作"之外,我充分征求意见后提出增加一个"自选动作",为县扶贫开发和脱贫工作领导小组成员单位赠阅一些有针对性的新华社报刊。在办公厅、总经理室的协调下,新闻信息中心、中国经济信息社和重点报刊社大力支持,2018年以来,相继赠阅了《新华每日电讯》、《参考消息》、《经济参考报》、《瞭望》、《半月谈》和《乡村振兴·经济分析报告》、《高管信息》、《政务智库报告》(含电子版)。

2018年12月12日至13日,新华社副社长、党组成员,扶贫工作领导小组组长刘正荣在新河县调研时提出,新华社建立定期向"新河之窗"综合馆赠送社办报刊(图书)制度。经新华社新河扶贫工作队报批,新华社筛选12种重点报刊,每期赠送2份给"新河之窗"展示或收藏;新华出版社出版的每批图书均优先赠送"新河之窗"5本。

经过一年多的实践,我更加深刻地认识到为贫困地区赠报的重要性,应从三个方面提高政治站位,进一步增强扶贫赠报活动的实效性。

一、为贫困地区赠报有利于加强党的意识形态阵地建设。党报党刊是党和人民的"喉舌",担负着传播党的声音、传递党的主张、正确引导舆论、反映群众呼声的重要使命,是治国理政的重要资源和重要手段,是党的意识形态工作的主阵地。习近平总书记一再告诫:"意识形态工作是党的一项极端重要的工作。"为党立言、为党传声,是党报党刊与生俱来的责任。每份党报党刊,都体现我们党的存在。但囿于经济条件等客观困难,贫困地区党报党刊的订阅率偏低。甘肃省委宣传部副部长、省新闻出版局(省版权局)局长王成勇在出席"新华社系列报刊走进甘肃农家书屋"赠阅活动时指出:"这次赠阅必将对全省农家书屋更好地发挥基层文化阵地作用、及时传递党和政府的声音、丰富群众文化生活、推进精神扶贫产生新的推动力。"能否做好意识形态工作,事关党的前途命运,事关国家长治久安,

第二部分
堂阳凝思

事关民族凝聚力和向心力。我们理应坚持守土有责、守土尽责、守土负责，担负起举旗帜、聚民心、育新人、兴文化、展形象的使命任务，为贫困地区更多的人群赠阅党报党刊。

二、为贫困地区赠报有利于汇聚决战脱贫决胜小康的强大合力。毛泽东同志曾经说过："一天不读报是缺点，三天不读报是错误。"越是在新媒体兴起的时代，广大党员干部越要以高度的政治责任感，自觉读书看报，推动党委、政府的决策部署更好落地落实。甘肃分社社长任卫东在出席"新华社系列报刊走进甘肃农家书屋"赠阅活动时介绍，在脱贫攻坚战中，新华社充分发挥国家通讯社职能，用文字和镜头书写责任担当，积极建言献策，有力推动着甘肃全面建成小康社会的步伐。环顾全球，媒体格局、舆论生态、传播手段、阅读习惯都发生了深刻变化，不乏有一些自媒体瑕瑜错陈，甚至断章取义、混淆视听，只有引导党员干部认真阅读党报党刊，汲取"健康养分"，才能践行习近平总书记强调的"扶贫先扶志、扶贫必扶智"，助其保持清醒头脑，激浊扬清，"咬定青山不放松，任尔东西南北风"，不断提高驾驭全局的履职能力。

三、为贫困地区赠报有利于满足人民群众对美好生活的需求。农家书屋是国家公共文化服务的重点惠民工程，多年来在强化基层公共文化服务体系、促进农村精神文明建设等方面取得了显著成绩，发挥着文明乡村的宣传堡垒、振兴乡村的精神引擎和美丽乡村的文化地标的重要作用。习近平总书记强调，人民群众对美好生活的需求，永远是我们党的奋斗目标。按照中央乡村振兴战略的总体安排，我们不仅要全面实现物质的小康，而且要实现精神的小康；不仅要帮助农民群众"口袋"鼓起来，而且要帮助他们"脑袋"富起来。县城管局认为，新华社定期为"新河之窗"赠送报刊（图书），助其"为新河输送源源不断的文化血液"。据了解，多年来一些爱心企业通过订阅党报党刊等积极践行文化扶贫，通过"扶志＋扶智"助力贫困地区脱贫致富奔小康，社会反响不错，树立了品牌企业履行社会责任的良好形象。

（本文系作者2019年3月26日的工作日志）

消费扶贫大有可为

今天上午，新华社扶贫办杨富强同志来电，了解新华社工会系统"五一"前后采购新河扶贫产品情况。应该说，这次就远远超过了办公厅年初下达的年度任务，也大大超过了我和奕湛同志的预期。截至4月28日，共有34家部门、单位和分社工会采购新河农特产品，共计164.57万元，且售后反馈情况比较好。有三点值得总结，以更好地坚持。

一是办公厅和社工会、新河县委县政府高度重视，形成了合力。4月8日下午，社工会在综合楼三楼专门召开各单位工会主席会，安排消费扶贫工作。新河县农业农村局局长到会，通过现场讲解和PPT演示详细介绍了新河县重点农特产品和农业产业概况，解答与会同志有关问题。经机关管理服务中心安排，县农业农村局成立的众力土特产销售中心在社招待所"扶贫展柜"布展，确保到招待所的同志第一时间看到新河农特产品。

二是注重研究消费扶贫政策，周密安排筹备。工作队就学习贯彻《国务院办公厅关于深入开展消费扶贫助力打赢脱贫攻坚战的指导意见》（国办发〔2018〕129号），进一步加强新华社和新河县的消费扶贫工作，一方面，与社机关管理服务中心、社工会沟通对接；另一方面，县政府主管副县长张淑军同志和农业农村局，从注册统一与新华社对接的农贸公司、筹备新华社扶贫超市布展、制作推介新河农特产品的PPT等方面，为"五一"节前夕社工会系统的集中采购做准备。

三是建立消费扶贫与贫困群众的利益联结机制，助推产业扶贫和农业产业结构调整。县农业农村局明确为新华社干部职工供货的合作社必须有"扶贫"元素，要从流转贫困群众土地、吸纳有劳动能力的建档立卡户就业等方面建立与贫困群众的利益联结机制。既有效助力脱贫攻坚，又调动了广大群众发展特色种植的积极性，解放和发展了生产力。

反复研读《国务院办公厅关于深入开展消费扶贫助力打赢脱贫攻坚战的指导意见》，结合新华社消费工作，我认为消费扶贫前景广阔、大有可为。

第二部分
堂阳凝思

主要基于三点判断。

一、消费扶贫推动构建习近平总书记强调的大扶贫格局。消费扶贫是社会各界通过消费来自贫困地区和贫困人口的产品与服务，帮助贫困人口增收脱贫的一种扶贫方式，是社会力量参与脱贫攻坚的重要途径。就新华社而言，通过组织开展爱心采购活动、机关食堂批量采购贫困地区农产品等形式，形成了全社动员、全民发动、全员参与的扶贫格局。

二、消费扶贫推动加速农业供给侧结构性改革。消费扶贫是个系统工程，涵盖供应链条、销售途径、流通服务网点建设等方面。如果社会各界从搭建电商平台、免费提供物流服务等方面加强消费扶贫，不仅可以有效化解农业产业结构调整的难点、痛点，或者说"最后一公里"，而且可以大力推动贫困地区农产品供给水平和质量的全面提升，打造区域性特色农产品品牌。

三、消费扶贫推动实现"扶贫先扶志""扶贫必扶智"。"授人以鱼，不如授人以渔"。消费扶贫最终的落脚点，不仅能快速提升贫困群体的收入，而且更重要的是增强了通过辛勤劳动脱贫的动力和能力，也就是习近平总书记强调的扶贫要与扶志、扶智相结合，帮助贫困人口培养了"造血"能力。据县农村农业局介绍，近期一些合作社纷纷打听新华社的采购计划，准备吸收更多的建档立卡户参与规模化的特色种植。

消费扶贫大有可为，但有一个前提，要让贫困地区的产品和服务能够被有意参与消费扶贫的社会力量购买到。新河扶贫工作队继续依托新华社民族品牌工程，加强新河农特产品"名片"的全媒体推介，坚持政府引导、社会参与、市场运作、创新机制，着力激发全社会参与消费扶贫的积极性。

（本文系作者2019年4月29日的工作日志）

延伸阅读

国务院办公厅印发《关于深入开展消费扶贫助力打赢脱贫攻坚战的指导意见》

（新华社北京2019年1月4日电）日前，国务院办公厅印发《关于深入开展消费扶贫助力打赢脱贫攻坚战的指导意见》（以下简称《意见》）。

《意见》指出，消费扶贫是社会各界通过消费来自贫困地区和贫困人口的产品与服务，帮助贫困人口增收脱贫的一种扶贫方式，是社会力量参与脱贫攻坚的重要途径。大力实施消费扶贫，有利于动员社会各界扩大贫困地区产品和服务消费，助力贫困地区打赢脱贫攻坚战。

《意见》强调，要以习近平新时代中国特色社会主义思想为指导，全面贯彻党的十九大和十九届二中、三中全会精神，紧紧围绕统筹推进"五位一体"总体布局和协调推进"四个全面"战略布局，深入落实习近平总书记关于扶贫工作的重要论述，按照党中央、国务院决策部署，坚持新发展理念，坚持精准扶贫精准脱贫基本方略，围绕促进贫困人口稳定脱贫和贫困地区长远发展，坚持政府引导、社会参与、市场运作、创新机制，着力激发全社会参与消费扶贫的积极性，着力拓宽贫困地区农产品销售渠道，着力提升贫困地区农产品供应水平和质量，着力推动贫困地区休闲农业和乡村旅游加快发展，在生产、流通、消费各环节打通制约消费扶贫的痛点、难点和堵点，推动贫困地区产品和服务融入全国大市场。

《意见》明确，要动员社会各界扩大贫困地区产品和服务消费，推动各级机关和国有企事业单位等带头参与消费扶贫，推动东西部地区建立消费扶贫协作机制，动员民营企业等社会力量参与消费扶贫。要大力拓宽贫困地区农产品流通和销售渠道，打通供应链条，拓展销售途径，加快流通服务网点建设。要全面提升贫困地区农产品供给水平和质量，加快农产品标准化体系建设，提升农产品规模化供给水平，打造区域性特色农产品品牌。要大力促进贫困地区休闲农业和乡村旅游提质升级，加大基础设施建设力度，提升服务能力，做好规划设计，加强宣传推介。

《意见》要求，有关部门和地方要加强组织领导，细化实化相关政策举措，营造全社会参与消费扶贫的良好氛围。要完善利益机制，提高贫困人口在农产品销售和休闲农业、乡村旅游中的参与度。要加大政策激励，对参与消费扶贫有突出贡献的企业、社会组织和个人，采取适当方式给予奖励激励。要强化督促落实，将消费扶贫工作开展情况作为考核中央单位定点扶贫、东西部扶贫协作和对口支援工作的重要内容。

第二部分
堂阳凝思

坚持社会动员，凝聚各方力量。脱贫攻坚，各方参与是合力。必须坚持充分发挥政府和社会两方面力量作用，构建专项扶贫、行业扶贫、社会扶贫互为补充的大扶贫格局，调动各方面积极性，引领市场、社会协同发力，形成全社会广泛参与脱贫攻坚格局。

——《习近平总书记在打好精准脱贫攻坚战座谈会上的讲话》（2018年2月12日），载《习近平扶贫论述摘编》，中央文献出版社，2018，第107页

换个角度看国奶扶贫项目

据《邢台日报》等报道，邢台市"国奶扶贫工程"公益项目启动仪式昨天在平乡县举行。北京联慈健康扶贫基金会常务副理事长刘小平和有关的邢台市领导、各县（市、区）政协主席、主管副县长等市县领导出席会议，各县（市、区）卫计工作部门负责人、市国奶扶贫工程领导小组成员参加会议。

北京联慈健康扶贫基金会常务副理事长刘小平介绍了国奶扶贫工程公益项目情况，并分别与邢台市和平乡县签订了《国奶扶贫工程项目合作协议》，交接了国奶扶贫工程捐赠资助牌匾。邢台市和平乡县分别向北京联慈健康扶贫基金会回赠了纪念品。市政协副主席、民建邢台市委主委刘勇代表全市人民向北京联慈健康扶贫基金会表示感谢，并就积极稳妥、依法合规抓好国奶扶贫工程进行安排。

国奶扶贫工程公益项目2017年由北京联慈健康扶贫基金会与中华少年儿童慈善救助基金会及多家乳业集团共同发起，以实现国民健康、扶贫减负、产业振兴为目的，以贫困家庭7~36个月龄的婴幼儿为扶助对象，开展奶粉捐赠、公益助购、健康教育、经费支持等工作。

经热心好友牵线搭桥，并与北京联慈健康扶贫基金会赵婧言同志沟通，

在扶贫路上
ZAIFUPINLUSHANG

去年我曾两次到北京联慈健康扶贫基金会沟通，新河县被列为国奶扶贫工程示范县，并于2018年3月9日在新河县人民医院举行了项目启动仪式。县政府副县长郭保栋代表新河县与北京联慈健康扶贫基金会签订了《国奶扶贫工程项目合作协议》。

该项目资助对象主要分为两类。第一类以建档立卡贫困户为重点，对未脱贫且缺乏母乳喂养的家庭，资助7~36月龄的婴幼儿，每人每年可免费领12罐奶粉，连续领取3年。第二类以农村（社区）为重点，差额资助7~36个月无母乳或母乳不足的婴幼儿经济困难家庭，将给予每罐价格2/3以上的公益资助。此外，该基金会在一些贫困村分别选聘了儿童福利主任，普及健康知识，指导科学喂养。据新河县卫生健康局统计，今年北京联慈健康扶贫基金会累计为新河发放51.9万元的奶粉。

奶业是惠及亿万人民身体健康、关系国计民生的一个大产业。党中央一直重视我国奶业发展，党的十八大以来，有关部门出台了一系列关于奶业发展的支持政策，推动我国奶业规模化、标准化、机械化、组织化水平提升。2017年1月24日上午，习近平总书记在张家口旗帜婴儿乳品股份有限公司考察时指出："让祖国的下一代喝上好奶粉，我一直很重视！我国是乳业生产和消费大国，要下决心把乳业做强做优，生产出让人民满意、放心的高品质乳业产品，打造出具有国际竞争力的乳业产业，培育出具有世界知名度的乳业品牌。"今年中央一号文件提出，要实施质量兴农、做大做强民族奶业。今年5月，国务院办公厅印发关于推进奶业振兴保障乳品质量安全的意见。5月25日，国务院新闻办公室举行国务院政策例行吹风会，农业农村部副部长于康震介绍加快推进奶业振兴发展的意见有关情况。

结合国奶扶贫项目在新河运行情况，我体会，该项目不要求政府配套资金，动员社会力量，助力健康扶贫，直接改善贫困地区婴幼儿营养状况，既是瞄准孩子成长的"黄金1000天"，促进婴幼儿智力发育，探索干预代际贫困传递的阻断性机制，也有利于形成政府主导、社会参与、市场促进的贫困治理的整体性机制，同时也是加快推进奶业振兴的一个举措。

一是有利于完善奶业全产业链的质量安全监管体系。奶业振兴，"最严"

第二部分 堂阳凝思

才能"最好",已成为业界的共识。为实施好国奶扶贫项目,新河县政府成立了市场监管、医卫、教育、公安、妇联等部门参加的工作小组,确保孩子喝上放心奶,把好事办实办好。这实际上从一个贫困县的层面,推动完善民族奶业全过程质量追溯体系和安全监管体系。

二是有利于重塑民族奶业品牌。 10多年前,"三聚氰胺"等牛奶品牌的质量事件伤害了广大消费者的心。食品安全重拾信心,靠企业苦练内功,也需要消费者乃至社会各界的支持和认可。国奶扶贫公益项目,给民族奶业参与脱贫攻坚提供了一个平台,有利于重塑民族奶业品牌。

三是有利于促进民族乳业健康快速发展。 据农业农村部统计,国民人均乳制品消费水平只有世界平均水平的1/3,我国奶业发展潜力和空间十分巨大。未来几十年间,奶业在中国是朝阳产业。中国奶业所肩负的使命,也是所有中国人的期待。目前,国奶扶贫项目已在全国15个省份的近500个县开展实施,相信一定会有效提升民族奶业的影响力,促进相关龙头企业不断发展壮大。

(本文系作者2018年12月8日的工作日志)

延伸阅读

我市启动国奶扶贫工程公益项目

12月7日,我市国奶扶贫工程公益项目启动仪式在平乡县举行。

国奶扶贫工程公益项目是2017年9月由北京联慈健康扶贫基金会与中华少年儿童慈善救助基金会及多家国内乳业集团共同发起,以各级党委政府及其部门为主要合作对象,以贫困家庭7~36个月龄婴幼儿为扶助对象,通过开展奶粉捐赠、公益助购、健康教育、经费支持等工作,以实现国民健康、扶贫减负、产业振兴为目的的大型公益项目。

据了解,我市国奶扶贫工程公益项目是在选定巨鹿县、新河县为试点实施县的基础上全面启动的,12月底前将完成第一批奶粉发放工作。根据我市制定的实施意见,资助主要分为两种方式,即全额资助建档立卡未脱贫且有 0~3 岁缺乏母乳喂养婴幼儿的特别贫困家庭，差额资助有 0~3 岁婴幼儿的经济困难家庭，为其提供优质婴幼儿配方奶粉。

启动仪式现场签订了《邢台市国奶扶贫工程项目合作协议》，并向平乡县部分特别贫困家庭婴幼儿家长代表捐赠了婴幼儿配方奶粉。

（《邢台日报》2018 年 12 月 8 日，记者马维勇）

第二部分
堂阳凝思

没有全民健康，就没有全面小康。要把人民健康放在优先发展的战略地位，以普及健康生活、优化健康服务、完善健康保障、建设健康环境、发展健康产业为重点，加快推动健康中国建设，努力全方位、全周期保障人民健康，为实现"两个一百年"奋斗目标、实现中华民族伟大复兴的中国梦打下坚实健康基础。

——习近平总书记在全国卫生与健康大会上的讲话摘要，新华社北京2016年8月20日电

脱贫计划不能脱离实际随意提前，扶贫标准不能随意降低，决不能搞数字脱贫、虚假脱贫。

——2017年6月23日，习近平总书记在深度贫困地区脱贫攻坚座谈会上的讲话摘要，新华社北京2017年6月23日电

打好组合拳是健康扶贫落地落实落细的关键

党的十八大以来，以习近平同志为核心的党中央把全民健康作为全面建成小康社会的重要内容，持续推进，狠抓落实。党的十九大报告明确提出"实施健康中国战略"。2018年12月10日，国家卫健委、国家发改委、财政部、国家医疗保障局及国务院扶贫办联合制发了《健康扶贫三年攻坚行动实施方案》。笔者认为，因病致贫返贫是脱贫攻坚的"硬骨头"，健康扶贫是脱贫攻坚的重点和难点，健康扶贫工作要真正落地落实落细，打好四个组合拳是关键。

一　着力完善贫困群众医疗兜底保障机制，打好政策衔接组合拳

健康扶贫既是攻坚战，也是持久战。各地应把完善贫困群众医疗兜底

保障制度继续摆在重要位置，确保各项保障政策平稳有序衔接落地，为贫困患者释放最大政策红利，让他们看得上病、看得起病、看得好病，确保脱贫路上不落一人。

完善"基本医保+大病保险+医疗救助"三重保障线。 有的地方通过设立补充保险，构建以新农合为基础、以大病统筹为保障、以大病救助为补充、以补充保险为托底的"四位一体"的兜底保障机制。有的地方扩大医疗救助范围、提高保障水平等，有效解决"病倒一个、压垮全家"问题。比如，有的地方对低收入家庭中的重病患者、60岁以上老年人和独生子女伤残或死亡的家庭父母、因医疗费用过高导致家庭无力承担的患者等"六类群体"进行救助，实行"医保基金+财政资金"双重保障。有的地方专门出台《关于提高全县农村建档立卡贫困人口医疗保障救助水平的实施意见》《农村建档立卡人口门诊慢性病管理办法》等配套文件，对建档立卡贫困人口（含城乡特困供养人员）参加医疗保险，个人缴费部分财政给予全额资助代缴，大大减轻了建档立卡贫困人口的经济负担。

实现大病慢性病集中救治和个性诊疗两结合。 因患大病、特殊慢性病、长期慢性病致贫返贫，是健康扶贫"硬骨头"中的"硬骨头"，必须台账管理，靶向攻坚，务求见底见效。可集中救治的，引导其到省、市、县定点医院进行专项救治；不宜集中救治的，由乡镇卫生院家庭医生签约服务。比如，印发《关于进一步推进农村贫困人口大病集中救治工作的通知》，逐人建立大病专项救治台账，组建专项救治专家组，制定个性化诊疗方案。做实做细慢性病签约服务管理。对农村建档立卡贫困人口实现家庭医生签约服务应签尽签，做到签约一人、履约一人、做实一人，重点加强高血压、糖尿病、结核病、严重精神障碍等慢性病患者的规范化管理与服务，建立"村医服务、团队支撑、医院保障"的工作机制，为签约家庭特别是慢性病、大病患者提供基本医疗和公共卫生服务。

建立一平台、一站式、一条龙服务保障。 实践证明，以高效、便民为目标，以信息化为支撑，实现城乡居民基本医保、大病保险、民政医疗救助、特惠保、医院减免、健康脱贫兜底保障等医疗保障制度信息系统对接,是数据多跑路、患者少跑腿的重要抓手。比如,湖南洞口县拿出专项资金建立医疗保障"一站式"结算服务工作机制,实现了贫困人口就医报销救助"一条龙"服务,让患者只跑一次。河北新河县五部门联合制发《县域内先诊疗后付费工作方案》,实行先诊疗后付费、一站式结算服务。同时,印发《关于进一步加强自费药品使用管理的通知》,确需使用目录外药品和诊疗项目的贫困人员,签订《知情同意书》,着力减轻贫困群众负担,广受好评。

二 着力建立健康危险因素防控机制,打好疾病预防组合拳

斗赢"病魔"拔"穷根",预防病魔驱"穷魔"。习近平总书记强调,要坚定不移贯彻预防为主方针,坚持防治结合、联防联控、群防群控,努力为人民群众提供全生命周期的卫生与健康服务。贫困地区更应树立大卫生、大健康的观念,从以治病为中心转变为以健康为中心,健全健康教育体系,强化健康服务,推动全民健身和全民健康深度融合,建立健康危险因素防控机制。

建立覆盖贫困地区的健康教育工作网络。对贫困人口开展健康教育和行为干预,实现医防结合,是防止群众因病致贫返贫的第一道关口。比如,内蒙古自治区吸纳各类新闻媒体组建健康传播联盟,广泛传播健康科普知识和相关政策。探索成立以内蒙古自治区人民医院为主导的健康大学,逐步覆盖内蒙古各地各级医疗机构,由各大医院专家教授授课,针对大病、慢性病、重病、地方病等贫困患者,提供精准健康教育和健康指导服务。

加强对妇幼等弱势群体的健康服务。习近平总书记强调,要"实行最严格的生态环境保护制度","切实解决影响人民群众健康的突出环境问题"。贫困地区要与实施乡村振兴战略相结合,开展好人居环境整治行动,完善农村基本公共卫生健康服务,促进农村儿童早期发展,从源头上阻断贫困代际传递。比如,开展防病先行活动,尽量降低慢性病发生率。开展国奶扶贫工程暨儿童福利主任项目,为有0~3岁婴

幼儿的贫困家庭免费提供安全优质的婴幼儿配方奶粉，并指导提高科学喂养水平。

制订实施全民健身计划。生命在于运动。全民健身是人民群众增强体魄、健康生活的基础和保障。贫困地区尤其要定期开展国民体质监测和群众体育活动状况调查，完善全民健身计划，建立全民健身组织网络，筑牢群众健康之基。

三 着力建立提升基层能力长效机制，打好医疗卫生服务组合拳

基层医疗服务能力薄弱是解决贫困地区群众看病难、看病贵等问题的突出障碍，必须从政府推动、市场牵引、社会帮扶等方面建立提升基层能力的长效机制。

坚持政府主导，持续加强基层医疗卫生服务能力建设。党委政府对脱贫攻坚承担主体责任和政治责任，理应在基层医疗卫生服务能力建设方面发挥主导作用。全面改善设施条件，按照"填平补齐"原则，将贫困地区未达标的县级医疗卫生机构全部纳入国家全民健康保障工程支持范围，确保每个县（市、区）建好1~2所县级公立医院（含中医院）和妇幼保健院。落实地方政府主体责任，重点改善乡镇卫生院和村卫生室设施条件。

深化医疗体制改革，推动优质医疗卫生资源下沉。习近平总书记强调，医疗卫生服务直接关系人民身体健康。要推动医疗卫生工作重心下移、医疗卫生资源下沉，推动城乡基本公共服务均等化，为群众提供安全有效方便价廉的公共卫生和基本医疗服务，真正解决好基层群众看病难、看病贵问题。各地深化公立医院改革，将县人民医院整体托管给地市以上人民医院，探索紧密型医联体模式。在此基础上延伸扩展，由县级人民医院同各乡镇卫生院组成县域医疗共同体，三级医院的优质医疗资源零距离下沉到基层，面对面服务老百姓，使基层服务能力得到全面提升，极大地减轻了贫困人口就医负担。

内引外联并举，建立各类主体参与的合力帮扶机制。近年来，贫困地

区抓住定点帮扶、京津冀协同、东西部协作等政策机遇，争取三级医院"组团式"支援贫困地区县级医院，推动远程医疗覆盖贫困地区乡镇卫生院并向村卫生室延伸。比如，贵州省石阡县人民医院依托石阡县与苏州市相城区的东西部扶贫协作关系，与江苏苏州大学附属第一医院结成对口支援关系，着力打造出一支"永不撤离的医疗队伍"，成功建成县级三级综合医院，县域内住院就诊率达到90%。河北新河县以城乡医院对口支援、"春雨工程"等为契机，构建挖潜力激发内力、借外力集聚合力的社会扶贫体系。经新华社扶贫工作队搭桥，新河县与中国中医药研究促进会签署《综合健康扶贫项目公益资金使用协议》；北京大好河山集团捐资200万元，支持新河县中医医院采购手术室设备。

四　着力建立系统完备的落实机制，打好推动落实组合拳

打赢打好健康扶贫这场硬仗，核心在于抓好脱贫攻坚责任落实、政策落实、工作落实，关键在于建立系统完备的落实机制。

建立压实责任链条的统筹协调机制。健康扶贫是一项庞大复杂的系统工程，各项工作环环相扣，只有加强统筹协调和部门联动，才能充分利用现有资源与条件，确保政治同心、目标同向、行动同步、执行同力、效果同震。为此，贫困地区大多成立了由主管领导任组长，相关部门主要领导任成员的健康扶贫工作领导小组或攻坚小组，建立了健康扶贫工作的协调机制，为压实各方责任、实现部门协作、推动工作落实提供了组织保障。

建立政策入户入心的宣传动员机制。宣传发动群众是我党的政治优势和优良传统，是我们抓好落实的重要经验和有力保证。比如，河北省新河县专门印发《健康扶贫政策宣传活动方案》《关于进一步加强健康扶贫政策宣传的通知》，制发《贫困人口健康扶贫政策明白卡》《医疗机构健康扶贫政策明白卡》《健康扶贫宣传手册》等宣传资料，通过电视访谈栏目《新河县脱贫攻坚1+15政策体系全知道》详细解读健康扶贫政策，建立了集报纸、电视、网站、微信公众号、大喇叭、展板、标语等全方位、多渠道、

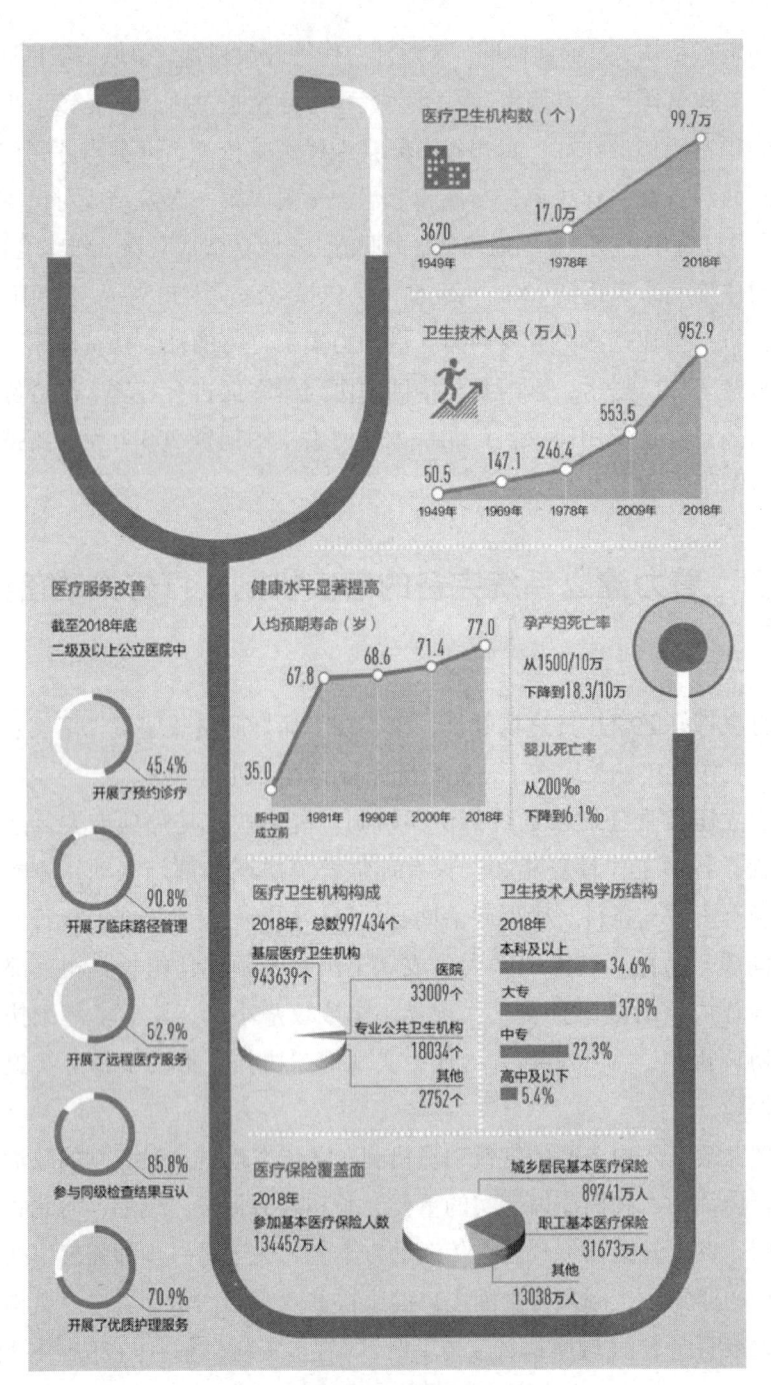

在扶贫路上
ZAIFUPINLUSHANG

医疗卫生机构数（个）
- 1949年：3670
- 1978年：17.0万
- 2018年：99.7万

卫生技术人员（万人）
- 1949年：50.5
- 1969年：147.1
- 1978年：246.4
- 2009年：553.5
- 2018年：952.9

医疗服务改善
截至2018年底二级及以上公立医院中
- 45.4% 开展了预约诊疗
- 90.8% 开展了临床路径管理
- 52.9% 开展了远程医疗服务
- 85.8% 参与同级检查结果互认
- 70.9% 开展了优质护理服务

健康水平显著提高

人均预期寿命（岁）
- 新中国成立前：35.0
- 1981年：67.8
- 1990年：68.6
- 2000年：71.4
- 2018年：77.0

孕产妇死亡率：从1500/10万下降到18.3/10万

婴儿死亡率：从200‰下降到6.1‰

医疗卫生机构构成
2018年，总数997434个
- 基层医疗卫生机构 943639个
- 医院 33009个
- 专业公共卫生机构 18034个
- 其他 2752个

卫生技术人员学历结构
2018年
- 本科及以上 34.6%
- 大专 37.8%
- 中专 22.3%
- 高中及以下 5.4%

医疗保险覆盖面
2018年 参加基本医疗保险人数 134452万人
- 城乡居民基本医疗保险 89741万人
- 职工基本医疗保险 31673万人
- 其他 13038万人

健康中国 步履稳健

资料来源：国家卫健委、国家统计局。

第二部分
堂阳凝思

立体式的健康扶贫动员体系，浓厚了抓落实的工作氛围，提高了健康扶贫政策的知晓率，有力有效地推动了政策落地落实。

建立推动工作落实的压力传导机制。压力层层传导，不一定等于层层加压，往往层层递减。建立压力传导机制，打通落实的"最后一公里"，将激发基层干部担当作为的主动性和自觉性。比如，一些地方经常开展健康扶贫"回头看"，整改不达标不撤账，推动健康扶贫落地落实。不少贫困县编印《因病致贫占比示意图》《贫困人口签约分布图》《慢性病患者分布图》和《村卫生室分布图》，挂图作战、靶向定位，为健康扶贫政策精准落地夯实了基础。同时，建立包联责任制，发挥县乡村三级卫计干部、驻村工作队、家庭医生签约服务团队、村医和参与巡诊、义诊人员作用，采取点对点宣讲、面对面宣讲等方式，及时提供健康咨询、帮助就医等医疗服务，推动实现贫困人口先诊疗后付费、大病专项救治、家庭医生签约服务等政策享受率100%。

总之，贫困地区要聚焦贫困人口"看得起病、看得好病、看得上病、少生病"，从搞好政策配套衔接、坚持预防为主防治结合、提升基本医疗卫生服务能力、强化责任狠抓落实等方面"把脉开方"，确保健康扶贫落实落地落细。

（本文系作者2018年12月16日撰写的调研体会）

在扶贫路上
ZAIFUPINLUSHANG

近日,中共中央总书记、国家主席、中央军委主席习近平对民政工作做出重要指示。习近平强调,近年来,民政系统认真贯彻中央决策部署,革弊鼎新、攻坚克难,各项事业取得新进展,有力服务了改革发展稳定大局。

习近平指出,民政工作关系民生、连着民心,是社会建设的兜底性、基础性工作。各级党委和政府要坚持以人民为中心,加强对民政工作的领导,增强基层民政服务能力,推动民政事业持续健康发展。各级民政部门要加强党的建设,坚持改革创新,聚焦脱贫攻坚、聚焦特殊群体、聚焦群众关切,更好履行基本民生保障、基层社会治理、基本社会服务等职责,为全面建成小康社会、全面建设社会主义现代化国家作出新的贡献。

(据新华社北京 2019 年 4 月 2 日电)

低保制度与扶贫政策衔接应注重把握"度"

对符合低保标准的农村贫困人口实行政策性保障兜底,是习近平总书记精准扶贫、精准脱贫方略的重要内容。笔者在国家级扶贫开发重点县河北省新河县扶贫挂任县委副书记,认为推动农村低保制度与扶贫开发政策有效衔接,必须站位政治高度、强化实践深度、注重民生温度。

站位政治高度,务求精准施保是前提

党的十八大以来,以习近平同志为核心的党中央对兜底保障工作做出系列决策部署。2015 年 12 月,习近平总书记在中央扶贫开发工作会议上强调"社会保障兜底一批",要求对完全或部分丧失劳动能力的贫困人口发挥低保兜底作用。通过这几年的实践,大家都认识到兜底保障是全面建成小康社会的底线制度安排,是解决深度贫困问题的必需举措,是打赢脱

贫攻坚战的有力抓手。

众所周知，农村低保即农村居民最低生活保障，涉及困难群众切身利益，是社会各界关注的焦点。能否精准识别、分类施保、应保尽保、应退尽退，是对我们"四个意识"强不强的一个检验。基于此，我们要站位习近平总书记"扶贫开发贵在精准，重在精准，成败之举在于精准"的政治高度，务求精准施保。这是农村低保制度与扶贫政策有效衔接的前提。

强化实践深度，形成脱贫攻坚合力是关键

作为我国反贫困治理的两项基本制度安排，农村最低生活保障制度与扶贫开发政策的目标是一致的。推进两项制度有效衔接、互相补充，充分发挥各自优势，凝聚脱贫攻坚的合力，是农村低保制度与扶贫开发政策有效衔接的关键。

正因如此，国家有关部门就此做出系列安排。2016年9月17日，国务院办公厅印发《关于做好农村最低生活保障制度与扶贫开发政策有效衔接的指导意见》；2017年7月18日，民政部、国务院扶贫办在京联合召开农村低保制度与扶贫开发政策衔接座谈会；《中共中央 国务院关于打赢脱贫攻坚战的决定》提出，抓紧建立农村低保和扶贫开发的数据互通、资源共享信息平台，实现动态监测管理、工作机制有效衔接。

注重民生温度，建立健全工作机制是保障

制度、体制、机制管根本、管全局、管长远。推动农村低保制度与扶贫开发政策有效衔接，要从便民、惠民、富民等民生角度，从农村低保规范管理、与促进就业联动和"一门受理、协同办理"等方面建立健全工作机制。

健全农村低保规范管理长效机制。围绕筑牢农村低保兜底保障底线，要建立典型案例通报曝光制度，形成对农村低保经办服务中腐败和作风问题的震慑态势。同时，以大家反映强烈的"关系保""人情保""骗保"为重点，开展经常性的集中核查和专项治理，探索规范管理的长效机制。

比如，新河县结合扶贫领域腐败和作风问题专项治理，堵塞低保工作的环节漏洞。紧扣"一个协调机制、一套工作制度、一个核对机构、一个核对平台"的要求，聚焦申请、受理、审核、审批、评议、公示、资金发放及动态管理等关键环节，进一步完善核对机制，并建立享受低保人员备案制度、公示制度。在县政务网站和村政务公开栏公示低保人员，并公布监督举报电话，同时要求村干部和低保经办人员近亲属享受低保的一律备案，确保农村低保政策的公信力。

建立低保与促进就业联动机制。就业是最大的民生。推进农村低保对象和申请低保人员就业，既是就业扶贫，也是促进社会和谐发展。一些地区专门下发文件，分类明确低保对象就业的政策。比如，焦作市民政局印发《关于试行促进最低生活保障家庭就业脱贫的通知》，鼓励低保家庭中有劳动能力的人员通过主动就业解困。黄山市徽州区出台《建立低保与促进就业联动机制工作意见》，低保对象在享受低保待遇期间就业的，视不同情况继续享受原低保待遇，同时要求有劳动能力但尚未就业的低保对象参加公益性活动（劳动），激发其依靠自身辛勤劳动脱贫的内生动力。

完善"一门受理、协同办理"机制。以完善"一门受理、协同办理"机制为重点，创新社会救助方式，完善社会救助窗口服务功能，全面提升基层为民服务水平。比如，新河县按照"求助有门、受助及时"的要求，充分运用社会救助体系建设平台，加强与人社、卫生、住建、教育等部门衔接合作，建立急难对象及时报告制度和协同办理、转办机制，确保对陷入困境的贫困群众做到早发现、早救助。同时，加强舆情引导，营造良好的社会救助舆论氛围，进一步增强广大农村贫困群众的安全感、获得感和幸福感。

总而言之，为确保中央脱贫攻坚有关决策部署高效落地落实，我们要站位政治高度和全局高度，从务求精准施保、形成脱贫攻坚合力、完善低保管理长效机制等方面，精准发力，实现农村低保制度与扶贫开发政策的有效衔接，从而确保农村贫困人口如期脱贫。

（《中国社会报》2018年12月26日）

第二部分
堂阳凝思

抓工作，要有雄心壮志，更要有科学态度。打赢脱贫攻坚战不是搞运动、一阵风，要真扶贫、扶真贫、真脱贫。要经得起历史检验。攻坚战就要用攻坚战的办法打，关键在准、实两个字，只有打得准，发出的力才能到位；只有干得实，打得准才能有力有效。

——《习近平总书记在东西部扶贫协作座谈会上的讲话》（2016年7月20日），载《习近平扶贫论述摘编》，中央文献出版社，2018，第113页

切实做到精准扶贫。扶贫开发推进到今天这个程度，贵在精准，重在精准，成败之举在于精准。搞大水漫灌、走马观花、大而化之、手榴弹炸跳蚤不行。要做到六个精准，即扶持对象精准、项目安排精准、资金使用精准、措施到户精准、因村派人（第一书记）精准、脱贫成效精准。各地都要在这几个精准上想办法、出实招、见真效。

——《习近平总书记在部分省区市扶贫攻坚与"十三五"时期经济社会发展座谈会上的讲话》（节选）（2015年6月18日），载《习近平扶贫论述摘编》，中央文献出版社，2018，第58页

真脱贫稳脱贫必须尊重规律

今晚，根据培训安排，我们五组的15名同志在河北省委党校重点围绕做好脱贫攻坚提升工作等问题进行讨论。

其间，农业部挂任保定市顺平县委常委、副县长刘广启同志交流了他在顺平挂职扶贫的体会。顺平县因地制宜，大力发展特色种植，较好地带动了脱贫攻坚，林果种植面积已达34万亩，其中桃14万亩，苹果7万亩。同时，他认为一些贫困地区的脱贫攻坚与农业的供给侧结构性改革并不匹配，由于缺乏长远视野和宏观把握，在培育特色产业过程中，没有把后两年和两年后的问题有机结合起来，恐怕会出现产能过剩、"丰产不丰收"

在扶贫路上
ZAIFUPINLUSHANG

等情况。农业部挂任保定市唐县县委常委、副县长宗伏霖同志认为，一定区域内生态生产条件相近的贫困县，打造特色产业时，应统一谋划、形成合力，防止重复建设，实现集群式发展。

我认为，农业部的这两位同志站位很高，都触及了一个当下往往忽视的重大问题：脱贫攻坚要尊重遵循规律。刘启正同志的担忧，核心是产业扶贫要尊重市场规律；宗伏霖同志的建议，实质是谋划产业项目要遵循经济发展规律。

规律是客观事物发展过程中不以人的意志为转移的客观的本质联系，既不能创造，也不能消灭，总是以其铁的必然性起着作用。打好打赢精准脱贫攻坚战，我们也要遵循规律。特别是实现习近平总书记强调的真脱贫、稳脱贫，我们更要尊重和遵循规律。

4月15日至17日，中共中央总书记、国家主席、中央军委主席习近平在重庆考察，并主持召开解决"两不愁三保障"突出问题座谈会。根据新华社今天发的通稿，习近平总书记一方面强调，脱贫攻坚明年就要收官，要把工作往深里做、往实里做，加快完善低保、医保、医疗救助等相关扶持和保障措施，用制度体系保障贫困群众真脱贫、稳脱贫；另一方面指出，脱贫既要看数量，更要看质量。要严把贫困退出关，严格执行退出的标准和程序，确保脱真贫、真脱贫。要把防止返贫摆在重要位置，适时组织对脱贫人口开展"回头看"。要探索建立稳定脱贫的长效机制，强化产业扶贫，组织消费扶贫，加大培训力度，促进转移就业，让贫困群众有稳定的工作岗位。要做好易地扶贫搬迁后续帮扶。要加强扶贫同扶志扶智相结合，让脱贫具有可持续的内生动力。

细品这两段论述，我体悟习近平总书记在强调，通过制度体系保障、严格退出标准程序、建立稳定脱贫长效机制、扶贫同扶志扶智相结合等方面，确保实现脱真贫、真脱贫、稳脱贫。要实现上述目标，必须尊重规律。

比如，脱真贫、真脱贫的前提是扶真贫、真扶贫，核心是精准。精准就必须尊重规律，坚持群众路线，运用正确方法，建立严格的工作责任制，等等。只有这样，习近平总书记提出的五个"精准"要求才不致流于空谈，确保落实到位。

又如，异地搬迁既要遵循自然规律，考虑自然环境、地质条件等客观

第二部分
堂阳凝思

条件，又要尊重发展规律，完善基础设施、就业岗位、产业项目等后续帮扶措施，实现习近平总书记强调的"一定要把易地移民搬迁工程建设好，保质保量让村民们搬入新居。大家生活安顿下来后，各项脱贫措施要跟上，把生产搞上去"，确保搬得出、稳得住、能脱贫。

再如，产业扶贫，我们要尊重市场规律，坚持群众主体，克服长官意志主导的权力惯性、急功近利催生的盲目性、热衷行政指挥的务虚性，引导贫困家庭因地因户因时制宜，选好、选准具有区域化、特色化、个性化和有市场前景、收益预期的产业项目，确保实现习近平总书记强调的"大家一起发展才是真发展，可持续发展才是好发展"。

事实上，脱贫攻坚有规律可循。习近平总书记关于扶贫开发的重要论述，深刻揭示了扶贫开发工作的基本特征和科学规律，精辟阐述了扶贫开发工作的发展方向和实现途径，充分体现了马克思主义世界观和方法论，是打好打赢脱贫攻坚战的科学指南和基本遵循。关键是，我们要抓好落实。

（2019年4月15日至18日，作者参加了河北省2019年第2期党政领导干部打赢精准脱贫攻坚战培训班，本文系作者4月17日的学习体会）

团的干部，必须心系广大青年。共青团是为党做青年群众工作的组织，团的干部是做青年工作的，必须心系青年、心向青年。做团的工作必须牢记，任何时候都不能脱离青年，必须密切联系青年。如果不能深入广大青年，自说自话，自拉自唱，工作是很难做好的。团干部要深深植根青年、充分依靠青年、一切为了青年，努力增强党对青年的凝聚力和青年对党的向心力。

——习近平总书记同团中央新一届领导班子成员集体的谈话摘要（2013年6月20日），新华社2013年6月20日电

新时代的青年工作要毫不动摇坚持党的领导，坚定不移走中国特色社会主义群团发展道路，紧紧围绕、始终贯穿为实现中国梦而奋斗的主题，让广大青年敢于有梦、勇于追梦、勤于圆梦。

——习近平总书记同团中央新一届领导班子成员集体的谈话摘要（2018年7月2日），新华社2018年7月2日电

习近平青年工作论述明确了共青团助力脱贫攻坚的着力点

打好精准脱贫攻坚战是我们党对人民的承诺，是一项重大的政治任务，也是共青团围绕中心、服务大局的重要战场。结合在国家级贫困县新河县扶贫挂职一年多的经历，我深深体会到：习近平总书记关于新时代青年工作的重要论述明确了共青团助力脱贫攻坚的着力点，增强了广大青年为脱贫攻坚贡献智慧力量的针对性和实效性。

纪念五四运动100周年大会
习近平这样说

- 爱国主义自古以来就流淌在中华民族血脉之中，去不掉，打不破，灭不了

- 中国社会发展，中华民族振兴，中国人民幸福，必须依靠自己的英勇奋斗来实现，没有人会恩赐给我们一个光明的中国

- 五四运动以来的100年，是中国青年一代又一代接续奋斗、凯歌前行的100年，是中国青年用青春之我创造青春之中国、青春之民族的100年

- 青年是整个社会力量中最积极、最有生气的力量，国家的希望在青年，民族的未来在青年

- 青年志存高远，就能激发奋进潜力，青春岁月就不会像无舵之舟漂泊不定

- 青年要保持初生牛犊不怕虎、越是艰险越向前的刚健勇毅，勇立时代潮头，争做时代先锋

- 做青年朋友的知心人、青年工作的热心人、青年群众的引路人

- 既要理解青年所思所想，为他们驰骋思想打开浩瀚天空，也要积极教育引导青年，推动他们脚踏实地走上大有作为的广阔舞台

- 让青春成为中华民族生气勃发、高歌猛进的持久风景，让青年英雄成为驱动中华民族加速迈向伟大复兴的蓬勃力量

- 我们有决心为青年跑出一个好成绩，也期待现在的青年一代将来跑出更好的成绩

第二部分
堂阳凝思

一　把握青年的职责使命，提高助力脱贫攻坚的站位

党的十八大以来，习近平总书记从事关实现中华民族伟大复兴中国梦的战略高度看待青年，把青年工作作为党治国理政的一项基础性、全局性、战略性工作。习近平总书记强调，代表青年、赢得青年、依靠青年是我们党不断从胜利走向胜利的重要保证，"青年是祖国的未来、民族的希望，也是我们党的未来和希望""青年一代有理想、有本领、有担当，国家就有前途，民族就有希望"。习近平总书记还紧密结合中国青年运动实际，明确指出为实现中华民族伟大复兴的中国梦而奋斗就是中国青年运动的时代主题，强调"中华民族伟大复兴的中国梦终将在一代代青年的接力奋斗中变为现实"，进一步阐明了青年一代的历史责任和青年工作的历史使命。各级团组织理应紧紧围绕、始终贯穿这一主题，深刻认知自身工作的职责使命、政治意义、内在价值，积极引导广大青年"敢于有梦、勇于追梦、勤于圆梦"。就贫困县共青团工作而言，更要发扬党有号召、团有行动的优良传统，组织广大青年勇做时代的弄潮儿，主动承担起推动脱贫攻坚的重任。脱贫攻坚战，比拼的是政治、体现的是大局、反映的是党性。广大青年投身脱贫攻坚，第一位的是要提高站位，增强助力脱贫攻坚的积极性主动性。如果政治站位上不去、思想认识不到位，工作力度和效果就会打折扣。

为此，团新河县委近年来开展青春筑梦行动，录制"创青春"系列专题片，推荐"自强

之星"青少年，展现青年风采，营造创新氛围，特别是组织以"青春建功，脱贫攻坚""我与改革开放共成长"等为主题的演讲比赛，用生动的语言、真挚的情感激发打好扶贫攻坚战的信心决心，动员全县青年认知职责使命，在助力脱贫攻坚中放飞梦想，取得较好效果。

二 聚焦共青团主责主业，明确助力脱贫攻坚的定位

习近平总书记指出，"共青团是党的助手和后备军，这体现了我们党对共青团的高度信任和殷切期望。团的所有工作，归结到一点，就是要当好这个助手和后备军。"这深刻指明了共青团工作在党的事业中最根本的价值所在。各级团组织应紧紧抓住习近平总书记对共青团提出的三个根本性问题，聚焦全力抓好团的主责主业，明确助力脱贫攻坚的定位。

围绕把牢团的根本任务，致力培养德智体美全面发展的社会主义建设者和接班人，着力教育扶贫。习近平总书记指出："青年工作，抓住的是当下，传承的是根脉，面向的是未来，攸关党和国家前途命运。""青年的价值取向决定了未来整个社会的价值取向，而青年又处在价值观形成和确立的时期，抓好这一时期的价值观养成十分重要。这就像穿衣服扣扣子一样，如果第一粒扣子扣错了，剩余的扣子都会扣错。人生的扣子从一开始就要扣好。"所以，传承、引导、塑造，是青年工作的主题词。各级团组织要大力引导广大青年自觉用习近平新时代中国特色社会主义思想构筑强大精神支柱，切实增强"四个意识"，坚定传承红色基因和中华优秀传统文化，努力成为担当民族复兴大任的时代新人。就贫困县团组织而言，还要坚持"扶贫先扶志""扶贫必扶智"，有针对性地开展教育扶贫。近年来，团新河县委开展贫困青少年助学行动和贫困村青年人才支持行动，通过"希望工程圆梦行动""国酒茅台·国之栋梁"等系列活动资助困难大学生，联系慧聪网河北分公司结对帮扶 34 名贫困学生，争取中国少年儿童新闻出版总社和新浪"扬帆计划"捐赠价值 20 多万元的图书，有效服务了全县教育扶贫的大局。

围绕把牢团的政治责任，把最大多数青年紧紧凝聚在党的周围，加强公益扶贫。习近平总书记强调，"青年在哪里，团组织就建在哪里；青年有什么需求，团组织就要开展有针对性的工作"，扩大团的工作有效覆盖面，关

键是要把工作延伸到广大青年最需要的地方去，使团组织成为联系和服务青年的坚强堡垒，成为广大青年遇到困难时想得起、找得到、靠得住的力量。为此，各级团组织要精准把握新时代青年特点和青年成长规律，努力拓宽工作领域、设计活动载体、改进工作方式、提升工作水平，充分发挥基层团组织直接面对和联系团员青年的优势，不断满足青年成长成才、建功立业等多元需求。贫困地区团组织尤其要夯实基层基础，汇聚社会扶贫力量，加强公益扶贫，开展青年扶贫志愿服务，切实以健全的组织凝聚青年，以深入的教育引导青年，以有效的服务关怀青年，确保党执政的青年群众基础坚如磐石。比如，团新河县委大力推进组织青年、引导青年、服务青年和维护青少年合法权益等工作。以农村留守儿童为重点，围绕学业辅导、亲情陪伴、心理疏导、自护教育、爱心捐赠等内容，广泛组织志愿者活动，开展贫困青少年扶贫关爱行动，有力增强了团组织的凝聚力、亲和力和向心力。

围绕把牢团的工作主线，组织带领广大青年奋勇建功新时代，聚力青年就业扶贫。"道不可坐论。"引领青年思想、巩固青年群众基础的成效，都要在推进党和国家各项事业进程中体现和检验。习近平总书记指出："人的一生只有一次青春。现在，青春是用来奋斗的；将来，青春是用来回忆的。"各级团组织既要把党的要求转化为青年的思想和行动，又要拓展共青团各项建功品牌的时代内涵，广泛、精准、有效地组织青年建功新时代。就贫困县而言，最直接的就是开展就业创业扶贫行动，带动广大青年苦干实干，激发新时代新担当新作为。比如，团新河县委通过召开"共青团与人大代表、政协委员面对面"座谈会等形式，探讨"加强城乡青年电商创业人才培养"等课题，营造关注、关心、支持青年创业的浓厚社会氛围。召开"新河县青年干部助力脱贫攻坚培训会"，探索"互联网+"模式，面向贫困青年开展电商培训，带动脱贫致富；举办新河籍大学生返乡创业座谈会，建立青年创业示范基地和就业实训基地，为广大青年搭建创业就业平台，在推动全县就业扶贫方面取得较好效果。

三 坚持青年工作的正确方向，把握青年助力脱贫攻坚中成长的方位

习近平总书记强调，全党要关注青年、关心青年、关爱青年，做青年朋

在扶贫路上
ZAIFUPINLUSHANG

友的知心人、青年工作的热心人、青年群众的引路人；要求各级党委"拿出极大精力抓青年工作、抓共青团工作，切实尽到领导责任"。他还亲自谋划、亲身指导、亲切关怀青年工作，为全党做出了表率。这从理论和实践上明确了党管青年的根本政治原则，为青年和共青团工作始终沿着正确方向前进提供了根本保证。贫困地区党组织尤其要增强"四个意识"，进一步加强对共青团工作的领导，推进共青团改革创新，增强共青团的政治性、先进性、群众性，确保广大青年在助力脱贫攻坚中沿着正确航向成长成才。

在助力脱贫攻坚中进一步坚定理想信念。青年最富有朝气和活力，最富有理想和梦想，是国家和民族的未来与希望。贫困地区团组织尤其要引导广大青年自觉用习近平新时代中国特色社会主义思想武装头脑，把"四个意识"作为行动标尺，把"四个自信"化为前进动力，讲政治、讲执行，以投身脱贫攻坚的精神状态和实际成效检验理想信念、政治忠诚和责任担当，矢志不渝地听党话、跟党走，与党同心、听党召唤，补足青年成长的精神之"钙"。

在助力脱贫攻坚中践行社会主义核心价值观。青年是社会主义建设的生力军，是社会主义事业的接班人。青年时期是世界观、人生观、价值观形成的重要时期，但是青年学生"知识体系搭建尚未完成，价值观塑造尚未成型，情感心理尚未成熟"，正处在习近平总书记强调的"小麦的灌浆期"。在新的历史条件下，在打好脱贫攻坚战的硬仗中，各级共青团必须突出价值观的引领，帮助青年扣好"人生第一粒扣子"，培育和践行好社会主义核心价值观。

在脱贫攻坚中锤炼担当作为的意志作风。青年是推动社会历史进步的现实力量，如何保持奋斗精神，是对成长在物质生活日益丰裕的当代中国青年的重大时代考验。习近平总书记指出，"幸福都是奋斗出来的"，"奋斗本身就是一种幸福"，"奋斗的青春最美丽"。贫困地区青年工作，尤其要像习近平总书记强调的那样，引导广大青年同人民一起奋斗，同人民一起前进，同人民一起梦想，在脱贫攻坚的硬仗中提高本领、锤炼意志作风，走在时代前列。

总之，结合在新河县扶贫挂职的经历，我深深体悟到：贫困地区团组织必须坚持以政治建设为统领，认真领会落实习近平青年工作思想。这既是确保共青团自身改革取得实效的根本所在，也是助力脱贫攻坚的强大思想武器和科学行动指南。

（《中国共青团》2018 年第 10 期）

第二部分
堂阳凝思

中共中央总书记、国家主席、中央军委主席习近平就继续办好供销合作社做出重要批示。他强调，供销合作社是促进农村经济社会发展的重要力量。今年是中华全国供销合作总社成立60周年。60年来，供销合作社紧紧围绕党和国家工作大局，在促进农业农村发展、保障商品供给、服务城乡群众等方面作出了重要贡献。向全国供销合作社系统广大干部职工致以诚挚的问候，向受表彰的先进集体和先进个人表示热烈的祝贺。

习近平指出，在新的历史条件下，要继续办好供销合作社，发挥其独特优势和重要作用。各级党委和政府要关心和支持供销合作社改革发展，供销合作社要全面深化改革，加快建成适应社会主义市场经济需要、适应城乡发展一体化需要、适应中国特色农业现代化需要的组织体系和服务机制，努力成为服务农民生产生活的生力军和综合平台，谱写发展农业、富裕农民、繁荣城乡的新篇章，为全面建成小康社会、实现中华民族伟大复兴的中国梦作出新的更大贡献。

中共中央政治局常委、国务院总理李克强做出批示，指出供销合作社历史悠久，网点广布，新的历史条件下仍具有为农服务的深厚基础和独特优势。希望供销合作社在建设现代农业、发展农村现代流通、服务农民生产生活中发挥更大作用。

（据新华社北京2014年7月24日电）

脱贫攻坚是贫困县供销合作社深化改革第一引擎

2015年3月23日发布的《中共中央国务院关于深化供销合作社综合改革的决定》，就深化供销合作社综合改革做出全面部署。在中华全国供销合作总社成立60周年前夕，习近平总书记就全面深化供销合作社改革做出重要批示。结合在国家级扶贫开发重点县新河县扶贫挂职一年多的经历，笔者体会到习近平扶贫思想已成为新时代贫困县供销合作社深化改革的路径支撑和强大动力。

一 站位脱贫攻坚大局，完善基层社服务机制，是贫困县供销合作社深化改革的前提

打好打赢脱贫攻坚战，全面建成小康社会，是党对人民的庄严承诺。就贫困县而言，脱贫攻坚是全党动员、全民参与、全县发力的第一要务。供销合作社理应坚定扛起脱贫攻坚的政治责任，自觉把深化改革发展置身脱贫攻坚的大局中谋划和推进。按照供销合作社综合改革的顶层设计，加快推进基层供销合作社改造升级，构建完善的基层供销服务机制，是强化为农服务宗旨、助力精准扶贫、推动乡村振兴的首要一环。为此，新河县供销合作社近年来坚持为农、务农、姓农的根本宗旨，着力筑牢服务阵地，完善服务机制。搭建了以县金融超市为龙头、以"一村一站"为支撑的金融信息服务网络，在全县100多个村设立了金融服务站，明确了服务代理人，建立了微信群，形成了分层联络、一站一群的信息网，为群众提供车辆保险、惠农贷款、车贷、财产保险、旅游、土地流转信息查询及农产品对外销售等综合服务。同时，通过吸纳新型农业主体、农民合作社、致富能人等加入的方式，着力打造新型基层社组织，逐步建立遍布乡村的基层网点。2017年以来，全面推进新农协建设，服务内容涵盖农民生产和生活。通过巩固信息平台、强力宣传推广、扩大客户群体等措施，构建合作商家、农村站点和基层群众的利益共同体。不仅解决了层级联系较为松散、贴近群众需求不紧、综合服务实力不强等问题，为带动贫困家庭脱贫创造了优质便捷的条件，而且助推县乡供销合作社打造为农服务的综合平台，较好地落实了供销合作社综合改革的"顶层设计"。

第二部分 堂阳凝思

二 致力精准扶贫，密切与农民利益联结，是推动贫困县供销合作社改革创新的关键

习近平总书记指出，扶贫开发贵在精准，重在精准，成败之举在于精准，"关键是要找准路子、构建好的体制机制，在精准施策上出实招、在精准推进上下实功、在精准落地上见实效"。近年来，新河县供销合作社着力完善与广大农民群众特别是贫困家庭的利益联结机制，不仅较好地服务"三农"，推动脱贫攻坚，而且倒逼了供销合作社的改革创新。

一是探索了与专业合作社的融合发展。比如，联合县气象局，及时把农业气象服务传送到合作社、种粮大户和广大群众。在提升新农协服务职能方面，荆庄乡新农协依托苗木专业合作社实现了群众生产理念和种植结构的转变，苗木种植面积由几十亩发展到600余亩，苗木培育品种由原来单一的苹果、梨、桃果树苗发展到红叶碧桃、蓉花树、海棠系列等6大类30多个品种观赏苗木。供销金融超市为新农协会员提供车险、年检、新能源汽车销售等服务，协会会员购车优惠500元，贷款购车享最低利息等优惠。

二是助推了涉农产业发展。积极与各类电商平台对接，将全县7类

20多个品种土特产品推向邢台市农村电子商务平台,将永盛达红薯粉条、九门香肠等产品推介到京东"中国特产·河北供销馆",并多次组织外出参展。以较大的服务客户体量为优势,通过与农资、农机合作厂家等洽谈让利,为贫困群众赠送小麦农田保险500多亩,为农民节省生产成本50余万元;开展日用品、汽车等项目的团购,为农民节省生活成本40余万元。

三是创新了商业模式。以新农协为平台与省、市供销合作社联合培训新型农民,为会员团购化肥、农药、小麦和玉米种子。与中化公司对接,探索进行化肥订单式、直采直销模式,农业保险、技术服务并行到村入户,为群众提供更贴心的服务。为凸显新农协服务职能,新农协儿童之家每年为每名会员子女入园优惠200元。这些不仅发挥了供销系统上下贯通、协调运转的整体优势,而且直接推动了供销合作社传统商业模式的创新。

三 助力乡村振兴,探索市场运作的有效体制是贫困县供销合作社转型升级的基础

习近平同志在党的十九大报告中指出,要大力实施乡村振兴战略,这为深化综合改革、振兴供销事业带来了重大机遇。供销合作社一头连着城市,一头连着乡村,应进一步激发内生动力和发展活力,在乡村振兴中发

第二部分
堂阳凝思

挥独特作用，在推动城乡融合发展中作出更大贡献。新河县供销合作社围绕实施乡村振兴战略，探索市场运作更有效的体制机制，取得较好效果。

一是大力推进以土地托管为主要形式的农业社会化服务。经积极推荐，河北永盛达农业产业发展有限公司被列为2018年全国供销总社农业综合开发土地托管项目单位，目前成功列入资金计划实施单位。项目总投资1537.51万元，其中中央财政资金500万元，省级财政配套资金200万元，自筹资金837.51万元。托管土地面积7000亩，其中育苗基地面积300亩，建设薯种地下储存仓库6400平方米，增上两套先进机械设备，新建粉条生产车间4590平方米、成品仓库4590平方米。实现年产5万吨红薯淀粉、5万吨红薯粉条的产能目标。项目的实施不仅壮大了主导产业，破解了土地撂荒难题，而且促进了农村劳动力转移，加快了农村土地集约化经营步伐。

二是打造"供销服务+新型农业主体"新模式。新河县邢台平安糖业有限公司被列为河北省供销合作社第一批开放办社合作企业，在目前享受全省供销合作社系统各项扶持政策的基础上，有望获得省社的股权投资，也为企业经营发展拓展了新的空间。

三是建立农村产权交易服务中心。积极履行政府赋予供销合作社的新职能，筹建了农村产权交易服务中心。按照"政府推动、市场运作、规范建设、公平交易"原则，与省、市供销合作社农村产权交易中心网络平台对接，成立"新河县农村产权服务有限公司"，挂牌新河县农村产权交易中心，为农村产权交易提供信息发布、产权查询、交易签证、资产评估、抵押融资等配套服务。目前，已办理61.7亩土地租赁鉴证业务，收到了良好效果。

打好精准脱贫攻坚战，是以习近平同志为核心的党中央做出的重大决策部署。党中央、国务院继2015年出台关于打赢脱贫攻坚战的决定后，2018年6月又出台《关于打赢脱贫攻坚战三年行动的指导意见》，为打赢打好脱贫攻坚战指明了方向、提供了遵循。贫困地区供销社应牢固树立"四个意识"，结合实际、立足特点、深化改革、强化创新，全力抓好脱贫攻坚工作落实。

(《中华供销合作时报》2018年7月3日)

在扶贫路上
ZAIFUPINLUSHANG

脱贫倒逼党建不是伪命题

　　根据国家对河北省委省政府脱贫攻坚成效年度考核的安排，从2019年1月1日起，新河县代表河北省接受财政扶贫资金成效年度考核，北京华瑞会计师事务所作为第三方，将对新河开展为期一周的实地考核。当日，河北省扶贫办副主任王留根到达新河督导相关工作。

　　1月3日，建中和我及奕湛同志陪同王留根同志一行到西流乡东董村调研扶贫资金使用情况。王留根同志在与当地干部座谈交流时提出，不仅要强化党建引领促脱贫，也要用脱贫攻坚倒逼党建。一边说党建引领脱贫，一边说脱贫倒逼党建，乍一听有点"绕嘴"，似乎有点矛盾。认真梳理脱贫攻坚与基层党建之间的逻辑关系，我们不难发现，脱贫倒逼党建就是围绕脱贫强党建的通俗表达。

　　党的十九大报告指出："党建工作是我们党正在深入推进的新的伟大工程，要打赢脱贫攻坚战，做好基础党建工作是第一要务。"农村基层党组织是打好精准脱贫攻坚战的"一线指挥部"，是党联系群众的"最后一公里"，要啃下精准扶贫这块"硬骨头"，我们毫无疑问要充分发挥基层党组织的战斗堡垒作用和广大党员的先锋模范作用，为脱贫致富厚植党建根基，就是我们常说的"抓好党建促脱贫"，即党建扶贫。同时，为了真正实现党建对扶贫工作的引领带动，我们必须紧紧围绕、聚焦、聚力脱贫攻坚，抓好党建工作的谋划、部署、落实，增强党建扶贫的针对性和实效性，切实用脱贫攻坚倒逼基层组织力、队伍原动力、制度聚合力的提升，推动形成基层党建与脱贫攻坚协调发展、互促双赢、共画"同心圆"的局面。笔者体会，乡村两级组织要着力从三个方面下功夫。

　　一、围绕脱贫谋党建，确保基层党建与脱贫攻坚融合推进。围绕脱贫目标、责任落实、干部作风、推进机制，将基层党建与脱贫攻坚同谋划、同部署、同落实、同督导、同考核，确保基层党建与脱贫攻坚"无缝对接"拧成"一股绳"。特别是严格党组织书记脱贫攻坚工作责任制，通过述职

第二部分
堂阳凝思

述责评议等层层压紧压实责任、传导攻坚压力，推动广大干部自觉把脱贫攻坚放在心上、扛在肩上、抓在手上，成为政治自觉和行动自觉，为脱贫攻坚提供坚强的组织保障。

二、聚焦脱贫抓党建，推动基层党建与脱贫攻坚同频共振。要坚持固本强基，大力选拔产业型、市场型、创业型带头人担任村党支部书记，选派第一书记抓党建、促发展，逐步实现对贫困村、软弱涣散村的全覆盖。要突出常态管理，提升制度服务脱贫攻坚的聚合力。既抓乡村一把手和驻村第一书记这个"关键少数"，又抓帮扶干部这个"绝大多数"，倒逼干部在扶贫一线担当作为。要积极探索创新，把组织资源转化为精准脱贫优势，把组织活力转化为精准脱贫动力，打造基层服务型党组织示范点、整顿转化软弱涣散党组织、培育脱贫攻坚先行村，着力提高村党组织脱贫攻坚推动力，确保扶贫工作推进到哪里，党的组织和工作就跟进到哪里。

三、聚力脱贫强党建，实现基层党建与脱贫攻坚互动共赢。坚持把支部建在项目基地、专业合作社和农产品加工企业上，推行"党建+金融""党建+保险""党支部+合作社+党员+公司+基地"等扶贫模式，着力构建以基层党组织为核心，以龙头公司、项目基地、合作组织等为支撑的扶贫组织体系，不断放大党组织和党员在产业链上的"头雁效应"，切实把党的政治优势、组织优势、资源优势转化为脱贫攻坚优势。

"基础不牢，地动山摇，农村富不富，关键在支部。"乡村两级要着力贯彻以人民为中心的发展思想，紧紧抓住农村基层组织建设这个"牛鼻子"，充分发挥党支部在脱贫攻坚中的"主心骨"作用，做好党建工作与脱贫攻坚工作的辩证法，推动农业增收、农民增收、农村增美，形成党建与脱贫攻坚、乡村振兴融合推进、互动双赢的工作格局。

（本文系作者2019年1月3日的工作日志）

各级各部门党委（党组）必须树立正确政绩观，坚持从巩固党的执政地位的大局看问题，把抓好党建作为最大的政绩。如果我们党弱了、散了、垮了，其他政绩又有什么意义呢？各级党委要把从严治党责任承担好、落实好，坚持党建工作和中心工作一起谋划、一起部署、一起考核，把每条战线、每个领域、每个环节的党建工作抓具体、抓深入，坚决防止"一手硬、一手软"。对各级各部门党组织负责人特别是党委（党组）书记的考核，首先要看抓党建的实效，考核其他党员领导干部工作也要加大这方面的权重。

——2014年10月8日，习近平在党的群众路线教育实践活动总结大会上发表讲话，载《习近平总书记重要讲话文章选编》，中央文献出版社，2016，第171页

虚工要实做　　软活要硬干

经社会科学文献出版社城市和绿色发展分社社长任文武牵线搭桥，昨天（星期六）社科文献出版社党委副书记、副社长谢炜等24人来董振堂烈士事迹陈列馆举行主题党日活动。同时，到刚刚正式运行的"新河之窗"综合馆举行助力文化扶贫捐书仪式，捐赠了他们此前精心挑选的适合新河干部群众阅读的2000册图书和4000元的中国减贫数据库阅读卡。

由于社会科学文献出版社机关党委此前周密策划，新河县城管局精心安排，这次新河主题党日活动效果非常好。我正在攻读中国社会科学院劳动经济学博士，母校出版社来我战斗的扶贫点举行公益活动，我自然倍感温暖。在陪同他们瞻仰董振堂烈士事迹陈列馆、重温入党誓词时，我不由自主地举起右手，面对党旗庄严宣誓。县政府副县长张军伟等新河干部群众表示，"新河之窗"刚刚开馆不久，社会科学文献出版社专程来捐赠系列优质图书，无论是助力新河文化扶贫，还是进一步扩大新河的影响，都有着重要意义。

第二部分
堂阳凝思

通过这个活动，我也更加深切地体会到虚功实做的内涵和意义。党建工作属于意识形态领域的范畴，与GDP、财税收入、招商引资和项目建设等经济社会发展实体性工作相比，看似有点虚。从近年来中央巡视通报的情况看，一些基层党组织抱怨党建工作是"软活计、虚功夫"，往往难以把握，"说起来重要、做起来次要、忙起来不要"一度是个别单位党建工作的真实写照。

但是，"虚工"并不等于"虚做"，"虚工"应当而且必须"实做"，"软活"应当而且必须硬干。只有这样，才能确保"虚工""做实"，既踏踏实实地做，又落到实处。

虚工实做，树立正确政绩观是前提。深入剖析一些"虚症"，归根结底还是心中的天平没有摆正。即使干了，也不想啃硬骨头，实不起来。要按照"三严三实"的要求，克服急功近利、追求短期政绩，堆"盆景"、搞形象工程，做表面文章、摆花架子，编造假业绩、假数据、假材料、假情况等偏离为民坐标的倾向和行为。

虚工实做，防止实工虚干是关键。实践证明，表态多调门高，行动少落实差；口号震天响、行动轻飘飘等问题，将使实事变虚、好事变坏，一些本可增强群众获得感、幸福感、安全感的工作，也会做成"夹生饭"，直接损害党和政府的公信力，伤及我们党的群众基础。俗话说，虚活实干，有说有看；硬活虚干，遗祸遗患。虚工实做，很重要的一点是防止实工虚干。要以壮士断腕、刮骨疗伤的勇气，整治虚、浮、松等作风问题。

虚工实做，实干成为最响亮的语言是根本。《百家讲坛》系列特别节目《平"语"近人——习近平总书记用典》中，有一期播出的《绝知此事要躬行》以"笃行"为主题，集中阐释了习近平总书记的实践观，引起社会各界的热烈反响。"空谈误国，实干兴邦""功崇惟志，业广惟勤"，为中国人民谋幸福、为中华民族谋复兴，需要新时代每个人民公仆牢记初心，不忘使命，不驰于空想，不务于虚声，把奋斗作为底色，把实干作为最响亮的语言。

说千道万，不如一干。世界上最难写的，莫过于一个"实"字。我们要以知重负重、攻坚克难的担当实干，在扶贫一线诠释对党的忠诚。

（本文系作者2019年5月11日的工作日志）

你们党支部和村委会的干部，生活在乡亲们中间，生产在乡亲们中间，整天同乡亲们打交道，党和政府的好政策能不能落到实处，你们的工作很关键。要把党和政府的扶贫开发政策、支持农业农村发展的政策、支持农民增收的政策原原本本传递给乡亲们，让乡亲们了解党和政府的政策，真正享受到政策的好处，一起来落实好政策。你们的工作做好了、做扎实了，我们在中央的工作就有了坚实基础，我们也就放心了。

——《习近平总书记在河北省阜平县考察扶贫开发工作时的讲话》（2012年12月29日、30日），载《做焦裕禄式的县委书记》，中央文献出版社，2015，第21页

抓好党建促脱贫攻坚，是贫困地区脱贫致富的重要经验，群众对此深有感触。"帮钱帮物，不如帮助建个好支部。"要把夯实农村基层党组织同脱贫攻坚有机结合起来。在乡镇层面，要着力选好贫困乡镇一把手、配强领导班子，使整个班子和干部队伍具有较强的带领群众脱贫致富能力。在村级层面，要注重选派一批思想好、作风正、能力强的优秀年轻干部和高校毕业生到贫困村工作，根据贫困村的实际需求精准选配第一书记、精准选派驻村工作队。

——《习近平总书记在中央扶贫开发工作会议上的讲话》（2015年11月27日），载《十八大以来重要文献选编》（下），中央文献出版社，2018，第47～48页

脱贫致富关键在党支部

习近平总书记指出，农村要发展，农民要致富，关键靠支部。反复研读李三鹏同志主编的《第一书记与精准扶贫——农村扶贫工作思索与创新》，结合在国家扶贫开发重点县河北省新河县扶贫的实际，我不仅深切体会了

第二部分
堂阳凝思

第一书记的责任与担当,而且深刻认识到农村党支部的职能和作用,也更加明晰了建强建好农村党支部的方法和路径。

一 站稳群众立场是建强党支部提高扶贫实效的前提

农村是党的安民富民惠民政策落地见效的"最后一公里",脱贫攻坚各项政策要转化为贫困群众的安全感、幸福感和获得感,转化为老百姓的笑脸,就必须站稳群众立场,建设扎根群众、直面群众、服务群众的党支部,通过广大党员的覆盖面和影响力,把广大贫困群众与扶贫力量联结起来,确保脱贫攻坚责任、政策和工作落实到位。

21名"没有枪、没有炮,身上只有冲锋号"的第一书记,正是始终牢记党的宗旨,站在群众立场想问题、办事情,才有效提高了党支部的战斗力、凝聚力和向心力,提高了帮扶实效。比如,中国银行马辉在陕西省淳化县方里镇桃渠村严格落实"三会一课",切实增强党员干部的政治意识和服务意识,落实村干部值班、第一书记接待日和民事代办制度,做到党员活动是大门常开、党员常在、服务常有。国务院原三峡办沈东亮在重庆市万州区大周镇铺垭村期间,以组织建设为龙头,积极为村民提供"供给侧"服务,提高公共产品质量,荣获"2017年全国脱贫攻坚贡献奖"。北京交通大学高健在内蒙古科左后旗甘旗卡镇新胜屯村,建立了"双联四进五及时""村民说事"等服务群众的机制,开展了"设岗创星"、包联结对等一系列活动,党员亮身份、领岗、承诺、践诺,积极打造服务型党组织,推动党的建设与扶贫工作无缝对接。北京林业大学郭世怀在内蒙古科右前旗科尔沁镇平安村摸索出"三步调研法",即闲聊打破隔阂、交流了解情况、倾听汲取意见,严格落实村级重大事务民主决策"五步法""三公开"制度,尽心竭力为村民办好事实事。中国气象局彭勇刚拿着自制的内蒙古突泉县水泉镇合发村贫困户分布图,逐户走访贫困群众,乡亲们从观望转为客气,从客气转为热情,从说风凉话转为说心里话。

综上,只有站稳群众立场,放掉架子、俯下身子,与群众同吃同住同劳动,努力做群众的贴心人,推动形成干部群众拧成一股绳、心往一处想、劲往一处使、汗往一处流的局面,才能不断提高村党支部推动脱贫攻坚的实效。

二 坚持群众观点是建强党支部实现志智双扶的关键

一些贫困户多年来扶而不起、帮而不富、助而不强，看似缺乏穷则思变的信心，其实与见识、眼界、素质等方面的"短板"密切关联。习近平总书记强调，扶贫先扶志，扶贫必扶智。只有坚持群众观点，对贫困家庭"志智双扶"，才能增强他们摆脱贫困的信心和勇气。21位第一书记在谋划党建扶贫时，都充分相信群众、依靠群众、尊重群众，着力激发贫困群众摆脱贫困的内生动力和提高其能力水平。

北京有色金属研究总院顾峰毓挂任贵州省思南县凉水井镇茶山村第一书记后，喊出了"贫穷不是我们永远的标签"的口号，开展"一联系、一帮扶"（每位党员联系一名入党积极分子、帮扶一户贫困家庭）入户送学活动，引导群众从自我做起摘掉穷帽子。中国建行范蔚然认为，"如果把一个村比作一个班级，第一书记和村干部就是老师"，老师不仅要去关心帮助低保户和贫困户学习差的学生，更要鼓励奖励学习好的学生。为此，专门设立了"脱贫标兵"奖励，同时大力改善山区学习互联网智慧校园硬件设备。国家统计局申孟宜驻内蒙古锡林郭勒盟正镶白旗星耀镇查干宝恩本村期间，立足"留下一支战斗力更强的队伍"，开设了"查村大课堂""清青草原梦"网络平台，募集资金设立"查村高考奖学金"，构建了以"查干宝恩本村党建阵地""内蒙古查干宝恩本村"村务公众号和"查干宝恩本村精准扶贫信息平台"地图数据库为主干的查村党建村务扶贫一体化信息系统，引导村干部、党员、致富带头人凝聚起来，发挥脱贫致富的带头作用。国务院扶贫办刘为在贵州雷山县南猛村，通过组建以小学生为主的芦笙表演队、以高中毕业生为主的电商扶贫工作小组、以在家妇女为主的民族手艺组和120多位村民组成的微信群，调动广大村民参与扶贫工作的积极性和主动性。

正如习近平总书记说的，"幸福不会从天降，好日子是干出来的，脱贫致富终究要靠贫困群众用自己的辛勤劳动来实现"，要把农村党支部建设成为谋划推动脱贫攻坚的战斗堡垒，就必须坚持群众观点，引导推动贫困群众成为脱贫攻坚的主体，变"要我脱贫"为"我要脱贫"。

第二部分
堂阳凝思

三　走好群众路线是建强党支部推动稳定脱贫的保障

群众路线是我们党的生命线和根本工作路线，是党在长期革命和建设中制胜的法宝。传统送钱送物送项目等大包大揽的做法，实际上背离了群众路线，助长了一些贫困群众的依赖心理，消磨了主动脱贫的内生动力。21位第一书记的扶贫经历表明，走好群众路线，引导贫困群尽量全程参与脱贫攻坚，是建强党支部推动稳定持续脱贫的保障。

国家公务员局姚晓亮挂任山西省天镇县新平堡村第一书记期间，推动贫困户与扶贫工作的捆绑，让每个村民都能以合适方式"有利可图"，既有效破除了一些贫困户的"等靠要"思想，也让村民充分认可了扶贫工作队。国家邮政局王鸿蒙在承德市平泉市平泉镇哈叭气村挂职时，采取"政府引导补贴，村民投资建设"的模式，实施产业帮扶项目，提高了贫困群众的抗风险能力。中国华融资产管理股份有限公司鄢宏帮扶四川省达州市宜汉先峰城镇仁义村期间，组建三个专业合作社，着重发展"宜汉桃花米""蜀宣花牛"两个特色产业，并建立利益分配机制，带动贫困群众找到了稳定脱贫致富之路。北京有色金属研究总院顾峰毓与贵州省思南县凉水井镇茶山村村民一一谈心，摸索出了一条"资金跟着穷人走、穷人跟着能人走、能人穷人跟着产业项目走、产业项目跟着市场走"的精准产业扶贫新路子。中国银行马辉深入调研推动金融扶贫的经营主体精准、客户主体精准、经营模式精准。中国航天科工集团李杰、北京交通大学高健等同志，在挂任驻村第一书记期间，最大限度地整合社会资源，引导社会各方面力量，充分发挥政策、项目、资金等方面的聚合效应，探索形成专项扶贫、产业扶贫、社会扶贫三位一体的工作格局，助推当地稳定持续脱贫。

有道是，"给钱给物不如给个好支部"，21位第一书记的感人事迹让我深深认识到，坚持一切相信群众，一切依靠群众，一切为了群众，把农村基层党组织建设成为宣传党的主张、贯彻党的决定、领导基层治理、团结动员群众、推动改革发展的坚强战斗堡垒，是打好打赢脱贫攻坚战的关键。

（人民网2019年4月10日）

今年要继续运用好考核成果,说起来考核搞得挺好挺细,问题抓得挺准挺全面,但最后不是一堆纸摆在这就完事了,要逐一落实整改,发挥考核的指挥棒作用,对考核结果好的,要给予表扬和奖励;对问题突出的要约谈,指出问题,督促整改;对不作为的要问责;对问题严重的、违法违纪的一定要严肃处理。总的还是压担子给省一级,省负总责、市县抓落实、乡村扑下身子。今年这个结果就是要采取问责。到明年更要较真,倒逼真抓实干。

——《习近平总书记在中央政治局常委会会议审议〈关于二〇一七年省级党委和政府扶贫开发工作成效考核等情况的汇报〉时的讲话》,(2018年3月22日),载《习近平扶贫论述摘编》,中央文献出版社,2018,第126页

年终迎检莫"走样"多"走心"

据媒体报道,内蒙古一些旗县为了防止在扶贫检查评比中落后,"八仙过海,各显神通",上各种"手段"迎检,这实际上导致扶贫检查披上了形式主义的外衣。

年终岁尾,各种检查考核接踵而至。年终迎检是对单位和个人工作的综合检验,更是查问题、寻不足,更有针对性地展开工作部署的有效手段。迎检走样不仅是政绩观"走偏",更是工作"走样"的折射。

年终迎检是一次体检。对脱贫工作验收核查,是关乎民生的大事,笔者所在的新河县委县政府,日前针对上级扶贫工作组验收33个拟"出列"贫困村工作高度重视,围绕验收方案安排迎检,同时要求把检查当作一次"体检",以此为契机,相关部门认真梳理扶贫中存在的问题和不足。这种态度也让基层干部对迎检不怵,相反更期待检查中找到因地制宜、事半功倍的扶贫新举措。

第二部分
堂阳凝思

安徽、上海卫视等转播《年终迎检莫"走样"多"走心"》并点评

年终迎检是一把标尺。考核、检查具有导向引领作用，度量的是基层干部心系民之重、思民之宽，对标的是"绣花"功夫，比的是创新手段；为民走心，是各级党委政府的职责所在，心系群众走心一点，干部就不会苛求考评结果而去钻营一些"手段"，而是守规则敬标尺，俯下身子真抓实干，让各项工作落到实处，让群众获得感更多一些。

年终迎检是一种调研。检查或考核也是上级总结本系统或本地区成绩经验、发现亮点特色、谋划改革创新的过程。就此而言，我们的考评结果，是"小局"；为上级调研决策提供全面真实客观的情况，是"大局"。古人云，"愚者惑于小利而忘其大害"。作为共产党人，我们应牢固树立大局意识，以积极平和的心态迎检，配合上级在众多鲜活的个性中寻找共性。

思想是行动的先导。防止迎检变形走样，要有正确的政绩观，一以贯之地对待工作"走心"，才能以积极而平和的心态接受考评、检查，迎检就不会走形变味，正常的检查或考核就不会错位和虚化。

(《新华每日电讯》2017年12月10日)

在扶贫路上
ZAIFUPINLUSHANG

我们党员干部都要有这样一个意识：只要还有一家一户乃至一个人没有解决基本生活问题，我们就不能安之若素；只要群众对幸福生活的憧憬还没有变成现实，我们就要毫不懈怠团结带领群众一起奋斗。

——2014年1月26日至28日，习近平总书记在内蒙古调研考察时的讲话，新华社2014年1月28日电

要坚持时间服从质量，科学确定脱贫时间，不搞层层加码。要真扶贫、扶真贫、真脱贫。

——2016年7月20日，习近平总书记在东西部扶贫协作座谈会上的讲话，新华社2016年7月20日电

脱贫和高标准的小康是两码事。我们不是一劳永逸，毕其功于一役。相对贫困、相对落后、相对差距将长期存在。要实事求是，求真务实，踏踏实实做这个事，不能搞数字游戏。考核要有正确导向，起到促进作用。

——《打好全面建成小康社会决胜之战——习近平总书记同出席全国两会人大代表、政协委员共商国是纪实》，新华社2016年3月10日电

细品"没问题才是最大的问题"

今天下午，在大楼四楼视频会议室，收听收看了河北省2018年度贫困县退出工作整改调度电视电话会议。副省长时清霜主持会议。

会议通报了2018年度全省贫困县退出工作有关情况，对做好2018年度贫困县退出整改工作提出明确要求。省委副书记赵一德在肯定了前段工作后强调，要深入学习贯彻习近平总书记关于扶贫工作重要论述，全面落实全国"两会"精神和全省脱贫攻坚专项巡视整改工作电视电话会议精神，

第二部分
堂阳凝思

落实王东峰书记要求,聚焦2018年21个贫困县退出工作,持续推进问题整改,巩固提升退出质量水平。

在谈到聚焦突出问题,深入开展"回头看"时,赵一德同志特别指出,不要说没问题了,没问题往往是最大的问题。细细品下一德同志这段话,反观日常工作生活中,动则说"没问题"不外乎三种情况:一是调研不够,情况不熟、底数不清,领导一问起来,随口说句"没问题",以免领导深究;二是没有发现工作中的一些不足,自我感觉良好,拍着胸脯说"没问题";三是工作扎实,有底气,自信地说"没问题"。上述说"没问题"的三种情况,分别对应三类原因:一是作风浮漂,没去发现问题;二是工作标准偏低,没有看到问题;三是缺乏问题意识,不善于不断发现新问题。从树牢"四个意识"、赢得发展先机、推动实际工作等方面看,我们要切实杜绝不加思考简单说"没问题"的情况。

一要坚持问题导向。问题是实践的起点、创新的起点。马克思提出:"问题就是时代的口号,是它表现自己精神状态的最实际的呼声。"爱因斯坦说:"精确地陈述问题,比解决问题还来得更重要。"增强问题意识,强化问题导向,是党的十八大以来以习近平同志为核心的党中央治国理政的重要思想方法和工作方法,是习近平新时代中国特色社会主义思想的一个鲜明特质。大家熟知的"海恩法则""墨菲定律",告诉我们只有不图侥幸,

提高警惕，防微杜渐，才能避免事故发生。实践证明，村作为扶贫政策落实的"最后一公里"，只有善于发现问题、敢于暴露问题，并在各方支持下积极解决问题，才能确保实现高质量的稳定持续脱贫。

二要遵循发展规律。 辩证唯物主义和历史唯物主义认为，矛盾不仅是普遍的，也是客观的，问题是矛盾的外化，是事物内在矛盾运动的外在呈现。矛盾无时不在、无处不有，我们不断化解矛盾，但不能一劳永逸地消除矛盾。所以，研究、解决问题，不能"头痛医头、脚痛医脚"，要坚持辩证唯物主义和历史唯物主义的方法论，把握事物发展的主要矛盾和矛盾的主要方面。就脱贫退出工作而言，就聚焦聚力发现解决事关"一达标、两不愁、三保障"这一牵一发而动全身的关键问题、难点问题，在稳定脱贫、可持续脱贫上狠下功夫，增强贫困地区和贫困人口自身造血功能，实现可持续稳定脱贫。

三要强化担当精神。 习近平总书记强调，"面对当前改革发展稳定遇到的新形势新情况新问题，全党同志要有所作为、有所进步，就要敢于较真碰硬、敢于直面困难，自觉把使命放在心上、把责任扛在肩上"。不折不扣抓好脱贫退出问题的整改落实，关键在于强化"钉钉子"的担当精神，切实做到问题不查清不放过、责任不落实不放过、整改不到位不放过、群众不满意不放过。这就要求进一步压实脱贫攻坚的主体责任、部门责任、帮扶责任、监管责任，乡村两级尤其要真抓实干、埋头苦干，当好"施工队长"，不当"甩手掌柜"，确保脱贫工作务实、脱贫过程扎实、脱贫结果真实。

（本文系作者 2019 年 3 月 25 日的工作日志）

延伸阅读

赵一德在 2018 年度贫困县退出工作整改调度电视电话会议上强调
持续推动问题整改　巩固提升脱贫质量

3 月 25 日，省委副书记赵一德在 2018 年度贫困县退出工作整改调度

第二部分
堂阳凝思

电视电话会议上强调，要深入学习贯彻习近平总书记关于扶贫工作重要论述，全面落实全国"两会"精神和全省脱贫攻坚专项巡视整改工作电视电话会议精神，落实王东峰书记要求，聚焦2018年21个贫困县退出工作，持续推进问题整改，巩固提升退出质量水平。会议由副省长时清霜主持。

会议通报了2018年度全省贫困县退出工作有关情况，对做好2018年度贫困县退出整改工作提出明确要求。赵一德在肯定了前段工作后强调，要提高政治站位，把抓好问题整改作为一项重要政治任务，以强烈的政治自觉、思想自觉、行动自觉扎实做好贫困县退出各项工作。

赵一德强调，要聚焦突出问题，深入开展"回头看"，全面落实帮扶措施和"三保障"政策，对照中央巡视、国家扶贫成效考核、国务院扶贫开发领导小组巡查及我省考核、督查、巡视、审计等发现的问题，有的放矢、举一反三、持续用力抓整改，确保"零漏评""零错评""零错退"，着力提高贫困识别退出精准度和群众满意度。要坚持目标标准，在促增收、保基本、防返贫、抓统筹上持续下功夫，突出抓好产业扶贫、就业扶贫、科技扶贫，加大控辍保学、托底医疗保障、农村危房改造、农村饮水安全巩固提升和基础设施建设力度，建立健全精准防贫机制，按照"缺什么补什么"原则，采取多层次、复合式保障举措，防止返贫致贫。要压实工作责任，进一步强化市县主体责任、部门责任、帮扶责任、监管责任，用好考核"指挥棒"和问责"杀手锏"，狠抓落实、全面整改，确保圆满完成年度目标任务。

（《河北日报》2019年3月26日，记者赵建）

坚持党的领导，强化组织保证。脱贫攻坚，加强领导是根本。必须坚持发挥各级党委总揽全局、协调各方的作用，落实脱贫攻坚一把手负责制，省市县乡村五级书记一起抓，为脱贫攻坚提供坚强政治保证。

——《习近平总书记在打好精准脱贫攻坚战座谈会上的讲话》（2018年2月12日），载《习近平扶贫论述摘编》，中央文献出版社，2018，第50页

由检查致歉说开去

为锤炼作风，狠抓落实，笔者挂职的河北省新河县委县政府较真碰硬，要求扶贫政策落实存在问题的单位一把手在县脱贫攻坚领导小组会议上做深刻检查，分管县领导向县委县政府写出书面检查；在扶贫擂台赛中排名末位的乡镇，第一次发现问题的在大会上做检查，第二次约谈处分，第三

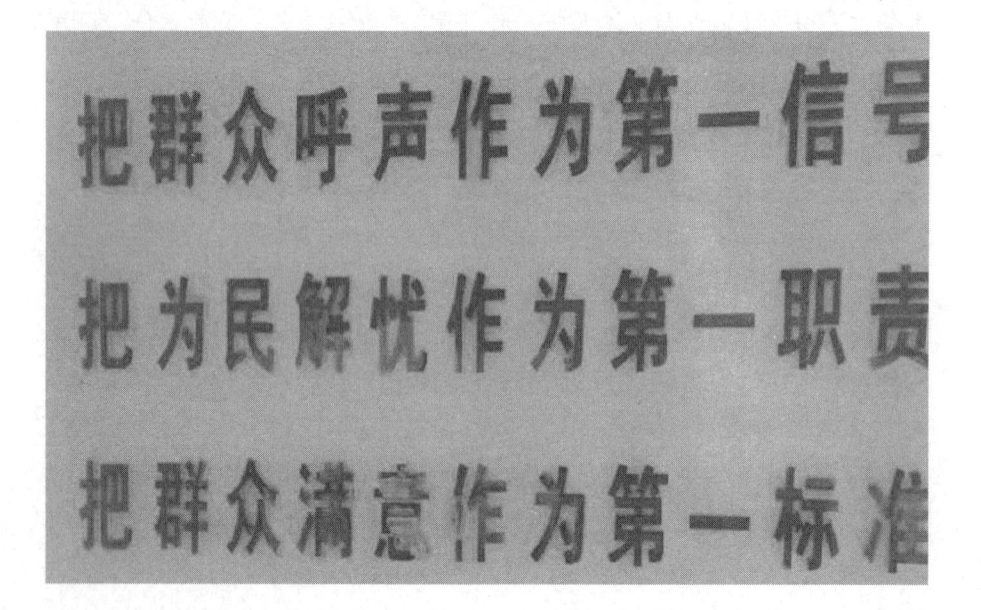

第二部分
堂阳凝思

次自动免职。

笔者注意到，近年来，官员针对与自己密切关联的"过失"，第一时间公开致歉、主动担责，已逐渐成为一种常态。在新时代全面从严管党治党的大背景下，党员干部应努力把勇于勤于自我批评转化为一种政治自觉、思想自觉和行动自觉。

自我批评有利于坚持党的思想路线。 古人云："吾日三省吾身。"进入中国特色社会主义新时代，广大党员干部理应直面当下、思考未来，面对问题、过失、错误等关乎自己形象的"危机"时，敢于摆问题、挖根源。如果遮遮掩掩、躲躲闪闪，甚至"背着牛头不认赃"，就背离了党的实事求是的思想路线，更难以坚持党的群众路线，对党的忠诚担当也无从说起。

自我批评有利于培育良好的政治生态。 批评和自我批评一直是我们党的优良传统和推动工作的"利器"。党员干部勇于勤于自我批评，既是一种风度，也是一种胸怀，更是一种自信。面对问题，首先要有有则改之、立行立改、无则加勉的严肃态度，否则也谈不上对其他同志进行真诚严肃的批评，党内政治生活的质量就会大打折扣。

自我批评有利于提升履职能力。 有学者认为，我们的认识有四个境界：知道自己知道、知道自己不知道、不知道自己知道、不知道自己不知道。见识、环境等因素往往导致我们"不知道自己不知道"，许多人很努力却事倍功半，一个重要原因就是"不知道自己不知道"。只有把认错致歉变成一种内化于心的自觉，才能把每次过失、每个问题、每项错误作为认知自己"不知道"的契机，进而深剖根源，改进自我。

实践证明，遮丑丑更丑，护短短更短。犯错并不可怕，可怕的是不知错、不认错、不纠错。作为一名党员干部，要有"闻过则喜""知其不善，则速改以从善"的自觉，把每次认错纠错作为一次"刮骨疗伤"，在"吃一堑，长一智"中始终向着阳光生长。

（《半月谈》2018 年第 5 期）

贫困之冰，非一日之寒；破冰之功，非一春之暖。做好扶贫开发工作，尤其要拿出踏石留印、抓铁有痕的劲头，发扬钉钉子精神，锲而不舍、驰而不息抓下去。

——《习近平总书记同菏泽市及县区主要负责同志座谈时的讲话》（2013年11月26日），载《做焦裕禄式的县委书记》，中央文献出版社，2015，第30页

推进脱贫攻坚，关键是责任落实到人。要加快形成中央统筹、省（自治区、直辖市）负总责、市（地）县抓落实的扶贫开发工作机制，做到分工明确、责任清晰、任务到人、考核到位，既各司其职、各尽其责，又协调运转、协同发力。

——《习近平总书记在中央扶贫开发工作会议上的讲话》（2015年11月27日），载《十八大以来重要文献选编》（下），中央文献出版社，2018，第41页

扶贫干部要真正沉下去，扑下身子到村里干，同群众一起干，不能蜻蜓点水，不能三天打鱼两天晒网，不能神龙见首不见尾。这方面，各级党组织和组织部门要管好管紧，确保第一书记和驻村干部用心用情用力做好帮扶工作。

——《习近平总书记在深度贫困地区脱贫攻坚座谈会上的讲话》（2017年6月23日），人民出版社单行本，第17~18页

脱贫攻坚要在作风攻坚

今年全国"两会"期间，习近平总书记在参加甘肃代表团审议时指出，现在距离2020年完成脱贫攻坚目标任务只有两年时间，正是最吃劲的时候，必须坚持不懈做好工作，不获全胜，决不收兵。他强调，行百里者半

第二部分
堂阳凝思

九十．实现脱贫攻坚目标，越到关键时候越要响鼓重锤。不要搞"大跃进""浮夸风"，不要搞急功近利、虚假政绩的东西。这些问题我们历史上都有深刻教训。对这类问题现在就要敲打，防患未然，防微杜渐。对脱贫攻坚下一阶段工作，他提出五点要求：坚定信心不动摇、咬定目标不放松、整治问题不手软、落实责任不松劲、转变作风不懈怠。结合研读习近平总书记有关扶贫工作的重要论述和 4 月 15 日至 18 日参加第二期全省党政领导干部打赢脱贫攻坚战专题研讨班的体会，我认为，总书记强调的这些要求，第五点即转变作风不松懈是"牛鼻子"。或者说，脱贫攻坚要在作风攻坚。

一、作风攻坚凝聚脱贫攻坚的强大合力。脱贫攻坚是党的十九大提出的三大攻坚战之一，是如期全面建成小康社会、实现第一个百年奋斗目标必须啃下的"硬骨头"，是一场等不起、输不起的攻坚战。党的十八大以来，全国脱贫攻坚工作的成效有目共睹，国际社会高度关注，人民群众对脱贫攻坚战的期待越来越高。对于扶贫领域的作风问题，群众看在眼里，也会记在心里，稍有"瑕疵"，就很容易被放大，造成恶劣影响，抵消脱贫攻坚带来的正能量。精准脱贫攻坚战打响以来，各地党员干部把脱贫责任记在心上，扛在肩上，抓在手上，为困难群众早日脱贫致富付出了汗水、泪水甚至宝贵的生命，赢得了人民群众的广泛赞誉，密切了干群关系，巩固了党的群众基础，增强了全社会对脱贫攻坚这个庄严承诺和政治任务的政治认同、思想认同、情感认同、行动认同。但也要清醒地看到，广大群众对一些扶贫干部作风不严不实，特别是个别地方脱贫攻坚中的形式主义、官僚主义、弄虚作假现象非常反感，损害了党和政府在老百姓中的形象，影响了脱贫攻坚的成效。所以，必须用足绣花功夫，一如既往地加强扶贫领域作风建设，对准病灶，较真碰硬，为打赢脱贫攻坚战三年行动营造浓厚氛围，凝聚强大合力。

二、作风攻坚提供脱贫攻坚的坚强保障。脱贫攻坚是"硬仗中的硬仗"，必须有顽强的意志和过硬的作风做保障。2018 年是打赢脱贫攻坚战三年行动的第一年，各地区各部门贯彻落实党中央决策部署，狠抓责任落实、政策落实、工作落实。一个重要原因就是，国家印发了《国务院扶贫开发领导小组关于开展扶贫领域作风问题专项治理的通知》，将 2018 年作为脱贫攻坚作风建设年，在全国范围针对扶贫领域存在的"四个意识"不强、责任落实不到位、工作措施不精准、资金管理使用不规范、工作作风不扎实、考核监督从严要求不够等问题开展专项治理，用作风建设的成果保障各项扶贫举措落实。4月16日，河北省扶贫办主任、党组书记李志刚在第二期全省党政领导干部打赢脱贫攻坚战专题研讨班做辅导报告时指出，国务院扶贫办主任、党组书记刘永富评价2018年是河北省脱贫攻坚苦难辉煌的一年，是最有底气的一年。我体会，就新河脱贫攻坚而言，一条重要经验就是脱贫攻坚和作风攻坚两场战役一场打。比如，2018年"百日会战"期间，县主要领导率先垂范，广大干部都沉到一线、压在一线、融入一线，动真的、来实的、碰硬的，很多干部都"脱皮掉肉"，以坚强意志、过硬作风和良好精神风貌，先后通过了年度扶贫成效和脱贫退出考核验收的"市考""省考"，并代表河北省接受国家对扶贫资金专项考核。精准扶贫打通走好"最后一公里"，将"两不愁三保障"各项措施落实到村、到户、到人，靠的就是基层组织战斗堡垒的引领，靠的就是扶贫干部深严细实的作风。要继续多措并举，分类施策，组织党员干部到脱贫攻坚的一线、到带领群众脱贫致富的火热实践中历练，锤炼作风，磨炼党性，增强党在基层的治理能力和服务群众能力，为打赢脱贫攻坚战提供坚强保障。

三、作风攻坚助力脱贫攻坚目标实现。改革开放40多年来，我国7亿多人口摆脱了贫困，创造了人类减贫史上的奇迹。距离2020年底打赢脱贫攻坚战，只剩下一年多的时间。"凡做事，将成功之时，其困难最甚。"越到最后紧要关头，越容易出现懈怠症、急躁症、疲劳症、凑合症和不尊重群众意愿、不注重激发群众内生动力等"一刀切"的工作倾向。习近平总书记强调，脱贫攻坚任务能否完成，关键在人，关键在干部队伍作风。中央纪委三次全会公报明确提出，"深入推进扶贫领域腐败和作风问题专项治理，以作风攻坚促进脱贫攻坚"。为如期打赢脱贫攻坚这场硬仗，我们必须把全面从严治党要求贯穿脱贫攻坚全过程和各环节，既要强化日常监督防止"不作为"，也要正风肃纪整治"慢作为"，还要惩防并举杜绝"乱作为"。对形式主义、官僚主义则要露头就打，坚决杜绝"虚假式"脱贫、"算账式"脱贫、"指标式"脱贫、"游走式"脱贫等问题。新华社驻新河扶贫工作队继续坚持目标导向、问题导向、实践导向，聚焦年初调研制定

第二部分
堂阳凝思

的《新华社定点帮扶新河2019年工作台账》，围绕抓紧抓实抓细，转作风、下真功、促实效，努力锻造懂扶贫、会帮扶、作风硬的扶贫战士，确保越到紧要关头，越有一鼓作气攻城拔寨的能力，有效助力新河决战脱贫、决胜小康。

（本文系作者2019年4月22日参加县委理论中心组学习扩大会的书面发言材料）

满怀热情关心关爱干部。坚持严格管理和关心信任相统一，政治上激励、工作上支持、待遇上保障、心理上关怀，增强干部的荣誉感、归属感、获得感。完善和落实谈心谈话制度，注重围绕深化党和国家机构改革等重大任务做好思想政治工作，及时为干部释疑解惑、加油鼓劲。健全干部待遇激励保障制度体系，完善机关事业单位基本工资标准调整机制，实施地区附加津贴制度，完善公务员奖金制度，推进公务员职务与职级并行制度，健全党和国家功勋荣誉表彰制度，做好平时激励、专项表彰奖励工作，落实体检、休假等制度，关注心理健康，丰富文体生活，保证正常福利，保障合法权益。要给基层干部特别是工作在困难艰苦地区和战斗在脱贫攻坚第一线的干部更多理解和支持，主动排忧解难，在政策、待遇等方面给予倾斜，让他们安心、安身、安业，更好履职奉献。

——《关于进一步激励广大干部新时代新担当新作为的意见》，新华社北京2018年5月20日电

职务有天花板　干事没有天花板

近日，笔者在基层调研时，几位同志谈到，一些人说职务快到"天花板"了，但总觉得干事还没到"天花板"。

基层职务"天花板"现象，颇受社会各界关注。大家都知道，天花板是一种比喻，狭义上指各种导致一些有资格的人无法上升到一定职位的限制条件；广义上泛指大多数官员进步到一定位置后，上行空间逐渐变小，自身进取缺乏动力的情况。

如何回应现实存在的"天花板"？据媒体报道，一些干部眼看晋升无望、前途无"亮"，心理失衡凸显，工作倦怠滋生；有的则以之为"挡箭牌"，放松自律、行事逾矩，陷入"因嫌纱帽小，致使锁枷扛"的人生悲剧。

正因为职务天花板可能对干部干事创业的热情与动力产生消极影响，近年来，从中央到地方，各级组织部门都通过人事制度改革、思想政治教

第二部分
堂阳凝思

半月谈：职务有天花板，干事没有天花板

腾讯新闻

基层职务天花板现象，近来颇受各界关注。大家都知道，天花板是一种比喻，狭义上指各种导致一些有资格的人无法上升到一定职位的限制条件；广义上泛指大多数官员晋升到一定位置后，上行空间逐渐变小，自身进取缺乏动力的情况。

育等手段，为干部打消天花板顾虑。

结合这两年基层工作体会，笔者认为，就基层干部自身而言，需要正确认识暂时存在的天花板，以职务纵有天花板，干事没有天花板的信念，对待自己的本职工作。具体而言，可从以下三个方面着力。

一要着力树牢"四个意识"，彻底清除"官本位"的价值观。任何一个单位，领导岗位、职数毕竟有限，如果老想着"位子"，盯着"帽子"，就难免碰到天花板。基层干部应把立志做大事作为一种使命、一种追求、一种自觉。有了这种态度，就会多一份淡定超然，永葆积极进取、激情满满的工作状态。

二要着力强化宗旨意识，勇于担当担责、为民服务。对党员干部而言，我们所在工作单位、职位不同，所处工作环境、条件各异，但工作没有高低贵贱之分，只有分工不同，都是为人民服务。要积极投身"两学一做""不忘初心 牢记使命"主题教育，始终牢记第一身份是共产党员，始终不渝把人民福祉作为奋斗的目标，把人民利益作为工作的标尺，把人民期待作为自己的行动，彻底摒弃"天花板"困局导致的"为官不为""太平官"等乱象。

三要着力加强个人修养，抬高自己的天花板。事实证明，干部有什么心态，就有什么样的工作状态。笔者体会，党员干部要时刻勿忘加强个人修养、提升道德境界，以不断学习开张心胸、滋润心灵、健全人格，不断抬高自己的"天花板"。记得有一句广告语，"心有多大，舞台就有多大"，每个人的潜能都是巨大的，只要满怀激情，就可以不断挑战极限，在干事创业一线让梦想成为现实！

（《半月谈》2019年第8期）

越是进行脱贫攻坚战,越是要加强和改善党的领导。脱贫攻坚战考验着我们的精神状态、干事能力、工作作风,既要运筹帷幄,也要冲锋陷阵。各级党委和政府必须坚定信心、勇于担当,把脱贫职责扛在肩上,把脱贫任务抓在手上,拿出"敢教日月换新天"的气概,鼓起"不破楼兰终不还"的劲头,攻坚克难,乘势前进。

——《习近平总书记在中央扶贫开发工作会议上的讲话》(2015年11月27日),载《十八大以来重要文献选编》(下),中央文献出版社,2018,第46页

要关心爱护基层一线扶贫干部,让有为者有位、吃苦者吃香、流汗流血牺牲者流芳,激励他们为打好脱贫攻坚战努力工作。

——《习近平总书记在打好精准脱贫攻坚战座谈会上的讲话》(2018年2月12日),载《习近平扶贫论述摘编》,中央文献出版社,2018,第53页

人人皆可创造"里程碑"

2017年4月25日,经组织安排,我来到国家级扶贫开发重点县河北新河县扶贫。适逢新河县委开展人人争做"里程碑"式干部的讨论、争做"里程碑"式干部演讲比赛等活动。当时有点犯嘀咕:争做"里程碑"式的党员干部,对于我这个来"帮忙"的扶贫干部来说,有可能吗?面对全新的工作领域、工作要求、工作流程,在短暂的挂职时间内就干成一些让历史记得住、群众真拥护、推动大发展、改变旧面貌的业绩,我当时心里一点底都没有,更谈不上自信。

经过一年的转型融入、学习实践、调查思考,我深刻体悟道,"里程碑"式干部看似一个宏大的命题、难解的课题,其实就是一种价值追求、

第二部分
堂阳凝思

工作目标、职业精神。任何一名党员干部,都可以立足岗位,书写各自的"里程碑"。

争做"里程碑"式党员干部是一种价值追求。古人云"人皆可以为尧舜",指明了个人自我实现的目标。"为官一任,造福一方""当官不为民做主,不如回家卖红薯"等至理名言阐明了为官从政之道。我们党的宗旨是全心全意为人民服务。习近平总书记反复强调的以人民为中心的发展思想,诠释了党的根本政治立场和价值取向,是我们共产党人在中国特色社会主义新时代不断前进的根本动力,也为党员干部自我价值实现提供了遵循和路径。对标党的十九大精神,就是要牢牢把握人民群众对美好生活的向往,把以人民为中心贯彻到我们的本职工作之中。就此而言,争做"里程碑"式干部体现了我们党的价值追求。我们的舞台虽然有大有小,但在谋划一两件组织所急、脱贫所需、群众所盼的实事方面,无高低之分、轻重之别,更无止境之说。任何一名党员干部,都不应以权力、岗位等为借口"置身事外",而是应满怀自信地书写符合各自实际的"里程碑"。

争做"里程碑"式党员干部是一种工作目标。打铁必须自身硬,决战脱贫、决胜小康,需要坚定不移全面从严治党,毫不动摇把党建设得更加坚强有力。党的十九大报告特别提出,突出政治标准,把好干部标准落到实处。早在2013年全国组织工作会议上,习近平总书记就提出好干部的五条标准:信念坚定、为民服务、勤政务实、敢于担当、清正廉洁。此后,

在扶贫路上
ZAIFUPINLUSHANG

他又提出各级领导干部都要"既严以修身、严以用权、严以律己,又谋事要实、创业要实、做人要实"等要求。学深悟透习近平总书记相关论述不难发现,这些标准从灵魂、作风、品质、做人、做事等方面对党员干部提出了具体要求,集中体现在"对党忠诚、个人干净、敢于担当",保持党同人民群众的血肉联系。就此而言,"里程碑"式党员干部,是好干部标准的鲜明体现,是领导干部工作目标的通俗定义。无论是市委书记、县委书记,还是乡镇书记、村支书,甚至是普通党员,都应该用"里程碑"来衡量本职工作。无论职务高低、平台大小、资源多少,都可以按"里程碑"来定义工作目标、拓宽工作思路、改进工作作风。

争做"里程碑"式党员干部是一种职业精神。俗话说:三百六十行,行行出状元。这两天,微信圈疯转着一个普通却感人传奇的故事。据《刘德华、古天乐、张国荣都爱她……这个不识字女人的朋友圈凭啥这么牛?》,杨容莲,不是电影演员,更不是老戏骨,只是一个大字不识的茶水工,30年如一日,在剧组里帮忙倒水、端茶、备便当……30年后获得了香港金像奖的专业精神奖。有一位伟人曾说:"人生所有的履历都必须排在勇于负责的精神之后。"发自内心地热爱自己的职业,干一行、爱一行、钻一行、精一行,是一个人成长的动力和前进的阶梯。党员干部,作为人民的公仆,作为带领全国各族人民为实现中华民族伟大复兴的中国梦而不懈奋斗的精英力量,毫无疑问,更应率先垂范,厚植工匠文化,牢树职业精神,展现忠于职守、勇于负责、精益求精、追求完美等应有的独特风貌。所以,争做"里程碑"式党员干部,自觉调高标杆、奋力争先,力求干到最好、干到极致,就是共产党人职业精神的鲜明体现。

可谓"金杯银杯不如百姓口碑",一年来扶贫挂职的一些探索,得到了当地干部群众的充分肯定,更坚定了我争做"里程碑"式党员干部的信心和决心。面对新河人民对经济强县、美丽新河、美好生活的向往,我将进一步强化担当担责,推动新华社加强定点扶贫工作的重点安排落地落实。

(《新华党建》2018年第6期)

第二部分
堂阳凝思

要推动各群团组织结合自身实际，紧紧围绕增强"政治性、先进性、群众性"，直面突出问题，采取有力措施，敢于攻坚克难，注重夯实群团工作基层基础。中央书记处要加强对群团改革的指导，中央改革办要加强对群团改革方案落实的督察，各级党委要负起组织推进群团改革的责任，正确把握方向，及时了解情况，认真解决难题，以改革推动群团组织提高工作和服务水平，努力开创党的群团工作新局面。

——习近平总书记对群团改革工作做出重要指示，新华社2017年8月25日电

帮助"半边天"撑起"一片天"

这两天，"党建带妇建 助力脱贫攻坚"这条信息在新河微信朋友圈和微信群广为转发，形成了"刷屏之效"。

近日，新河县妇联在巾帼家政培训示范基地举办了助力脱贫攻坚、乡村振兴巾帼家政服务培训班。培训老师向30多名农村妇女姐妹讲授育婴、美容、保育、面点制作、美丽庭院打造技巧等技能，帮助贫困妇女在家政服务领域自强自立，掌握就业本领，居家就业创业，增加家庭收入，真正实现源头脱贫、技能脱贫。

我感觉，这条信息之所以关注度高，除了标题"党建带妇建 助力脱贫攻坚"吸引眼球外，更主要的是，这个看似平常的活动，充分体现了习近平总书记反复强调的"扶贫必扶志""扶贫必扶智"，找到了"半边天"脱贫的痛点，抓住了妇联工作的关键。实践证明，技能脱贫的效果也很明显。据今天的《中国妇女报》报道，全国妇联"乡村振兴巾帼行动"农村妇女素质提升培训班在湖南省岳阳市平江县开班，着力提升贫困地区妇女发展能力，拓宽就业增收渠道，让更多贫困妇女和留守妇女实现就近就业。

2018年11月2日，习近平总书记在同全国妇联新一届领导班子成员

在扶贫路上
ZAIFUPINLUSHANG

集体谈话时强调，打赢防范化解重大风险、精准脱贫、污染防治三大攻坚战是当前全党全国的重要任务，妇联组织应该在其中大有作为。要把握妇女对美好生活的向往，有针对性地做好联系妇女、服务妇女各项工作，把更多注意力放在最普通的妇女特别是困难妇女身上，格外关心贫困妇女、残疾妇女、留守妇女等困难妇女，为她们做好事、解难事、办实事。

大家知道，在脱贫攻坚过程中，一方面，妇女是脱贫攻坚的重点对象。与男性相比，妇女不仅下地干活，而且要照顾老人、抚育子女，劳动强度高、精神负担重，创业就业能力和抗市场风险能力较弱，贫困程度相对更深；另一方面，妇女是脱贫攻坚的重要力量。据全国妇联公布的数字，妇女劳动力已占农村劳动力的60%以上。特别是近年来大量农村男性劳动力外出务工，妇女不仅是农业生产的主力军，而且逐步成为乡村有效治理、文明乡风培育、家庭家风建设、和谐邻里关系的主要力量，在脱贫攻坚和乡村振兴中的主体地位越来越突出，发挥着不可替代的重要作用。所以，党委政府要积极指导妇联组织，帮助贫困家庭妇女坚定战胜贫穷的信心决心，充分激发她们的内在潜力和积极性，人人参与、人人尽力，力争广大妇女在更好发挥"半边天"的作用撑起脱贫致富的"一片天"。

再看微信朋友圈转发的一条与妇联工作密切关联的消息：4月2日，邢台市公安局驻新河镇白穴口村工作队联合村委会组织举行了白穴口村第一季度"洁净庭院"表彰暨授牌仪式，促进"美丽庭院"创建。该村每季

第二部分
堂阳凝思

度评比一次"洁净庭院",引导村民从自身做起,从家庭做起,以女性的文明进步,带动家庭环境的变革,以"小家"助"大家",形成家家行动、人人动手的创建热潮,实现院内、院外同步整洁,以"庭院小美"助力"乡村大美"。

这件看似很小的事,没有在微信朋友圈广泛转发,但被建中同志等几位县领导高度肯定。亮点主要有三:一是切实提升农村人居环境,探索了消除"眼球贫困"的长效机制;二是创建"美丽庭院",有利于贯彻落实乡村振兴战略和农村人居环境整治三年行动的部署要求;三是激发了贫困群众推动乡村振兴的积极性和主动性,增强脱贫的内生动力。

突然想到,今天是中华全国妇女联合会成立70周年的纪念日。在这个特别的日子里,不由想起毛泽东同志1939年6月1日为《中国妇女》杂志出版而题写的四言诗:

妇女解决,突起异军,两万万众,奋发为雄。
男女并驾,如日方东,以此制敌,何敌不倾。
到之之法,艰苦斗争,世无难事,有志竟成。
有妇人焉,如旱望云,此编之作,伫看风行。

今天,落实"男女并驾,如日方东",最根本的是要对称对表习近平总书记对妇联组织做好农村贫困妇女等困难群体工作提出的明确要求,增强妇联组织自身的战斗力和凝聚力,强化责任担当,切实扛起帮助贫困妇女脱贫的重任。要当好"宣传队""发动机",通过强化思想引领、价值引领、典型引领,把广大妇女更紧密地团结在党的周围,听党话、跟党走。以实施"巾帼脱贫行动"为抓手,打好精神脱贫、爱心帮扶、技能脱贫、创业脱贫、巧手脱贫、健康脱贫等组合拳,推动精准扶贫、精准脱贫政策措施落地生根、开花结果,助力"半边天"在追求美好幸福生活过程中,撑起脱贫攻坚路上的"一片天"。

(本文系作者2019年4月4日的工作日志)

在扶贫路上
ZAIFUPINLUSHANG

就业是民生之本,解决就业问题根本要靠发展。要切实做好以高校毕业生为重点的青年就业工作,加强城镇困难人员、退役军人、农村转移劳动力就业工作,搞好职业技能培训、完善就业服务体系,缓解结构性失业问题。

——《习近平总书记在天津考察时的讲话》(2013年5月14日、15日),载《习近平关于社会主义社会建设论述摘编》,中央文献出版社,2017,第65页

要把做好就业工作摆到突出位置,重点抓好高校毕业生就业和化解产能过剩中出现的下岗再就业工作。现在,多数高校毕业生都想在大城市就业,找不到工作也在城里漂着,处理不好容易形成社会风险。各级党委和政府要落实已有的政策和措施,努力创造就业岗位,尽力吸纳更多高校毕业生就业创业,同时引导和鼓励他们到基层和中西部地区就业创业。化解产能过剩也会导致部分职工下岗失业,要做好社会政策托底工作,保障基本生活,同时谋划在先,加强技能培训,促进转岗就业。

——《习近平总书记在中央经济工作会议上的讲话》(2013年12月10日),载《习近平关于社会主义建设论述摘编》,中央文献出版社,2017,第67页

就业是最大的民生工程、民心工程、根基工程,必须抓紧抓实抓好。

——《习近平总书记在第二次中央新疆工作座谈会上的讲话》(2014年5月28日),《习近平关于社会主义社会建设论述摘编》,中央文献出版社,2017,第67页

"富脑袋"才能"富口袋"
——河北省新河县就业扶贫助力乡村振兴工作思考

党的十九大报告将乡村振兴确定为实现"两个一百年"奋斗目标的一

项重大战略举措。就业是最大的民生,就业扶贫是贫困地区群众短期内增收最直接和最见效的办法,是习近平总书记精准扶贫方略的重要内容。在京津冀协同发展大视野下,抓住北京疏解非首都功能这个"牛鼻子",研究如何加强河北贫困地区就业扶贫工作,推动脱贫攻坚与乡村振兴战略相互协调、相互支撑、相互配合、有机衔接,具有重大的实践意义和理论价值。

坚持就业扶贫与扶志扶智相结合,激发农民在乡村振兴中的主体意识

《中共中央国务院关于实施乡村振兴战略的意见》提出,坚持农民主体地位,充分尊重农民意愿,切实发挥农民在乡村振兴中的主体作用。推动就业扶贫与扶志扶智有机结合,避免"干部干、群众看""靠着墙根晒太阳,等着别人送小康"等乱象,有利于培育广大农民群众在乡村振兴中的主体意识。

开展技能扶贫行动,提高贫困劳动力的劳动参与率。习近平总书记指出:"摆脱贫困首要并不是摆脱物质的贫困,而是摆脱意识和思路的贫困。"脱贫致富不仅要注意"富口袋",更要注意"富脑袋"。要通过就业扶贫,激发贫困群众脱贫的主体意识,促进形成自强自立、争先脱贫的精神风貌。贫困地区应以提高贫困劳动力整体素质以及发展生产、务工经商的基本技能为目标,有针对性地加强技能培训。河北省新河县立足"教育培训一人、就业创业一人、脱贫致富一户"的目标,对没有就业愿望的,着眼传统产业发展需求和市场人才岗位要求开展引导性培训;有就业意愿的,就地就近转移培训;有创业意愿的,重点开展创业培训。开拓京津劳务市场,加强订单式培训,提高培训与就业的匹配度。

开发就地就近就业岗位,消除"无业可就"的精神贫困。加强就业扶贫载体建设,因地制宜推广就业扶贫车间、扶贫小院等就业扶贫模式。强化发放吸纳就业补贴等政策扶持,引导更多有社会责任感的企业吸纳更多贫困人口就业。加强劳务对接,广泛搜集适合贫困劳动力的岗位信息,为贫困劳动力和用人单位对接搭建平台、提供精准服务。落实转移就业激励政策,引导更多贫困劳动力参与转移就业。统筹开发养路、护林、护草、

环卫等用于扶贫的公益性岗位，对符合条件但就业困难的贫困劳动力予以托底安置，彻底清除"等靠要"的思想土壤。

协调就业扶贫与产业扶贫联动，培育乡村振兴的物质基础

发展产业作为实现脱贫的根本之策，既是支撑乡村振兴的源头，更是引领乡村振兴的潮头。2018年4月13日，习近平总书记在海南考察时指出，乡村振兴，关键是产业要振兴。鼓励和扶持农民立足本地资源发展特色农业、乡村旅游、庭院经济，多渠道增加农民收入。开展就业扶贫，既要从助推乡村振兴的站位去认识，又要从加快产业兴旺的高度去谋划，更要从促进产业扶贫的角度去创新，实现就业扶贫与产业扶贫联动，培育乡村振兴的物质基础。

围绕产业需求开展培训，推动就业扶贫与产业扶贫两加强。新河县针对眼镜盒、启闭机、汽车配件等传统产业数量多、用工需求量大的特点，联合用人单位对贫困劳动力开展专业技能培训。建立以企业为主体的劳动就业实训基地，实现多工种、多专业的订单式职业技能培训和就业技能鉴定一条龙服务。2018年，全县450多名贫困劳动力通过现场教学、上岗操作等实训考核。其中220多人被实训企业聘用，190多人通过转岗实现就业。建立特色种植业农业技术实训基地，带动430多人就业。京津冀协同发展带来的产业转移给河北贫困地区创造了大量就业机会。北京市人力资源和社会保障局2018年举办多次现场招聘，组织三地700余家企业提供1.5万多个就业岗位。

建设扶贫微工厂，实现就业扶贫与产业扶贫双促进。加强扶贫微工厂建设，送项目到村、送技能到户、送就业到人，既方便贫困劳动力就业，也有利于发展乡村经济，培育相关产业，实现贫困户和企业"双赢"。新河县通过提供政策、场地、信息等，在用工量较大的河北超威电源有限公司、众力机械等10家企业建立就业扶贫车间；在加工业较为集中的乡村建立20个就业扶贫点，吸纳贫困劳动力在家门口就业1000多人。协调重点企业实施"企业+农户"就业模式，建档立卡贫困劳动力受训达到上岗水平后，可选择在扶贫车间计件加工，也可将原料或半成品带回家利用农

第二部分
堂阳凝思

闲时间加工。实现农业、加工收入两不误，既帮企业灵活解决用工难题，也让贫困户在就业增收的同时兼顾家庭。

实施创业引领，助力就业扶贫与产业扶贫相融合。培育创业载体，拓展创业空间，已成为扩大就业、培育产业融合发展的有效路径。河北省教育厅与北京、天津市教委联合举办京津冀高校众创空间（创业孵化园）管理咨询高级研修班，成立京津冀理工类高校毕业生就业创业联盟，为京津冀理工类高校毕业生到贫困地区创业提供帮助。新河县抓住历史契机，联合金融机构将农村贫困劳动力和符合条件的创业者及时纳入创业担保贷款扶持范围，充分发挥创业的就业倍增效应，吸纳和带动更多贫困劳动力就业。2018年为75人发放小额担保贷款，直接带动就业148人。先后创建农民工返乡创业园和以创业孵化、电子商务和商务贸易为主的新河县创业孵化园，为返乡农民工、退役军人、高校毕业生和具有创业意愿的失业人员、农村贫困劳动力提供创业指导、创业培训、政策咨询、项目推介等服务。目前，82名创业者入驻创业孵化园，直接带动就业481人。

创新就业扶贫培训，破解乡村振兴的人才瓶颈

健全就业培训体系，形成农村人才培养合力。构建多渠道、多元化、多形式的技能教培体系，把加快发展职业教育作为防止贫困代际传递的关

键环节，营造人人皆可成才、人人尽展其才的环境。新河县以扶贫创业培训中心为依托，不断完善联动培训机制。团县委建立青年创业示范基地和就业实训基地。县妇联举办"巾帼建功"家政服务技能培训班，仅2017年就培训合格86人，79人实现就业上岗。县科协深化改革，创新科技成果转化服务机制，着力发现、扶持扶贫领域的科技人才。

就地就近转移培训，留住乡村本土人才。乡村本土人才是实现乡村振兴的生力军，推动乡村人才振兴，首要任务是培养和留住乡村本土人才。新河县发挥农业专业合作社、供销合作社、专业技术协会、龙头企业等各自优势，在贫困人口比较集中的区域开展就地就近转移就业培训，打造新型职业农民。2018年，在西团、菜园、苏田等村分片开展特色农业种植、家政服务、烹饪等技能培训，受益群众500余人，培养了一批懂农业、爱农村、爱农民的乡土人才。

依托专业机构施训，加强农村专业人才队伍建设。新河县依托襄军职业培训学校、新科电脑培训学校等社会培训机构，瞄准人才市场岗位要求，针对具有一定文化基础的贫困劳动力，分期举办以电子商务、电脑应用、汽车维修等专业为主的特色劳务品牌培训班。新河县紧密对接京津劳务市场，为加强农村专业人才队伍建设提供有效支持。比如，经新华社扶贫工作队协调，北京市顺义区人力社保局与新河县人力社保局签订劳务合作协议，提供政策、信息、培训、招聘等服务合作，有力加强了农村专业人才队伍建设。

规范就业扶贫工作流程，探索乡村振兴的长效机制

完善就业精准扶贫机制。乡村振兴不能"一张方子"治百病，不能一刀切，不能一个模式齐步走，必须精准发力、精准施策。新河县按照打基础、利长远要求，建立精准识别、精准管理、精准对接、精准帮扶的就业扶贫机制。建立就业创业精准扶贫台账，增强就业扶贫的针对性。对全县建档立卡贫困户进行细致摸底调查，摸排有劳动能力的贫困人员1611名，对就业帮扶人员实行动态管理，为实现就业精准帮扶提供可靠依据。主动对接需求，增强就业扶贫的精准性。详细了解建档立卡贫困劳动力基本信

第二部分
堂阳凝思

息、就业状况、就业意愿等，建立"一库四册"（根据扶贫部门扶贫数据信息系统建立的农村贫困劳动力实名制登记数据库，包括贫困劳动力名册、就业培训人员名册、转移就业人员名册、自主创业人员名册），为建档立卡人员提供专项就业服务。同时，搭建用人单位与贫困劳动力对接平台，增强就业扶贫的准确性。

搭建基层公共服务平台。新河县建立涵盖6个乡镇、1个开发区及所辖村庄的劳动就业基层公共服务平台。每个乡镇基层服务平台配备5名专职人员，每个村配备1名协管员，负责日常人力资源和社会保障工作。他们把政策咨询、就业创业服务、职业培训、社会保险、用工信息、劳动监察和争议调解等服务送到贫困群众家门口，形成全覆盖、多功能的县、乡、村三级基层服务系统，每年为贫困群众提供就业服务1500人次以上。协调相关企业通过"企业＋农户"模式，将半成品分发给300多名老人、妇女、残疾人在家务工，每人年增收近万元。引导后沙、申庄、刘秋等村设施蔬菜种植大户吸纳农村劳动力，带动就业700余人。

健全就业跟踪反馈机制。为做实做细就业创业工作，河北同北京、天津同步开展京津冀高校毕业生就业创业情况联合调查，及时了解用人单位对高校毕业生培养质量和就业服务的评价以及对未来人才需求状况，深入推进京津冀高校毕业生就业创业工作协同发展。新河县建立常态化岗位信息共享和发布机制、劳务信息和用工需求信息动态管理联动机制，广泛动员人力资源市场机构参与就业扶贫，制定个性化的求职就业方案。新河县创业孵化园成立由创业服务、工商、税务、财政、金融、科技和创业成功人士共同组成的专家指导团队及管理服务机构，跟踪服务入驻企业。确定专人"一对一"帮扶，完善就业状况与人才培养反馈的联动机制，进一步精准对接需求、精准提供服务、精准推动创业，努力帮扶更多的贫困群众实现更高质量就业。

（《前线》杂志2019年第2期）

要推动乡村文化振兴，加强农村思想道德建设和公共文化建设，以社会主义核心价值观为引领，深入挖掘优秀传统农耕文化蕴含的思想观念、人文精神、道德规范，培育挖掘乡土文化人才，弘扬主旋律和社会正气，培育文明乡风、良好家风、淳朴民风，改善农民精神风貌，提高乡村社会文明程度，焕发乡村文明新气象。

——2018年3月8日，习近平总书记在参加十三届全国人大一次会议山东代表团审议时强调，新华社北京2018年3月8日电

乡风文明建设要真正舞好党建"龙头"

古人云，"万民乡风，旦暮利之"。乡风一直是传承中华优秀文化的重要载体，是维系中华民族基因的重要纽带。这几年，按照中央要求，各地一直致力于乡风文明建设，务求农村环境硬起来、乡村文化建起来、农民精神风貌新起来、乡村文明程度好起来，探索出了一些经验。结合河北省新河县一些贫困村打造乡风文明的有效做法，笔者体会，建设乡风文明，首先要加强农村基层党建，把坚持和完善党对乡村振兴的领导落到实处。这是新时代振兴乡村的必然要求。

一、**党建引领夯实乡风文明建设的基础**。求木之长者，必固其根本。确保乡村社会永远充满活力、安定有序，要健全基层自治、法治、德治相结合的现代乡村社会治理体制。其中，自治是基础。我国悠久的农耕文明逐渐培育了"德业相劝、过失相规、礼俗相交、患难相恤"等自治框架，村民自觉维护共同的环境和秩序。而我党创立的以民主选举、民主决策、民主管理、民主监督为主要内容的自治制度规定了乡村治理的具体形式，奠定了乡风文明建设的基础。位于新河县城东12公里的台庄村，"两委"班子把群众呼声作为第一信号，把为民解忧作为第一职责，把群众满意作为第一标准，建立双向承诺制度，把大队部变成村民议事的殿堂、文化娱

第二部分
堂阳凝思

乐的场地、技术培训的教室，确保村内重大事项民主集中决策，涉及群众利益事落细办妥，不留后遗症，实现了村民自治的良性循环。村民表示，尽管是贫困村，总体不富裕，但邻里和睦，连偷鸡摸狗的都没有，从未出现过上访现象。"先进基层党组织""社会稳定综治工作先进村庄""平安建设先进村庄""平安建设示范村""平安建设先进单位""人口和计划生育基层群众自治工作示范村"等几十个牌匾，遍布井然有序的村内街道，都表明该村乡村文明建设成效明显。

二、战斗堡垒凝聚乡风文明建设的合力。打造文明乡风不是一件孤立的事，也不是一蹴而就之事，离不开全体党员群众的团结协作，更需要鼓励引导乡贤等各界人士贡献智慧力量，凝聚乡风文明建设的强大合力。俗话说，村看村，户看户，群众看着党支部。支部强不强，关键看"头羊"。建强党支部的战斗堡垒，充分发挥党员先锋模范作用，一个党员带动一群人，一群人带动全村人，就会把广大村民的美好向往转化为推动乡村振兴的动力，乡风文明建设就装上了一个动力强劲的"火车头"。新河县荆庄乡闫仙庄规定农闲时期每周四晚上召开"两委"班子学习会，让村干部认真学习成为新常态；经常组织村干部和群众代表"走出去"对标学习，增强建设生态宜居、文明富裕美丽乡村的信心和能力；积极争取上级部门和各种社会力量支持，重建闫仙桥，方便了附近五个村的群众出行；种植了观赏树500株，更换安装路灯50盏，村容村貌焕然一新；多方筹资，建成占地1000平方米的村民文化广场，购置了文化娱乐器材；建起农村书屋，方便群众查阅资料；成立锣鼓队、秧歌队，丰富村民的精神文化生活，敲锣打鼓扭秧歌成了村民最爱，村里连续两年大年初一组织群众举行新春文艺汇演。村支书带头筹资，修整田间路，挖浇地排水沟，修过道管，协调水机泵作业，组织党员干部下河清淤，彻底解决浇地难问题，全面提高群众幸福指数，赢得了村民的赞誉。

三、党风民风双向互动、互促共进。在走访新河几个贫困村的过程中，我们发现，正是广大党员干部表现出来的党风，引领促进了乡风、民风和社风的进步，良好的乡风、民风又反过来给党风建设增添了积极因素，进而影响社会风气的全面进步。仁里村是新河县十大村庄之一，也是仁里乡政府驻地，仁里乡党委书记苏晓鹏介绍，村民离乡政府这么近，30多年没有一个上访的。民风淳朴,一方面是历史的积淀和传承,另一方面是全村党员干部的带动示范。仁里村有乡风文明的"基因",据《新河县志》记载,该村原名小街头,清道光二十八年(1848年),知县杨子仪以该村无诉讼,改为仁里村。村支书已连任30余年,他称本村为"祥和居",并做成牌匾挂在村门口。村"两委"成员每人分包两个小队,凡事要发挥模范带头作用。群众凡事找村干部,村里第一时间彻底解决。时间一长,干部讲"讲规矩"、群众"守规矩"就成了风气。我们体会,规矩是办事规程和行为准则,守规矩既是为人做事的原则,更是一种卓越境界。干部群众都自觉用规矩约束,不仅体现了一种修养,也是一种良性互动。

　　四、核心价值确保乡风文明内外兼修。乡村是历史记忆、文化认同、情感归属的重要载体,是以熟人社会为基础的人情社会。乡风文明,旨在营造一个美丽有序、友爱互助、邻里和谐的氛围,不仅是农村居住环境的优化,更是塑造美的心灵,让脑袋"富"起来,可谓内外兼修,既要"面子",也要"里子"。其中,最根本的因素是人的因素,是人的素质和认知。大力培育和践行社会主义核心价值观,在凝聚精神力量、弘扬道德新风、和谐村(居)民关系、引领乡风文明等方面充分发挥作用,自然是关键一招。这对村党支部以社会主义核心价值观为引领,大力加强农村思想道德建设和公共文化建设,提出了新要求。西流乡申家庄村是邢台市葡萄种植果林

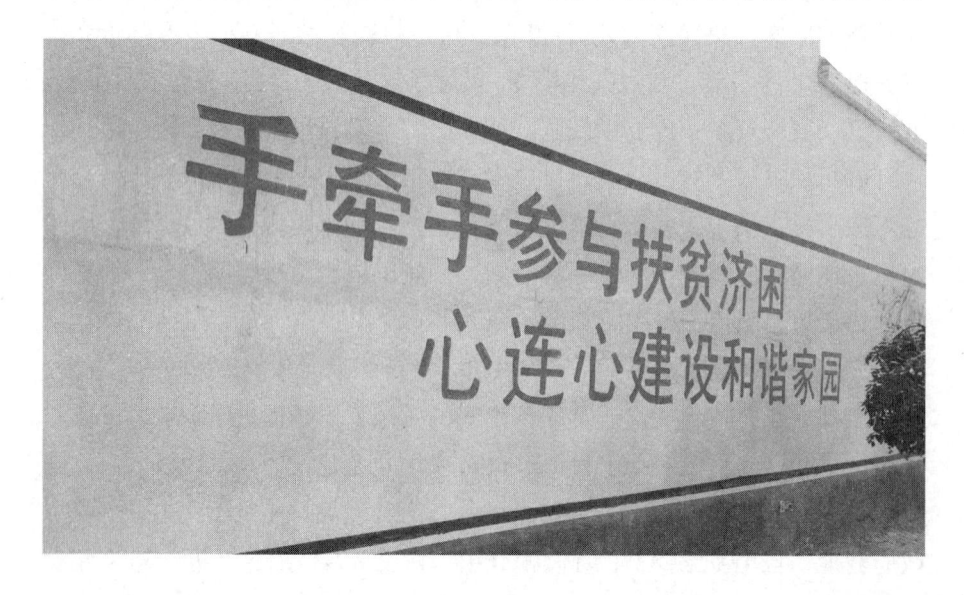

第二部分
堂阳凝思

专业村。近年来，村"两委"在带领群众增收致富的同时，一方面抓基础设施建设，创和谐生产生活环境；另一方面按非公有制经济组织党支部示范点标准建设葡萄协会党支部，并率先建成道德建设一条街，传播正能量，弘扬诚实守信等优秀传统文化，率先打造成新河县第一个省级文明村。

五、压实党组织责任推动乡风文明建设常态长效。调研显示，乡村文明之处，有一个共同特点就是县乡村组层层压实责任，落实有力，形成机制。近年来，白神乡白神村深入学习贯彻党的十九大精神、党章党规和精准扶贫政策，开展党支部有"里子"、有关怀、有阵地、有干劲的"四有"活动，进一步激发党员的责任感、使命感、荣誉感。为推动乡风文明建设常态长效，确保抓在日常、严在经常，各基层党组织抓住宣传动员、党员带头、典型引路、建章立制等关键环节，引导群众把新风尚立起来，把好做法固定下来形成制度，变成大家共同遵守的村规民约，推动敦风化俗，让好风气、新风尚坚持下去、传承下去。

可见，实施乡村振兴战略，必须加强党的领导，坚持物质文明和精神文明一起抓，培育文明乡风、良好家风、淳朴民风。由此也必将进一步推动乡村基层组织建设，推动乡村振兴战略落地见效。

（《党建研究内参》2018年第6期）

延伸阅读

乡风文明，把民心汇聚在田野上

【在习近平新时代中国特色社会主义思想指引下·圆桌对话】
嘉宾：
王济光委员（重庆市政协学习及文史委员会主任）
裴春亮代表（河南省辉县市张村乡裴寨村党支部书记）
胡桂花代表（山东梁山华宇集团董事长）
主持人：
《光明日报记者》刘江伟 陈慧娟

在扶贫路上
ZAIFUPINLUSHANG

《管子·版法》有云:"万民乡风,旦暮利之。"乡风是维系中华民族文化基因的重要纽带,是流淌在田野上的故土乡愁。《中共中央国务院关于实施乡村振兴战略的意见》强调,乡村振兴,乡风文明是保障。今年的政府工作报告提出,我们要坚持走中国特色社会主义乡村振兴道路,加快实现农业农村现代化。《光明日报》记者邀请三位代表委员,畅谈如何以乡风文明滋养乡村振兴之路。

振兴乡村:物质"塑形" 精神"铸魂"

主持人:实施乡村振兴战略的总要求是"产业兴旺、生态宜居、乡风文明、治理有效、生活富裕"。乡风文明在乡村振兴战略中发挥着怎样的作用?

王济光委员:如何让诗意般久违的乡愁,再一次回归心田,成为新时代乡村振兴必须要解决的课题。培育乡风文明,可以引导农民在思想观念、道德规范、知识水平、素质修养、行为操守以及人与人、人与社会、人与自然的关系等方面继承和发扬民族文化的优良传统,摈弃传统文化中消极落后的因素,适应经济社会发展,不断有所创新,并积极吸收城市文化乃至其他民族文化中的积极因素,以形成积极、健康、向上的社会风气和精神风貌。

裴春亮代表:乡风文明是乡村振兴战略的"魂",淳朴的乡风,可以让游子感受到浓浓的乡愁,吸引更多走出去并取得成就的农民返乡创业发展;厚重的乡风,也可以成为乡村振兴的软实力。通过传承和弘扬优秀的礼仪文化、农耕文化、民俗文化、非物质文化遗产等,重塑乡村文化的现实价值,为乡村振兴提供精神支撑和文化品牌。

胡桂花代表:乡村振兴,要"塑形",更要"铸魂"。乡村发展好不好,不能光看农民口袋里的票子有多少,更要看农民的精神风貌怎么样。乡村振兴是新时代一项伟大的事业,也要经历一个艰难跋涉的过程。要从根源上改变农村落后面貌,不仅需要建房修路等物质上的投入,还需传递开放包容、科学健康的生活理念和注重品质、勤俭节约的消费观念,才能真正实现乡村振兴的目标。

淳化民风:照顾传统 戒除陋习

主持人:应该从哪些方面开展乡风文明建设?

第二部分
堂阳凝思

王济光委员：民风家风是乡风文明的基石，要通过挖掘农村传统道德教育资源，以诚信建设为主线，养成新时代农民的规则意识。通过创造性转化、创新性发展，赋予农村优秀传统文化新的时代内涵。铸造美丽乡村的久远记忆，不忘保护各类乡村文化遗产，淳化民风民俗，强化文化自信的历史源泉。弘扬移风易俗好风尚，培育德高望重新乡贤。筑牢农村公共文化供给端，实现乡村两级全覆盖。

裴春亮代表：今年政府工作报告中提出，促进农村移风易俗。红白筵席、彩礼嫁妆，人情往来本意是维系情感，一旦夹杂了太多功利意识和攀比心理，就使传统习俗变成了陋俗，败坏了社会风气，扭曲了正常的人际关系，加重了很多人特别是农民的经济负担，必须采取有力措施加以改变。长期以来，裴寨村专门成立红白理事会，统一办事标准。遏制相互攀比、铺张浪费的风气。此外，我们把"情德法治村"作为乡村治理理念，创办"习书堂"、成立读书服务站，引导乡亲们多读书、读好书，培育良好的家风、民风、乡风。

胡桂花代表：加强乡风文明建设，一方面要传承和弘扬优秀的礼仪文化、农耕文化、民俗文化、非物质文化遗产等，重塑乡村文化的现实价值。另一方面，在乡村社会结构快速转型期，要直面城乡融合发展过程中可能出现的不适应，加强农村思想道德建设、推进移风易俗等乡风文明建设工作。不仅要建立优化具有"村格"的社会功能，例如乡村调解、道德评议、村规民约等，也要注重引入文化艺术、新媒体等现代媒介，逐步强化村民接受教育的广度和深度，不断提升文明素质和道德水平。

培育乡贤：激活榜样 塑造栋梁

主持人：国家"十三五"规划纲要提出，培育文明乡风、优良家风、新乡贤文化。2018年，《中共中央国务院关于实施乡村振兴战略的意见》再次强调，积极发挥新乡贤作用。如何发挥新乡贤在乡风文明建设中的作用？

王济光委员：不管是之前推行的社会主义新农村建设，还是新时代实施乡村振兴战略，都面临着一个共同课题：在乡村的现代化过程中，如何避免乡村社会精英持续流失，以致乡村社会内部缺乏组织领导乡民进行乡村现代化建设的本土精英。如果缺乏内生力量，许多外部援助无法内化为

在扶贫路上
ZAIFUPINLUSHANG

其自身的勃勃生机。新乡贤的出现,弥补了乡村振兴的部分资源不足,加快了城乡协调发展的进程,为更好地建设社会主义新农村奠定基础。传承优秀的乡贤文化,并赋予其新的时代内涵,以乡情为纽带,以新乡贤为模范引领,推进乡村振兴,有利于农耕文明与时俱进、促进城乡共同富裕。我们要善于总结各地创新发展乡贤文化、精心培育区域道德文化品牌的经验,推进乡贤文化的制度建设、品牌发展。

裴春亮代表:新乡贤群体是时代的精英,是社会的栋梁,也是乡村振兴中不可多得的人才。我们不仅要鼓励乡里能人走出去创业致富,还要畅通渠道,引导乡村精英重回家乡、建设家乡。新乡贤根在乡土,他们讲政治、懂政策、有本领、得民心,这样的人选,放在对的位置上,必然会给乡村振兴带来成倍的效益。希望政府相关部门完善政策,尽快建立成熟的人才机制,对有心回归乡村的精英们给予充分的信任和激励,为他们施展拳脚、服务乡村振兴创造必要条件。

胡桂花代表:发挥新乡贤在乡风文明建设中的作用,首先要广泛发掘培养乡贤,把村里德高望重的老人,退休返乡、打工回乡的有管理能力、有知识、懂技术、有经济头脑的人,道德模范、身边好人、乡村教师、经济能人等有助于乡村治理的人,都纳入乡贤群体中来。其次要广泛学习尊崇乡贤,凝聚乡贤文化的力量。要树立新时代的乡贤典型,利用新闻媒体广泛传播乡贤事迹、乡贤文化,吸引更多的人学乡贤、做乡贤。

(《光明日报》2018年3月11日)

第二部分
堂阳凝思

实施乡村振兴战略。农业农村农民问题是关系国计民生的根本性问题，必须始终把解决好"三农"问题作为全党工作重中之重。要坚持农业农村优先发展，按照产业兴旺、生态宜居、乡风文明、治理有效、生活富裕的总要求，建立健全城乡融合发展体制机制和政策体系，加快推进农业农村现代化。

——《决胜全面建成小康社会，夺取新时代中国特色社会主义伟大胜利》（2017年10月），载《中国共产党第十九次全国代表大会文件汇编》，人民出版社，2017，第25页

要坚持乡村全面振兴，抓重点、补短板、强弱项，实现乡村产业振兴、人才振兴、文化振兴、生态振兴、组织振兴，推动农业全面升级、农村全面进步、农民全面发展。要尊重广大农民意愿，激发广大农民积极性、主动性、创造性，激活乡村振兴内生动力，让广大农民在乡村振兴中有更多获得感、幸福感、安全感。要坚持以实干促振兴，遵循乡村发展规律，规划先行，分类推进，加大投入，扎实苦干，推动乡村振兴不断取得新成效。

——习近平总书记对实施乡村振兴战略做出的指示（2018年7月），新华社北京2018年7月5日电

村史馆：承载乡愁 留住记忆

昨天，二十四节气之一——"芒种"。按照昨天上午县委常委会精神，昨天和今天，我先后到白神乡付兴庄、刘秋口，新河镇沙圪塔，仁里乡雅家寨、徐十、杨十6个贫困村，就认真准备开展"不忘初心、牢记使命"主题教育、着力做好"三夏"工作进行调研。

"三夏"，是夏收、夏种、夏管的简称，从每年5月下旬开始，至6月中旬结束，是一年中第一个大忙。据新华社郑州6月4日电，中共中央政治局委员、国务院副总理胡春华6月3日至4日在河南调研农业生产工作。

他强调，要深入贯彻习近平总书记关于"三农"工作的重要论述，按照党中央、国务院决策部署，加强指导服务，全面做好夏收、夏种、夏管等各项工作，为保障粮食安全和重要农产品有效供给奠定坚实基础。

两天调研下来，我感觉乡村两级组织和驻村帮扶干部准备充分，"三夏"工作有序有效，没有发现让老百姓"起早贪黑全家忙"的情况。但伴随着科技含量越来越高的机械化收割、脱粒、播种，农村"三夏"大忙的概念相对淡化，牛犁地、驴打场、人扬场等传统农耕文化渐趋模糊，富有泥土气息、田园风光的乡愁味道似乎不再新鲜。

5月12日，应河北省衡水市阜城县委副书记张彦旭邀请，我有幸到阜城县阜城镇乔庄村乡村记忆馆和邓屯村文化小镇调研乡风文明建设情况。乡村记忆馆收藏的独轮车、木犁、簸箕、木锨、棒槌等老农具，油壶、粮票、香包、刺绣、布鞋等农家生活用品和刮脸、剃头、磨刀等浓厚乡土文化展示，让人忍不住驻足细细品味，勾起了我不少的记忆。一件件富有乡村特色和泥土气息的物件，让我不由想起帮父母割麦子、扬场、种玉米的情景。

可谓"寻古迹访民俗传承文脉，说农耕话桑麻记住乡愁"，按照习近平总书记"培育文明乡风、良好家风、淳朴民风"等实施乡村振兴战略的指示，有条件的农村，可因地制宜，挖掘文化元素，培育乡村文明，加强村史馆、乡愁记忆馆等文化设施建设，通过文字、图片、实物、文物、视频影像等方式，生动展示本村的沧桑历史、发展轨迹、建设成果，培育承载全村共同乡愁记忆的精神家园，进一步传承优秀村风、民风、家风，延续乡愁文化，倡导乡风文明，让当地人记住承载村民生活历史文化传承的精神家园。

（本文系作者2019年6月7日的工作日志）

延伸阅读

《习近平关于"三农"工作论述摘编》出版发行

（新华社北京2019年5月5日电）中共中央党史和文献研究院编辑的《习近平关于"三农"工作论述摘编》一书，近日由中央文献出版社出版，在全国发行。

第二部分
堂阳凝思

实施乡村振兴战略，是以习近平同志为核心的党中央从党和国家事业全局出发、着眼于实现"两个一百年"奋斗目标、顺应亿万农民对美好生活的向往做出的重大决策，是新时代做好"三农"工作的总抓手。农业农村农民问题是关系国计民生的根本性问题。农业强不强、农村美不美、农民富不富，决定着亿万农民的获得感和幸福感，决定着我国全面小康社会的成色和社会主义现代化的质量。党的十八大以来，习近平同志坚持把解决好"三农"问题作为全党工作的重中之重，不断推进"三农"工作理论创新、实践创新、制度创新，推动农业农村发展取得历史性成就、发生历史性变革。认真学习习近平同志关于"三农"工作的重要论述，对于我们切实增强实施乡村振兴战略的紧迫感和使命感，以更大的决心、更明确的目标、更有力的举措，推进新时代"三农"工作，书写好中华民族伟大复兴的"三农"新篇章，具有十分重要的意义。

《论述摘编》共分11个专题：坚持农业农村优先发展，实施乡村振兴战略；建立健全城乡融合发展体制机制和政策体系，加快推进农业农村现代化；巩固和完善农村基本经营制度，深化农村土地制度改革；确保国家粮食安全，把中国人的饭碗牢牢端在自己手中；深化农业供给侧结构性改革；以绿色发展引领乡村振兴；传承发展提升农耕文明；加强和创新乡村治理；支持和鼓励农民就业创业，拓宽增收渠道；坚决打赢农村贫困人口脱贫攻坚战；加强和改善党对"三农"工作的领导。书中收入286段论述，摘自习近平同志2012年12月至2019年3月期间的讲话、报告、指示、贺信等70多篇重要文献。其中许多论述是第一次公开发表。

> 在扶贫路上
> ZAIFUPINLUSHANG

整治农村人居环境一定要走好群众路线

落实"河长制"的有关安排,我今天下午带着刚装上"河长云"App的手机,和农业农村局(水务局)的技术人员到分包河段巡河。路过寻寨镇时,到分包的董夏村进行了调研。

镇党委副书记(主持镇政府工作)向飞、村党支部书记刘子芳、邢台海关驻村工作队队长陈平,介绍了镇村两级组织开展农村人居环境整治行动的有关情况。近日,董夏村脱贫退出"回头看"和人居环境整治工作抓得很紧。驻村工作队利用节省下的工作经费,买了500余套扫帚和簸箕等清洁工具,会同村"两委"人员分发给村民,同时制发了《董夏村环境卫生整治倡议书》,倡议大家定期清扫房前屋后及院落,定期打扫屋内卫生,自觉遵守村规民约,自觉革除陋习,养成良好卫生习惯,努力营造更整洁、更优美、更绿色的家园环境。从村内环境卫生情况看,这些措施已取得明显效果。

我在与他们座谈时,特别强调要走好群众路线,尊重群众、相信群众、依靠群众。具体提出三点要求:一要遵循"三农"工作规律,讲究方式方法,二要阶段性总结经验,表彰先进,以点带面;三要注意持之以恒,不断完善长效机制。

第二部分
堂阳凝思

改善农村人居环境，是以习近平同志为核心的党中央从战略和全局高度做出的重大决策。早在 2003 年，时任浙江省委书记的习近平同志就亲自调研、亲自部署、亲自推动，实施"千村示范、万村整治"工程。2017 年 11 月 20 日，中共中央总书记、国家主席、中央军委主席、中央全面深化改革领导小组组长习近平主持召开十九届中央全面深化改革领导小组第一次会议，审核通过了《农村人居环境整治三年行动方案》。2018 年 2 月，中共中央办公厅、国务院办公厅印发了《农村人居环境整治三年行动方案》，要求各地区、各部门结合实际认真贯彻落实。今年 1 月 11 日至 12 日召开的河北省农村工作会议暨扶贫开发工作会议，传达贯彻中央农村工作会议和全国扶贫开发工作会议精神，对全省农村人居环境整治工作进行了部署，省委省政府专门成立了农村人居环境整治工作领导小组。根据会议安排，我代表新河县在石家庄太行国宾馆的主会场参加了会议。3 月 20 日，我和政府副县长张淑军同志在县农业农村局三楼视频会议室，与县农业农村局领导班子和各乡（镇）分管负责同志，收看了全省农村人居环境整治工作推进视频会。每次下乡调研，我也都认真思考一个问题：作为国家扶贫开发重点县，新河县如何统筹兼顾，一方面高质量打好打赢精准脱贫攻坚战，确保焦点不散、靶心不变、力度不减；另一方面又落实好中央和省市要求，扎实开展农村人居环境整治工作。

《农村人居环境整治三年行动方案》提出，到 2020 年，实现农村人

居环境明显改善，村庄环境基本干净整洁有序，村民环境与健康意识普遍增强，而且分三类地区确定了工作目标。东部地区、中西部城市近郊区等有基础、有条件的地区，人居环境质量全面提升，基本实现农村生活垃圾处置体系全覆盖，基本完成农村户用厕所无害化改造，厕所粪污基本得到处理或资源化利用，农村生活污水治理率明显提高，村容村貌显著提升，管护长效机制初步建立。中西部有较好基础、基本具备条件的地区，人居环境质量较大提升，力争实现90%左右的村庄生活垃圾得到治理，卫生厕所普及率达到85%左右，生活污水乱排乱放得到管控，村内道路通行条件明显改善。地处偏远、经济欠发达等地区，在优先保障农民基本生活条件的基础上，实现人居环境干净整洁的基本要求。

经过几个月的调研思考，我体会到整治农村人居环境是系统工程，特别是村民习惯养成、建立整治长效机制等不能期望一蹴而就，必须走好群众路线，做好打阵地战、持久战的准备。可重点从三个方面发力。

一、加强宣传发动，推动人民群众成为改善农村人居环境的主体。要通过召开村"两委"会、村民大会、专题动员会，张贴标语，入户沟通等行之有效的方式，营造农村人居环境整治工作的良好氛围，让广大村民充分认识到自己是改善农村人居环境的最大受益者，进一步增强集体认同感，强化"主人翁"意识，努力从自己做起，投身美丽家园建设，提升参与人居环境整治的自觉性、积极性、主动性。

二、坚持因地制宜，依靠人民群众完善整治工作方案。农村人居环境整治涉及农村生活垃圾治理、厕所粪污治理、农村生活污水治理、村容村貌提升、村庄规划管理等诸多方面，应具体问题具体分析，分类施策，务求因地因县因乡因村制宜，防治"一刀切"，防止"千村一面"。要尊重村民意愿，根据村民需求，统筹兼顾好农村田园风貌保护，促进人与自然和谐共生、村庄形态与自然环境相得益彰。

三、注重标本兼治，引导人民群众完善共建、共管、共评、共享机制。要充分发挥村党支部的战斗堡垒作用和广大党员的先锋模范作用，坚持问题导向，提升工作标尺，带领广大村民推动移风易俗，提高文明健康意识，及时将整治农村人居环境的举措、要求、成果、共识充实到村规民约。充分运用"一事一议"民主决策机制，完善农村人居环境整治项

第二部分
堂阳凝思

目公示制度，保障广大村民权益。采取以奖代补、先建后补、以工代赈等多种方式，引导村民参与相关项目施工。探索通过依法盘活集体经营性建设用地、空闲农房及宅基地等途径，多渠道筹措资金，参与农村人居环境整治的规划、建设、运营、管理，健全上下联动、全村参与、高效有力的长效推进机制。

（本文系作者2019年7月3日的工作日志）

延伸阅读

梯次推动乡村山水林田路房整体改善
——国家发展改革委负责人就《农村人居环境整治三年行动方案》答记者问

（新华社北京2018年2月5日电）持续改善农村人居环境是2018年中央一号文件确定的重要任务之一。5日，《农村人居环境整治三年行动方案》正式公布，聚焦农村生活垃圾、生活污水治理和村容村貌提升等重点领域，梯次推动乡村山水林田路房整体改善。针对方案中的重要内容，记者采访了国家发展改革委有关负责人。

让农民群众有更多实实在在的获得感、幸福感

问：出台方案有何重要意义？

答：持续改善农村人居环境，是实施乡村振兴战略的一项重要任务，事关广大农民根本福祉。近年来，农村人居环境建设取得显著成效。但我国农村人居环境状况还很不平衡，"脏乱差"问题在一些地区还比较突出。出台这一方案，就是要整合各种资源，强化各项举措，稳步有序推进农村人居环境突出问题治理，让农民群众有更多实实在在的获得感、幸福感，为如期实现全面建成小康社会目标打下坚实基础。

问：方案的重点是什么？

答：从当前全国大部分农村地区看，人居环境矛盾最突出的就是垃圾

和污水带来的环境污染和"脏乱差"问题。方案聚焦农村生活垃圾、生活污水治理和村容村貌提升等重点领域，集中实施整治行动。

其中，垃圾治理的主要任务是建立健全符合农村实际、方式多样的生活垃圾收运处置体系，推进垃圾就地分类和资源化利用，着力解决农村垃圾乱扔乱放的问题；污水治理的主要任务是持续推进农村"厕所革命"，开展卫生厕所建设改造和粪污治理，普及不同水平的卫生厕所，因地制宜梯次推进农村生活污水治理，着力解决农村污水横流、水体黑臭等问题；村容村貌提升的主要任务是以通村组道路、入户道路为重点，基本解决农村通行不便、道路泥泞的问题，同时推进公共空间和庭院环境整治，加强传统村落民居和历史文化名村名镇保护。

因地制宜、分类指导

问：全国各地情况千差万别，如何做到既尽力而为，又量力而行？

答：因地制宜、分类指导是开展农村人居环境整治的一条基本原则。

基本要求是做到干净整洁有序。有条件的地区可进一步提升人居环境质量，条件尚不具备的地区可根据实施乡村振兴战略的部署持续推进，不搞"一刀切"。确定实施易地搬迁的村庄、拟调整的空心村等可不列入整治范围。

方案明确了分区域的目标要求：东部地区、中西部城市近郊区等有基础、有条件的地区，人居环境质量全面提升，基本实现农村生活垃圾处置体系全覆盖，基本完成农村户用厕所无害化改造，厕所粪污基本得到处理或资源化利用，农村生活污水治理率明显提高，村容村貌显著提升，管护长效机制初步建立；中西部有较好基础、基本具备条件的地区，人居环境质量较大提升，力争实现90%左右的村庄生活垃圾得到治理，卫生厕所普及率达到85%左右，生活污水乱排乱放得到管控，村内道路通行条件明显改善；地处偏远、经济欠发达等地区，在优先保障农民基本生活条件基础上，实现人居环境干净整洁的基本要求。

鼓励各类企业积极参与农村人居环境整治项目

问：如何确保农村人居环境整治的资金投入？

答：方案主要明确了以下渠道。

一是建立地方为主、中央补助的政府投入体系。

二是加大金融支持力度。支持收益较好、实行市场化运作的农村基础设施重点项目开展股权和债权融资。

三是调动社会力量积极参与。鼓励各类企业积极参与农村人居环境整治项目。

激发农民建设美丽家园的自觉性、主动性

问：农村环境基础设施建成后如何管理运营？

答：要着力健全村庄人居环境管护长效机制，激发农民建设美丽家园的自觉性、主动性。

第一，加强村庄规划管理。全面完成县域乡村建设规划编制或修编，鼓励推行多规合一。推进实用性村庄规划编制实施。村庄规划的主要内容应纳入村规民约。

第二，完善建设和管护机制。基本建立有制度、有标准、有队伍、有经费、有督查的村庄人居环境管护长效机制。

第三，发挥村民主体作用。强化基层党组织核心作用。将农村环境卫生要求纳入村规民约，鼓励成立农村环保合作社，明确农民维护公共环境责任。

问：如何确保方案提出的目标任务有效落实？

答：一是加强组织领导。强化地方党委和政府责任，切实加强统筹协调，建立上下联动、部门协作、高效有力的工作推进机制。

二是明确实施步骤。各省区要在摸清底数、总结经验的基础上，抓紧编制或修订省级农村人居环境整治实施方案，有序启动。

三是加强考核验收督查。

在扶贫路上
ZAIFUPINLUSHANG

中央政治局的同志都应该明史知理，不能颠倒了公私、混淆了是非、模糊了义利、放纵了亲情，要带头树好廉洁自律的"风向标"，推动形成清正廉洁的党风。要勤于检视心灵、洗涤灵魂，校准价值坐标，坚守理想信念。要增强政治定力、道德定力，构筑起不想腐的思想堤坝，清清白白做人、干干净净做事。要管好家属子女和身边工作人员，坚决反对特权现象，树立好的家风家规。

——2017年12月25日至26日，习近平总书记主持召开中央政治局民主生活会时强调，新华社北京2017年12月26日电

尊老爱幼、妻贤夫安、母慈子孝、兄友弟恭、耕读传家、勤俭持家、知书达礼、遵纪守法、家和万事兴等中华民族传统家庭美德，铭记在中国人的心灵中，融入中国人的血脉中，是支撑中华民族生生不息、薪火相传的重要精神力量，是家庭文明建设的宝贵精神财富。

——《习近平总书记在会见第一届全国文明家庭代表时的讲话》（2016年12月12日），新华社北京2016年12月15日电

家长特别是父母对子女的影响很大，往往可以影响一个人的一生。中国古代流传下来的孟母三迁、岳母刺字、画荻教子讲的就是这样的故事。我从小就看我妈妈给我买的小人书《岳飞传》，有十几本，其中一本就是讲"岳母刺字"，精忠报国在我脑海中留下的印象很深。

——《习近平总书记在会见第一届全国文明家庭代表时的讲话》（2016年12月12日），新华社北京2016年12月15日电

勤廉家风育扶贫清风

今天上午，县妇联联合纪委、检察院举行了新河县领导干部廉洁从政

第二部分
堂阳凝思

教育暨家庭助廉活动，印发了《"廉洁的你，幸福的家"家庭助廉倡议书》，签订了《"树廉洁家风，建文明家庭"承诺书》，观看了《亲情错位酿悲剧》《幸福防线》廉政教育片。根据会议安排，我代表县委讲了几点意见。

会后，对照习近平总书记加强家庭、家教、家风建设的论述，我一直在回味这次活动。"天下之本在国，国之本在家，家之本在身。""家是最小国，国是千万家。"通俗地说，好的家风孕育好的公民，好的公民组成好的社会，好的社会推动形成好的国家治理。家庭是社会的细胞，是人生的第一所学校，也是拒腐防变的一道重要防线。这次活动无疑对纯正家风，构筑坚固的反腐防腐屏障有着重要意义。

俗话说，"家有馋妻，丈夫偷鸡"。从各级纪检系统近年来通报的警示案例看，扶贫领域容易发生的贪污挪用、截留私分，优亲厚友、虚报冒领，雁过拔毛、强占掠夺等腐败和作风问题，多与干部家属亲友有关，不少从"后院"发端。结合市县党委加强警示教育活动和县纪委开展扶贫领域腐败和作风问题专项整治，我认为，贫困地区要从三个方面大力推动勤廉家风建设，涵育扶贫领域的"清风"。

一、加强宣传引导，挖掘弘扬社会主义核心价值观的家风。中华民族历来有建家规、传家风的优良传统，现在往往成为一个熟悉而又陌生的话题。2014年春节期间，央视《新春走基层》栏目做了"家风是什么"的专题，引起了不少观众的共鸣，但回答也五花八门，主要是缺乏社会认知的标准"范式"。良好家风是推动国家发展、民族进步、社会和谐的重要基点，要通过收集整理传统家风文化、持续加强良好家风家训等形式大力推广体现社会主义核心价值观的家教家风，传承中华民族良好家风的时代价值，让大家学有榜样、行有示范、赶有目标。比如，《帅府家风》（肖伟俐著）概括帅府家风的普遍特点是讲理想、为他人、重实际，其中一些生动感人的故事，可作为家教家风建

设的教材。

二、创新内容形式，推动勤廉家风建设常态化。俗话说，"一人不廉，全家不圆"。只有齐好家，才能从好政。要从选好载体、丰富形式、增强实效等方面，不断创新家庭助廉活动，常吹"清廉之风""醒脑之风""温暖之风"，推动勤廉家风建设常态化，务求警钟长鸣。比如，举行"树廉洁家风、建和谐家庭"领导干部"廉内助"座谈会、"清风徐来·幸福相伴"领导干部家属廉政教育座谈会，开展贤内助评选活动、"家风、行风伴我行"主题活动、"当好廉内助，过好廉洁年"廉政文化进家庭活动，帮助干部家属当好廉政勤政"宣传员""守门员""监督员"，及时提醒督促家人自重、自省、自警、自励，充分发挥在勤廉家风建设中的推动作用。

三、坚持提高站位，发挥各级干部的模范带头作用。"家风正，则民风淳；家风正，则政风清；家风正，则党风端""不在颛臾，而在萧墙之内也。"家风连着党风政风国风，绝不能认为是个人小事、家庭私事。纪检部门固然要开展专项治理，出重拳、用重典，坚决斩断伸向扶贫财物的"黑手"。各级干部更要以身作则、以上率下，自觉绷紧廉洁自律这根弦，"非理之事莫为、不义之财不取"，坚决守住思想防线、纪律底线、法纪红线。要担当尽责、爱岗敬业，传递给家庭、同事和亲友积极向上的正能量，树立以敬业为荣、以奋斗为乐的价值取向，带动各级干部特别是村"两委"成员的勤廉家风建设，在"润物细无声"中培育扶贫领域"清风"。

（本文系作者2018年8月18日的工作日志）

相关链接

不可不知的中国十大经典家训！快跟孩子读一读！

从先秦到明清，中国古代流传下来的家训可谓汗牛充栋，有些堪为经典，国人家喻户晓。有人从中遴选出十份家训。这些家训出自各色人等之手，既具有很广泛的代表性，又是经典中的经典。来与孩子一起赏析吧！

第二部分
堂阳凝思

周公的《诫伯禽书》

周公旦（约公元前1100年），姓姬，名旦，氏号为周，爵位为公。因采邑在周，称为周公，因谥号为文，又称为周文公。周成王之叔，因成王即位时年少，便辅政成王。相传他制礼作乐，建立典章制度，被尊为儒学奠基人，是孔子最崇敬的古代圣人。

【故事】周成王亲政后，营造新都洛邑，大封诸侯。他将鲁地封给周公之子伯禽，周公告诫儿子说："往矣，子无以鲁国骄士。吾文王之子，武王之弟，成王之叔父也，又相天下，吾于天下亦不轻矣，然一沐三握发，一饭三吐哺，犹恐失天下之士。吾闻德行宽裕守之以恭者，荣；土地广大守之以俭者，安；禄位尊盛守之以卑者，贵；人众兵强守之以畏者，胜；聪明睿智守之以愚者，哲；博闻强记守之以浅者，智。夫此六者，皆谦德也。夫贵为天子，富有四海，由此德也。不谦而失天下亡其身者，桀纣是也。可不慎欤！"这就是周公的《诫伯禽书》。他告诫儿子伯禽："你不要因为受封于鲁国就怠慢、轻视人才。我是文王的儿子，武王的弟弟，成王的叔叔，又身兼辅佐皇上的重任，我在天下的地位也不能算轻贱的了。可是，一次沐浴，要多次停下来，握着自己已散的头发，接待宾客；吃一顿饭，要多次停下来，唯恐因怠慢而失去人才。我听说，德行宽裕却恭敬待人，就会得到荣耀；土地广大却克勤克俭，就没有危险；禄位尊盛却谦卑自守，就能常保富贵；人众兵强却心怀敬畏，就能常胜不败；聪明睿智却总认为自己愚钝无知，就是明哲之士；博闻强记却自觉浅陋，那是真正的聪明。这六点都是谦虚谨慎的美德。即使贵为天子，之所以富有四海，也是因为遵循了这些品德。不知谦逊从而招致身死国丧，桀纣就是这样的例子。你怎能不慎重呢？"而伯禽没有辜负父亲的期望，没过几年就把鲁国治理成民风淳朴、务本重农、崇教敬学的礼仪之邦。

【圈点】有道是"周公吐哺，天下归心"。周公对儿子的谆谆教诲，可谓良苦用心。

司马谈的《命子迁》

司马谈（？~前110年），西汉夏阳（今陕西韩城）人。父司马喜，子司马迁。汉武帝时任太史令。汉武帝元封元年（前110年）东巡至泰山，并在山上举行祭祀天地的典礼，史称"封禅大典"。司马谈当时因病留在洛阳，未能从行，深感遗憾，于是抑郁愤恨而死。

【故事】司马谈学富五车，所以他后来做了汉武帝的太史令，通称太史公，掌管天时星历，还职掌记录，搜集并保存典籍文献。这个职位是武帝新设的官职，可以说是武帝为司马谈"量身定制"的。因此，司马谈对武帝感恩戴德又尽职尽责。由于责任心极强，司马谈在临死的时候，拉着儿子司马迁的手，边哭边嘱咐说："余先，周室之太史也；自上世尝显功名于虞夏，典天官事……今汉兴，海内一统，明主贤君忠臣死义之士，余为太史而弗论载，废天下之史文，余甚惧焉！汝其念！"并认为，"且夫孝，始于事亲，中于事君，终于立身。扬名于后世以显父母，此孝之大者"。这就是司马谈的《命子迁》。司马谈希望自己死后，司马迁能继承他的事业，更不要忘记撰写史书，并认为这是"大孝"。他感到自孔子死后的四百多年间，诸侯兼并，史记断绝，当今海内一统，明主贤君、忠臣义士等的事迹，作为一名太史而不能尽到写作的职责，内心十分惶惧不安。所以他热切希望司马迁能完成他未竟的大业。司马迁不负父亲之命训，最终写出被誉为"史家之绝唱，无韵之离骚"的《史记》，名垂青史。

【圈点】有人说，没有司马谈的《命子迁》，就没有司马迁的《史记》。此话信然。

诸葛亮的《诫子书》和《诫外甥书》

诸葛亮（181～234），字孔明，号卧龙，徐州琅琊阳都（今山东临沂市沂南县）人，三国时期蜀汉丞相。我国历史上著名的政治家、军事家，也是民间传说中著名的智慧人物，经过文学名著《三国演义》的流传，关于他的许多传奇故事，比如"借东风"、"火烧赤壁"、"草船借箭"和"空城计"等，都为中国百姓所熟知。

【故事】诸葛亮46岁才得子诸葛瞻。他很喜欢这个儿子，希望儿子将来成为国家栋梁。诸葛亮有两个姐姐，二姐所生子叫庞涣，深得诸葛亮喜爱。诸葛亮常年征战，政务缠身，但仍不忘教诲儿辈。他写给诸葛瞻和庞涣的两封家书，被称为《诫子书》和《诫外甥书》。《诫子书》曰："夫

第二部分
堂阳凝思

君子之行，静以修身，俭以养德。非淡泊无以明志，非宁静无以致远。夫学须静也，才须学也，非学无以广才，非志无以成学。淫慢则不能励精，险躁则不能治性。年与时驰，意与日去，遂成枯落，多不接世，悲守穷庐，将复何及！"《诫外甥书》曰："夫志当存高远，慕先贤，绝情欲，弃疑滞。使庶几之志揭然有所存，恻然有所感。忍屈伸，去细碎，广咨问，除嫌吝，虽有淹留，何损于美趣，何患于不济。若志不强毅，意气不慷慨，徒碌碌滞于俗，默默束于情，永窜伏不庸，不免于下流。"从两封信中可以看出，他对儿子和外甥的要求是一致的，教育他们要有远大志向，戒绝欲望，心态平和，珍惜光阴，重视学习。

【圈点】诸葛亮被后人誉为"智慧之化身"，他的《诫子书》和《诫外甥书》可谓两篇充满智慧之语的家训，是古代家训中的名篇。文章短小精悍，阐述修身养性、治学做人的深刻道理，读来发人深省。

颜之推的《颜氏家训》

颜之推（531～591），字介。颜氏原籍琅琊临沂（今山东临沂北），先世随东晋渡江，寓居建康。南北朝时期中国著名思想家、教育家、文学家。他经历南北两朝，深知南北政治、俗尚的弊病，洞悉南学北学的短长，当时所有大小学问，他几乎都钻研过，并且提出自己的见解。他的理论和实践对于后人颇有影响。

【故事】颜之推"生于乱世，长于戎马，流离播越，闻见已多"。他本着"务先王之道，绍家业之业"的宗旨，结合自己的人生经历、处世哲学、思想学识，写成《颜氏家训》一书训诫子孙。全书共有七卷计二十篇，各篇内容涉及的范围相当广泛，但主要是以传统儒家思想教育子弟，讲如何修身、治家、处世、为学等，其中不少见解至今仍有借鉴意义。如他提倡学习，反对不学无术；认为学习应以读书为主，又要注意工农商贾等方面的知识；主张"学贵能行"，反对空谈高论、不务实际等。书中许多名句一直广为流传，如："与善人居，如入芝兰之室，久而自芳也；与恶人居，如入鲍鱼之肆，久而自臭也。""积财千万，不如薄技在身。""幼而学者，如日出之光；老而学者，如秉烛夜行，犹贤与瞑目而无见者也。""父子之间不可以狎；骨肉之爱不可以简。简则慈孝不接，狎则怠慢生矣。""有志向者，遂能磨砺，以就素业，无履立者，自兹堕慢，便为凡人。""生不可不惜，不可苟惜。"等等。

【圈点】历代统治者对《颜氏家训》非常推崇，甚至认为"古今家训，以此为祖"，被后世广为征引，反复刊刻，虽历经千余年而不佚，可见《颜氏家训》影响之大。

唐太宗的《诫皇属》

唐太宗李世民（598～649），祖籍陇西，是唐高祖李渊和窦皇后的次子，唐朝第二位皇帝，年号贞观。李世民为帝之后，积极听取群臣的意见，以文治天下，并开疆拓土，虚心纳谏，在国内厉行节约，并使百姓能够休养生息，终于出现了国泰民安的局面，开创了中国历史上著名的"贞观之治"。

【故事】在历代家训中，帝王家训占有特殊位置，其代表作之一就是唐太宗李世民的《诫皇属》。太宗非常注重对皇子们的教育，经常告诫后代，应当遵守道德规范，加强道德修养，掌握治国之道。在《诫皇属》中，唐太宗告诫皇属们说："朕即位十三年矣，外绝游观之乐，内却声色之娱。汝等生于富贵，长自深宫。夫帝子亲王，先须克己。每著一衣，则悯蚕妇；每餐一食，则念耕夫。至于听断之间，勿先恣其喜怒。朕每亲临庶政，岂敢惮于焦劳。汝等勿鄙人短，勿恃己长，乃可永久富贵，以保贞吉，先贤有言'逆吾者是吾师，顺吾者是吾贼'，不可不察也。"唐太宗以自己勤勉政事为例，告诫"生于富贵，长自深宫"的皇属克制自己，珍惜财物，不可奢侈，每穿一件衣服、吃一顿饭，都不要忘记蚕妇、农夫的辛勤。在听闻决断的时候，不要先入为主，任凭自己的喜怒，要谦虚、善于听取不同意见，不要因为别人有短处就鄙视他们，也不要因为自己有优点就恃才而骄，要把敢于反对你的人当作老师，把逢迎你的人视为贼子。只有这样才能够永久富贵，贞正吉祥。

【圈点】太宗对皇属都有如此严格要求，"贞观之治"的出现就自然而然了。

包拯的家训

包拯（999~1062），庐州合肥（今安徽合肥）人，字希仁。北宋名臣。

第二部分
堂阳凝思

历权知开封府、权御史中丞、三司使等职。嘉裕六年（1061），任枢密副使。后卒于位，谥号"孝肃"。包拯做官以断狱英明刚直而著称于世，有"包公""包青天"之美誉。

【故事】包拯以公廉著称，刚直不阿，执法如山。他在晚年为子孙后代制定了一条家训，云："后世子孙仕宦，有犯赃滥者，不得放归本家；亡殁之后，不得葬于大茔之中。不从吾志，非吾子孙。"共三十七字，其下押字又云："仰珙刊石，竖于堂屋东壁，以诏后世。"又十四字。"珙"者即包拯的儿子包珙。包拯的这则家训是他生前对子孙的告诫，并让其子包珙刊石，竖于堂屋东壁，以昭后世。这寥寥三十七字，凝聚着包公的一身正气、两袖清风，虽千载之下，亦足为世人风范。

【圈点】包拯的家训，既是他对后人的训诫，也是他一生品格的写照。

欧阳修的《诲学说》

欧阳修（1007～1072），字永叔，号醉翁、六一居士，吉州永丰（今江西省吉安市永丰县）人，北宋政治家、文学家。后人将其与韩愈、柳宗元、苏轼、苏洵、苏辙、王安石、曾巩一起并称为"唐宋八大家"。

【故事】欧阳修4岁时父亲就去世了，母亲对他的教育很严格。为节减开支，母亲用芦苇、木炭作笔，在土地或沙地上教欧阳修认字。母亲还经常用古人刻苦读书的故事来启发他。因此，成为文学家后的欧阳修在家训中希望儿子能继续养成读书的习惯，并从书中学会做人的道理。于是他在教导二儿子欧阳奕努力学习时写下《诲学说》："玉不琢，不成器；人不学，不知道。然玉之为物，有不变之常德，虽不琢以为器，而犹不害为玉也。人之性，因物则迁，不学，则舍君子而为小人，可不念哉？"他教诲儿子努力学习，以不断提升自身修养。

【圈点】欧阳修以"玉"喻"人"，诲学有道，可谓金玉良言。

袁采的《袁氏世范》

袁采，生年不详，卒于1195年，字君载，信安（今浙江常山县）人。隆兴元年（1163年）进士，后官至监登闻鼓院，掌管军民上书鸣冤等事宜，即负责受理民间人士的上诉、举告、请愿、自荐、议论军国大事等方面给朝廷的进状。淳熙五年（1178年），任乐清县令，为官刚正。著有《政和杂志》、《县令小录》和《世范》三书，今只有《世范》传世。

【故事】袁采自小受儒家之道影响，为人才德并佳，时人赞称"德足而行成，学博而文富"。步入仕途后，袁采以儒家之道理政，以廉明刚直著称于世，而且很重视教化一方。在任乐清县令时，他感慨当年子思在百姓中宣传中庸之道的做法，于是撰写《袁氏世范》一书用来践行伦理教育，美化风俗习惯。《四库全书提要》曰："其书于立身处世之道反复详尽，所以砥砺末俗者极为笃挚，明白切要览者易知易从，固不失为《颜氏家训》之亚也。"《袁氏世范》共三卷，分睦亲、处己、治家三门。这本书的论述不同于一般著述，其语颇有见地，且深入浅出，极具趣味，极易领会和学习，娓娓道来，如话家常，所以又称《俗训》。书中有许多句子十分精彩，如"小人当敬远""厚于责己而薄责人""小人为恶不必谏""家成于忧惧破于怠忽""党人不善知自警"等等。《袁氏世范》传世之后，很快便成为私塾学校的训蒙课本。历代士大夫都十分推崇该书，都将它奉为至宝。

【圈点】《袁氏世范》是中国家训史上与《颜氏家训》相提并论的一部家训著作，时人评此书"行之一时，垂诸后世也"。时至今日，《袁氏世范》不仅在中国仍受重视，而且在西方汉学界也颇受青睐，并有译本。《袁氏世范》可谓真正做到了"垂诸后世""兼善天下"，成了"世之范模"。

朱柏庐的《朱子家训》

朱柏庐（1627～1698），名用纯，字致一，明末清初江苏昆山县人。著名理学家、教育家。著有《治家格言》（即《朱子家训》）、《愧讷集》、《大学中庸讲义》等。

【故事】清顺治二年（1645年），朱伯庐的父亲在守昆山城抵御清军时遇难。朱柏庐侍奉老母，抚育弟妹，播迁流离，备极艰辛。他始终未入仕，一生教授乡里，向学者授以小学、《近思录》等，曾用精楷手写数十本教材用于教学。他潜心治学，以程、朱理学为本，提倡知行并进，躬行实践。平生精神宁谧，严以律己，对当时愿和他交往的官吏、豪绅，以礼自持。他与顾炎武坚辞不应康熙朝的博学鸿儒科，后又坚拒地方官举荐的乡饮大宾，与徐枋、杨无咎号称"吴中三高士"。所著《朱子家训》是其代表作，

第二部分
堂阳凝思

全文五百余字，内容简明赅备，文字通俗易懂，朗朗上口，问世以来，不胫而走，成为有清一代家喻户晓、脍炙人口的教子治家的经典家训。其中一些警句，如"一粥一饭，当思来处不易；半丝半缕，恒念物力维艰""宜未雨而绸缪，毋临渴而掘井"等，在今天仍然具有教育意义。

【圈点】《朱子家训》全文虽只有506字，却集儒家做人处世方法之大成，思想植根深厚，含义博大精深。

李毓秀的《弟子规》

李毓秀（1647～1729），字子潜，号采三。山西省新绛县龙兴镇周庄村人，生于清代顺治年间，卒于雍正年间，享年83岁。清初著名学者、教育家。

【故事】李毓秀年轻的时候，师从同乡学者党冰壑，游学近20年。科举不中后，就放弃了仕进之途，终身为秀才，致力于治学。精研《大学》《中庸》，创办敦复斋讲学。来听课的人很多，门外满是脚印。太平县御史王奂曾多次向他请教，十分佩服他的才学，被人尊称为李夫子。他根据传统对童蒙的要求，也结合自己的教书实践，写成了《训蒙文》，后来经过贾存仁修订，改名《弟子规》。《弟子规》共有360句、1080个字，三字一句，两句或四句连意，和仄押韵，朗朗上口；全篇先为"总叙"，然后分为"入则孝、出则悌、谨、信、泛爱众、亲仁、余力学文"七个部分，具体列述弟子在家、出外、待人、接物与学习上应该恪守的守则规范。《弟子规》浅显易懂，押韵顺口，文风朴实，说理透彻，可谓谆谆教诲，循循善诱，在我国清代教育史上有一定的影响。清代后期成为广为流传的儿童读本和童蒙读物，几乎与《三字经》《百家姓》《千字文》有同等影响。

【圈点】《弟子规》看似一本不显眼的小书，实际上汇集了中国至圣先贤的大智慧。

（《中国教育报》微信公众号2018年4月3日）

中国传统文化博大精深,学习和掌握其中的各种思想精华,对树立正确的世界观、人生观、价值观很有益处。古人所说的"先天下之忧而忧,后天下之乐而乐"的政治抱负,"位卑未敢忘忧国"、"苟利国家生死以,岂因祸福避趋之"的报国情怀,"富贵不能淫,贫贱不能移,威武不能屈"的浩然正气,"人生自古谁无死,留取丹心照汗青"、"鞠躬尽瘁,死而后已"的献身精神等,都体现了中华民族的优秀传统文化和民族精神,我们都应该继承和发扬。

——《习近平总书记在中央党校建校 80 周年庆祝大会暨 2013 年春季学期开学典礼上的讲话》(2013 年 3 月 1 日),载《习近平谈治国理政》,外文出版社,2014,第 405 页

"开笔礼",溯源在其次

到河北扶贫一年来,我缺席了儿子成长的很多重要环节,深以为憾。日前,克服了很多困难,回京陪儿子全程参加了"开笔礼"仪式。

媒体工作使然,记得还没有结婚的时候,就听到过关于"开笔礼"的一些负面舆情。"百度"一下,《商业利益驱动之下被编造出来的伪"传统"》《"开笔礼"流行,启蒙别只剩下"蒙"》《"开笔礼"莫成了必开礼》等网页至今保持着很高的阅读率。对"开笔礼",这些文章倒都没有一棍子打死,但字里行间充满了质疑乃至否定。有的认为历史没有"开笔礼"的"真正"记载,有的认为不完全符合现代教育的精神实质,有的认为是商业利益驱动的产物……

有道是"百闻不如一见"。参观持敬门、大成门、大学门、触奸柏、万世师表等孔庙重要古迹,见证国子监内正衣冠、朱砂开智、启蒙描红等"开笔礼"流程后,我深深感到,没有必要抓住一些所谓的事实或依据,对"开笔礼"吹毛求疵,而应秉持客观、科学、礼敬的态度,从启蒙孩子学习目标、内化礼仪知识、传承优秀文化等多个维度,深刻认知"开笔礼"的意义。

古代没有学校只有私塾,因而有拜师仪式而没有严格意义的"开笔礼"。

第二部分
堂阳凝思

这成为个别学者家长攻击"开笔礼"假冒传统仪式的主要原因。的确,中国古代对小孩子开始识字习礼有"破蒙"等教育形式,现在"开笔礼"并不完全是历史记载的古礼,但我们应本着师古而不泥古的态度,不断发掘、整理、补充、拓展、完善有关启蒙教育的文化基因,赋予新的时代内涵和现代表达形式,使其与当代文化相适应。就此而言,"开笔礼"仪式是一种很好的探索。

孔子曰,"不学礼,无以立","开笔礼"包含着尊师重道、孝敬父母等厚重的传统礼仪,蕴含着求学问道、安身立命的文化思想,既强化了孩子求学立志做人的仪式感和敬畏心,也升华了老师和家长等成人的道德境界和人格魅力。当儿子给我爱人行"感恩父母"礼时,她说自己感

"开笔礼"弘扬传统文化,从写"人"字到学做人,可谓孩子成长的第一堂课。

动得掉泪了。毫无疑问,"开笔礼"把跨越时空的思想理念、价值标准、审美风范转化为人们的精神追求和行为习惯,增强了人民群众的文化参与感、获得感和认同感,有利于在潜移默化中形成向上向善的社会风尚。

"开笔礼"的"启蒙描红"等环节旨在让孩子在老师的指导下学写"人"字,希望孩子们在人生启蒙阶段学会做人,做人首先要堂堂正正立身,更要像"人"字那样顶天立地,这对在场的大人也是一堂生动的道德课。可以说,"开笔礼"通过成人少儿都喜闻乐见的方式,实际上吸引了国子监、学校、家庭、孩子等社会力量共同参与勤学苦习、尊师孝亲、知书达理等传统文化根脉的传承。

我是一名坚定的唯物主义者,但佛家常讲的一句话很有道理:因为懂得,所以慈悲。但愿社会各界特别是广大少儿的家长们都能读懂"开笔礼",用好其正能量。

(《新华每日电讯》2018年4月20日)

发展积极健康的党内政治文化，全面净化党内政治生态，坚决纠正各种不正之风，以零容忍态度惩治腐败，不断增强党自我净化、自我完善、自我革新、自我提高的能力，始终保持党同人民群众的血肉联系。

——《决胜全面建成小康社会 夺取新时代中国特色社会主义伟大胜利——习近平总书记在中国共产党第十九次全国代表大会上的报告》（2017年10月18日），载《中国共产党第十九次全国代表大会文件汇编》，人民出版社，2017，第21页

培育党内政治文化需要大力加强党的思想建设

在党的十八届六中全会上，习近平总书记明确提出，要注重加强党内政治文化建设，不断培厚良好政治生态的土壤。新形势下，要推进全面从严治党，严肃党内政治生活，净化党内政治生态，必须加强党的思想建设，努力建设先进的、健康的、富有生机活力的党内政治文化，使全党始终保持一种蓬勃旺盛的精神状态和良好风尚。

坚持思想建党这一政治优势，为党内政治文化保持先进性把关定向

从思想上建党，是我们党的光荣传统和政治优势。政治文化是政治关系、政治过程、政治制度、政治活动等在人们精神领域的反映，集中体现了我们党对政治问题的认识、态度和价值取向，蕴含于思想建设、组织建设、作风建设、制度建设和反腐倡廉建设之中，对政治生态具有潜移默化的影响，发挥着不可替代的作用。从深层次加强党内政治文化建设，是新形势

第二部分
堂阳凝思

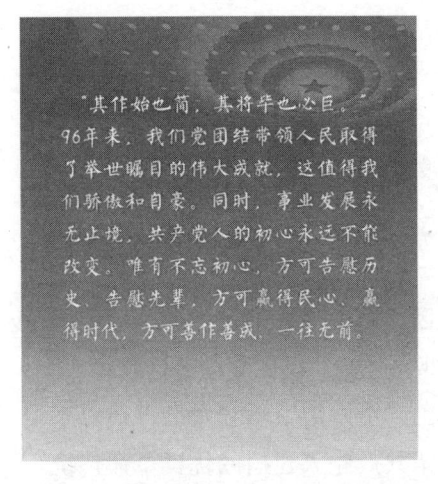

"其作始也简，其将毕也必巨。96年来，我们党团结带领人民取得了举世瞩目的伟大成就，这值得我们骄傲和自豪。同时，事业发展永无止境，共产党人的初心永远不能改变。唯有不忘初心，方可告慰历史、告慰先辈，方可赢得民心、赢得时代，方可善作善成、一往无前。

2017年10月31日，习近平总书记在瞻仰上海中共一大会址和浙江嘉兴南湖红船后的讲话。

下推进全面从严治党的内在需要和必然选择。

培育党内政治文化是一项系统工程，涉及党的指导思想、奋斗目标、路线纲领、制度规范、思维方式、价值观念、态度习惯等方方面面，可以说"牵一发而动全身"。不过，"上面千条线，下面一根针"，党内政治文化的先进性，最终表现在每一个个体即每一位共产党员身上；党内政治文化建设不会一蹴而就，最终是全体共产党员共同参与、久久为功的一个长期过程。培育先进的、健康的、富有生机活力的党内政治文化，发挥政治文化对党在基层执政的支撑作用，关键在于广大党员干部。党员干部内心深处的政治立场、政治态度、政治取向、政治信念尤为关键。从这个角度看，可以说，政治文化建设的首要问题是党的思想建设问题。

思想是行动的先导，理论是实践的指南。注重从思想理论上建设党，是马克思主义建党的一条重要原则，也是我们党的成功经验和优良传统。面对建设党内政治文化的新任务，只有持之以恒地抓好思想政治建设这个根本，永远保持党在思想上的先进性和纯洁性，才能为政治文化建设定好向、掌稳舵。这就要求广大党员干部认真学习马克思主义，坚定理想信念，把好思想认识"总开关"。否则，提高政治能力，只能是"空中楼阁"，党内政治文化建设也无从谈起。

突出思想建党的时代特点，明确党内政治文化建设重要着力点

固本培元，要坚持用中国化的马克思主义理论创新成果武装党员干部，做到理论创新每发展一步，理论武装就跟进一步。现在，关键是要把深入学

习习近平总书记治国理政新理念新思想新战略的成果,转化为提升党性修养、思想境界、道德水平的精神营养,做到真学真懂、真信、真用。在此基础上,把坚定中国特色社会主义的道路自信、理论自信、制度自信和文化自信,转化为对标看齐的政治定力和政治文化,始终全方位向以习近平同志为核心的党中央看齐,在党爱党、在党护党、在党为党,在党忧党,牢记于心,兑现于行。

铭记历史,传承革命文化的红色基因。习近平总书记强调,"中国革命历史是最好的营养剂"。广大党员干部要坚持"以史鉴今、资政育人",认真学习党史国史,知史爱党,知史爱国,更好地继承和发扬近代以来中国人民的爱国主义精神,继承和发扬前辈共产党人建树的优良革命传统。只有这样,才能传承革命文化的红色基因,牢牢把握社会主义先进文化前进方向,把跨越时空的思想理念、价值标准、审美风范转化为人们的精神追求和行为习惯,更好地推动党内政治文化建设。

做好创造性转化与创新性发展工作,从优秀传统文化中汲取政治文化营养。习近平总书记强调,"中华文化延续着我们国家和民族的精神血脉,既需要薪火相传、代代守护,也需要与时俱进、推陈出新"。各级党组织要大力弘扬讲仁爱、重民本、守诚信、崇正义、尚和合、求大同等可为治国理政提供借鉴的核心思想理念以及如临深渊、如履薄冰的忧患意识,天下兴亡、匹夫有责的担当意识,精忠报国、振兴中华的爱国情怀,崇德向善、见贤思齐的社会风尚等传统美德,在政治文化的语境下,不断赋予其新的时代内涵和现代表达形式。

激浊扬清,营造风清气正的政治生态。习近平总书记指出:"增强党内政治生活的战斗性,就是党内政治生活要旗帜鲜明坚持真理、修正错误,勇于开展批评和自我批评,使每个党组织都成为激浊扬清的战斗堡垒,使每个党员都成为扶正祛邪的战斗员。"广大党员干部在加强自身思想建设的过程中,应加强党性修养,陶冶道德情操,更加注重倡导和弘扬忠诚老实、光明坦荡、公道正派、实事求是、艰苦奋斗、清正廉洁等价值观。同时,慎独慎微、自警自律,自觉同特权思想和特权现象做斗争,旗帜鲜明地抵制关系学、厚黑学、潜规则等庸俗腐朽思想,给各种歪风邪气和腐化行为来一个文化上的釜底抽薪。

第二部分
堂阳凝思

健全思想建设长效机制，涵养党内政治文化生态

全面从严治党是一个长期的系统性工程，党的思想建设也不是一朝一夕之功，永远在路上。各级党组织要强化刚性约束，规范制度安排，建立健全思想建设的长效机制，通过党员干部主观世界的持续改造涵养党内政治文化生态。

抓制度，确保思想建设常抓常新。立足管根本、管长远，严格落实党建工作责任制，把思想建设放到大局中去思考、定位、安排。突出常态化教育，把理论学习融入理论中心组学习会、党支部"三会一课"和干部教育培训等日常性工作安排，把学习教育列入党支部建设目标管理考核。建立常态化督促指导机制，层层传导压力，确保思想建设规范化，并及时把思想建设的成果固化成制度。唯有如此，才能促使广大党员干部学以修身、学以资政、学以经世，树牢正确的世界观、价值观、人生观，把廉政勤政优政作为一种行为自觉。

抓创新，激发思想建设动力。一是创新学习形式，坚持集中学习与自我学习、分散学习与封闭学习、规定内容与自选内容相结合，搭建微信、QQ等各类学习平台，完善党员领导干部讲党课、专题党日活动等方式。二是创新廉政教育形式，组织党员干部观看教育警示片，到革命传统教育基地参观学习，到廉政基地受教育。三是创新思想政治工作机制，通过干部思想动态定期调查和谈心谈话等实现思想政治工作日常化，凝聚共识、干劲和发展合力。

抓结合，巩固思想建设实效。思想建设的成效最终要通过忠诚、干净、有担当的干部来体现，通过党内政治生活来检验，通过急难险重任务来考验。要把思想建设与选人用人、严肃党内政治生活等结合起来，推动形成风清气正的政治生态。首先要对照"信念坚定、为民服务、勤政务实、敢于担当、清正廉洁"的好干部标准，把政治上靠得住、工作上有本事的干部选出来、用起来，树立正确的选人用人"风向标"，打破"圈子文化"的惯性思维。同时，提高组织生活的吸引力和凝聚力，让党内政治生活"旺"起来，确保党员干部既有崇高的理想，又有严明的纪律，在关键时刻拉得出、顶得上、信得过、靠得住。

(《党建》杂志2017年第6期)

> 在扶贫路上
> ZAIFUPINLUSHANG

社会治理要善用意识形态补短板固底板

今天下午召开的第12次县委常委扩大会议，有一项议程，传达贯彻5月7日至8日在北京召开的公安工作会议精神，就切实做好新时代的社会治理工作进行安排。结合近期学习1月15日至16日在京召开的中央政法工作会议精神的思考，我体会意识形态工作通过拓宽工作思路、创新工作方式，可为社会治理工作补短板、固底板。

一、坚持"说理"与"陈情"相结合，助力源头预防和超前治理。党的十八大以来，以习近平同志为核心的党中央牢牢把握完善和发展中国特色社会主义制度、推进国家治理体系和治理能力现代化这一全面深化改革的总目标，不断创新社会治理理念和思路，着力从源头上预防和减少影响社会和谐稳定的问题发生。中国特色社会主义进入新时代，解决人民群众对美好生活的向往与不平衡不充分发展之间的矛盾，需要涵盖公安、信访等工作的社会治理工作与时俱进，同步发力。特别是伴随我国社会主要矛盾的转变，精神生活在人民追求美好生活过程中的地位越来越重要。意识形态工作要因势而动，以人民为中心，"说理"与"陈情"相结合，聚力解疑释惑，帮助人民树立正确的世界观、人生观和价值观，建立正确的道德观、审美观和生活观，激发、积聚、传播向上向善的正能量，助力源头预防和超前治理。一方面，要通过网络、媒体和信访信息平台，以人民喜闻乐见的方式宣传解读党的路线、方针、政策，推动习近平新时代中国特色社会主义思想进校园、进企业、进农村、进社区；另一方面，要加强意识形态领域内舆情监测和研判，对群众关注关心的社会问题，及时发现，正面引导，向群众讲清楚哪些需要合理，哪些需要不合理，哪些问题可以解决，哪些问题经过长期努力才能解决，切实维护好社会大局安全稳定。

二、坚持解决思想问题与实际问题相结合，走好网上群众路线。我们党的宗旨是全心全意为人民服务。要让人民群众共享发展成果，就必须着力在关系群众切身利益的问题上下功夫，解决好群众的堵点甚至是痛点问题。作为党的群众工作的重要组成部分、社会治理的子系统，信访工作必须着眼于"事要解决"，坚持解决思想问题与实际问题相结合，最大限度地畅通信访渠道，最大限度地维护人民群众权益。随着信息网络技术的迅猛发展，社会已经进入信息化、互联网和大数据时代。顺应时代潮流、适应形势变化，在巩固好传统阵地渠道的基础上，建好网上信访阵地，走好网上群众路线，架起干部下访、体察民情、了解民意、汇聚民智的新通道，推动实现老案归零、新案随清，已成为做好新形势下群众工作和社会治理工作的"重要法宝"。

三、坚持说服教育与依法治理相结合，营造尊法、学法、守法、用法的社会氛围。习近平总书记在中央政法工作会议上强调，要善于把党的领导和我国社会主义制度优势转化为社会治理效能，完善党委领导、政府负责、社会协同、公众参与、法治保障的社会治理体制，打造共建共治共享的社会治理体制。这对贯彻依法治国方略，依法治理信访问题，推进基层治理体系和治理能力现代化，提出了新的更高的要求。应该看到，新时代信访工作的内涵、方法发生了深刻变化，但信访工作的任务和使命没有变。信访人相对弱势，少数信访群众信访不信法，提一些无依据无原则的要求，给社会治理工作带来了挑战。一方面，我们要依据有关政策和法律做好说服教育工作，努力促使信访人认识转变、行为转化；另一方面，树立法治思维，举一反三，标本兼治，通过司法解决，防止"按下葫芦起来瓢"。就意识形态工作而言，就是要牢固树立以人民为中心的思想，批驳西方形形色色的意识形态理论，切实做到守土有责、守土负责、守土尽责，切实回答和解决"我是谁、依靠谁、为了谁"这个问题，营造尊法、学法、守法、用法的良好舆论氛围，提高运用法治思维和法治方式深化改革、推动发展、化解矛盾、维护稳定的能力，形成办事依法、遇事找法、解决问题用法、化解矛盾靠法的思想和行动自觉，为进一步挖掘和凝聚各方力量，积极推进法治、德治社区建设，构建人人有责、人人尽责的社会治理共同体保驾护航。

（本文系作者 2019 年 5 月 31 日的工作日志）

县委书记特别是贫困地区的县委书记在发展上要勇于担当、奋发有为。要适应和引领经济发展新常态，把握和顺应深化改革新进程，回应人民群众新期待，坚持从实际出发，带领群众一起做好经济社会发展工作，特别是要打好扶贫开发攻坚战，让老百姓生活越来越好，真正做到为官一任、造福一方。

——《习近平总书记在会见全国优秀县委书记时的讲话》（2015 年 6 月 30 日），载《做焦裕禄式的县委书记》，中央文献出版社，2015，第 67 页

区域经济一体化是贫困地区高质量发展的关键

习近平总书记在党的十九大报告中指出："我国经济已由高速增长阶段转向高质量发展阶段。"2018 年国务院政府工作报告指出："按照高质量发展的要求，统筹推进'五位一体'总体布局和协调推进'四个全面'战略布局，坚持以供给侧结构性改革为主线，统筹推进稳增长、促改革、调结构、惠民生、防风险各项工作。"参加市委组织部主办的优秀企业家研修班，通过专家对党的十九大报告的系统解读、对珠三角区域经济的深入剖析，以及在富士康、腾讯、比亚迪、大运软件小镇、深圳华大基因的现场教学，我深刻体会到，区域经济一体化是贫困地区高质量发展的关键，为此要谋划统筹好脱贫攻坚、区域规划、改革创新三篇大文章。

一 高质量精准脱贫是贫困地区经济一体化的基础

广东省社会科学院丁力教授在《区域经济发展》的授课中介绍，张德江、汪洋、胡春华同志在主政广东期间，都大力推动实现珠三角区域经济平衡

发展、产业结构合理调整。但广东省社会科学院深入调研编制的《2007广东省区域综合竞争力评估分析报告》显示，随着广东经济社会的快速发展，珠江东西部、粤南北部之间的差距，不仅没有变小，反而变大了。事实证明，由于区位、资源禀赋等差异，用经济手段不可能实现区域经济平衡协调发展，高质量发展也无从谈起。结合在扶贫一线挂职的实际，我更深刻地体会到党的十九大将精准脱贫确定为三大攻坚战之一的重大意义。党的十八大以来，以习近平同志为核心的党中央，把脱贫攻坚作为党的政治承诺，摆到治国理政的重要位置，举全党全国全社会之力推进。目前，剩下的贫困人口，大多是"老弱病残"等难啃的"硬骨头"，很难通过激发内生动力等自动脱贫。只能从讲政治的高度，扛起政治责任，全党动员、全民发力，把各项工作抓紧抓实抓细，保质保量打好脱贫攻坚战，才能为区域经济协调发展、高质量发展奠定一个比较好的基础。

就邢台而言，2018年是临城、巨鹿、新河、广宗四个国定县脱贫摘帽的收官之年，着眼啃下扶贫"硬骨头"，市委市政府先后出台《关于进一步做好精准就业扶贫攻坚工作的实施方案》《关于建设扶贫微工厂促进产业和就业扶贫的实施方案》《关于谋划实施一批种养加扶贫项目的实施方案》《关于支持农业产业化龙头企业带动脱贫攻坚的实施方案》《邢台市扶贫脱贫驻村干部管理办法》等一系列实招硬招。在扶贫一线，我们深刻感到，这些措施及时、有力、有效，有利于激发"老弱病残"的内生动力，增强战胜贫困的能力信心，有利于彻底消除绝对贫困，缩小收入差距，进而推动贫困县与非贫困县之间的平衡发展和区域经济高质量发展。

二 高定位规划是贫困地区经济一体化的前提

通过在富士康、大运软件小镇等现场教学，不难感到深圳市龙岗区"一核两廊三区四城多园一道"的产业布局遵循规律、符合实际、比较科学。龙岗区地处深莞惠几何中心的区位优势，不仅具备引领区域产业结构调整、带动区域经济快速发展的条件，而且在未来承担着深圳市向莞惠和粤东北地区辐射的重任。面对特区一体化、深莞惠一体化向纵深发展等历史机遇，龙岗区近年来把握产业发展规律，创新高新产业成果转化机制，按照"政府统筹、规划先行、产业引领、产城融合"的原则,将"高端集聚、高端引领、创新驱动、创新发展"的战略理念贯穿于产业发展规划布局的全过程。进一步强化龙岗在深莞惠几何中心的"一核"作用;进行产业细分,并预留产业布局的弹性空间;处理好产业布局规划和其他规划之间的关系,打造适合创新创业、转型升级的生产、生活、生态环境。比如,龙岗区加快建设发展大运软件小镇等创新产业系列园区以及阿波罗新兴产业园等特色园区,通过"多园"形成遍布全区的产业明珠。大运软件小镇定位为"华南区高端信息产业基地",按照"三高一平台"(高等院校、高端项目、高端人才,创新平台)的发展思路,将一个老旧工业区改造成为功能完善、配套齐全的珠三角软件与服务外包示范基地、深圳IT创新中心、电子商务与移动互联创业聚集区、龙岗区传统产业改造升级与现代服务业发展的标杆园区。税收由2011年不足550万元增至2017年的5亿元,是经济高质量发展的典型范例。

纵观国际国内经济发展,经济全球化、区域经济一体化已成趋势。不过,一体化并不意味着同质化,内在要求是区域间竞争主体各寻其位、找准优势、发挥优势、错位发展,大力培育各自的比较优势,形成自己的经济特色。反观邢台各县(市、区)历史形成了"诸侯经济",要建设经济强市、美丽邢襄,实现高质量发展,也要从规划抓起,按照有所为有所不为的原则,加大协调引导力度,科学确定各县(市、区)的功能定位,推动实现区域间的科学分工与有机协作。

三 高标准创新是贫困地区经济一体化的关键

2018年2月27日至3月1日举办的亚布力中国企业家论坛第十八届年会上,新华社所属中国经济信息社发布了《新华中国营商环境指数》,深圳位列第一。良好的市场化环境,被认为是深圳一直以来保持发展活力的重要保障。2017年8月,深圳市委提出,开展"营商环境优化行动",重点围绕"互联网+政务服务"环境和诚信环境提升,加大工作力度,构建服务效率最高、管理最规范、市场最具活力、综合成本最佳的国际一流营商环境。仅2017年,深圳就先后出台实施了"降低实体经济成本28条""扩

第二部分
堂阳凝思

大工业有效投资 26 条""外贸稳增长 25 条""加强知识产权保护 36 条"等系列措施。2018 年初,又出台了《深圳市关于加大营商环境改革力度的若干措施》,让企业安心做优做大做强。在深圳学习的这几天,我切实感受到"深圳的空气里都能闻到创新的味道"。媒体评论,深圳在改革营商环境方面,始终怀有一颗"不满足"和"不排外"的上进之心,并没有因为干得好、干在全国前列就沾沾自喜、自我满足。比如,我们观摩的大运软件小镇,龙岗区产业投资服务集团全力打造科技金融服务、创新技术服务、产学研合作服务、高端人才服务、政策市场服务、产业综合服务、社区生活服务和高端物管服务等八大服务体系以及配套的招商运营服务中心、行政服务大厅小镇分中心、企业健康体检诊疗中心、园区党群服务中心等服务平台,全面服务入园企业,推动高效快速成长。

深圳改革的成功探索,邢台市无法也不必复制,但我们可以合理借鉴深圳理念、制度、服务等创新的有效做法,在调整招商引资考核体系、优化项目建设考核导向、改革营商环境等方面精准发力,完善统一、开放、竞争、有序的市场体系,健全政府、市场、社会共同发力的长效机制。通过释放改革红利和政策红利,引导各县(市)区深入理解创新、协调、绿色、开放、共享的发展理念,准确把握高质量经济内涵,认真研究自身优势,立足资源禀赋、产业基础、人才储备等因素,科学确定发展定位、目标和路径,更加突出发展重点,培育产业集聚优势。同时,各级政府部门做好出政策、搭平台、优环境等工作,推动县(市)区由区域合作向产业协同转变,不断提高服务高质量经济的能力和水平。

总之,与沿海发达地区相比暂时处于发展劣势的贫困地区,要从精准脱贫、规划对接、战略协同和改革创新等方面,大力推进区域经济一体化,发挥各市县域经济的比较优势,提高发展的质量和效益,培育"弯道超车"的后发优势。

(本文系作者 2018 年 9 月代表新河县参加邢台市优秀企业研修班撰写的学习体会,刊登在《邢台市优秀企业家研修班学习资料汇编》)

延伸阅读

从四场重磅座谈会,看习近平把脉区域协调发展

5月21日下午,习近平总书记在江西南昌主持召开推动中部地区崛起工作座谈会,就做好中部地区崛起工作提出8点意见。

包括这一座谈会在内,习近平一年多来已经主持召开了四场重磅座谈会,内容都与区域协调发展有关。另三场重磅座谈会分别为:2018年4月26日,习近平在武汉主持召开深入推动长江经济带发展座谈会;2018年9月28日,习近平在沈阳主持召开深入推进东北振兴座谈会;2019年1月18日,习近平在北京主持召开京津冀协同发展座谈会。

把脉区域协调发展,习近平提出了哪些要求?

明确基调

中部地区崛起:

推动中部地区崛起是党中央做出的重要决策。做好中部地区崛起工作,对实现全面建成小康社会奋斗目标、开启我国社会主义现代化建设新征程具有十分重要的意义。

当前,中部地区崛起势头正劲,中部地区发展大有可为。要紧扣高质量发展要求,乘势而上,扎实工作,推动中部地区崛起再上新台阶。

长江经济带:

推动长江经济带发展是党中央做出的重大决策,是关系国家发展全局的重大战略。

新形势下推动长江经济带发展,要坚持共抓大保护、不搞大开发,以长江经济带发展推动经济高质量发展。

东北振兴:

东北地区是我国重要的工业和农业基地,维护国家国防安全、粮食安全、生态安全、能源安全、产业安全的战略地位十分重要,关乎国家发展大局。

第二部分
堂阳凝思

新时代东北振兴,是全面振兴、全方位振兴,要重塑环境、重振雄风,形成对国家重大战略的坚强支撑。

京津冀协同发展:

京津冀协同发展是一项重大国家战略,要从全局的高度和更长远的考虑来认识和做好京津冀协同发展工作。

京津冀协同发展不可能一蹴而就,要做好长期作战的思想准备。当前和今后一个时期进入滚石上山、爬坡过坎、攻坚克难的关键阶段。

提出要求

关键词一:协同

对于推动长江经济带发展,习近平要求正确把握自身发展和协同发展的关系,努力将长江经济带打造成为有机融合的高效经济体。长江经济带的各个地区、每个城市在各自发展过程中一定要从整体出发,树立"一盘棋"思想,实现错位发展、协调发展、有机融合,形成整体合力。

对于东北振兴,习近平强调,要培育发展现代化都市圈,加强重点区域和重点领域合作,形成东北地区协同开放合力。要以东北地区与东部地区对口合作为依托,深入推进东北振兴与京津冀协同发展、长江经济带发展、粤港澳大湾区建设等国家重大战略的对接和交流合作,使南北互动起来。

对于京津冀协同发展,习近平指出,要立足于推进人流、物流、信息流等要素市场一体化,推动交通一体化。要破除制约协同发展的行政壁垒和体制机制障碍,构建促进协同发展、高质量发展的制度保障。

对于中部地区崛起,习近平要求完善政策措施和工作机制,加大对中部地区崛起的支持力度,研究提出促进中部地区高质量发展的政策举措,加强统筹协调。

关键词二:环保

在这四场座谈会上,习近平都强调生态环保的重要性,要求牢固树立绿水青山就是金山银山的理念,强化生态环境联建联防联治。习近平指出,推动长江经济带绿色发展,关键是要处理好绿水青山和金山银山的关系。

推进东北振兴,要贯彻绿水青山就是金山银山、冰天雪地也是金山银山的理念，加快统筹山水林田湖草治理，使东北地区天更蓝、山更绿、水更清。

推动京津冀协同发展，要坚持绿水青山就是金山银山的理念，增加清洁能源供应，调整能源消费结构，持之以恒推进京津冀地区生态建设。

推动中部地区崛起，要坚持绿色发展，开展生态保护和修复，强化环境建设和治理，推动资源节约集约利用，建设绿色发展的美丽中部。

关键词三：新动能

推动高质量发展需要培育新动能。

对于推动长江经济带发展，习近平强调，要以壮士断腕、刮骨疗伤的决心，积极稳妥腾退化解旧动能，为新动能发展创造条件、留出空间，实现腾笼换鸟、凤凰涅槃。

对于推进东北振兴，习近平要求，东北振兴要以培育壮大新动能为重点，坚持凤凰涅槃、腾笼换鸟，积极扶持新兴产业加快发展。

对于京津冀协同发展，习近平提出，要集聚和利用高端创新资源，积极开展重大科技项目研发合作，打造我国自主创新的重要源头和原始创新的主要策源地。

对于中部地区崛起，习近平提出的八点意见中第一条就是推动制造业高质量发展，主动融入新一轮科技和产业革命，加快数字化、网络化、智能化技术在各领域的应用，推动制造业发展质量变革、效率变革、动力变革。

关键词四：久久为功

推动区域协调发展需要耐心和定力。

习近平强调，推动长江经济带发展是一个系统工程，不可能毕其功于一役。要正确把握总体谋划和久久为功的关系，对实现既定目标制定明确的时间表、路线图，稳扎稳打，分步推进，坚定不移将一张蓝图干到底。

对于东北振兴，习近平要求瞄准方向、保持定力、撸起袖子加油干。

对于京津冀协同发展，习近平直言这是一项系统工程，不可能一蹴而就。对于雄安新区建设，习近平要求保持历史耐心和战略定力，用法律法规确保一张蓝图干到底。

在推动中部地区崛起工作座谈会上，习近平针对当前国内国际形势指出，要清醒认识国际国内各种不利因素的长期性、复杂性，妥善做好应对各种困难局面的准备。

关键词五：民生

发展是为了人民，发展的成果要由人民共享。在四场座谈会上，习近平都明确要求坚持以人民为中心，更加关注补齐民生领域短板。

在深入推动长江经济带发展座谈会上，习近平要求深刻理解实施区域协调发展战略的要义，完整准确落实区域协调发展战略，推动实现基本公共服务均等化，基础设施通达程度比较均衡，人民生活水平有较大提高。

对于推进东北振兴，习近平挂念着养老金发放等民生问题，他要求确保养老金按时足额发放，确保按时完成脱贫任务，完善社会救助体系，保障好城乡生活困难人员基本生活。

对于京津冀协同发展，习近平要求着力解决百姓关心、涉及切身利益的热点难点问题，优化教育医疗资源布局。要坚持就业优先，做好当地百姓就业这篇文章。

对于中部地区崛起，习近平要求，做好民生领域重点工作，做好脱贫攻坚工作，创造更多就业岗位，加快补齐民生短板，完善社会保障体系，创新社会治理。

（中央广电总台央视新闻客户端2019年5月22日）

> 在扶贫路上
> ZAIFUPINLUSHANG

要推进农业供给侧改革,提高农业综合效益和竞争力。要以科技为支持走内涵式现代农业发展道路,实现藏粮于地、藏粮于技。

——2016年3月8日,习近平总书记参加湖南代表团讨论时强调,新华社北京2016年3月8日电

"洋"收割机折射农业供给侧改革大课题

今天,世界排名第四、欧洲第一大农机制造企业——德国克服拉斯集团科乐收农业机械有限公司首席商务官托比亚斯一行,到新河县农机公司考察洽谈"春雨"联合收割机经销合作事宜。我认为,这是对新河县农机公司的充分信任和肯定,也从一个侧面说明,"春雨"联合收割机在新河县及周边地区的销售情况还不错。

2017年2月22日《新华每日电讯》刊发了新华社黑龙江分社的深度调研《农民追捧"洋犁"启示农业供给侧改革》。据报道,春耕备耕时节,东北不少种粮大户、合作社不愿意买只要四五万元的国产犁,"宁可多花十倍钱,也要买进口犁"。

看似"奇事"的背后,实则老百姓心里自有一笔账:一些国产五铧翻转犁与进口犁在使用上有很大差别,基本上是"翻地效果、深度、效率、使用寿命,样样差了点"。一些农机研究专家认为,"洋梨具"走俏的背后,是我国农具产业还跟不上动力机械的脚步。"应改变重农机、

第二部分
堂阳凝思

轻农具的观念",着眼农业供给侧改革,建立我国独立的犁具工业体系。

近几年来,中央一号文件把推进农业供给侧结构性改革作为主题。2019年1月11日至12日,我代表新河县在石家庄主会场参加了河北省农村工作会议暨扶贫开发工作会议。会议印发的《河北省农业供给侧结构性改革三年行动计划》2019年目标任务落实方案,提出"一年打基础、两年求突破、三年见实效",着力推进科技农业、绿色农业、品牌农业、质量农业向纵深突破,切实加快农业转型升级,为乡村振兴奠定坚实的产业基础,加快农业大省向农业强省转变。

我认为,农业供给侧结构性改革不仅是一个概念,农业现代化不仅是一个号召,还具体体现在每项农业技术、每台农机、每件农具、每粒种子、每个农产品中。"春雨"联合收割机走俏、"洋铁犁"走红,就是一堂生动的农业供给侧结构性改革课。这些具体而微的小"短板",折射出农业供给侧改革的大课题和重要着力点。

科学技术是第一生产力。习近平总书记深刻指出,"中国现代化离不开农业现代化,农业现代化关键在科技、在人才。要把发展农业科技放在更加突出的位置,大力推进农业机械化、智能化,给农业现代化插上科技的翅膀"。贫困地区谋划产业扶贫,推动农业高质量发展,尤其要抓住科技扶贫这个牛鼻子。据近期《河北日报》报道,石家庄市藁城区高玉村3万亩小麦绿色高质高效示范区建立统一供种、统一测土配方施肥、统一整地播种、统一播后镇压、统一肥水管理、统一技术培训、统一病虫害防治、统一机械收获的"八统一"生产模式;承德市丰宁满族自治县大力发展有机农业,规范小米种植,叫响农业品牌,1斤小米卖到60元……

就农业部门、科研机构、生产企业而言,农业发展的每个短板,都是供给侧结构性改革的难得机遇。每台收割机、每把"铁犁"、每件农具都造牢造靓了,农民争着用了,农业供给侧结构性改革就成功了,我们的农业现代化也就不远了。

(本文系作者2019年2月28日的工作日志)

在扶贫路上
ZAIFUPINLUSHANG

反贫困斗争　雷锋精神不能缺席

3月5日,是全国第56个学习雷锋纪念日。这几天,贫困地区相继开展了"弘扬志愿精神　助力脱贫攻坚""脱贫攻坚学雷锋树新风"等以扶贫济困为主题的学雷锋志愿服务活动。有关媒体刊发评论呼吁,创新发展符合时代潮流的雷锋精神。笔者认为,贫困地区应深入领会落实习近平总书记"雷锋精神是永恒的,是社会主义核心价值观的生动体现。你们要做雷锋精神的种子,把雷锋精神广播在祖国大地上"等指示精神,着力推动学雷锋扶贫济困等主题活动常态化,从雷锋精神中汲取向上向善的奋斗精神、奉献精神、工匠精神,助力我们党和国家的脱贫攻坚战。

一　领会雷锋精神的基本内涵,有利于增强打好打赢精准脱贫攻坚战的思想自觉和行动自觉

1963年3月5日,毛主席为雷锋题词,全国各地广泛开展向雷锋同志学习的活动。56年过去了,雷锋这个响亮的名字和雷锋精神,影响了一代

第二部分
堂阳凝思

又一代中国人。尽管每个时代人们对雷锋精神的理解不尽相同,但雷锋精神以无私奉献为基本内涵的内核没有变,为人民服务的价值取向没有变。2018年9月28日,习近平总书记在向雷锋墓敬献花篮并参观雷锋纪念馆时指出,雷锋是一个时代的楷模,雷锋精神是永恒的。积小善为大善,善莫大焉,这和我们党"为人民服务""做人民勤务员"是一脉相承的。学习雷锋精神,就要在自己岗位上做一颗永不生锈的螺丝钉。党的十八大以来,党中央把脱贫攻坚作为关乎党和国家政治方向、根本制度和发展道路的大事来抓,习近平总书记亲自部署、亲自挂帅、亲自出征、亲自督战,就是为了让贫困地区和贫困人民同全国一道进入全面小康社会,就是为人民谋幸福。领会雷锋精神的内涵,有利于我们增强"四个意识"、坚定"四个自信"、做到"两个维护",从内心深处增强对精准脱贫攻坚战的思想行动自觉。

二 认知雷锋精神的时代价值,有利于激发贫困家庭摆脱贫困的内生动力和信心勇气

习近平总书记指出:"人民有信仰,民族有希望,国家有力量。实现中华民族伟大复兴的中国梦,物质财富要极大丰富,精神财富也要极大丰富。我们要继续锲而不舍、一以贯之抓好社会主义精神文明建设,为全国各族人民不断前进提供坚强的思想保证、强大的精神力量、丰润的道德滋养。"实践证明,雷锋精神作为一种艰苦创业、积极进取、自强不息、奋力拼搏的开拓精神,已成为一个激发传播正能量的精神坐标和时代丰碑。目前,我国还有1600多万农村贫困人口,剩下的都是困中之困,坚中之坚,"硬骨头"中的"硬骨头"。一方面要对症下药,分类施策,加大帮扶力度;另一方面,要坚持群众主体,多管齐下,着力激发脱贫内生动力,变"要我脱贫"为"我要脱贫"。弘扬雷锋精神的时代价值,有利于营造勤劳致富、光荣脱贫的氛围,引导贫困群众依靠勤劳双手和顽强意志脱贫,实现习近平总书记强调的"扶贫先扶志"。

三 推动学雷锋志愿服务常态发展，有利于构建消除相对贫困的大扶贫机制

水滴石穿之功在于"恒"。打赢脱贫攻坚战绝非朝夕之功，不是轻轻松松冲一冲就能解决的。2020年中国将消除绝对贫困，但相对贫困还会长期存在，要通过打赢攻坚战探索经验，建立一套比较好的体制机制，继续做好减少相对贫困的工作。雷锋精神充分体现了顾全大局、忠于职守、克己奉公、处处以国家和集体利益为重的主人翁态度，推动学雷锋志愿服务常态化、制度化、机制化，充分发挥雷锋身上"所具有的信念的能量、大爱的胸怀、忘我的精神、进取的锐气"的榜样作用，有利于把每个人崇高的理想信念和道德品质追求融入日常的工作生活，营造相互尊重、助人为乐、诚实守信、和谐融洽的良好社会风尚，推动构建政府、市场、社会三位一体的大扶贫格局。贫困地区开展志愿服务，要把脱贫攻坚当作主战场，引导各行业都把为人民服务当成日常工作，服务人民、助人为乐，"做雷锋精神的种子""让雷锋精神在全社会蔚然成风，世世代代弘扬下去"。

说一尺不如行一寸。弘扬雷锋精神，"人人可学、处处可为"，作为党员干部，我们要率先垂范，从生活点滴入手，构建人人皆愿为、人人皆可为、人人皆能为的局面。

（本文系作者2019年3月5日的工作日志）

第二部分
堂阳凝思

不仅人大尽责　更要人人尽责

　　昨天，河北省人大系统"河北发展、人大尽责"主题实践活动动员会在石家庄召开。会议深入学习贯彻习近平总书记关于坚持和完善人民代表大会制度的重要思想，认真落实党中央和河北省委决策部署，落实王东峰书记要求，对全省人大系统开展"河北发展、人大尽责"主题实践活动进行动员部署。省委副书记赵一德出席并做动员讲话。省人大常委会常务副主任范照兵主持，副主任王晓东就开展"河北发展、人大尽责"主题实践活动指导意见做了说明，副主任王会勇宣读了省人大常委会关于2018年三项联动监督工作情况通报。根据会议安排，我代表新河县委和县人大常委会党组书记、主任康玉魁等县领导，在锦绣大厦四楼视频会议室收听收看了会议。

　　省委副书记赵一德强调，要提高政治站位，站在自觉践行"四个意识"、坚决做到"两个维护"的高度，以强烈的政治责任感和历史使命感推进主题实践活动开展。要担起政治责任，坚持聚焦重点，在办好"三件大事"上主动作为，在推动创新发展、绿色发展、高质量发展上履职尽责，在推动为群众办实事、办好事上发挥作用；坚持问题导向，及时发现制约改革发展、影响社会稳定的突出问题，找准症结，推动整改，防范风险；坚持注重实效，聚焦经济社会发展短板弱项和群众关心、社会关注的热点难点，列出时间表、路线图，有力有序推进；坚持科学方法，把握规律性，增强系统性，突出创新性，体现群众性，强化规范性，确保取得最佳效果。要加强组织领导，党委切实加强统一领导，人大充分发挥主导作用，"一府一委两院"自觉接受监督，为开展主题实践活动提供有力保障，推动省委重大决策部署落地落实。

　　自到新河扶贫以来，我深深感到，人民代表大会制度是中国特色社会主义制度的重要组成部分，是支撑中国国家治理体系和治理能力的根本政治制度，省市县党委高度重视。2017年8月，新河县委印发了《关于进一步加强和改进人大工作的意见》，从坚持和加强党对人大工作的领导、支持和保证人大及其常委会依法履行各项职权、重视和发挥人大代表的主体作用、注重加强县人大常委会的自身建设等四个方面提出具体要求。从聚力决战脱贫、决胜小康，建设经济强县、美丽新河等新河发展主题来看，新河人大工作正在践行"新河发展、人大尽责"的要求。省人大系统部署"河北发展、人大尽责"主题实践活动，实际上提高了人大系统主动融入大局、服务中心的站位，强化事不避难、精准定位、集中发力的作为。

今天，专门梳理这篇日志，主要是想说，河北发展，不仅是"人大尽责"，而且要"人人尽责"；或者说，河北发展必须做到人人有责，人人尽责。这看似一个非常普通朴素的观点，对于党员干部而言，实则是体现"四个意识"、践行"两个维护"的具体行动。

实现中华民族伟大复兴的中国梦而奋斗，是我们每个人难得的际遇。党的十九大报告指出，我们要以永不懈怠的精神状态和一往无前的奋斗姿态，继续朝着实现中华民族伟大复兴的中国梦奋勇前进。中国梦是国家梦、民族梦，也是个人梦。当今，中国正以昂扬的姿态阔步走在世界舞台中央，"今天，我们比历史上任何时期都更接近、更有信心和能力实现中华民族伟大复兴的目标"。正如习近平总书记所指出的，"幸福都是奋斗出来的，全体中华儿女都要撸起袖子加油干"。中华民族伟大复兴的中国梦是属于我们每一个人的梦，只有我们每一个人都脚踏实地，在各自岗位上苦干实干，才能凝聚起强大的智慧和力量，推动实现我们共同的中国梦。

统筹推进"五位一体"总体布局，人人有责。站在新的历史方位，党的十九大明确以"五位一体"的总体布局推进中国特色社会主义事业，更好地推动人的全面发展、社会全面进步的任务书。新时代"五位一体"总体布局是一个有机整体，致力于全面提升我国物质文明、政治文明、精神文明、社会文明、生态文明，更好地满足全体人民对美好生活的向往。统筹推进新时代"五位一体"总体布局，自然也必须靠每个中华儿女的自觉实践来实现。我体会，对于党员干部而言，就是要自觉做到习近平总书记强调的"始终做到心中有党、心中有民、心中有责、心中有戒"。

协调推进"四个全面"战略布局，需人人尽责。党的十八大以来，面对错综复杂的国际环境和艰巨繁重的国内改革发展稳定任务，以习近平同

第二部分
堂阳凝思

志为核心的党中央总揽全局、运筹帷幄，紧紧围绕实现"两个一百年"奋斗目标和中华民族伟大复兴的中国梦，提出了"四个全面"战略布局。为此，党的十九大部署坚决打好三大攻坚战，全面建成得到人民认可、经得起历史检验的小康社会。防范化解重大风险、精准脱贫、污染防治这三大攻坚战，都是需要人人尽责的难啃的"硬骨头"。比如，就精准脱贫攻坚而言，建立了五级书记抓扶贫的动员体系、政策体系、投入体系，形成了政府、市场、社会三位一体的大扶贫格局，构建了全党动员、全民发动、全员参与的"举国"体制。就防范化解重大风险而言，在2019年1月15日至16日召开的中央政法工作会议上，习近平总书记指出，要完善基层群众自治机制，调动城乡群众、企事业单位、社会组织自主自治的积极性，打造人人有责、人人尽责的社会治理共同体。对培育和践行好社会主义核心价值观，习近平总书记曾指出，突出广泛覆盖、全民参与，形成人尽其责、人人争先的社会氛围和推进机制，等等。

一言以蔽之，无论新河的发展，还是河北的发展、国家的发展，都要人人有责，人人尽责。

（本文系作者2019年4月3日的工作日志）

延伸阅读

我省人大系统将开展"河北发展、人大尽责"主题实践活动

4月2日，记者从河北省人大常委会获悉，河北省将在全省人大系统开展"河北发展、人大尽责"主题实践活动，动员全省人大系统积极行动起来，依法履职、科学履职、充分履职，服务河北改革发展大局。

根据实践活动的指导意见，省人大常委会将大力实施创制性立法，紧紧围绕"三件大事"，聚焦河北省资源环境约束趋紧、污染防治任务艰巨、城乡公共服务水平较低等突出矛盾和短板，安排了多项创制性立法项目。同时，要求市级人大常委会立足本地实际，围绕经济社会发展的重点领域和薄弱环节，科学确定法规项目。县级人大要积极关注本区域经济社会发

展的焦点难点，以决定、决议等形式推动和服务本地改革发展。

在实践活动中，省人大常委会还将继续开展三项联动监督。据介绍，河北省将全面跟踪监督去年省人大常委会关于检查"一法三条例"实施情况的审议意见和省政府印发的《省人大常委会三项联动监督发现问题整改工作方案》明确的三大领域20个方面72项整改任务落实。针对省发改委、省自然资源厅、省生态环境厅、省文化旅游厅、省市场监管局、省地方金融监管局、省扶贫办等7个被评议职能部门各自的整改任务，组织不少于25%的五级代表对整改工作实施情况进行全面评议。

河北省还将推行民生实事项目人大代表票决制，要求市县乡人大及其常委会认真制定民生实事票决制实施办法，把坚持党的领导、充分发扬民主、严格依法办事落实到民生实事项目代表票决制工作的每个环节，科学高效落实各项工作。同时，将开展专项工作常委会满意度测评，测评为不满意等次的，工作报告不予通过，责成有关部门认真整改，整改情况在4个月内向人大常委会报告。

在此基础上，河北省还将着力加强基层人大组织建设，健全完善县级人大专门委员会和人大常委会内设机构，建强办公室、选举任免代表工作委员会等综合办事机构，设立财政经济工作委员会等3个左右的工作委员会。配齐配强乡镇人大主席、副主席，专职专干，设立人大主席团办公室，并明确工作人员。健全街道人大工作委员会，明确主任和工作人员。同时，将普遍建立直选代表向选民述职制度，县乡人大代表每年要向原选区选民述职，述职采取口头和书面两种形式，每年进行口头述职评议的代表人数不少于总数的20%，届内全部县乡代表至少参加一次口头述职评议。

为确保实践活动顺利实施，省人大常委会要求，省市县人大常委会要成立领导小组，各级人大要结合实际制定具体活动方案，明确时间表、路线图和责任人，确保主题实践活动有力有序有节。要引导代表通过多种形式、多种途径参与活动，确保整体参与率。

（《河北日报》2019年4月3日，记者张淑会、见习记者李枫）

第二部分
堂阳凝思

要坚决落实安全生产责任制，切实做到党政同责、一岗双责、失职追责。要健全预警应急机制，加大安全监管执法力度，深入排查和有效化解各类安全生产风险，提高安全生产保障水平，努力推动安全生产形势实现根本好转。各生产单位要强化安全生产第一意识，落实安全生产主体责任，加强安全生产基础能力建设，坚决遏制重特大安全生产事故发生。

——2015年8月15日，习近平总书记就切实做好安全生产工作做出重要指示，新华社北京2015年8月15日电

多想"一失万无" 就能"万无一失"

江苏省盐城市响水县天嘉宜化工有限公司"3·21"特别重大爆炸事故，党中央、国务院高度重视，社会持续高度关注。对这起后果极为严重，影响极为恶劣，教训极为惨痛的事故，各地都在深刻反思，举一反三，亡羊补牢，坚决防范化解重大风险，坚决杜绝特大甚至更大的灾难。

就河北而言，立即开展为期两年的全省范围化工行业安全生产整治攻

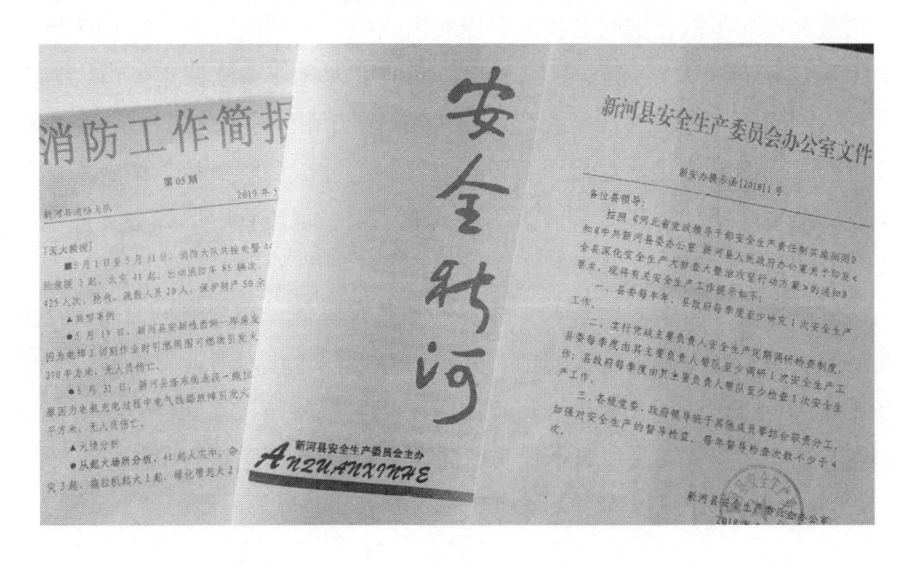

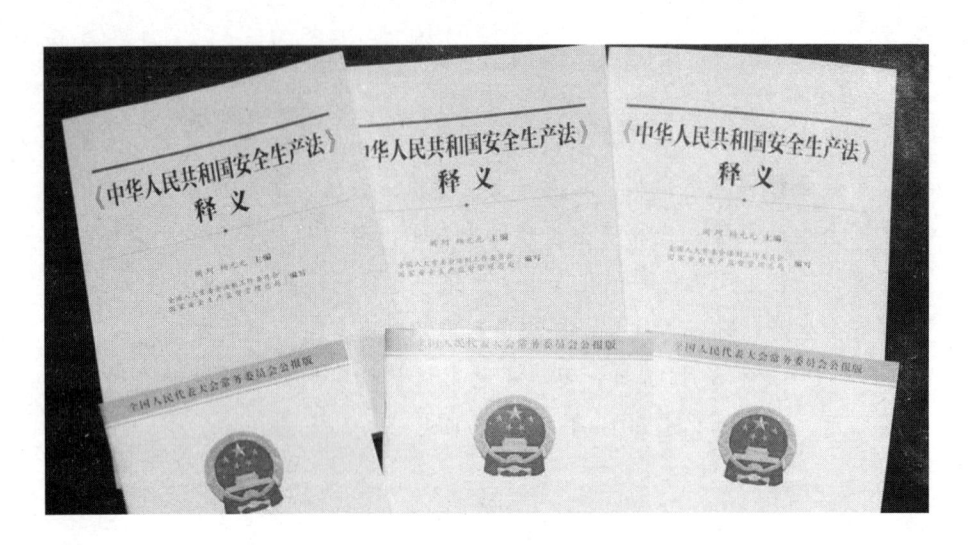

坚行动，省住建厅、交通运输厅、水利厅联合印发《河北省建筑施工安全生产三年专项整治实施方案》。新河县召开县委常委扩大会议和政府专题会议，传达贯彻习近平总书记等中央领导同志对安全生产工作重要指示批示精神和省市部署，集中学习《邢台市党政领导干部安全生产责任制实施细则》，对抓实抓好安全生产工作进行部署。第一时间对化工园区停产整顿，全面开展安全隐患大排查大整治。

思想是行动的先导。举一反三，全面开展安全隐患大排查、大整治，确保安全生产万无一失，首先要从灵魂深处进行反思，剖析响水"3·21"特别重大爆炸事故，把问题找准、把成因找准、把教训找准。3月23日，国务院江苏响水天嘉宜公司"3·21"特别重大爆炸事故调查组指出，事故暴露的问题十分突出，事故企业连续被查处、被通报、被罚款，企业相关负责人仍旧严重违法违规、我行我素，最终酿成惨烈事故。说白了，是企业安全生产主体责任未有效落实造成的恶果，是监管中形式主义官僚主义酿成的苦果。

笔者体会，夯实安全生产主体责任和监管责任，切实维护人民群众生命财产安全，必须着力解决当前一些地方和部门单位对习近平总书记关于坚持底线思维、防范化解重大风险的重要指示精神认识不到位，抓落实的态度不坚决、抓落实的作风不扎实、抓落实的能力不适应等问题。

2018年4月13日《解放军报》就军品质量问题发过一篇评论《多想"一

第二部分
堂阳凝思

失万无"，才能"万无一失"》，例举了两个哑弹影响战争胜负的故事，强调从细节抓起，从细致做起抓武器装备质量。响水"3·21"事故第二天，《人民日报》发表的评论指出，一个失误，就可能导致前功尽弃。一失万无的道理，并不深，却不容易铭刻在心。笔者认为，只有牢记安全生产从来没有"万无一失"，只有"一失万无"，才能时刻绷紧安全生产这根弦，做实做细做好防范化解重大风险各项工作，把习近平总书记以人民为中心的发展思想落到实处，转化为人民群众的安全感、幸福感和获得感。

一要强化政治站位，牢树"一失万无"的理念。 要从强化"四个意识"、增强"四个自信"、践行"两个维护"的高度，不断提高站位，牢固树立"一失万无"的理念，切实落实"党政同责、一岗双责、失职追责、齐抓共管"和安全生产"三个必须"要求，全面压实责任、层层传导压力，不断健全人人负责、各尽其责的安全生产工作体系。

二要强化安全监管，落实"万无一失"的标准。 当前，各级党委、政府既要把危化品安全放在突出位置来抓，又要从根本上解决安全生产突出问题，切实以事故教训换来事业发展和能力提升。要严格各行业安全标准和准入门槛，加强和改进安全监管执法，对重大隐患和典型违法行为第一时间公开曝光，对问题突出的地区和单位及时约谈并开展"回头看"，使人民群众生命财产安全得到有力可靠保障。

三要强化隐患排查，守住"一失万无"的底线。 北京一企业门口巨幅宣传牌上有个公式"99＋1'＝0"，时刻提醒员工，生产一件不合格产品，产品合格率就是"0"。我们要切实树牢"一失万无"的"零风险"意识，按照"全覆盖、零容忍、严执法、重实效"的要求，紧紧抓住危险化学品、煤矿、非煤矿山、道路交通、火灾防控等重点行业领域，全面排查整改安全隐患，坚决防范和遏制各类事故的发生。

古人云："轻者重之端，小者大之源，故堤溃蚁孔，气泄针芒。"各级党委政府，只有切实强化"一失万无"的底线思维，才能扎实有力做好安全生产工作。

（本文系作者2019年3月29日的工作日志）

党的十八大以来，我们党关于生态文明建设的思想不断丰富和完善。在"五位一体"总体布局中生态文明建设是其中一位，在新时代坚持和发展中国特色社会主义基本方略中坚持人与自然和谐共生是其中一条基本方略，在新发展理念中绿色是其中一大理念，在三大攻坚战中污染防治是其中一大攻坚战。这"四个一"体现了我们党对生态文明建设规律的把握，体现了生态文明建设在新时代党和国家事业发展中的地位，体现了党对建设生态文明的部署和要求。各地区各部门要认真贯彻落实，努力推动我国生态文明建设迈上新台阶。

——摘自习近平总书记3月5日参加内蒙古代表团时的讲话，新华社北京2019年3月5日电

落实"河长制"要抓住三个着力点

今天下午，落实河长制的安排，我和县农村农业局（水务局）的两名同志去县级河道东风渠巡河。东风渠西起荆庄乡滏东排河漳水站，东到寻寨镇沙里王村，与西沙河交汇，横跨荆庄、寻寨两个乡镇9个村，全长15.1公里。东风渠不仅惠及两岸耕地灌溉，而且可与环城水系及支渠互联互通，调节滏东排河、西沙河两个省级河道的防汛压力。

作为县级河长，每次下乡调研，只要顺路，我都要拐到东风渠看看。这次主要是检查违章建筑清理和防污排污情况，我们从308国道滏东排河大坝，由西往东查看。在荆庄乡西小村，看到渠内有小鱼游动。荆庄乡河长孙翠娟说，老吕（西小村支书吕良英）没事就到东风渠"转悠"。一路穿过曹庄、仙庄、东一、东二，到了神无线县道，站在寻寨村街头的桥上，看到右侧河道有一些生活垃圾。同行的寻寨镇河长向飞说，乡村两级一直清理，但防不胜防。我是农村土生土长的，知道这都是村民生活习惯使然，现场提出了三点要求：一是高度重视，县、乡、村三级河长都要严格落实

第二部分
堂阳凝思

责任、形成合力;二是不仅从河长制的层面抓落实,也要从农村人居环境整治的高度抓紧抓好,河长制是一个系统工程,表在治水,实质不在水,根子不在水,在两岸附着物;三是要把村级河长制落实落地落细,发挥村"两委"作用,引导广大群众参与河道治理,推动全村共治,切实常巡常管,建立长效机制。

下午回到办公室,我再次研读了习近平总书记有关生态文明建设的论述。全面推行河长制是以习近平同志为核心的党中央从人与自然和谐共生、加快推进生态文明建设的战略高度做出的重大决策部署,是破解我国新老水问题、维护河湖健康生命、保障国家水安全的重大制度创新。结合担任县级河长的实践和思考,笔者体会应从三个方面发力,让每一条河道都"有人管""管得了""管得好"。

一、发挥河长的牵头抓总作用,推动形成河道治理"责任链"。俗话说:火车跑得快,全靠车头带。以习近平同志为核心的党中央推行"河长制",核心在于强化河道治理的领导力、动员力和执行力,建立管河治河用河的长效机制。作为"河长",毫无疑问要抓住环保责任落实的"牛鼻子",发挥好对于河道治理的示范和引领作用。要切实提高政治站位,坚持从牢树"四个意识"、践行"两个维护"的高度,主动担当担责,深入一线,靠前指挥、现场办公,以深严细实的作风层层传导压力,凝聚工作合力。要通过牵头抓总,强化协调督导,建立横向到边、纵向到底抓落实的"首长责任链",切实解决网格化、

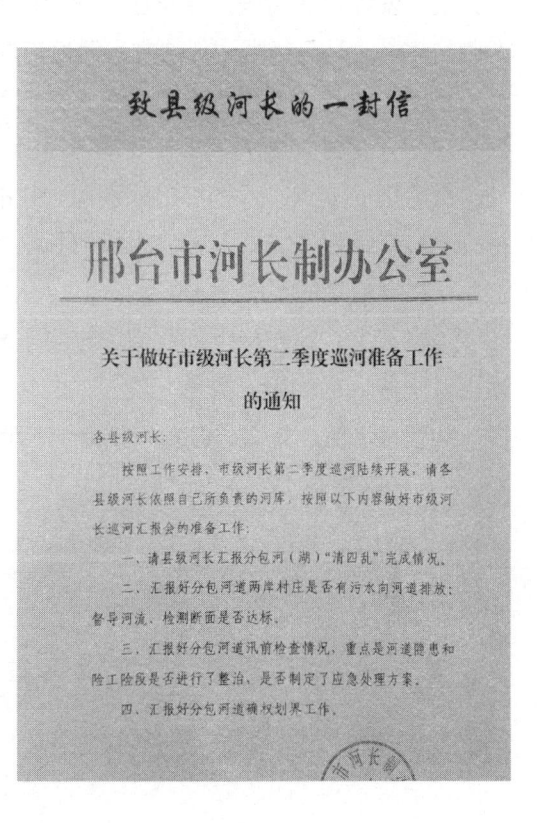

精细化管理的问题。

二、发挥制度的根本性作用，完善落实河长制的工作机制。河长制是从河流水质改善领导督办、环保问责衍生的水污染治理制度。我国已全面推行河长制，但一些河长有名无实是不争的事实，需要从河长履职尽责、解决问题、发挥实效等方面，进一步完善制度设计。2017年，浙江省人大常委会颁布实施《浙江省河长制规定》，成为全国第一个河长制地方性法规，科学设置河长责、权、利，规范河长制运行体系，实现河长履职有法可依。一些地方通过河长履职保证金制度、施行河长巡河掌上模式等，对河长履职情况进行监督。河北省印发《关于全面加强生态环境保护坚决打好污染防治攻坚战的实施意见》《河北省城市地表水环境质量达标情况通报排名和奖惩问责办法（试行）》，组织开展"碧水2018""利剑斩污"等专项行动，完善工作机制，强化责任担当，着力解决河湖管理保护存在的突出问题。

三、发挥村级河长的基层基础作用，构建河道三级治理新网络。中央对脱贫攻坚，是五级书记抓扶贫；河道治理，也是五级河长治水。村（居）河长是三级河长中的"神经末梢"，是河长制落实的"最后一百米"和关键一环。只有村（居）河长长效常态巡河，发挥好"前锋"作用，才能撬动源头治理的支点，发挥好追根溯源、找准病根的关键作用。要通过飞行检查、群众举报等方式，夯实村级河长这个基层基础，完善河长制的工作链条，提高治水的系统化水平。

美在河上，治在岸上。我们一定要牢固树立绿水青山就是金山银山的理念，坚持生态优先、绿色发展、"全县一盘棋"，务求上游下游、岸上岸下共管，水清、岸绿、景美，推动河长制落地落实。

（本文系作者2019年3月15日的工作日志）

第二部分
堂阳凝思

防汛抗洪：既要强化干部主体责任更要发挥群众主体作用

"七下八上"（每年的 7 月下旬到 8 月上旬，我国北方迎来雨季，也是全国大部最热的时期），是防汛抗洪抢险救灾工作的关键时期。7 月 20 日河北省委办公厅印发了《关于切实做好主汛期关键阶段防汛工作的紧急通知》，近期召开的新河县委常委会对防汛工作做出安排。

此前，新河县防汛抗旱指挥部 6 月 26 日印发了《关于领导干部和技术人员分包工程责任制及物料落实的通知》《关于健全防汛责任制和加强防汛纪律的若干规定》《新河县防汛应急响应工作机制实施办法》《新河县防汛抗旱指挥部成员单位及县级干部职责》《新河县防汛抗旱指挥部行洪排沥调度方案》。这些文件坚持以防为主、防抗救相结合，全面承包、一包到底，从落实防汛责任、严格防汛纪律、执行责任追究、完善应急机制、防汛转移安置等方面，压实了各级干部和技术人员包河道、包涵闸、包堤防、包城区等责任。县主要领导以上率下，有关县领导陆续到分管的单位、分包的乡镇和防汛工程检查防汛准备情况，务求抓早、抓细、抓实。根据分工，我和县委常委、统战部部长张忠健负责滏阳新河右堤及滏东排河（新河宁晋界经北陈海桥到青银高速桥沿线）的防汛工作。今天下午，我们两位和农业农村局负责防汛的同志去防汛重点工程北陈海引水涵洞控制闸排查。

习近平总书记明确把"为人民服务"摆在执政理念的首要位置。防汛抗洪的根本目的就是确保人民群众生命安全，确保重要基础设施和重大工程的安全。每到汛期，各地各部门把防汛抗洪作为"生命工程"来抓，把人民群众生命安全摆在第一位，强化灾前预防、细化方案措施，提高防汛抗洪抢险救灾成效，充分体现了总书记"以人民为中心的发展思想"。

在此基础上，我们也要在防汛抗洪抢险中，全面准确地贯彻、体现、检验"相信谁、依靠谁、为了谁，是否始终站在最广大人民的立场上"这个区分唯物史观与唯心史观的根本问题。一方面，强化各级干部主体责任，坚决

在扶贫路上
ZAIFUPINLUSHANG

落实习近平总书记强调的"各级领导干部特别是主要领导干部要靠前指挥，各有关地方、部门和单位要各司其职，从防汛责任落实、监测预报预警、避险撤离转移、防洪工程调度、山洪灾害防御、城市防洪排涝、险情巡查抢护、部门协调配合等方面强化防汛抗洪工作。各级党组织要充分发挥坚强领导作用，各级干部要充分发挥模范带头作用，广大共产党员要充分发挥先锋模范作用，在同重大自然灾害的斗争中经受住考验"。另一方面，要充分相信、依靠、发挥广大群众在防灾减灾中的主体作用，落实好群测群防的机制和措施。任何单位和个人都有防汛抗洪的义务，可谓人人有责。防大汛、抗大洪、抢大险，人民群众首先是受益者，同时应该是积极参与者，要成为防汛抗洪的主体。特别是社会响应程度和社会支持程度是防汛抗洪的重要措施，需要全民全社会高度重视防汛抗洪抢险救灾工作。从党委政府层面，应从四个方面发力。

一要加大对防汛抗洪是群众法定义务的宣传力度。要通过新闻媒体报道、张贴标语、印发组织群众主动参与防汛抗洪工作的通告或倡议书等形式，营造防汛抗洪的良好社会氛围、舆论氛围，让防汛抗洪人人有责的观念深入人心，坚决防止松懈情绪和麻痹思想。

二要加大对组织人民群众疏散演练的工作力度。通过经常性的演练，增强人民群众的避险意识，告诉人民群众疏散的地域、避险的方法，让他们熟知怎么预防洪水、洪水来了怎么办、被洪水围困怎么做等常识。每次降雨过程发生前及时转入应急防范状态，不仅能站在大堤上"抗"，也会在大堤下"防"，以不断提高人民群众抵御洪水和自救的能力。

三要切实把防汛抗洪措施落实到村、组、社区操作层面。责任传导到一线，任务分解到一线，确保工作有人抓，问题有人管，强化广大群众主体意识。消极应对或者逃避防汛抗洪义务，造成严重后果的，给予处罚，构成犯罪的依法追究刑事责任，不断提高广大人民群众防汛救灾的积极性。

四要注重发挥英雄模范和先进典型的示范带动作用。向全社会广泛宣传第一线涌现出来的英雄模范和先进典型，弘扬正能量，激励广大干部群众扎实做好各项工作，充分发挥基层党组织战斗堡垒作用、党员领导干部和驻村工作队示范带头作用、广大党员先锋模范作用，影响和带动广大群众积极做好防汛抗洪前线救灾工作。

（本文系作者2019年7月22日的工作日志）

第二部分
堂阳凝思

脱贫攻坚增强了向世界说明中国的话语权

据人民网报道，5月16日，由联合国粮食及农业组织、国际农业发展基金、世界粮食计划署、中国国际扶贫中心和中国互联网新闻中心五家机构联合主办的2019全球减贫伙伴研讨会在意大利首都罗马举行。来自各国政府、国际组织、私营部门近200名专家学者参加了研讨会，对于中国在减贫领域所取得的巨大成就给予高度肯定，同时认为中国经验值得更多发展中国家借鉴。

据参考消息网报道，5月27日，英国《金融时报》网站以《中国消除贫困的坚定之旅》为题，报道了记者露西·霍恩比探访怒江脱贫攻坚的情况。报道称，在短短40年内，中国通过市场改革和大量外国投资，变为世界第二大经济体，令大约7亿中国人摆脱了贫困……

在扶贫路上
ZAIFUPINLUSHANG

细品这两篇报道，透过现象看本质，结合在扶贫一线挂职的体会，我深切地感到，脱贫攻坚丰富了对外传播的话语体系，助推了讲好中国故事的创新发展，拓宽了我国外交工作的领域范围，增强了向世界说明中国的话语权。

一、习近平总书记关于扶贫工作的重要论述丰富了对外传播的话语体系。话语体系是一定时代经济社会发展方式、时代精神和文化传统的表达范式。每个时代都有反映这一时代的话语体系，习近平新时代中国特色社会主义思想是正确认识当今时代潮流、科学研判国际大势的时代产物，是新时代中国特色社会主义的话语体系。以习近平同志为核心的党中央把决战决胜绝对脱贫作为全面建成小康社会的底线任务和标志性指标，纳入"五位一体"总体布局和"四个全面"战略布局，摆到治国理政的重要位置，脱贫攻坚取得历史性成就。习近平总书记关于扶贫工作的重要论述，是总书记亲自谋划、亲自挂帅、亲自推动精准脱贫攻坚战的重要理论成果，是新时代中国特色社会主义话语体系的重要组成部分。贴近西方主流社会的思维习惯和阅读习惯，阐释好习近平总书记关于扶贫工作的重要论述，对于回应近年来一度盛行的"中国崩溃论""中国威胁论""锐实力"等诋毁中国的意识形态，打破西方顽固势力的偏见、歧视和敌视，有着重要意义。比如，2019全球减贫伙伴研讨会以"知识分享助力新型全球伙伴关系：技术创新如何促进减贫并实现零饥饿"为主题，面向全球关心扶贫的组织和个人征集原创优秀减贫案例，涉及旅游扶贫、金融扶贫、特殊群体扶贫、就业扶贫、创业扶贫等30多个国家和地区的减贫案例在本次研讨会上得以分享，中国减贫成效和经验广受好评。国际农业发展基金全球参与和多边关系局局长阿什旺尼·穆图表示，"这是一次非常有益的尝试。此次收集的案例涉及不同群体，以案例为载体，我们可以推广分享世界各国的减贫成功经验"。

二、脱贫攻坚的国际意义推动了讲好中国故事的创新。减贫是一个历史性课题，也是一个世界性课题。中国创造的减贫速度和减贫奇迹，使脱贫攻坚成为中国特色社会主义道路自信、理论自信、制度自信、文化自信的生动写照。联合国秘书长古特雷斯认为，中国在减贫方面的骄人业绩，

第二部分
堂阳凝思

对全球产生了积极的"溢出效应"。《经济学人》撰文点赞，"中国是世界减贫事业的英雄"。参加 2019 全球减贫伙伴研讨会的亚洲开发银行驻欧洲代表处对外关系官员美兰妮·乌尔里希介绍，"中国过去 40 年取得了令人瞩目的成就。中国分享减贫成功经验和知识，这是中国为全球 2030 年消除贫困和实现可持续发展作出的重要贡献。中国的减贫经验值得更多国家借鉴"。所以，中国的脱贫攻坚战有着极为广泛的国际意义。如何应对贫困，一直是国际社会关注的焦点，不仅是对外报道的重点，也是外媒聚焦的热点。围绕脱贫攻坚，我们选准报道角度，创新表达方式，拓宽传播渠道，就一定能全方位推动讲好中国故事的创新发展。比如，怒江州主动邀请境外媒体参加政府组织的扶贫采访活动，放眼全球看怒江，实现了以点带面的传播效应。

三、反贫困的中国方案拓宽了外交工作的领域范围。反贫困是全人类共同的任务，一直是古今中外治国理政的一件大事。中国共产党自成立之日起，就一直带领人民持续向贫困宣战。改革开放以来，我国实施大规模扶贫开发，使 7 亿多农村人口摆脱贫困，中国也成为全球最早实现联合国千年发展目标中减贫目标的发展中国家，为全球减贫事业作出了重大贡献。党的十八大以来，以习近平同志为核心的党中央谋划推动精准扶贫、精准脱贫，脱贫攻坚取得决定性进展，创造了人类减贫史上的最好成绩，现行标准下的农村贫困人口从 2012 年的 9899 万人减少到 2018 年的 1660 万人，累计减少 8239 万人，贫困发生率从 10.2% 下降到 1.7%。特别是我国逐步构筑的脱贫攻坚的责任体系、政策体系、动员体系、投入体系、监督体系等顶层设计，既为决战决胜绝对贫困提供了强有力的制度保障，也为发展中国家更有效地治理贫困提供了有效的借鉴参考。参加 2019 全球减贫伙伴研讨会的南非人类科学研究委员会研究员亚兹妮·艾波尔表示，"中国精通减贫的艺术。在减贫实践和经验方面，中国是全球无可争议的冠军"。国务院扶贫办副主任夏更生强调，"中国是南南合作的有力倡导者和重要参与者，减贫是中国政府与广大发展中国家开展南南合作的重要领域。积极构建以合作共赢为核心的新型国际减贫交流合作关系是共建'一个没有贫困、共同发展的人类命运共同体'的重要途径"。联合

在扶贫路上

国粮农组织南南合作办公室主任唐盛尧表示,"首届全球减贫伙伴研讨会自 2017 年举办以来,'朋友圈'越来越广。大家正在共同推动打造一个更加开放和高效的国际交流合作平台,聚焦世界减贫与发展的核心问题,共同推进联合国 2030 年可持续发展议程的落实","有关各方对'全球减贫案例征集活动'的积极响应标志着新型减贫合作伙伴关系正逐步形成"。可以说,我国反贫困的经验,为外交工作拓宽了领域范围,提供了有效抓手。

综上,我们全党党员、各方联动、社会参与的精准脱贫攻坚战彰显了我国集中力量办大事的制度优势和政治优势,展示了构建人类命运共同体的中国智慧,提供了世界反贫困事业的中国方案,推动了贫困地区农业供给侧结构性改革,建立了适应农村生产力发展的生产关系,筑牢了实施乡村振兴战略的坚实基础,有力有效增强了我们向世界说明中国的话语权。

(本文系作者 2019 年 5 月 30 日的日志)

延伸阅读

英国记者探访怒江贫困村 这个行动"只有中国才会做"

英媒称,在短短 40 年内,中国通过市场改革和大量外国投资,变为世界第二大经济体,令大约 7 亿中国人摆脱了贫困。但这种转变还远未完成。

据英国《金融时报》网站 5 月 27 日报道,40 多岁的李秀英(音)曾尝试外出打工。她曾在云南省一家生产袜子的工厂里辛勤工作,但没能待上多长时间。两年的时间里,她一直担心自己的母亲能否得到良好的照顾。

现在,她回到了自己位于陡峭山坡上的村庄。在那里,左邻右舍都用木柴做饭、种核桃树和饲养黑猪。

报道称,李秀英居住的村庄位于怒江流域。在中国,偏远的城镇正在修建道路、公寓楼和职业培训中心。目标是到 2020 年消除绝对贫困。李秀英、她的残疾丈夫、她年迈的母亲和她的邻居们都将参与其中。

怒江州党委常委李海曙说:"中国希望成为世界的榜样。只有中国才

第二部分
堂阳凝思

会这么做。我从没听说过历史上有哪个国家这么做。"

报道称，怒江正全力投入消除贫困的行动中，计划完成10万贫困人口的搬迁任务。他们腾出的土地将由政府经营的农业企业租用，种植像辣椒或药用植物这样的经济作物。

今年4月，《金融时报》记者参加了历时三天、由政府组织的扶贫采访活动。

70岁的何青妞（音）每天大部分时间在捡柴和养猪。家中一个器皿上写着她小儿子的电话号码。她不识数，也不识字，这个号码是在出现紧急状况时让她的邻居打的。她认为，搬到新的居住地对子孙后代有好处——她的孙辈已经在山谷里上寄宿学校了。

22岁的售货员米春梅（音）认为她的新公寓"令人赞叹"。米春梅和她的哥哥希望开一家自己的店，这样他们的父亲就可以退休了。

她说："我们希望父母生活得更好。"她的父亲为新公寓感到骄傲。

在隔壁，水泥墙已被粉刷过。"这里很好，"李长信（音）在粉色的窗帘旁笑容满面地说，"我们的第一感觉是兴奋。我们不用花一分钱，就能住上这么漂亮的房子。"

该报记者在此行中采访的大多数人已经在更远的东部城市的工厂中工作。

报道称，珠江三角洲的工业城市珠海与怒江是对口帮扶城市。包括空调制造商格力在内的一些公司以远高于云南农民平均收入的薪水聘用来自怒江的农民工。已经有大约6000名年轻工人前往珠海。

报道还称，在云南省泸水市以南，一座10层高的职业教育中心大楼俯瞰怒江。

一位刚安置下来的农民说，他很高兴能学习缝纫等技能，他有一个7岁的孩子，因此他不打算外出打工。他说："我有老母亲和孩子需要照顾。我不能离开。"

报道称，今年中国将易地扶贫搬迁大约200万人。

报道还称，2018年年底，怒江脱贫攻坚取得重大胜利。在新建大坝、公路和隧道的推动下，人口稀少的独龙族实现了整族脱贫目标。

（参考消息网2019年5月28日）

> 在扶贫路上
> ZAIFUPINLUSHANG

坚守初心　方能勇担使命

在纪念中国共产党成立95周年大会上，习近平总书记向全党郑重发出"不忘初心、继续前进"的号召。此后，他在多个场合都谈到中国共产党人的初心和使命。在党的十九大报告中，习近平总书记开宗明义指出，大会的主题是不忘初心，牢记使命，高举中国特色社会主义伟大旗帜，决胜全面建成小康社会，夺取新时代中国特色社会主义伟大胜利，为实现中华民族伟大复兴的中国梦而努力奋斗。党的十九大决定，以县处级以上领导干部为重点，在全党开展"不忘初心、牢记使命"主题教育。党的十九大后仅一周，习近平总书记在瞻仰上海中共一大会址和浙江嘉兴南湖红船中指出，唯有不忘初心，方可告慰历史、告慰先辈，方可赢得民心、赢得时代，方可善作善成、一往无前。

2019年5月13日，习近平总书记主持召开中共中央政治局会议，决定从2019年6月开始，在全党自上而下分两批开展"不忘初心、牢记使命"主题教育。5月20日下午，河北省委常委会召开会议，认真传达学习贯彻中共中央政治局会议关于在全党开展"不忘初心、牢记使命"主题教育精神，研究河北省贯彻落实意见。5月23日，新河县委召开县委常委扩大会议，传达学习了中共中央政治局在全党开展"不忘初心、牢记使命"主题教育工作重要指示精神，对下一步贯彻落实工作进行安排。5月31日，"不忘初心、牢记使命"主题教育工作

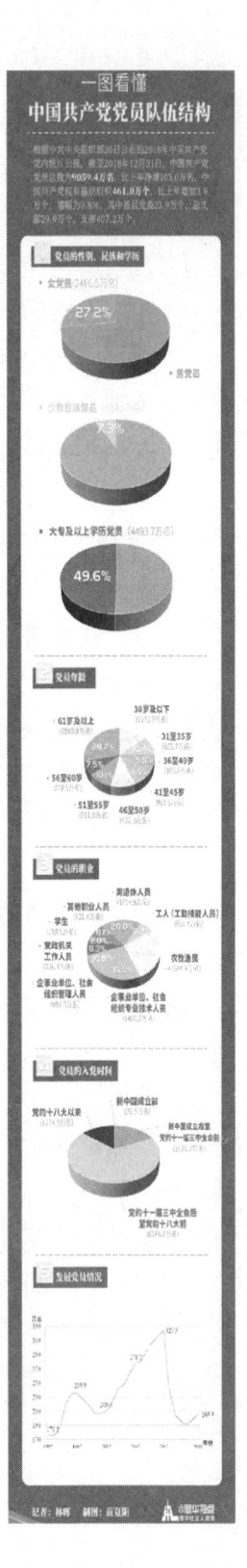

第二部分
堂阳凝思

会议在北京召开。中共中央总书记、国家主席、中央军委主席习近平出席会议并发表重要讲话。他强调指出，为中国人民谋幸福，为中华民族谋复兴，是中国共产党人的初心和使命，是激励一代代中国共产党人前赴后继、英勇奋斗的根本动力。开展"不忘初心、牢记使命"主题教育，要牢牢把握守初心、担使命，找差距、抓落实的总要求，牢牢把握深入学习贯彻新时代中国特色社会主义思想、锤炼忠诚干净担当的政治品格、团结带领全国各族人民为实现伟大梦想共同奋斗的根本任务，努力实现理论学习有收获、思想政治受洗礼、干事创业敢担当、为民服务解难题、清正廉洁作表率的具体目标，确保这次主题教育取得扎扎实实的成效。

今天，河北省委在革命圣地西柏坡召开全省"不忘初心、牢记使命"主题教育动员部署会。根据会议安排，上午10时，新河县四大班子全体领导，法院院长、检察院检察长、公安局局长，县直各部门（单位）一把手，开发区工委副书记、副主任，各乡镇书记、乡镇长，着正装在锦绣大厦四楼视频会议室参会。

作为新华社驻新河扶贫工作队队长、新河县委挂职副书记，为了确保工作队扎实开展好"不忘初心、牢记使命"主题教育，按照新华社和省、市、县委要求，近期我反复研读习近平总书记关于在全党开展"不忘初心、牢记使命"主题教育的系列讲话和指示精神。此次主题教育是以习近平同志为核心的党中央统揽伟大斗争、伟大工程、伟大事业、伟大梦想做出的重大部署。为了加强党的执政能力建设和先进性建设，党的十八大以来，我们党先后开展了党的群众路线教育实践活动、"三严三实"专题教育、"两学一做"学习教育。今年是中华人民共和国成立70周年，中国共产党全国执政第70个年头，在这个节点开展"不忘初心、牢记使命"主题教育，正当其时。"守初心、担使命，找差距、抓落实"的总体要求是一个相互联系、有机统一的整体，从内在逻辑上讲，"守初心、担使命"是"找差距、抓落实"的前提和基础。就"守初心、担使命"而言，守初心是担使命的前提。这点不难理解。在"不忘初心、牢记使命"主题教育工作会议上，习近平总书记深刻阐明了"守初心"的核心内涵，"守初心，就是要牢记全心全意为人民服务的根本宗旨，以坚定的理想信念坚守初心，牢记人民对美好生活的向往就是我们的奋斗目标"。坚守初心，我们才能始终坚持

在扶贫路上

人民立场,时刻不忘党来自人民、根植人民、服务人民,才能增强群众观点,强化迎难而上、一往无前,勇担使命、善作善成的思想自觉和行动自觉。结合学习党的十九大和习近平新时代中国特色社会主义思想的体会,我认为应从以下三方面努力,坚守初心。

学习有恒心。理论是行动的先导,政治上的坚定来源于理论上的清醒。坚守初心,首先要内心深处认同中国共产党的初心,坚定对为人民谋幸福、为中华民族谋复兴这个初心的自信。一方面,我们要从我们党成立近百年、执政70年,成功带领中国人民实现从站起来到富起来再到强起来的伟大飞跃中,充分认识"不忘初心"是来自历史深处的启示和对未来的庄严承诺;另一方面,更要从思想建党、理论强党的站位,强化理论武装,聚焦解决思想根子问题,务求真学真信真用,不断培植共产党人的精神家园,保持自身的先进性。所以,坚守初心,我们首先要有"咬定青山不放松、任尔东西南北风"的恒心韧劲,持续加强理论学习,主动参加革命传统教育、形势政策教育、先进典型教育和警示教育,学深悟透习近平新时代中国特色社会主义思想,学懂弄通习近平总书记关于群众路线的系列重要论述,筑牢信仰之基、补足精神之钙、把稳思想之舵,切实增强"四个意识"、坚定"四个自信"、做到"两个维护"。这是坚守初心的前提和基础。

人民为中心。"欲事立,须是心立。"在加强理论武装坚定对马克思主义的信仰、对中国特色社会主义的信念的基础上,坚守初心,最根本的是要自觉坚守人民立场,牢固树立以人民为中心的发展理念。习近平总书记在"不忘初心、牢记使命"主题教育工作会议上指出,为民服务解难题,重点是教育引导广大党员干部坚守人民立场,树立以人民为中心的发展理念,增进同人民群众的感情,清正廉洁作表率,重点是教育引导广大党员干部保持为民务实清廉的政治本色,自觉同特权思想和特权现象做斗争,坚决预防和反对腐败,清清白白为官、干干净净做事、老老实实做人。所以,我们要坚持学用结合,把习近平总书记关于"同一切影响党的先进性、弱化党的纯洁性的问题做坚决斗争"、"自觉同特权思想和特权现象做斗争"的重要部署落到实处,改造好主观世界,切实增进同人民群众的感情,始终牢记党的各级干部都是人民的公仆、人民的勤务员,保持敬民、忧民、爱民的赤子之心;自觉同人民想在一起、干在一起,着力解决群众的操心事、

第二部分
堂阳凝思

烦心事，以为民谋利、为民尽责的实际成效取信于民。

践行看民心。"政之所兴在顺民心，政之所废在逆民心。"人心是最大的政治，人民是我们党执政的最大底气。我们的思想、工作、生活，是否做到坚守初心，最终都要看新河广大贫困群众是否真正得到了实惠，人民生活是否真正得到了改善，人民权益是否真正得到了保障。按照中央的部署，开展这次主题教育，是全党扎根人民、造福人民的新起点。贯彻脱贫攻坚中央统筹、省负总责、市县抓落实的好体制，作为一名分管扶贫工作的县领导，应自觉把人民放在心中最高位置，把不断增强人民获得感、幸福感、安全感作为一切工作的出发点和落脚点。我和工作队的同志将对照党章党规，对照人民群众新期待，对照新河红色"名片"董振堂，对照先进典型、身边榜样，拿出壮士断腕的勇气、刮骨疗伤的态度、刀刃向内的决心，认真检视反思，多谋民生之利、多解民生之忧，把新时代中国特色社会主义思想转化为加强改进定点扶贫工作的实际行动，把初心使命变成党员干部锐意进取、开拓创新的精气神，转化为埋头苦干、真抓实干的自觉行动，做到始终忠诚于党、忠诚于人民、忠诚于马克思主义。

人心是最大的政治，人民是我们党执政的最大底气，人民立场是我们党的根本政治立场。有幸战斗在扶贫一线，我们自当以强烈的政治责任感和历史使命感，自觉把思想统一到习近平总书记重要讲话精神上来，以只争朝夕、奋发有为、永不懈怠的奋斗姿态和踏平坎坷成大道，斗罢艰险又出发的斗争精神，体现"不忘初心，方得始终"。

（本文系作者2019年6月3日的工作日志）

第三部分
滏水心谣——战地黄花分外香

  国家民族的伟大，在于成就逐梦传奇；扶贫战士的荣光，在于决胜脱贫硬仗；新闻工作者的荣光，在于记录时代变迁。能够参与习近平总书记亲自挂帅、亲自谋划、亲自部署、亲自推动的精准脱贫攻坚战，是我们人生的一大幸运；能够在脱贫攻坚三年行动期间在扶贫一线挂职，是空前绝后的机遇；能够参与见证一个贫困县脱贫摘帽的全过程，更是浸入血脉骨髓的记忆。岁月如歌，初心不忘。回望刚刚逝去的800多个日日夜夜，无论是作为一个公民、一名扶贫战士、一位新华社工作人员，还是作为父亲、儿子、丈夫，都感悟多多、收获满满。在这里有燕赵大地的心跳，有滏阳河畔的心歌，有新河人民的心声……

第三部分 滏水心谣

无题绝句

2017年8月28日

树绿风清收夏色，
云淡气爽秀浩渺。
草木色闲盼秋波，
山水在心觅逍遥。

2017年8月26日至28日，新河县重点城建项目调研组先后赴上海风语筑展示股份有限公司和杭州市的桐庐县、湖州市的长兴县考察，并在上海召开"新河之窗"综合展馆设计方案论证会。浙西地区经济实力第一强县、"中国快递之乡"（申通快递、圆通速递、中通速递、汇通快运、韵达快递等均诞生于此），桐庐县的城市规划设计中心，长兴县的公共交通枢纽、湖图影生态湿地文化园等城建项目给我们留下了深刻印象。站在长兴高铁站，俯瞰长兴国家大学科技园，遥望远处太湖纵横阡陌的河网港汊，无处不在的生机与活力，天然形成的清幽与闲逸，顿感流连忘返。

短训偶感

2017 年 9 月 22 日

夜寂人未眠，披衣步辗转。
骤雨添秋寒，随风飘窗前。
遥怜惜犬子，思归却等闲。
桂花伴婵娟，亏月自再圆。

9月20日至23日，根据邢台市委组织部和新河县委的安排，我到河北省委党校参加了河北省委组织部牵头举办的全省党政领导干部扶贫专题培训班。其间，根据组长安排，我负责邢台市参训情况的总结和分组讨论的记录整理工作，展示了中直挂职干部的良好形象。

第三部分
滏水心谣

霜降时节话重阳

2017 年 10 月 23 日

露从今夜可成霜,
秋色迟暮景未央。
欲问乡关何处是,
鸿雁传书贺重阳。

最近,县委县政府的中心工作是学习、宣传、贯彻党的十九大精神。昨天,我到分包的 3 个村就学懂、弄通、做实党的十九大精神进行了调研。下一步,根据县委统一安排,应荆庄乡党委书记张献涛邀请,我还要去我分包的荆庄乡盖村宣讲党的十九大精神。

放眼新河大地,一个个瓜果大棚飘香四溢、一座座玉米垛"拔"地而起,大有"一年一度秋风劲""战地黄花分外香"的感觉。今日"霜降"(秋季的最后一个节气),重阳节将至,作打油诗向各位亲友祝好。

"小雪"节气顿悟

2017年11月22日

长风歌晴日，残叶舞翩跹。
初冬常向晚，清寒未曾偏。
天时催人老，暮秋总流连。
会当祈瑞雪，万物盼丰年。

  今天上午，经"腾讯智慧校园"项目运营总监应承龙安排，我陪同新华社扶贫办主任来江铭到腾讯北京公司调研，就"腾讯智慧校园"项目在新华社另外一个扶贫点石阡县落地的可行性，与中国扶贫开发协会副秘书长蒋任重和腾讯公司同志座谈。下午，我和新河县有关同志到中鼎国盛（北京）通航有限公司洽谈在新河投资设立分支机构事宜，然后订了北京到石家庄的末班火车票。好久没见我的老父亲说，太晚了，住一夜，明天再回去。考虑到明天工信部挂职干部史惠康来新河调研交流上周沟通定好的事，我与家人吃完饭后，匆匆赶往北京西站。临行时，老父亲说，到新河后给家里挂个电话报平安。从石家庄下车已11点多了，我不忍打扰二老休息。谁知在石家庄回新河县的路上，老父亲竟打来电话问我是否已到新河。都快12点了，老父亲竟一直没睡等我的电话。我顿时泪流满面……

第三部分
滏水心谣

大道无痕　书山有路

"大雪"节气标志仲冬时节正式开始。根据邢台市委和新河县委关于学习贯彻党的十九大精神的统一安排，2017年12月4日至8日，我参加了邢台市党政主要领导干部学习贯彻党的十九大精神研讨班。这几天紧张充实，我围绕脱贫攻坚、乡村振兴战略、政治建设等撰写了4篇学习体会。其中，《讲政治，媒体经营不能置身事外》、《年终迎检莫"走样"多"谋心"》分别在《新闻战线》、《新华每日电讯》刊发，新华网、人民网、搜狐网等进行了转载。《年终迎检莫"走样"多"走心"》一文介绍了新河县委县政府以积极主动平和的心态迎接贫困村脱贫出列验收的做法，安徽、上海卫视新闻聚焦类栏目进行了点评。打油诗记录封闭学习的心情。

先辈慧眼怀前瞻，
大道无痕代代传。
喜看长征新时代，
学思致远有洞天。

（本文系作者2017年12月8日的学习日志）

> 在扶贫路上
> ZAIFUPINLUSHANG

惊蛰到 春耕忙

今天，二十四节气中第三个节气"惊蛰"，第55个"学雷锋日"。十三届全国人大一次会议在京开幕，新河县召开三级干部会议。

到新河县挂职扶贫近一年来，基本掌握了县乡工作的运转规程。每年初安排部署工作，基本都是先开县委全会，再开一年一度的"两会"，再开三级干部会议（县、乡镇、村三级）。三级干部会议后，就开始撸起袖子大干快干加油干了。三级会议主要议程是，贯彻落实中央、省、市经济工作会议精神，按照中央和省市县委的部署要求，总结过去一年的工作，全面安排新的一年经济社会发展的任务措施，动员全市全县上下进一步统一思想，坚定信心，全力以赴加快推进各项建设工作。

可以说，三级干部大会既是一次晒成绩、奖先进的总结表彰会，也是一次明任务、压担子的工作部署会，还是一次提精神、鼓干劲的学习会。对于贫困县而言，尤其重要，可实现"一竿子插到底"，有效防止会议传达层层递减的现象，更好地推动脱贫攻坚责任落实、政策落实、工作落实。

习惯使然，用打油诗记录3月5日这个值得纪念的日子。

群星飞光洒神州，
寒暖知时笑春风。
莫怨春雷欲爽约，
万物启蛰劝春耕。

（本文系作者2018年3月5日的工作日志）

第三部分
滏水心谣

著名心理学家格尔迪说:"父亲是一种独特的存在,对培养孩子有一种特别的力量。"

从父亲的身上,孩子观察到什么是男人,什么是丈夫,什么是父亲,同时会思考什么是独立和勇敢。可以说,父亲是孩子的独立宣言,父亲是孩子勇敢的教科书,父亲是孩子走向世界的引路人。爸爸的素质有多高,孩子就能飞多高。用理性的父爱帮助孩子健康成长,提高自身素质是教育孩子的关键。正确"导航",是爸爸的第一要责,让孩子学会为自己的人生负责。每个问题孩子的背后,都有一个问题爸爸。

父教不能缺席

经朋友推介,这两天在京沟通对接中鼎国盛通航有限公司项目在新河设立分支机构的可行性。1月18日,他们曾到新河县实地考察。

一早,刚好可以与妻子一块送儿子去幼儿园。儿子说,真开心,爸爸和妈妈一起送我上幼儿园了。言语之间,我鼻子酸酸的。上次回京给新华社扶贫办汇报2017年度专项扶贫资金和党费扶贫资金使用情况时,儿子也拽着我的衣角说,爸爸明天走吧,再陪一天。囿于工作等因素,大多是妻子带儿子,她常常抱怨我为孩子付出的少。到河北扶贫后,更是聚少离多,缺席了儿子成长的关键时刻。每天通过微信与儿子视频时,可爱的儿子常常说等爸爸回来再睡觉。妻子说,爸爸在河北工作。

送完儿子去中鼎国盛通航有限公司的路上,看到民政部宋宗合搭建的"孩爸孩妈"微信群内,大家纷纷点评《你永远不会知道,爸爸带大的孩子有多优秀》这篇文章。文章主要表达这样一个观点:每个爸爸的身上总有几个妈妈身上没有的优点。孩子更容易在爸爸身上学到勇气、决断、逻辑、担当和幽默感。

在扶贫路上
ZAIFUPINLUSHANG

一口气读下来，肩上的责任感倍增，血压心跳直线加速。写下这些，权作郑重给儿子表态：等我扶贫归来，定好好"补课"。

（本文系作者2018年3月22日的日志）

延伸阅读

你永远不会知道，爸爸带大的孩子有多优秀

现在的家庭教育中，孩子是唐僧，妈妈是孙悟空，孩子一有事就喊悟空；而爸爸是八戒，虽然和大家一起走在取经路上，心里却想着高老庄。平时陪伴教育孩子、检查作业、开家长会等这些小事一律不管，只有悟空不在时才不得不出现。

爸爸一定要懂得"家教心理学"

拥有积极的心态，才能有个好未来。乐观，让孩子的未来充满阳光；独立，让孩子选择自己的人生；自信，为孩子找到生活的指向标。化解嫉妒，为孩子心理上的"毒瘤"做化疗。

信心，来自爸爸的信任。

打败自私，为孩子纠正"唯我独尊"的意识。

所以有人说，父教是家庭教育的稀缺品。

曾有一部公益片《取款机爸爸》：在年幼的孩子心里，爸爸就是取款机，她曾无数次幻想着爸爸陪伴她一起玩游戏、做作业……但最终都是梦。

公益片的最后，是如下几个字：童年只有一次，爸爸，陪陪我。

父亲，是孩子生命历程中不可或缺的一部分。

每个孩子自面对世界开始，他的成长规律是需要的母性之爱日渐减少，父性之爱却日渐增加。

心理学家说，父爱不可缺少，也不可能替代。

父亲对孩子的成长有着难以估量的影响，父爱关系着孩子个性品质的

第三部分
滏水心谣

形成，在他们的成长中，缺少父爱就如缺"钙"。

美国秘鲁大学的研究成果表明，由男性带大的孩子智商高，他们在学校里的成绩更好，走向社会也更容易成功。

可并不是所有的爸爸都会用心地陪伴孩子。

爸爸带大的孩子，不但童年得以完美，人生往往也得以圆满。

诺贝尔奖获得者理查德·费曼说，我的成功很大程度上来源于父亲的教育。

爸爸的陪伴，能给孩子带来许多意想不到的好处。父亲是力量的代表，是强大的依靠，是年幼孩子心目中的英雄。

爸爸必须给孩子的10种品质

感恩，也是一种修养；
宽容，教孩子学会"心理换位"。
乐观，开启孩子光明未来之门；
自信，构建孩子动力的金三角。
诚信，孩子人生的通行证；
勤劳，培养孩子的"蜜蜂"精神。
礼仪，孩子社交的"名片"；
责任，将责任感植入孩子的心灵花园。
坚强，让稚嫩的肩膀不畏惧困难；
主见，让成长的空间更自由。

弗洛姆在《爱的艺术》里说：妈妈代表大自然、大地与海洋，是我们的故乡；爸爸则代表思想的世界：法律、秩序和纪律。

《穷爸爸 富爸爸》里有句话：所谓成功，就是有时间照顾自己的小孩。任何职业角色都可被替代，唯独父母角色无可替代。世间回报率最高的投资就是亲子关系。

（搜狐网）

愚人节断想

2018年4月1日

愚人取悦自开颜,
智愚之别本多变。
智叟千虑实不智,
愚公不渝终移山。
愚不可及智可及,
大智若愚天地宽。
崇智失愚心难安,
智愚兼备观大千。

有句"心灵鸡汤"说:每一个优秀的人,都有一段沉默的时光。那一段时光,是付出很多努力,忍受孤独和寂寞的日子。吃苦其实是一种考验、一段修行、一笔财富。越怕吃苦,越有苦吃;越肯吃苦,越有福享。当我们摇摇欲坠的时候,有人已经倒下了,只要坚持,就有希望,因为成功的路上并不拥挤。珍惜时间,勿虚度年华,莫荒废光阴。

大智若愚,大巧若拙,大辩若讷,我们既要踏踏实实做事,更要老老实实做人,用踏踏实实丈量行走的每一步,用踏踏实实书写一个个即将到来的明天,哪怕明天有所辜负,但至少无悔无憾。

这既是普通老实人的大智慧,也是古往今来成功人士的大智慧,更是我们打好打赢精准脱贫攻坚战,推动实现稳定持续脱贫的必由之路。

延伸阅读

左宗棠:有远见的人,都愿意走笨路

李敖曾说:"笨人做不了最笨的事,都是聪明人做的。"

第三部分
滏水心谣

世上聪明人太多，笨人太少。聪明人喜欢自作聪明走捷径，笨人则踏踏实实走笨路。

时间会告诉我们走笨路的才是真正的"聪明人"，有远见的人，都愿意走笨路。

01
捷径并不"简单"

生活节奏变快了，人心也随之变得浮躁。许多人开始只追求速度不顾及质量。

遇事只求尽快解决，一遇到问题就想要投机取巧寻找捷径，完全不想付出努力。

也许很多人会说"有捷径不走是傻瓜"，但你所谓的"捷径"真的是捷径吗？

不经自己努力快速取得的东西就像一堆泡沫，看起来很漂亮，但经不起时间的考验。

走捷径获得的东西，因为取得的过程太过简单，所以自己不会珍惜。当问题来了，你通过走捷径绕开了这个问题，但它一定会在未来的路上等着你。

有人说，"世上的捷径，因为走的人多了，变得拥挤不堪；相反，原本的笨路，却人烟稀少，畅通无阻"。

02
走笨路，有远见

走笨路的人，都是有远见的。

不论做人还是做事，只有眼光长远，才能细水长流。

老话说"人无远虑，必有近忧"，做人不能只顾眼前利益，还是考虑到以后，不能只顾个人利益，还要适当分给别人一点好处。

有远见的人知道，投机取巧只适用于一时，并不能适用一世。

世上的东西都是有标价的，如果你现在通过走捷径取得了想要的，未来你需要付出更大的代价。你在一时占了便宜，但日后要为这个便宜付出更多。

走笨路，就是要有远见。你现在投机取巧糊弄生活，生活也会在将来糊弄你。

把目光放长远，不要为了眼前小利弄虚作假，不要为了当前处境谎话连篇，沉下心来，对自己的人生好好规划。

左宗棠被称为"官僚史上的奇人"，在科举落败后，他进入书院教书，在教书中，他又开始学习地理、农学之类的知识，这些知识为他以后腾飞打下了基础。

03
走笨路，要踏实

人生就是个积累的过程。就像建房子，只有把地基打好，房子才会稳固。走捷径虽然花的时间少，但地基不牢固，房子早晚都会倒。

踏踏实实走笨路，才是最快的捷径，只有一步一个脚印走踏实，在最开始就打牢基础，之后的路才能越走越顺，越走越快。

踏踏实实做人，踏踏实实做事。弄虚作假骗的只能是自己，伤害的也只能是自己。

走笨路就是要踏实，认认真真完成自己的工作，不好高骛远。忠实而务实，不沉迷于幻想之中，能够把梦想落实到行动中。诚恳坚韧，以温暖宽容的心对待身边的人。

左宗棠教育子女"读书应该脚踏实地，扎实认真，识得一字即行一字"，做人也要踏踏实实，"骛根本，去浮华"。

04
走笨路，不怕输

走笨路的人，从不怕输，总想赢的人总会输，不怕输的人一定赢。

越在意，压力越大，压力越大，心态越不稳定，心态一不稳定，行为就会出现偏差。

聪明人总想一步到位，害怕失败，越失败越急躁，越急躁越失败，最后干脆放弃。

但有一部分人从不惧怕失败，他们把失败当成生命必经之路。越失败，心态越是沉稳，越挫越勇。

第三部分
滏水心谣

走笨路，不害怕失败，告诉自己每次失败都离成功更近了一步，成功不是看谁能力最强，而是看谁能坚持最久。

左宗棠写过一副对联"能受天磨真铁汉，不遭人嫉是庸才"，与投机取巧的捷径相比，经受磨难的笨路才是真正的聪明路、光明路。

做人当做"笨人"，生活当选"笨路"。获得生命意义的唯一途径，就是走笨路，就是日积月累地下苦功夫，在长远眼光下越挫越勇地坚持到最后。

（儒风大家微信公众号）

在扶贫路上
ZAIFUPINLUSHANG

来新一年琐忆

2018 年 4 月 25 日

春水有漾碧于蓝，
蛙声无忌两悠然。
常言落日即天涯，
极目乡关万重山。

转眼来新河扶贫挂职已一年整。2017 年 2 月中旬，经与家人商量，向组织申请，响应中央和社党组打赢打好扶贫攻坚战的号召，赴贵州石阡县或河北新河县，为定点扶贫工作贡献力量。

当时，有一个重要的考虑就是，圆一个梦想。我生在长在曾经比较贫困的豫南农村，家乡人民为改变生存窘境而战天斗地的激情和干劲一直催我奋进。近年来，在各级组织的关爱下，特别是在新华社这个温暖的大家庭里，我贷款买了房，结婚成了家，把父母接到了身边，改善了他们的生活环境，实现了"忠孝两全"。但是，人，不能忘本；心，不能忘恩。为家乡发展尽点心、为贫困地区尽些力的朴素想法一直萦绕心间。人事局选派驻点扶贫工作队人员，为我圆梦创造了契机。尽管身在新河县，没有为生于斯长于斯的老家帮啥忙，但每当遥望同为贫困县的豫南老家，每每想起为脱贫攻坚挥洒汗水的父老乡亲，我顿觉感同身受，倍感欣慰。

第三部分
滏水心谣

聚焦深贫　攻坚克难

　　根据中央定点扶贫工作的安排，自 2015 年 12 月底，新华社对口帮扶贵州省石阡县、河北省新河县。到新河扶贫以后，有关县领导提出，新华社帮扶的两个县应加强沟通，互通有无，共同打好打赢脱贫攻坚战。

　　深度贫困地区是脱贫攻坚的重中之重、难中之难、坚中之坚，推进深度贫困地区脱贫攻坚，是贯彻中央决策部署的重大政治任务，是巩固党的执政基础的重大历史使命。2017 年 6 月 23 日，习近平总书记在山西太原市主持召开深度贫困地区脱贫攻坚座谈会，听取脱贫攻坚进展情况汇报，集中研究破解深度贫困之策。2018 年 2 月 10 日至 13 日，在中华民族传统节日农历狗年春节即将来临之际，习近平总书记到四川考察，就贯彻落实党的十九大精神以及中央经济工作会议、中央农村工作会议精神进行调研，看望慰问各族干部群众，向全国各族人民致以美好的新春祝福，并在四川省成都市主持召开打好精准脱贫攻坚战座谈会，听取脱贫攻坚进展情况汇报，集中研究打好今后 3 年脱贫攻坚战之策，强调指出，提高脱贫质量，聚焦深贫地区，扎扎实实把脱贫攻坚战推向前进。

在扶贫路上
ZAIFUPINLUSHANG

5月9日到11日,新华社扶贫办谭小英、杨富强同志带领新河工作队到湖北天圆生态发展有限公司考察金果种植项目,调研"八统一"(即统一只向合作基地供应原种金果苗、统一技术指导、统一使用有机肥、统一使用指定低毒农药和生物农药、统一商标、统一包装、统一回收、统一销售)管理模式和"公司+基地+合作社+农户"的发展模式在新河县落地的可行性。12日,他们又率队到石阡县调研定点扶贫和脱贫攻坚工作。我们与石阡工作队的田朝晖、欧甸丘、宾绍政同志,以及县委副书记周迪,县委常委、宣传部部长杨玲,县政府副县长石凌燕等当地干部群众,就打赢脱贫攻坚战进行了充分的沟通交流。同时,驱车2个多小时到宾绍政同志任驻村第一书记的坪山乡大坪村,实地调研产业扶贫、党建扶贫项目,深深感到石阡脱贫攻坚面临的形势更严峻、条件更恶劣、困难更多。草作打油诗,致敬深度贫困地区的扶贫战士!

青山不语千年画,
甘泉潜行隐德耀。
欲问夏果何所累,
穿云驾雾路迢迢。

(本文系作者2018年5月11日的调研札记)

延伸阅读

习近平在打好精准脱贫攻坚战座谈会上强调
提高脱贫质量聚焦深贫地区
扎扎实实把脱贫攻坚战推向前进

(新华社成都2018年2月14日电)中共中央总书记、国家主席、中央军委主席习近平12日在四川成都市主持召开打好精准脱贫攻坚战座谈会,听取脱贫攻坚进展情况汇报,集中研究打好今后3年脱贫攻坚战之策。习近平向奋战在脱贫攻坚第一线的广大干部和贫困地区各族群众致以新春

第三部分
滏水心谣

祝福。

习近平强调,打好脱贫攻坚战是党的十九大提出的三大攻坚战之一,对如期全面建成小康社会、实现我们党第一个百年奋斗目标具有十分重要的意义。要清醒认识把握打赢脱贫攻坚战面临任务的艰巨性,清醒认识把握实践中存在的突出问题和解决这些问题的紧迫性,不放松、不停顿、不懈怠,提高脱贫质量,聚焦深贫地区,扎扎实实把脱贫攻坚战推向前进。

中共中央政治局常委、国务院副总理汪洋出席座谈会。

习近平是在四川考察期间召开这次座谈会的。座谈会上,四川省委书记王东明、广西壮族自治区党委书记彭清华、贵州省委书记孙志刚、云南省委书记陈豪、西藏自治区党委书记吴英杰、甘肃省委书记林铎、青海省委书记王国生、宁夏回族自治区党委书记石泰峰、新疆维吾尔自治区党委书记陈全国参加并提供书面发言;西藏昌都市委书记阿布,新疆喀什地委书记李宁平,云南昭通市镇雄县委书记翟玉龙,青海黄南州河南县委书记韩华,广西崇左市龙州县金龙镇党委书记黎峰,贵州黔南州福泉市仙桥乡党委书记杨时江,四川广元市苍溪县白驿镇岫云村党支部书记李君,甘肃天水市清水县土门镇梁山村党支部书记冯小明,公安部办公厅秘书处主任科员、贵州黔西南州兴仁县新龙场镇民裕村第一书记程显臣,福建福州市闽侯县副县长、宁夏固原市隆德县委常委、副县长樊学双发言。他们从不同角度和层面介绍脱贫攻坚情况,交流工作体会,提出打好脱贫攻坚战的意见和建议。习近平不时同他们讨论有关问题。

在听取大家发言后,习近平发表了重要讲话。他指出,党的十八大以来,党中央从全面建成小康社会要求出发,把扶贫开发工作纳入"五位一体"总体布局、"四个全面"战略布局,作为实现第一个百年奋斗目标的重点任务,做出一系列重大部署和安排,全面打响脱贫攻坚战。脱贫攻坚力度之大、规模之广、影响之深,前所未有,取得了决定性进展。

习近平强调,我们加强党对脱贫攻坚工作的全面领导,建立各负其责、各司其职的责任体系,精准识别、精准脱贫的工作体系,上下联动、统一协调的政策体系,保障资金、强化人力的投入体系,因地制宜、因村因户因人施策的帮扶体系,广泛参与、合力攻坚的社会动员体系,多渠道全方位的监督体系和最严格的考核评估体系,形成了中国特色脱贫攻坚制度体系，为脱贫攻坚提供了有力的制度保障，为全球减贫事业贡献了中国智慧、中国方案。

习近平指出，在脱贫攻坚伟大实践中，我们积累了许多宝贵经验。一是坚持党的领导、强化组织保证，落实脱贫攻坚一把手负责制，省市县乡村五级书记一起抓，为脱贫攻坚提供坚强政治保证。二是坚持精准方略、提高脱贫实效，解决好扶持谁、谁来扶、怎么扶、如何退问题，扶贫扶到点上扶到根上。三是坚持加大投入、强化资金支持，发挥政府投入主体和主导作用，吸引社会资金广泛参与脱贫攻坚。四是坚持社会动员、凝聚各方力量，充分发挥政府和社会两方面力量作用，形成全社会广泛参与脱贫攻坚格局。五是坚持从严要求、促进真抓实干，把全面从严治党要求贯穿脱贫攻坚工作全过程和各环节，确保帮扶工作扎实、脱贫结果真实，使脱贫攻坚成效经得起实践和历史检验。六是坚持群众主体、激发内生动力，充分调动贫困群众积极性、主动性、创造性，用人民群众的内生动力支撑脱贫攻坚。这些经验弥足珍贵，要长期坚持并不断完善和发展。

习近平强调，脱贫攻坚面临的困难挑战依然巨大，需要解决的突出问题依然不少。今后3年要实现脱贫3000多万人，压力不小，难度不小，而且越往后遇到的越是难啃的硬骨头。脱贫攻坚工作中的形式主义、官僚主义、弄虚作假、急躁和厌战情绪以及消极腐败现象仍然存在，有的还很严重。行百里者半九十。必须再接再厉，发扬连续作战作风，做好应对和战胜各种困难挑战的准备。

习近平指出，全面打好脱贫攻坚战，要按照党中央统一部署，把提高脱贫质量放在首位，聚焦深度贫困地区，扎实推进各项工作。为此，他提出8条要求。

第一，加强组织领导。各级党政干部特别是一把手必须以高度的历史使命感亲力亲为抓脱贫攻坚。贫困县党委和政府对脱贫攻坚负主体责任，一把手是第一责任人，要把主要精力用在脱贫攻坚上。中央有关部门要研究制定脱贫攻坚战行动计划，明确3年攻坚战的时间表和路线图，为打好脱贫攻坚战提供导向。

第二，坚持目标标准。确保到2020年现行标准下农村贫困人口全部脱贫，消除绝对贫困；确保贫困县全部摘帽，解决区域性整体贫困。稳定

第三部分
溢水心谣

实现贫困人口"两不愁三保障",贫困地区基本公共服务领域主要指标接近全国平均水平。既不能降低标准、影响质量,也不要调高标准、吊高胃口。

第三,强化体制机制。落实好中央统筹、省负总责、市县抓落实的管理体制。中央统筹,就是要做好顶层设计,在政策、资金等方面为地方创造条件,加强脱贫效果监管。省负总责,就是要做到承上启下,把党中央大政方针转化为实施方案,促进工作落地。市县抓落实,就是要从当地实际出发,推动脱贫攻坚各项政策措施落地生根。要改进考核评估机制,根据脱贫攻坚进展情况不断完善。

第四,牢牢把握精准。建档立卡要继续完善,精准施策要深入推进,扎实做好产业扶贫、易地扶贫搬迁、就业扶贫、危房改造、教育扶贫、健康扶贫、生态扶贫等重点工作。

第五,完善资金管理。强化监管,做到阳光扶贫、廉洁扶贫。要增加投入,确保扶贫投入同脱贫攻坚目标任务相适应。要加强资金整合,防止资金闲置和损失浪费。要健全公告公示制度,省、市、县扶贫资金分配结果一律公开,乡、村两级扶贫项目安排和资金使用情况一律公告公示,接受群众和社会监督。对脱贫领域腐败问题,发现一起严肃查处问责一起,绝不姑息迁就。

第六,加强作风建设。党中央已经明确,将2018年作为脱贫攻坚作风建设年。要坚持问题导向,集中力量解决脱贫领域"四个意识"不强、责任落实不到位、工作措施不精准、资金管理使用不规范、工作作风不扎实、考核评估不严格等突出问题。要加强制度建设,扎紧制度笼子。

第七,组织干部轮训。打好脱贫攻坚战,关键在人,在人的观念、能力、干劲。要突出抓好各级扶贫干部学习培训。对县级以上领导干部,重点是提高思想认识,引导树立正确政绩观,掌握精准脱贫方法论,培养研究攻坚问题、解决攻坚难题能力。对基层干部,重点是提高实际能力,培育懂扶贫、会帮扶、作风硬的扶贫干部队伍。要吸引各类人才参与脱贫攻坚和农村发展。要关心爱护基层一线扶贫干部,激励他们为打好脱贫攻坚战努力工作。

第八,注重激发内生动力。贫困群众既是脱贫攻坚的对象,更是脱贫致富的主体。要加强扶贫同扶志、扶智相结合,激发贫困群众积极性和主动性，激励和引导他们靠自己的努力改变命运。改进帮扶方式，提倡多劳多得，营造勤劳致富、光荣脱贫氛围。

习近平强调，打赢脱贫攻坚战，中华民族千百年来存在的绝对贫困问题，将在我们这一代人的手里历史性地得到解决。这是我们人生之大幸。让我们共同努力，一起来完成这项对中华民族、对整个人类都具有重大意义的伟业。只要全党全国各族人民齐心协力、顽强奋斗，脱贫攻坚战一定能够打好打赢。

丁薛祥、刘鹤参加会议，中央和国家机关有关部门负责同志、有关省区负责同志及分管扶贫工作同志、有关市州负责同志参加会议。

第三部分
滏水心谣

建军节礼赞

2018 年 8 月 1 日

攻坚签精微，阡陌劝耕桑。
披星戴月时，满眼青纱帐。
蝉声知冷暖，白露秋风凉。
甘苦一念间，战地花更香。

习近平总书记亲自挂帅、亲自出征、亲自督战的精准脱贫攻坚战，是一场社会主义消灭贫困的战争，也是一次全党、全社会、全国人民，对贫困发起的没有硝烟的战争，更是一场输不起的战争。战争就要有战争的思维，战争就要有战争的方法，战争就要有战争的纪律。在这场没有硝烟的战斗中，无数优秀儿女勇当排头兵，勇战第一线，擂鼓前行，攻营拔寨，带领贫困群众脱贫致富奔小康……

作为一名扶贫战士，草作打油诗向所有的军人、曾经的军人和军属致敬！向不分日夜、不分早晚、不分周末的新河县扶贫干部致敬。

立秋夜游南湖

2018年8月7日

杨柳拂面碧荷香，
洪炉欲比夏日长。
欲问前夜风雨声，
立秋知时把歌唱？

延伸阅读

新河县南湖公园简介

新河县南湖公园由废弃坑塘结合自然地貌改造而成，集防洪减灾、休闲娱乐、生态涵养于一体。作为县城东南部雨水聚集地，南湖公园与县城内雨水管道互联互通，既能保证枯水期蓄水，又能在汛期解决县城排水问题，大大改善了周边生态环境，提供了群众休闲娱乐的场所。公园周围集聚了野生鱼类、鸟禽多达20余种，植物种类达到110余种，更有白天鹅、白鹭来此栖息，逐步成为招商引资的平台。目前，新河县已引进美籍福建客商投资5000万元的农业生态观光园项目，与南湖公园有效衔接，同时依靠农业科技示范作用，带动周边10个村近万亩的果树、蔬菜种植。

第三部分 滏水心谣

出伏誓师有感

2018年8月26日

出伏秋气爽,
热凉相颉颃。
夏衣入夜薄,
枕戈备战忙。

今天"出伏"了,新河县召开脱贫攻坚百日会战动员大会,吹响了全党动员、全民发动、全县发力,决战决胜脱贫摘帽的冲锋号。作为一名扶贫战士,理应记住这个特殊时刻。

依依不舍战友情

9月19日下午1点25分，朱峰同志与县委书记李群江、市督导组组长宋志亮等领导握手话别后，陪同来新河调研的新华社河北分社社长孙杰和分社办公室主任周吉仲登车，离开了新河县，奔赴新的"战场"。回到办公室，眼圈突然湿润了，一个个场景、一幕幕往事，像放电影一样，止不住地在脑海里回放。我突然感到，我们早已"日久生情"。

一个猝不及防的电话

9月10日下午，我正在董夏村里调度扶贫工作，接到新华社人事局的一个电话，得知朱峰同志将结束扶贫挂职，挂任河北省政府办公厅新闻处副处长。尽管我深知，工作队将失去一位干将，但一向讲政治的我当时不假思索地说，这对朱峰是好事，既是对朱峰同志工作的褒奖，也是对工作队工作的肯定，我坚决服从组织的决定。9月12日下午，新华社河北分社办公室主任周吉仲同电告，受人事局委托，分社孙杰社长下周将来新河县调研，看望来新河近3个月的刘奕湛同志，同时送朱峰到省政府办公厅报到。

一名果敢有力的战士

想起朱峰，第一反应，他是一个独立、果敢、执行力很强的战士。为提高工作效率效能，经报请社扶贫办同意，我对工作队的工作进行了内部分工，请朱峰首先把脱贫攻坚宣传报道这一重担挑起来，集中精力围绕脱贫攻坚大局抓策划，切实把新河人民战天斗地的精神面貌宣传好，把干部群众在实践中创造的新鲜经验宣传好，把贫困家庭发生的巨变宣传好。主要基于以下考虑：一是新华社实行属地管理基础上的集中统一管理，新华社有关新河的报道首先由河北分社审核签发；二是朱峰是分社的，便于加

第三部分
滏水心谣

强与分社的沟通联动；三是朱峰是专业搞报道的，专业的人干专业的事，既遵循规律，也符合实际。身处扶贫一线，做好脱贫宣传报道，为决战脱贫营造良好的舆论环境，激发贫困群众的内生动力和信心决心，是新华社扶贫工作队的政治责任。朱峰同志不负众望，真抓实干，发挥优势，不仅促进了新河宣传扶贫工作，而且极大地推动了邢台市的整体宣传工作，在他和河北分社的协调下，中央、省主流媒体到邢台市采访，对上宣传报道呈井喷之势，2017年在河北省宣传系统年度考核中取得第三名的历史最好名次。按照名照社长来新河县调研检查工作提出的相关要求，河北分社选派两名记者，到新河就扶贫一线干部群像稿件进行深入调研，朱峰同志领衔采写了通讯《俯身为民实干，挺胸为党争光——河北省新河县扶贫一线干部群像》，河北省委书记、省人大常委会主任王东峰同志批示：感谢名照社长和新华社，新河的做法很有典型性，宣传部门加大报道力度，激励干部担当作为，形成良好舆论和社会氛围。省人大常委会副主任、邢台市委书记王会勇同志批示：新河县委、县政府要把新华社的支持和东峰书记的关心、肯定化作新的动力，切实做好扶贫脱贫工作。

一段历史凝铸的战友情

我和朱峰同志都在新华社工作十几年，但囿于单位不同、岗位各异，我们并不认识。应该感谢脱贫攻坚这场没有硝烟的战争，感谢组织的安排，感谢人生难得的际遇，让我们从并不熟悉的同事，成为朝夕相处的战友。精准脱贫作为中央重点部署的三大攻坚战之一，难度大、时间紧、任务重。对此，习近平总书记不止一次说要尽锐出战。今年新年贺词中，在谈到2020年脱贫任务时，总书记明确要求，全社会要行动起来，尽锐出战，精准施策，不断夺取新胜利。他还多次强调，要深化东西部扶贫协作和党政机关定点扶贫，调动社会各界参与脱贫攻坚积极性，实现政府、市场、社会互动和行业扶贫、专项扶贫、社会扶贫联动。

所以，脱贫攻坚这个战场虽然没有刀光剑影，没有血雨腥风，但无不体现的是共产党人的为民情怀，考验干部的作风与担当。特别是新河脱贫攻坚剩下的多为因病因残贫，是难中之难、困中之困，都是难啃的硬骨头，

在扶贫路上
ZAIFUPINLUSHANG

定点帮扶能否发挥新华社的优势，体现新华社的特点，彰显媒体的价值，对我们"压力山大"。落实名照社长来新河调研考察提出的要求，6月27日，组织选派国内部央采中心刘奕湛同志挂任新河镇宋亮村第一书记，进一步加强新河扶贫力量。从此，"扎根新河三剑客"微信、蓝信工作群全天候"广播"，工作队建立例会制度并开在刘奕湛帮扶的宋亮村……我们立下誓言：秉持敢做敢当、先行先试的勇气，发扬不怕疲劳、连续作战的作风，做好贫穷的掘墓者、百姓的知心人。

如今，朱峰同志提前结束新河的扶贫挂职，工作队又由短暂的"三剑客"变成原来的"哥俩好"。对此，我深以为憾。但倍感欣慰的是，经我和奕湛同志推荐，县委县政府研究，朱峰同志先后参评2018年全国脱贫攻坚先进个人、河北省脱贫攻坚先进个人，并最终荣获"2018年河北省脱贫攻坚创新奖"。

民心是最大的政治，脱贫攻坚是民心工程。脚下沾有多少泥土，心中就沉淀多少真情。脱贫攻坚已到了最吃紧的时候，我和奕湛同志将保持"功成不必在我，功成必定有我"的精神气概，保持一往无前的奋斗姿态和永不懈怠的精神状态，一步一个脚印狠抓落实，不获全胜，决不收兵，用奋斗回馈新河人民，不负历史和组织重托。

（本文系作者2018年9月19日的工作日志）

第三部分
滏水心谣

特殊日子　殷切期望

今天周六，天气晴好。按照企业观察报社副社长孙东辉和伟华、广辉、军旺、红江、红勋等此前酌定的方案，今天来新河开展以迎中秋慰问为主题的公益活动，为董振堂将军家乡西李村和董振堂故居捐赠。

对我和儿子而言，今天是个值得记录的特殊日子。今天上午，西单小学举行2018年秋季学期开学典礼，儿子步入义务教育阶段，正式成为一名学生。我感到很幸福，也深深感到压力。

这两年扶贫，缺席了孩子成长的很多环节，深以为憾。懂事的儿子没有怨我，主动分享他学习生活的点滴。前天下午接到校方通知，我代表新生家长发言，我当时毫不犹豫地答应，立即买了回京的火车票。

最后，以去年儿子五岁生日时，我作的一首打油诗，作为今天日志的结尾，祝福他永远健康快乐、茁壮成长。

新松恨不高千尺，揠苗助长焉磨针。
驹隙去留争一瞬，德薄位尊臭古今。
智小谋大祸伏起，光明内心辟蹊径。
自古英雄出炼狱，正心修身贵躬行。

（本文系作者2018年9月1日的日志）

相关链接

在西单小学开学典礼上的发言

尊敬的各位领导、各位老师，各位亲爱的小朋友：

大家早上好！我是汪孜曜同学的爸爸，非常高兴、非常激动，也非常荣幸参加今天的开学典礼。

　　首先，感谢学校的安排，使得我此时此刻能站在这里代表我的孩子，代表我们全家，也代表新生家长，向西单小学真诚地说一声"感谢"。正是由于你们的关心和抬爱，孩子们才能到这么好的环境里学习和生活。

　　陪孩子参加咱学校的活动，我每时每刻都在认真感受，也无时无刻不被感动。迎新生的周到安排、教务处的温馨提示、漫漫老师对教室的精心布置，都让我深切体悟着西单小学"以人为本、求真务实、敢为人先"的办学理念。特别是昨天的"开笔礼"和今天的开学典礼，不仅是一个仪式，也是对尊师爱幼、求学问道、孝敬父母等优秀传统文化的传承，更是进行社会主义核心价值观教育的第一堂课。我坚信孩子们一定会在这里健康茁壮成长。

　　古人云，少年志则中国志，少年强则中国强。步入小学标志着孩子们成了真正的学生，希望孩子们认真聆听老师教诲，刻苦学习知识，认真学习做人，自己的事自己做，别人的事帮着做，公益的事争着做，自觉做有品德、有知识、有责任的新时代好少年。我们这些家长也一定主动加强与老师们的沟通，密切配合学校的各项活动，确保孩子们健康成长。请老师们放心，请小朋友监督。

　　最后，衷心祝愿每一位小朋友都成长为健康、快乐、聪明的阳光孩子！衷心祝愿每一位老师工作愉快、家庭幸福！衷心祝愿西单小学蒸蒸日上，越办越好！

> 第三部分
> 滏水心谣

披星戴月　风雨兼程

　　一场秋雨一场寒,脱贫之战却正酣。新河县各乡(镇)先后召开村支书、包村干部、驻村工作队等扶贫壮士参加的誓师大会,贯彻省、市、县安排部署,落实细化重点工作。打油诗两首,致敬披星戴月的亲爱的战友们。

雨夜无题诗两首
秋雨催暑隐,习风舞翩跹。
高蝉多远韵,鱼跃盼月悬。

高歌彻云天,旌旗敞日光。
夜风扫霾狂,寒露凝华章。

（本文系作者2018年10月16日的日志）

静夜思

2018年11月17日

皎月舞风戏婵娟，
枕甲思儿入梦难。
此心安处即吾家，
不破楼兰誓不还。

  天已"立冬"，夜幕降临，寒意渐浓，但周末的新河县委县政府依然灯火通明，热火朝天。今晚8点，县委县政府召开专题会议，四套班子和乡（镇）、县直部门一把手全体参加，落实全省电视电话会议精神，研究河北省扶贫办印发的《扶贫开发成效考核专项核查工作方案》《2018年扶贫开发工作成效实地考核操作规程》《2018年拟退出贫困县实地验收检查操作规程》《2018年市县扶贫开发工作成效考核政策读本》等政策文件，就按时完成年度减贫任务、整县如期脱贫退出进行再动员再安排。

  按照省市党委政府的安排，对包括新河在内的全省24个拟退出贫困县而言，2018年减贫成效考核和脱贫退出考核验收工作一并进行。年初召开的县委十届四次全会就强调，2018年是脱贫退出的收官之年。那么，现在才真是到了"刺刀见红"的关键时刻。作为县扶贫开发和脱贫工作领导小组副组长，我首先要按照分工，落实好有关工作安排；同时，我要点面结合，扎实做好分包的董夏村、盖村、暴地甲村的脱贫出列工作，务求不怕查、查不怕、怕不查。快两点了，睡意全无，今夜恐要失眠……

第三部分
滏水心谣

贺新年　迎鏖战

以习近平同志为核心的党中央以人为本，关心关爱干部，不提倡"五加二""白加黑"，新华社、《人民日报》等中央媒体就此曾频频发声，正确引导舆论。但就扶贫一线而言，"五加二""白加黑"是工作常态。尽管新河县刚刚顺利通过扶贫成效年度考核、脱贫退出实地考核，但是元旦三天假期，我和我的战友们都坚守岗位，没有休息。

今天是2019年第一天，我第一件事，想去我分包的董夏村看看。2018年12月1日，董夏村被第三方评估组"抽中"，很荣幸地接受了评估组近5个小时的"解剖"，没有发现漏评和错退现象，顺利通过。所以，今天一是代表县委慰问，二是感谢乡村两级组织对我包村工作的大力支持。习惯使然，我没有给他们打电话，而是直接进村。村支书刘子芳说，上午村委会请儿女没在身边的老人一起吃了团圆饭。我们一起到邢台海关驻村工作队宿舍看了下，感觉条件比前段邢台海关关长赵文博来慰问时有所改善。队员王宝刚说，我一直关注的贫困户郎安贵昨夜自己在家酗酒，意外去世了，遗憾、悲痛等剪不断、理还乱的思绪一时涌上心头。

66岁的郎安贵，给我的印象是非常耿直朴实。尽管早已被村里列入危房改造重点户，但自收养的一个女儿出嫁后，以过一天是一天，不想给政府添麻烦为由，拒绝老房改造。后经邢台海关驻村工作队和村"两委"反复沟通，宣讲扶贫政策，愿意改造危房。之后，驻村工作队把郎安贵列为重点户，三天两头去家访。但没想到，他还是出现了意外。突然感到，习近平总书记强调的扶贫先扶志依然在路上，扶志气、增信心、提士气的任务还很艰巨，这既是稳定持续脱贫的内在要求，也是决胜全面小康的必由之路……

草作打油诗，致敬假期坚守的战友！祝福各位领导同事亲友新年

在扶贫路上

快乐!

时节如流弹指间,日月同辉庆新元。
江南瑞雪惊千里,燕赵松青耐岁寒。
东风料峭盼春归,逐风追梦祈丰年。
关山初度尘未洗,策马著鞭又跨鞍。

(本文系作者 2019 年 1 月 1 日的调研札记)

> 第三部分
> 滏水心谣

至人本无我

2019 年 3 月 24 日

下德无为以有为，
至人无己无善名。
有无相生演大道，
大爱无疆彰义仁。

3 月 24 日上午，朋友圈里传来一个有意思的故事。

在意大利出访的习近平，被问了一个问题："您当选中国国家主席的时候，是一种什么样的心情？"习近平回答道："我将无我，不负人民。我愿意做到一个'无我'的状态，为中国的发展奉献自己。"

"我将无我，不负人民"，这句话很快被传了开来。很多朋友对"无我"这样的提法感到非常新鲜，因为这是一个极具中国哲学色彩的概念，却出现在这么重要的外交场合，而且还从中国最高领导人口中道出。

如果查古籍，"无我"的概念在道家和佛家的用典中较多。王国维在《人间词话》中讲，"有我之境，以我观物，故物皆著我之色彩。无我之境，以物观物，故不知何者为我，何者为物"。

有我与无我，可以用来评说诗词境界，更是衡量做人境界的标准。特别是对领导干部而言，为政一任，何时有我、何处无我、何地忘我，是一个值得认真思考的问题。

延伸阅读

　　习近平的"我将无我"诠释了一种新境界

"您当选中国国家主席的时候，是一种什么样的心情？作为世界上如

在扶贫路上
ZAIFUPINLUSHANG

此重要国家的一位领袖,您是怎么想的?"3月22日下午,意大利众议长菲科向习近平主席发问。

习近平主席回答说,这么大一个国家,责任非常重、工作非常艰巨。我将无我,不负人民。我愿意做到一个"无我"的状态,为中国的发展奉献自己。此言一出,引发国内外各界人士热烈反响。

翻看中外思想经典,一些宗教文化中不乏"无我""无私""奉献""牺牲"的提法,都有导人向善的美好意图。与此不同,习近平主席讲的"无我"是忘我,随时牺牲一切为了人民,全心全意为人民服务的宝贵精神,表达了对人民的深厚情怀。从人民性的角度说,共产党人所讲的"无我"是远远高于宗教文化当中"牺牲"意义的,是对"无我"一词的新解、新用。

俗话说,境界决定格局。《党章》的总纲有规定:"我们党除了工人阶级和最广大人民群众的利益,没有自己特殊的利益。"可以说,共产党人的"无我",不仅是体现为心中无私,更是体现在"心中有民"。

"无我"境界也是成就"大我"的动力源。研读《习近平的七年知青岁月》《知之深爱之切》《习近平在正定》等著作,不难发现,习近平始终把为群众办实实在在的好事放在首位。为此,他可以不远千里考察学习办成陕西省第一口沼气池,他可以骑着"二八"自行车走街串巷、解决问题,兴起正定调查研究新作风。始终同群众在一起,充分掌握基层事情和群众所思所想,党员干部才能克服盲目和慌张,做到胸有成竹的充分自信,不断创出造福一方的优异成绩。

早在建党之初,中国共产党人就把为人民服务确立为党的宗旨。在漫长的奋斗历程中,面临血与火的考验,共产党人一直用实际行动坚持为人民服务的宗旨。夏明翰等先烈们怀着"主义真"的追求,可以不惧生命安危;陈毅等老一辈革命家在"断头"的紧要关头也坦然吟唱"意如何"。毛泽东则是用"无非一念救苍生",生动展现了共产党人干革命那种"牺牲自我、服务人民"的大无畏精神。

习近平主席"我将无我,不负人民"的回答,彰显了一种博大胸怀。这与"我是中国人民的儿子""我是人民的勤务员"这些朴实而深情的告白一样,体现出大国领袖为中国人民谋幸福、为中华民族谋复兴,甘于奉献、勇于担当,矢志不渝的思想境界和责任担当。

在新时代新征程上,不忘初心,牢记使命,继续保持"无我"的崇高境界,中国共产党带领中国人民会创造中华民族新的更大奇迹,创造让世界刮目相看的新的更大奇迹。

(人民网 2019 年 3 月 24 日,刘文晓)

在扶贫路上
ZAIFUPINLUSHANG

难忘这个劳动节

今天是第 69 个中国劳动节、第 129 个国际劳动节。

对于我而言，这个劳动节有点特别，我们一家三口，第一次分居三地。今年是新中国成立 70 周年，决胜全面小康社会的关键之年。根据做好国家重大活动安保工作的安排，自 4 月 2 日起，我妻子从北京市公安局机关到西城分局府右街派出所支援工作。府右街派出所与中南海西侧红墙外一街之隔，主要负责维护中南海周边的治安，被很多人誉为"红墙卫士"。"五一"假期，他们按惯例又全体停休，每天执勤到很晚。儿子昨天下午放学后，他舅舅带着他坐火车回姥姥家了。

我在县里，一来根据既定安排，值班值守，二来是梳理新华社援建新河融媒体中心尚需重点解决的问题，新华社新媒体中心副总编贺大为后天（5 月 3 日）将来县调研"现场云"平台发稿、新河冀云客户端嵌入"现场云"等事宜。此前，他多次计划来，但都因临时紧急任务耽搁。这次来新河，是用私人时间为新河融媒体建设办具体的事。昨天下午，我再次到"新河之窗"城市综合展馆四层调研融媒体中心装修进度，提出"边建边用、平衡作业"，抓紧建好、用好、管好，服务县委县政府中心工作。其间，新华社扶贫办主任来江铭先后 3 次来电沟通融媒体中心建设事宜。

浏览冀云新河客户端今天推送的《致敬最美劳动者！全是我们身边的普通人嘞》，选取了值班的交警、环卫工人和在扶贫小院的贫困户等工作的镜头，很亲切，在新河大地，在自己身边，有无数的普通劳动者，也包括你我，在各自的岗位上默默地奉献着。

讴歌劳动、鼓励创造，是中华民族生生不息、不断进步的历史基因。劳动是一切成功的必由之路，是创造价值的唯一源泉。习近平总书记指出，"人民创造历史，劳动开创未来。劳动是推动人类社会进步的根本力"。我感觉，新河融媒体中心的五一劳动节专题策划，很及时，很有感染力，用身边的人、身边的事、身边的榜样，诠释劳模精神、工匠精神、雷锋精神。

第三部分
滏水心谣

从大的方面讲，体现了习近平总书记强调的"引领群众、服务群众"。

晚饭后，看到央视播发的《习近平：我的工作是为人民服务，很累，但很愉快》的专题片，从个人爱好到对待工作的态度，从生活感受到治理国家的心得等各个层面，让我们从习近平身上看到了一个更加立体的人民领袖和新时代奋斗者的形象。

幸福是奋斗出来的，奋斗成就幸福，同时奋斗本身也是一种幸福。全面建成小康社会，每一位劳动者都是主角。在这个奋斗是青春最厚重的底色的时代，无论处于什么样的环境，无论处于什么样的人生起点，我们每个人必须依靠辛勤努力，创造属于自己的人生精彩，让顽强奋斗、艰苦奋斗、不懈奋斗成为青春最厚重的底色。组织安排的在新河扶贫时间已满，但为脱贫攻坚贡献智慧力量永远在路上。因为，我早已融入新河，心将留在新河，我将以"功成不必在我"的精神境界和"功成必定有我"的历史担当，发扬钉钉子精神，"站好最后一班岗"。

（本文系作者2019年5月1日的工作日志）

延伸阅读

习近平：我的工作是为人民服务，很累，但很愉快

从青岛海上阅兵到出席第二届"一带一路"国际合作高峰论坛，从世园会开幕式到纪念五四运动100周年大会，这几天，习近平主席忙得连轴转。近日，习近平在复信美国伊利诺伊州北奈尔斯高中学生时谈到自己的工作，他说：我的工作是为人民服务，很累，但很愉快。此前，北奈尔斯高中中文班40多名学生用中文写信给习近平，询问习近平的工作、生活情况和个人爱好。

今天是五一国际劳动节，在这个属于劳动者的节日，我们也一起来看一下习近平主席治理这样一个大国的工作心得和感受。

谈治理：只有贴近实际，才能知道人民所需

中国是一个有着13亿多人口的大国，治理这样一个国家难度可想而

知,外界也很好奇习近平领导这样一个国家的感受。对此,习近平在接受外媒采访时讲了一些心得。

2013年3月19日,刚刚当选为国家主席不久的习近平在接受金砖国家媒体联合采访时,一位巴西记者问道:您领导一个13亿人口的大国,感受是什么?对此,习近平回答说,中国有13亿人口,治理不易,光是把情况了解清楚就不易。中国有960万平方公里,56个民族,13亿人口,了解中国要切忌"盲人摸象"。他还说:"我在农村干过,担任过大队党支部书记,在县、市、省、中央都工作过。干部有了丰富的基层经历,就能更好树立群众观点,知道国情,知道人民需要什么,在实践中不断积累各方面经验和专业知识,增强工作能力和才干。这是做好工作的基本条件。"

2014年2月7日,习近平在俄罗斯索契接受俄罗斯电视台专访时,记者问过这样一个问题:您担任中国国家主席快一年了,领导中国这么大的国家,您的感受是什么?对此,习近平这样回答:治理这样一个国家很不容易,必须登高望远,同时必须脚踏实地。我曾在中国不同地方长期工作,深知中国从东部到西部,从地方到中央,各地各层级方方面面的差异太大了。因此,在中国当领导人,必须在把情况搞清楚的基础上,统筹兼顾、综合平衡,突出重点、带动全局,有的时候要抓大放小、以大兼小,有的时候又要以小带大、小中见大,形象地说,就是要十个指头弹钢琴。

事非经过不知难,治理这样一个大国非常不易,习近平对此有着切身的感受。而要治理这样一个国家,首要的一点就是把情况搞清楚,只有贴近实际,才能知道人民所需。

谈工作:愿意做到"无我"的状态,不负人民

担任中国最高领导人,工作繁忙是必然的。谈到自己的工作感受,在给美国伊利诺伊州北奈尔斯高中学生的回信中,习近平这样说:我的工作是为人民服务,很累,但很愉快。

2013年3月19日,在接受金砖国家媒体联合采访时被问及每天的工作和生活情况,习近平如是回答道:对我来讲,人民把我放在这样的工作岗位上,就要始终把人民放在心中最高的位置,牢记人民重托,牢记责任重于泰山。这样一个大国,这样多的人民,这么复杂的国情,领导者要深入了解国情,了解人民所思所盼,要有"如履薄冰,如临深渊"的自觉,

第三部分
滏水心谣

要有"治大国如烹小鲜"的态度,丝毫不敢懈怠,丝毫不敢马虎,必须夙夜在公、勤勉工作。人民是我们力量的源泉。只要与人民同甘共苦,与人民团结奋斗,就没有克服不了的困难,就没有完成不了的任务。

2014年2月7日,习近平在索契接受俄罗斯电视台专访谈及工作时表示:作为国家领导人,人民把我放在这样的工作岗位上,我就要始终把人民放在心中最高的位置,牢记责任重于泰山,时刻把人民群众的安危冷暖放在心上,兢兢业业,夙夜在公,始终与人民心心相印、与人民同甘共苦、与人民团结奋斗。

今年3月,在意大利访问的习近平面对意大利众议长类似的提问:"您当选中国国家主席的时候,是一种什么样的心情?中国这么大,您作为世界上如此重要国家的一位领袖,您是怎么想的?"他回答说:"这么大一个国家,责任非常重、工作非常艰巨。我将无我,不负人民。我愿意做到一个'无我'的状态,为中国的发展奉献自己。"

4月26日,在第二届"一带一路"国际合作高峰论坛欢迎宴会的祝酒词中,习近平说,我们在座的很多人为了各自国家人民幸福安康,为了世界繁荣稳定,在全球各地奔波忙碌。走四方固然辛苦,但收获是"朋友圈"越来越大。新工业革命风起云涌,充满机遇和挑战。在当今世界行走,恰似逆水行舟,不进则退。作为各国领导人,我们没有退却的理由,只有前进的选项。唯有风雨兼程,才能无愧于人民重托,才能让我们的人民过上幸福生活。

工作虽忙,习近平念兹在兹的是为人民服务,这是他作为一名共产党人以身许党、以身许国的初心和毕生追求。我将无我,不负人民,虽然很累,但很愉快。

谈爱好:读书和体育

工作很忙,但还是能抽出片刻的闲暇时光。说到自己的爱好,习近平讲得比较多的有两个,一个是读书,另一个就是体育。读书以启智,体育以强身。在给美国中学生回信时,习近平介绍说:我对哲学、历史、文学、文化、音乐、体育等都有浓厚兴趣,我的很多爱好从中学时代就养成了,一直保持到现在。

在接受金砖国家媒体联合采访时,习近平表示,我爱好挺多,最大的

在扶贫路上
ZAIFUPINLUSHANG

爱好是读书,读书已成为我的一种生活方式。我也是体育爱好者,喜欢游泳、爬山等运动,年轻时喜欢足球和排球。

在索契接受俄罗斯电视台专访时,习近平再次表示,我个人爱好阅读、看电影、旅游、散步。现在,我经常能做到的是读书,读书已成了我的一种生活方式。读书可以让人保持思想活力,让人得到智慧启发,让人滋养浩然之气。说到体育活动,我喜欢游泳、爬山等运动,游泳我四五岁就学会了。我还喜欢足球、排球、篮球、网球、武术等运动。冰雪项目中,我爱看冰球、速滑、花样滑冰、雪地技巧。特别是冰球,这项运动不仅需要个人力量和技巧,也需要团队配合和协作,是很好的运动。

谈平衡:要从容不迫

对于很多人来说,平衡工作与生活并不容易。这方面,习近平有怎样的体会?在接受金砖国家媒体联合采访时,习近平表示,尽管工作很忙,但"偷得浮生半日闲",只要有时间,我就同家人在一起。至于工作本身,习近平说,担任这样的职务,基本没有自己的时间。工作千头万绪。当然,我会区分轻重缓急。

"案无积卷,事不过夜",这是习近平的处事作风。但工作再忙,也不能牺牲身体。2015年1月12日,习近平在人民大会堂跟206名中央党校第一期县委书记研修班学员座谈时谈到年轻时的经历,"当县委书记时年轻想办好事,老熬夜,经常是通宵达旦地干,因而差不多一个月得大病一场"。习近平讲述,后来感觉到这样不行,这么干也长不了,就摆顺心态。"内在有激情,但是还要从容不迫。"习近平回忆说,当时得知一句话,"你手里攥着千头万绪,攥着一千个线头,但是一个针眼一次只能穿过一条线",这句话让他想明白了,此后一天就做到晚上12点就不做了睡大觉,第二天重新来过。

从个人爱好到对待工作的态度,从生活感受到治理国家的心得,既有夙夜在公、勤勉工作的奋斗之姿和人民情怀,也有爱读书、爱体育的良好习惯和丰富生活,这都让我们从习近平身上看到了一个更加立体的人民领袖和新时代奋斗者的形象。

(央视新闻微信公众号2019年3月22日)

第三部分
滏水心谣

内心充盈　收获不远

四季有时,昨天是二十四节气中第八个节气、夏季的第二个节气:小满。

小满,是一个最具中国文化智慧的节气。留心观察二十四节气,我们不难发现一般都有对应关系。比如,"小暑"之后有"大暑","小雪"之后有"大雪","小寒"之后有"大寒"……但"小满"之后,就是"芒种",没有"大满"。

古语云:"满,盈溢也。"饱满、充盈、骄傲………迎来的很可能就是缺失和下坡路,可谓"满招损""物盈则倾""物极必反",中国传统文化讲中庸之道,忌讳太满,凡事不能"大满"。智慧的古人在"满"前面就加个"小"字,修"小满",终成"大满"。

某种意义而言,尚未圆满的"小满"就是一个非常好的状态。"小满"蕴含着以天道指引人道的大智慧,正是因为有点缺失,才令我们更加完整。近代政治家、战略家、理学家、文学家,湘军的创立者和统帅曾国藩,晚年给自己的书房起名"求阙斋"。

就人生而言,小满,是最幸福的状态。人若不满,则空留遗憾;人若自满,便难有进步……

就农时而言,小满是收获的前奏,也拉开了夏忙的序幕。

今天,新华社党组副书记、总编辑何平一行到新河县调研定点扶贫和脱贫攻坚工作。今晚在县委常委会议室召开的座谈会上,我汇报驻点帮扶工作时,应景地先说了一句,昨天是很有寓意的"小满"节气,今天何总一行和省市领导来新河考察和指导工作,多了一些更深的意义。

何平同志与大家座谈最后,也用"小满"结尾,祝福新河脱贫。他说:"最后,'小满'节气刚过,小满麦粒渐满,希望我们新河的脱贫攻坚工作、各项事业不断地收获满满。"

草作打油诗一首,致敬尊敬的何总,致敬战斗在一线的扶贫干部,致敬勤劳的新河人民。

麦浆渐满月上弦，
莫叹小满无大满。
大道常忌人求全，
人生最妙是小满。

（本文系作者 2019 年 5 月 22 日的工作日志）

己亥端午抒怀

2019 年 6 月 7 日

好雨知时及芒种，
泥芳无语飘四方。
日暮乡关何处是，
麦香满堂醉端阳。
莘莘征夫怀来路，
屈原不屈万古长。
无韵离骚鉴忠奸，
初心不渝共保昌。

　　昨日"芒种"，好雨知时而降；今日高考，恰逢一年一度的端午节。打油诗，致敬忙于"三夏"工作的一线干部群众，祝福挥洒汗水、浇灌梦想、播撒希望的孩子们。

七一忆初心

2019 年 7 月 1 日

南湖起航举锤镰，
宏旨引路换新天。
喜看旌旗笑西风，
众志成城开大船。

第三部分
滏水心谣

和侠行天下诗

2019 年 7 月 24 日

位卑未敢忘忧国，
峥嵘岁月魂牵绊。
衣食千年黎庶梦，
勠力同心今朝圆。
雄关漫道莫蹉跎，
共筑小康尽开颜。
长江后浪推前浪，
滏水无声意正绵。

附：赠汪鹏

侠行天下

龙岗脱贫乘风行，
忽闻京社集结声。
滏水淙淙流千里，
不及汪鹏扶贫情。

昨天下午，河北分社副社长、总编辑王洪峰带队，送新华社第三批扶贫工作队来新河报到，与县委书记李群江等县领导座谈。

今天中午，来新河县调研脱贫攻坚工作的邢台市副市长（分包新河县的市领导，邢台市扶贫开发和脱贫工作领导小组副组长），传达了市委书记朱政学近日对《河北扶贫工作通讯》刊登《苦干实干拼命干　扶志扶智扶真贫——新华社驻新河县扶贫工作队侧记》做出批示的主要精神，转达市委市政府对新华社同志的感谢。

今天下午，送走洪峰同志一行后，我和奕湛同志对照《新华社驻新河扶贫工作队重点工作台账》，逐项与第三批工作队进行了工作交接，并到刘秋口村调研了县扶贫办、财政局等即将验收的新华社援建项目鱼菜共生大棚。同时，我在县委县政府微信工作群"新征程"发布了一则消息："经组织安排，我和奕湛同志已结束扶贫挂职，我和朱峰、奕湛同志感谢各位同仁一直以来的关心、关爱和支持。新华社第三批新河扶贫工作队队长，河北分社办公室副主任董智永同志，与新华网业务骨干王帅同志，昨天已到新河，希望大家像支持晓炜、华松，我和朱峰、奕湛同志一样，关心支持智永、王帅同志的工作。"不久，新河同志们的问候纷至沓来，"欢迎董书记、王主任，汪书记、刘县长常回家看看"……一些同志还通过打油诗等形式，打电话，或微信、短信给我。我的双眼一时湿润，真正离别的时刻，才发现自己早已与燕赵大地、将军故里、新河人民结下了不解之缘，留下了难舍之情。

（本文系作者2019年7月24日的工作日志）

第四部分

"新""新"相应——风雨同舟绘彩虹

　　脱贫攻坚是以习近平同志为核心的党中央做出的重大战略部署，对口帮扶新河，是党中央赋予新华社的政治任务；助力新河持续稳定脱贫摘帽，是新华社的政治责任。新华社社长、党组书记蔡名照同志强调，新河县是新华社深入实际调查研究和培养干部锻炼队伍的重要基地，双方通过结对帮扶建立起来的联系要长期坚持。新华社扶贫工作领导小组组长，新华社副社长、党组成员刘正荣同志，以"新华社和新河都姓'新'"比喻新华社和新河的"亲戚"关系。在中央和国家机关工委、国务院扶贫办有力指导下，新华社党组加强组织领导、社扶贫领导小组统筹安排、办公厅协调督察、各相关责任单位通力配合、驻新河扶贫工作队真抓实干，有效有力助推新河县脱贫摘帽。经新河县委宣传部、组织部采写，《农民日报》和河北省委主办的《河北省扶贫通讯》先后报道新华社帮扶新河县的工作情况，中国共产党新闻网、中央文明网、河北新闻网、长城网等广泛转发。这既是对新华社定点扶贫和新河脱贫攻坚工作的肯定，也是对新河县广大干部群众的鼓励。追梦路上不停步，扶贫永远在路上……

第四部分
"新""新"相应

脱贫攻坚增强了"四个自信"

昨天是二十四节气之一很有寓意的"小满"节气，今天何总一行和省市领导来新河调研指导，多了一些更深的意义。两年多来，在新华社办公厅和新河县委县政府的直接指挥下，我们真挂实干，收获非常大，感触特别深。下面，简要汇报一些体会。

一是脱贫攻坚凝铸了中国特色脱贫攻坚制度体系，增强了我们的"四个自信"。有幸在脱贫攻坚三年攻坚行动期间，到扶贫一线挂职是难得的机遇，更幸运的是我们参与了新河脱贫摘帽的全过程、全链条、全环节。回望新河脱贫摘帽的硬仗，我深刻体会到中国特色脱贫攻坚制度体系全面建立，全党动员、全民发动、全县发力的大扶贫格局已经形成。2018年，邢台市4个脱贫摘帽县中，新河县脱贫退出考核第一、全省第十；全市21个县区增比进位排名，新河名列第五，我认为这个好成绩得益于三个"好"：一是省市领导得好，二是县委县政府指挥得好，三是新河广大干部群众干

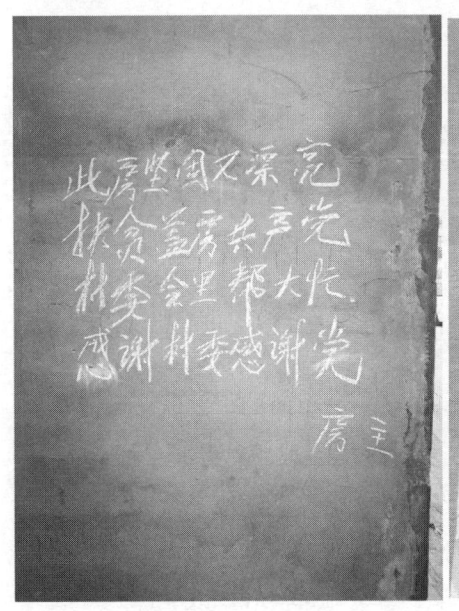

得好。就拿新华社定点扶贫来说，社党组谋划的一些帮扶措施之所以能落地落实，很重要的一点是市县党委政府的关心支持和乡村两级组织的有力保障。李书记、李县长既是我和奕湛同志的班长，也是战友，更是老兄、老师，有力增强了我们工作的针对性和实效性。新河脱贫的生动实践证明：只有在中国共产党的坚强领导下，才能形成中央统筹、省负总责、市县抓落实的好体制；只有在中国共产党的坚强领导下，才能形成五级书记抓扶贫的强大动员体系、政策体系、投入体系、帮扶体系；只有在中国共产党的坚强领导下，才能创造其他国家不可能实现的减贫速度和减贫奇迹。

　　二是脱贫攻坚赢得了党心民心，厚植了我们党的群众基础和执政基础。我是农村土生土长的，印象中过去乡村干群关系一度紧张，是由于乡村干部开展征购、零散税收、刮宫引产等原因。到新河以后，习惯使然，我一直努力跳出新河看新河、立足新河看全国，思考新河的变化，切身感受到脱贫攻坚密切了干群关系。比如，每次入户走访，听到最多的是共产党好、党的政策好，感谢县委县政府。所见所闻，我每次心里都热乎乎的，从内心深处增强了对习近平总书记亲自谋划推动的精准脱贫攻坚战的政治认同、思想认同、情感认同，更加深刻地领会了习近平总书记以人民为中心的发展思想，更加深切地体悟到总书记强烈的历史担当，更加坚定了我们担当担责助力新河持续稳定脱贫的信心决心。

　　三是脱贫攻坚锤炼了意志作风，培育了决胜小康的干部队伍和基层基础。在扶贫一线这25个月的摸爬滚打，我深深体会到县乡干部真的不容易，都在用辛苦指数换取老百姓的幸福指数。尽管中央不提倡"五加二""白加黑"，但"五加二""白加黑"几乎是新河扶贫干部的常态。2018年8月26日百日会战以来，县领导以上率下，各级干部压在一线、深入一线、

第四部分
"新""新"相应

融入一线，动真的、来实的、碰硬的，几乎每个干部都"脱皮掉肉"，有的带病作战，有的三过家门而不入。这些都教育着我们、感染着我们、激励着我们，与新河干部群众打成一片，融为一体，同心同向、众志成城，我深深体会到，脱贫攻坚是真抓实干的事业，是较真碰硬的要命活。只有沉下心、扑下身，才能把脉老百姓想什么、盼什么。只有深深扎根人民，紧紧依靠人民，才能获得无穷的力量。所以，脱贫攻坚培养了新河干部吃苦耐劳的意志和深严细实的作风，为决胜全面小康储备了人才，夯实了基础。

四是脱贫攻坚积累了经验，提升了履职尽责的能力。 我出身农家，缺乏县乡工作经验。为此，我经常与班子同志交流，主动向他们请教，对于他们负责的工作，比如基层党建、招商引资、信访稳定、安全生产、环境保护等硬仗，也时常对号入座、换位思考，从他们身上学习了很多知识，借鉴了很多经验，汲取了不少教训。我深深感到，县乡工作必须实打实，脱贫攻坚是干出来的，来不得半点虚的。乡村两级是各项政策落实的最后一公里，但要把上级政策转化为实实在在的成果，转化为群众的满意度，转化为百姓的笑脸，绝不能教条式地机械解读落实，必须下足"绣花"功夫，因乡因村因户施策，创造性抓好落实，在这个过程中，我与群众打交道的能力、分析解决问题的实操能力得到较大提升。

汇报完毕，不妥之处，请各位领导批评指正。

（2019年5月22日至23日，新华社党组副书记、总编辑何平来新河县调研定点扶贫和脱贫攻坚工作，并与市县领导座谈。这是作者代表新华社驻新河扶贫工作队在22日晚召开的座谈会上的简要汇报。）

在扶贫路上
ZAIFUPINLUSHANG

小县大志气　旧貌换新颜
——脱贫攻坚战促新河县各项工作增比进位突破

近年来，在河北省和邢台市党委、政府的正确领导下，新河县委县政府团结带领全县广大干部群众深入学习贯彻习近平新时代中国特色社会主义思想，坚持把脱贫攻坚作为首要政治任务、头等大事和第一民生工程，激情自信、实干担当，扶真贫、真扶贫，力促各项工作增比进位突破。

2014～2016年，全部财政收入连续三年增速居全市第一，公共预算收入增速保持全市前三名，工业用电量增速保持全市前列；2014年一次性通过省级园林县城验收，被省政府誉为"贫困县创园典型"；2015年全省县域综合排名前移5个位次，摆脱了长期后三名的局面；2016年全部财政收入增长74.7%，居全省第2，全省小康指数前移11个位次；2017年全部财政收入比2014年翻番，全社会用电量、工业用电量分别是2014年的1.5倍、2.2倍，城镇居民人均可支配收入增速居全市第一，农村居民人均可支配收入增速居全市第二，经济社会发展主要指标"增比进位"综合排位居全市第9名，扶贫开发和脱贫成效考核居全省第9名、全市第3名；2018年经济社会发展主要指标"增比进位"综合排位居全市第5名，多项指标增速居全市前茅（其中生产总值、社会消费品零售总额、城镇居民人均可支配收入、农民人均纯可支配收入4项指标均居全市第一）。

2019年上半年顺利实现"双过半"，完成地区生产总值19.46亿元，同比增长8.3%；社会消费品零售总额11.1亿元，同比增长9.8%（全市第一）；固定资产投资18.8亿元，同比增长8.6%；全社会用电量3.34亿千瓦时，同比增长11.51%（全市第11）；工业用电量2.13亿千瓦时，同比增长9.63%（全市第11）。城镇居民人均可支配收入12458元，同比增长11.4%（全市第3）；农民人均可支配收入4781元，同比增长13.3%（全市第2）；预计规上工业增加值6.67亿元，同比增长13.3%（全市第11）；1～8月

第四部分
"新""新"相应

份完成全部财政收入3.32亿元、公共财政预算收入1.5亿元，分别同比增长10.7%、10.3%。特别是全县规上企业达到49家，年纳税超千万元企业发展到6家，超威电源年纳税突破亿元，位居全市百强企业第16位，进入全省民营制造业百强，初步形成了"两新一现代"产业布局（新能源、新材料两大主导产业和汽车配件、眼镜盒、桩工等现代装备制造特色产业）。通过决战脱贫、决胜小康，新河县在全面建设新时代经济强县、美丽新河新征程上已经迈开步，正在迈稳步，即将迈大步。

对此，中央领导同志给予肯定，省委书记王东峰同志对新河工作批示"很有典型性"，省长许勤同志批示"好经验、好做法，可印发全省学习借鉴"，邢台市脱贫攻坚现场会在新河召开，县委主要负责同志在全省第5次县委书记交流会上做典型发言。特别是2018年，新河县顺利通过省脱贫退出实地验收和第三方评估验收，并代表全省圆满完成国家扶贫专项资金绩效考核，王东峰书记、许勤省长再次对新河县扶贫脱贫工作做出重要批示。2019年5月5日，河北省政府正式批准新河县退出贫困县序列。

（摘编自新河县脱贫攻坚汇报材料）

> 在扶贫路上
> ZAIFUPINLUSHANG

一个传统农业县的脱贫之路
——来自河北新河的调查报告

新华社记者 王洪峰 张洪河 赵超 刘奕湛 范世辉

仲夏，冀中南平原骄阳当空，河北省新河县升腾着脱贫摘帽的喜悦。

这里，曾深陷贫困——

地处平原，拥有广袤土地，贫困发生率却高达49.78%，仅有17万多人口的小县是远近闻名的贫困大县。

是什么办法，让新河脱胎换骨？是什么力量，让新河浴火重生？是什么精神，让新河接续奋进？

记者走进这里，探寻一个传统农业县的精准脱贫之路。

6月21日，村民在河北新河县白穴口村梧桐小院内用手工织布机织布。新华社记者王晓摄

第四部分
"新""新"相应

合力攻坚的成功之路

新河,因河得名,地近九河下梢,饱受盐碱化、沙化之困,自古地瘠民贫。

对土地无比依恋的人们,却难以得到土地的馈赠。2012年,新河县有近一半人口身处贫困。2014年建档立卡后,全县仍有76个贫困村,5万多贫困人口。

"穷根子"在哪?

新河干部群众认识到,当地传统农业比重过大,特色农业欠缺,产业基础更是薄弱,靠天吃饭的思想根深蒂固。

还是这方水土,还是这片平原,变靠天吃饭为靠地脱贫,"药方子"怎么开?

以产业扶贫为支撑,深挖资源禀赋——

白穴口村,四棵高大的梧桐树笼罩着一处整洁的院子,村支书李振华给它起了一个诗意的名字——梧桐小院。

小院刚刚由旧村部改建而成,本是供村民活动的文化小院,还有热心人把自家用了几十年的手工织布机捐出来作展品。

村两委委员一合计,过去家家户户都织布,现在城里人消费崇尚返璞归真,何不把贫困户组织起来,打造本村的手工粗布品牌,批量生产,开辟市场。

找到销路后,村里大喇叭一响,妇女们活跃起来,贫困户张凤英跑着去报名。"织1米布给4元工钱,我一天能织15米,利用农闲来干活,增加了不少收入。"张凤英告诉记者。

文化小院变身扶贫小院,传统手工艺由分散式加工转向规模化经营,世代种地为生的村庄走上产业脱贫之路。

瞄准市场,隐藏的优质资源就能转化为脱贫的新路子;开阔思路,贫瘠的土地也能收获致富的希望。从种植业调整到养殖业布局,从小商品生产到大项目引进,按照"一乡一业、一村一品、一户一策"的原则,新河

在扶贫路上
ZAIFUPINLUSHANG

精准布下一颗颗特色产业的棋子。

以对口扶贫为动力，激活造血功能——

黄韭种植户焦永福天天盼着村里新建的大棚早点完工。"黄韭销路非常好，新大棚建成后，就能一年四季供应市场了。"焦永福说。

黄韭本是宋亮村每家院子里种的寻常蔬菜。前几年，对口扶贫单位看准时机，引来资金，建起10个简易棚，安排贫困户集中经营，产生了聚合效应，更带来聚合效益。

村里成立黄韭专业合作社后，开发了黄韭盆景，既能观赏，也可食用，通过电商最远卖到了海南。

村支书邢海龙对记者说："种小麦一亩地年收入只有1000元，种黄韭一亩地纯收入能达到8000元。"

几年下来，包括焦永福一家在内，宋亮村已有31个贫困户脱贫。

对口扶贫，对的是贫与困，扶的是志与智。

2015年12月，中央对口扶贫单位派出的扶贫工作队来了。从引进扶贫项目到直接帮贫济困，坚定了新河人摆脱贫困的决心。

以驻村帮扶为保障，构建长效机制——

37岁的马立辉是全国280多万驻村干部、第一书记中的一员。

2016年8月14日，作为驻村扶贫工作队队员，马立辉来到刘秋口村，心里既激动又忐忑。

他清晰记得，走访的第一个贫困户是刘汉庭老两口。望着身体孱弱的老人，看着家徒四壁的景象，马立辉懂得了什么是贫困、什么是责任。

从晨曦初上到太阳落山，马立辉一家家地走、一户户地帮他们解决难题，乡亲们把他看作亲人。马立辉说："贫困户有大事小情都爱找我，这是一种亲人般的信任。"

如今，通过发展特色农业、产业入股分红，刘秋口村92个贫困户实现了脱贫。

"村里还要完成最后7个贫困户脱贫，我要继续坚守，不获全胜决不收兵。"马立辉说。

第四部分
"新""新"相应

在新河，76个扶贫工作队仍奋战在脱贫一线。通过"网格化区块式"管理，新河将扶贫工作队分为6个片区，把扶贫成效与年度考核挂钩，形成了驻村干部争着干、抢着干、比着干的浓厚氛围，打造出一支支"不走的工作队"。

探索，实践，奋进，鏖战……新河交上了一份令人刮目相看的脱贫攻坚答卷——

贫困村全部出列，累计脱贫39510人，全县综合贫困发生率降至0.73%，2018年财政收入、规模以上工业增加值、农民人均纯收入等主要经济指标均保持两位数增长。

县长李宏欣说："集聚各方力量共同向贫困宣战，中国特色社会主义制度的优越性在新河脱贫攻坚实践中得到充分证明。"

6月21日，在河北新河县西流乡申家庄村，果农在查看葡萄长势。新华社记者王晓摄

尽显担当的引领之路

脱贫攻坚战场上，每一个农村党组织都是坚强的战斗堡垒，每一名党员都是带领群众脱贫致富的开路先锋。

"脱贫的主体是农民，扶贫的主体是干部，赢得这场战役，必须用最能干事的人干最难的事。"县委常委、组织部部长高华锐说。

在扶贫路上
ZAIFUPINLUSHANG

坚持党的领导,强化组织保证,新河靠什么?

尽遣精锐,打造能征善战的队伍——

走进新河镇六户村,眼前一条笔直的柏油路贯穿全村。

"这条路看着好,修起来可真难。"村支书张森强瘦高个,鼻梁上架着眼镜,说起话来略显腼腆。

2018年党支部换届时,32岁的张森强当选书记。正在脱贫攻坚战的节骨眼上,这个小年轻能带着乡亲们走出贫困吗?老书记张顺起捏着一把汗,村民们也带着怀疑。

要想富,先修路。张森强争取到资金,准备把村里那条破烂的主干道翻修一下,但要清理村民占用的集体土地。

张森强挨家挨户做工作。走访第一户人家,78岁的村民孟进国给了新支书一个下马威:"我家门口的台阶动一下都不行。"

求老支书出面,老支书无功而返,张森强只能硬着头皮再次走进孟进国家的小院,苦口婆心做说服工作。

那天晚上,张森强辗转反侧,一夜未眠。第二天一出门,看见孟进国正等着他:"小子,我是看着你长大的。你有能力,我也想通了,你就干吧。"

路建成的那一天,全村老百姓竖起了大拇指,更认可了新支书。

眼下,张森强和村里几个致富带头人一起,流转出20多亩地,打算建一个设施先进的大棚搞真菌产业。他说:"我和党员先示范,如果成功了,带着大伙儿一起干。"

脱贫攻坚一线,是检验干部的"考场"。

在新河,通过县乡干部双向交流机制,乡镇党政正职全部由善于抓脱贫的优秀干部担任。在76个贫困村两委换届中,像张森强这样有朝气、有干劲、有办法的一批年轻党员走马上任。

能人回乡,发挥致富带头人作用——

申家庄村曾是县里有名的乱摊子村,班子力量弱,村民脱贫也没有积极性。在外打拼多年回乡的史凤水当选村支书后,迅速把全村53名党员

第四部分 "新""新"相应

组织起来,一度涣散的党组织步入正轨。

申家庄村有个规矩,凡是村里开会,必须点名签到。史凤水说:"这不是为了装样子、搞形式,脱贫攻坚考验着我们的精神状态和工作作风,要让大家意识到责任。"

曾经软弱涣散的党组织,如今是全速前进的"火车头"。

史凤水组织党员带头成立合作社种植葡萄。一名党员的力量可以带动几户甚至十几户村民,合作社如滚雪球般日益壮大,如今种植面积已达上千亩,村民人均年收入超过5000元。

过去,许多新河人为了生活和梦想,纷纷走出农村。现在,一批批能人陆续回乡投身脱贫攻坚,其中不乏共产党员。他们带回了开阔视野和创新思维,也带回了丰富资源和强大能量,成为反贫困斗争战场的一支生力军。

创新模式,坚持抓好党建促脱贫——

在刘秋口村,每个香菇种植大棚前最显著的标志是党员责任岗的牌子。村支书郝丽文告诉记者,村里提出把支部建在产业链上,促进党建与产业发展的无缝对接。

党员责任岗并非空架子。"按照支部明确的1+2+N模式,一名党员要带动两名入党积极分子,然后再带动更多村民,大家一起学技术,跑市场,奔小康。"刘秋口村党员刘洪涛说。

有33年基层工作经历的县委副书记王建中说:"这场前无古人的伟大事业,为广大党员干部提供了又一次大规模走近群众的难得契机,我们没有理由不珍惜。"

永远把人民对美好生活的向往作为奋斗目标,这是共产党员的初心。

自强不息的奋斗之路

荆家庄乡,红军将领董振堂的故里。在他的老宅里,"克己助人、爱国持家"的祖训被高高挂起。

董振堂纪念馆、振堂路、振堂公园、振堂中学……在新河,董振堂的影响无处不在。传承红色基因，造就了新河人不畏艰难、勇往直前的秉性。

在新河，每个贫困的角落都活跃着自强不息的身影。

循着缝纫机的嗒嗒声，记者来到这个乡王府村的贫困户苏海辉家。不大的院子，三间老房，被51岁的苏海辉拾掇得整整齐齐。

苏海辉患有小儿麻痹后遗症，只能蹲着用手撑着脚缓慢挪动。村里给他办了五保户，苏海辉本可以靠政策兜底脱贫。

但苏海辉骨子里有股不服输的劲儿。扶贫干部每次问他有什么需要，他都说："这双手好用着哩，想再干点啥。"

扶贫工作队帮他联系去乡里学了配钥匙的技术，苏海辉触类旁通，又自学了修鞋和修拉链。每到本村和周边村子赶集的日子，苏海辉都会开上三轮车赶过去，风雨无阻。

看到其他贫困户给眼镜盒厂加工布袋，苏海辉找到村里说，我也能干。"这活得蹬缝纫机，你咋干？"村支书刘起振不解地问。

说干就干。苏海辉找来老式缝纫机，花95元淘了一个小电机，改造成可以用胳膊肘控制开关的电动缝纫机，加工速度一点不比别人慢。

"我最喜欢村口'幸福是奋斗出来的'那条标语，自食其力就是幸福。"苏海辉露出强者的微笑。

在新河，很多贫困户都有与命运抗争的故事。

对付兴庄村村民付海强来说，不幸像一堵墙倒下来，让人躲避不及。大女儿患先天性心脏病，小儿子是脑瘫，自己又突发股骨头坏死，失去劳动能力，一家人的生活只靠妻子打零工支撑着。

正当整个家庭陷入绝望之时，驻村扶贫工作队联系教育部门，将付海强的妻子安排到一家幼儿园工作，免费让儿子入园，既有一份收入，又能照顾孩子。付海强经过一段时间治疗，可以拄着拐杖行动了，因为有修车技术，他在汽车检测场找到了工作。

"天无绝人之路，贫穷并不可怕，只要肯干就有好日子过。"付海强说。

脱贫攻坚不是坐享其成，而是不懈奋斗的新起点。

县委书记李群江说："新河的脱贫攻坚，就是一部不断唤起自立、坚定自信、升华自我的发展史。"

第四部分
"新""新"相应

　　打造立体产业体系,发展现代农业和现代服务业,建设精致小城市,未来的新河将呈现另一番模样。

　　这是脱贫攻坚的实践缩影,也是一个时代的生动剪影。党领导人民为了打赢脱贫攻坚战,确保如期实现全面建成小康社会,激昂澎湃的奋斗之歌正响彻中华大地。

(新华社石家庄2019年7月7日电)

在扶贫路上
ZAIFUPINLUSHANG

"他们给县里带来了实打实的好项目"
——新华社驻河北省新河县扶贫工作队帮扶侧记

新河县委宣传部 安培强 《农民日报》记者 郝凌峰

日前,记者在河北省新河县刘秋口村采访时看到,该村村西的大棚工地一片忙碌。水泥池塘已经浇筑完工,工人正忙着焊接池塘上方的棚顶钢结构。正在现场的村委会负责人刘运才喜不自胜地告诉记者:"这是新华社扶贫工作队给刘秋口村民带来的又一惠民项目——新河县首家鱼菜共生大棚,建成后可实现年纯收入近30万元。"

新华社驻新河县扶贫工作队扎根基层,"志""智"双扶,聚合内外资源,闯出了一条中央单位定点扶贫的好路子。5月6日,河北省政府网站发布《河北省人民政府关于赞皇县等21个县(区)退出贫困县的通知》,批准包括新河在内的21个县(区)退出贫困县序列。县委书记李群江说:"这得益于全县干部群众的齐心协力,特别要感谢新华社的大力支持,感谢新华社扶贫工作队的扎实工作!"

扎根基层,与贫困县干部群众打成一片

工作队坚持在扶贫一线实施"扎根工程",与群众打成一片、融为一体,用心用情用力开展工作。为此,他们制定了《新华社驻新河扶贫工作队践行马克思主义新闻观若干准则》及《新华社驻新河扶贫工作队管理暂行规定》等制度,形成了"1+5"管理制度体系,划定工作底线和红线,并挂牌上墙;制定《工作台账》《管理台账》,明确努力目标和高线,自觉接受新河干部群众监督。扶贫工作队队长汪鹏说,有幸战斗在脱贫攻坚的一线,很受教育,深感震撼,心灵得到洗礼,作风得到锤炼……

打铁必须自身硬,汪鹏以身作则做表率。父亲患有脑梗后遗症,母亲糖尿病多年,10多年前他把父母接到北京照顾。为做好全国"两

第四部分
"新""新"相应

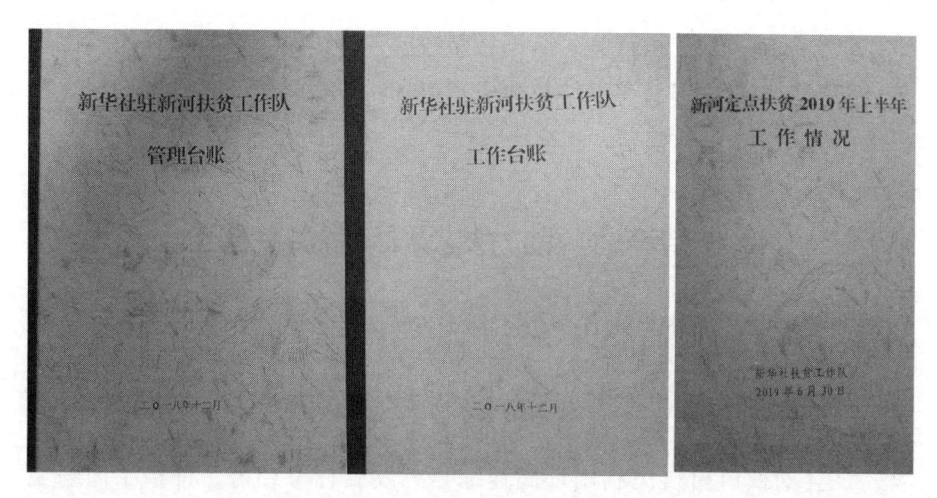

会"、"一带一路"国际合作高峰论坛等安保工作,妻子年初由北京市公安局机关,到府右街派出所支援工作,经常执勤到很晚。组织出于关心汪鹏,可申请提前结束扶贫,但考虑到新河尚未脱贫摘帽,他坚决要求留在新河。

为了解全县村情民情,工作队走村入户宣传解读扶贫脱贫政策,扎根分包的董夏、盖村、暴地贾、宋亮庄等贫困村,强力攻坚突破,确保真脱贫、稳脱贫。汪鹏分包的董夏村在脱贫摘帽验收中,代表新河县接受第三方评估组近5个小时"解剖",顺利通过。

在深入调研的基础上,工作队结合实际,先后撰写调研体会12篇,为县委县政府调度脱贫攻坚提供有力参考。工作队队员朱峰、刘奕湛发挥新华社新闻信息资源丰富等优势,及时提供精准脱贫的政策咨询服务。经工作队协调,中国经济信息社为新河县免费开通"新华财经"等三大国家级信息产品平台的专用账号,并提供《经济分析报告·乡村振兴》《高管信息》《政务智库报告》等信息。汪鹏作为"学习习近平总书记关于扶贫工作的重要论述"主题征文活动获奖论文作者,参加了中宣部、国务院扶贫办联合召开的研讨会,整理胡春华副总理等领导讲话要点,印发全县扶贫干部学习。

工作队还注重"扶贫必扶智",从培训教师、帮扶学前教育等方面加强教育扶贫。经他们极力沟通,"腾讯智慧校园"项目最终落户新河,为新河教育实现管理智慧化、教学智能化、教研网络化和家校沟通信息化奠定了坚实基础，新河被评为"腾讯智慧校园"全国示范区。依托"腾讯智慧校园"平台，新河教育系统还建成了可随时点击查阅的教育资助系统数据库，探索教育精准扶贫"新河模式"。

扶持产业，助力贫困群众脱贫梦圆

工作队深入贯彻落实习近平总书记"要因地制宜，把培育产业作为推动脱贫攻坚的根本出路"的有关要求，全力帮扶贫困群众直接受益的香菇、黄韭种植等项目，让贫困群众受了益、叫了好。

该县刘秋口村村民利用环高速绿化林发展林下经济，种植了简易型香菇大棚，但受大棚质量限制，香菇产量和质量不高。为解决这个困扰该村干部群众多年的难题，工作队先后奔赴灵寿、阜平、邱县等地考察"取经"。

"取经"归来后，工作队又统筹新华社拨付的 35 万元党费和 30 万元扶贫资金，拨付给 65 户贫困户（每户 1 万元）作为股金，统一建设了 8 座高标准双拱香菇大棚。为保障销路，工作队通过新华社全媒体广告平台推介新河特色农产品，协调碧桂园"凤凰优选"超市河北总店在新河注册，全力推销香菇、羊肚菌等新河农产品。现在，石家庄、邢台批发商的厢货车准时来到村头，在大棚边等待装货，采摘的香菇供不应求，刘秋口村贫困户每户每年因此增收千元以上，菇农们脸上露出了笑容，逢人就夸新华社！

为巩固脱贫成果，工作队落实蔡名照社长去年 5 月在刘秋口村考察时提出的要求，利用新华网支持的 100 万帮扶资金，帮助村里建设鱼菜共生大棚，棚区地面下挖坑塘注水养鱼，坑塘上种植香菇，利用池水养鱼，池水提供菌类生长所需的湿度，达到一棚多能，资源循环利用。大棚建成后，将创造更高的经济效益，推动实现稳定持续脱贫。

工作队员刘奕湛分包的宋亮村，黄韭种植历史悠久，但始终没有形成产业。在工作队协调下，该村整合涉农资金增建 13 个棚，每两个贫困户负责一个棚，投资少见效快，现在一个棚每年纯收入上万元。黄韭种植为宋亮村找到了一条增收致富的好路子。截至 2018 年年底，宋亮村已经建设大棚 23 个，带动 31 户贫困户、78 人脱贫。

2018 年以来，工作队还发力消费扶贫，助推扶贫产业。新华社机关食堂批量采购新河香菇、小米等农特产品，新华社工会系统仅今年"五一"前后就购买新河土特产 140.3 万元，既带动贫困户增收，又提高了群众发展特色种植的积极性。

此外，工作队坚持"扶贫先扶志"，助力产业扶贫，充分发挥新华社全媒体报道的优势，营造决战脱贫的良好氛围，激发贫困群众脱贫的内生动力。朱峰带领河北分社两名同志采写的通讯《俯身为民实干，挺胸为党争光——河北省新河县扶贫一线干部群像》，得到河北省委主要领导的肯定性批示，极大地鼓舞了新河县干部群众战胜贫困的信心和决心。

引进资源，强化贫困群众造血能力

工作队刚进驻新河时，当地干部怀着强烈的期待，但也有人脸上挂满疑问：新华社搞宣传是强项，他们能给县里带来实打实的扶贫项目吗？

2018 年 5 月 20 日，在广东顺德，碧桂园集团和新河县政府签订乡村振兴结对帮扶协议。碧桂园新河苗木基地、新河羊肚菌种植业等产业扶贫项目相继在新河落地生根，这是新华社当"红娘"，工作队协调对接的重要成果。也正是从这个项目起，人们彻底打消了对工作队的质疑。

"他们目标明确、作风扎实、不喊口号、狠抓落地，是一支真正帮助群众脱贫的工作队。"碧桂园集团河北区扶贫办主任胡昌元毫不掩饰对工作队的称赞。

工作队还发挥新华社联系广泛的优势，聚焦"两不愁三保障"，沟通聚合新华社内外资源，探索推动习近平总书记倡导的大扶贫格局。

凭借新华社民族品牌工程，工作队在各个层面着力推广红军名将董振堂等新河"名片"。新河名片打出去，知名度不断提升，效果不断显现，各种扶贫资源涌进新河：中国中医药研究促进会、北京联慈健康扶贫基金会、瑞康制药北京子公司、企业观察报社等捐赠款物，助力新河脱贫攻坚；知名创客公司"米巧米创客引擎"在新河设立分支机构，联合县人社局成立"新河创业孵化园"，直接带动就业 142 人，间接带动就业 586 人；北

在扶贫路上
ZAIFUPINLUSHANG

京大好河山集团捐资 200 万元，支持新河县中医院采购手术室设备；任丘爱心基金会连续两年为新河县符合条件的贫困户购买简易保险；北京市顺义区人社局与新河县人社局签订劳务合作协议，支持建档立卡劳动力转移就业；新华网参与主办的"授渔计划·青年之声"精准扶贫行动，将帮助新河 8 名贫困生成才就业……

在入户走访中，工作队发现留守妇女、残疾人、老年人等人群囿于各种原因无法出村打工。为啃下这些脱贫攻坚的"硬骨头"，他们协调碧桂园新河乡村振兴办公室，与县供销合作社共同组建"扶贫车间"，进行"手工泡泡"、"西洋剑"儿童玩具、手工蜡烛组装等工作，打造了农村就业创业两个平台，帮助留守老人就地就近就业。仅 2018 年，新河县审核挂牌 16 个"扶贫小院"和"扶贫车间"，带动了 210 名老人、妇女、残疾人和贫困劳动力就地就近打工挣钱，年人均增收 5000 元以上，打通了"老弱病残"贫困户就业扶贫的"最后一公里"。

在结束采访时，新河县委宣传部相关负责人告诉记者，新河将借力新华社援建新河融媒体中心，依托新华社现场云平台等支撑，在较短时间内迅速实现了融媒产品"质"与"量"的提升，探索实现贫困县媒体融合发展的"弯道超车"。

（《农民日报》2019 年 5 月 17 日）

第四部分　"新""新"相应

俯身为民实干　挺胸为党争光
——河北省新河县扶贫一线干部群像

新华社记者　朱峰　高博　赵鸿宇

河北省新河县是位于黑龙港流域的国家扶贫开发重点县，记者近日在这个县采访看到，广大基层党员干部在扶贫一线锤炼党性、改革创新、凝聚民心，扑下身子抓落实。全县上下呈现出干群同心、埋头实干的脱贫攻坚蓬勃气象。

帮扶全天候　做"不下班"的勤务员

6月中旬，麦收时节，冀中南平原连续出现38摄氏度以上的高温天气。早晨5点，天刚蒙蒙亮，新河县纪委驻村工作队三名队员已在单位集合，6点来到后沙洼村两位贫困户家里，详细了解他们的生活生产状况。

"我们这么早工作，不是扰民而是为了便民。这几天正割麦子，农户一般5点之前就都起床了，乘着早晨凉快去地里，我们就趁着他们起床后但还没去上工的中间时段，来进行入户走访。"新河县脱贫办主任姬志勇说。

正午时分，骄阳似火，在申家庄村千亩连片葡萄园里，村支书史凤水正和河北农大的专家一起为农户讲解花果期管理。史凤水说，这个时期的管理直接关系到当年葡萄产量和品质，要重点做好疏花疏果、水肥管理工作。正在接受指导的村民焦世峰告诉记者，史书记有糖尿病，但经常在果园里一指导就是一天，感觉眼睛发黑了就赶紧吃块糖，坐下歇一会儿。

傍晚7点多，在南安家庄的小巷里，县发改局驻村扶贫工作队队长刘万锐又开始了例行的每天"遛弯"，从各家各户门前经过，看看村民有没有新的困难。贫困户许贵辰家正进行危房改造，刘万锐问了工程进度的事。

许贵辰说："危房改造政策特别好，我这两间新房，一分钱也没掏，你看这多结实。"

在扶贫路上
ZAIFUPINLUSHANG

产业拔穷根　做乡村振兴的领航员

产业是强县之本、脱贫之基。县长李宏欣介绍，新河县近年来选拔一批政治觉悟高、领富能力强的党员担任乡镇、村干部，鼓励能人返乡，以产业脱贫带动乡村振兴。

在刘秋口村，村支书刘运才带领村民成立了鸿运种植合作社，探索实行"土地托管"模式，采用村干部带头、贫困户及其他村民入股分红的形式，建起近百个香菇大棚，同时发展小麦良种繁育 1500 亩，组建专业服务队，形成统一供种、供肥、耕种、管理、浇水、收割、回收的"七统一"模式，农户每亩可多收益 300 余元。

"最感谢的就是俺们村支书，他头脑活主意多，我和老伴年龄越来越大，种地力不从心，加入合作社土地托管后，村里统一搞，我省心多了。"69 岁的村民刘守信说。

走进后沙洼村，上千亩的蔬菜大棚和苗木基地蔚为壮观。村支书牛洪奎介绍，村里成立了蔬菜种植专业合作社，采取合作社为主体、"致富带头人＋贫困户"共同参股的模式，大力推进农业产业化，园区内瓜果蔬菜品种超过 20 种，亩均纯收入达到 1 万余元。

新河镇镇长董韬是"80 后"，最近一直在为辖区内宋亮村壮大有悠久种植历史的黄韭产业奔波，"原来想建高科技大棚，我们一家一户给贫困户做工作，他们有顾虑，嫌成本太高，我们又调整思路，结合实际决定建简易棚，每两个贫困户负责一个棚，投资少见效快，现在一个棚每年纯收入上万元"。

党建统全局　做筑牢堡垒的战斗员

在脱贫攻坚工作中，新河县委县政府要求一线干部，必须以基层党建统领精准扶贫发展全局，在扶贫实践中加强党性修养，夯实党执政根基，提高党中央在群众中的凝聚力、向心力。

"党组织战斗力越强的村，扶贫工作干得越好。"西流乡党委书记郎

第四部分
"新""新"相应

维才介绍说。西流乡近年来加强基层党组织民主建设，以前不少村干部决定重要事务时，怕参与的人多了会混乱，几个人一商量就决定了，引发了不少干群矛盾，现在要求村党支部必须坚持对所有事项公开评议，尤其是在贫困人口识别上，要召开村民代表会议，评议结果公示后，村民都认可才能通过。

史凤水对此深有感受，申家庄曾是县里有名的乱摊子。2010年，在外做生意的史凤水回到村里任村党支部书记，他把全村53名党员组织起来，一度涣散的党组织又步入了正轨。申家庄村有6个生产小队，史凤水把党组织融入每个小队里，并带头成立合作社种植葡萄，如今已有上千亩，村民人均年收入达到5000多元。

"脱贫主体是农民，扶贫主体是干部，贫困县脱贫必须充分发挥基层党支部作用，努力让每一个基层党组织都成为脱贫攻坚的坚强战斗堡垒，让每一名党员干部都成为带领群众脱贫致富的战斗员。"县委书记李群江说。

目前，新河县已有1000多名党政企事业单位工作人员下沉到扶贫一线，他们与老百姓打成一片，以脱贫攻坚为抓手激活了经济社会发展全局。

（新华社石家庄2018年6月27日电）

在扶贫路上
ZAIFUPINLUSHANG

今天是个好日子
——河北省新河县开展尊老敬老活动侧记

新华社记者 刘奕湛

热气腾腾的饺子,香气扑鼻的大锅菜,精彩纷呈的文艺演出……17日,农历九月初九,是中华民族传统的重阳节,在国家扶贫开发工作重点县新河县的多个乡镇开展了尊老敬老活动,在弘扬优良传统的同时,各个驻村工作队以此为契机,进一步宣传党的扶贫脱贫政策和扎实推进各项工作,助力贫困老人脱贫攻坚。

新河县新河镇白穴口村村民张经纶今年已经80岁了,老人满脸笑意地说:"热闹、开心,党和政府对我们这么关心,上午工作队捐赠了御寒衣物,下午还能再听一场戏,日子过得是越来越好。"

邢台市公安局驻白穴口村工作队队长高利勇说,当天邀请了全村70岁以上的老人及"五保户"来参加"敬老爱老、暖心长寿"的饺子宴,150多人坐在一起吃饺子、聊家常,感情加深了,心也拉近了,村民们对这样的活动非常认可。

记者了解到,新河县尚有40个贫困村、2194户、3793人未脱贫出列,这当中多数为老年人。尊老、敬老、爱老、助老是中华民族的传统美德和中华民族的宝贵精神财富,是中国特色社会主义核心价值观的组成部分,也是民族兴旺发达的象征之一,老人理应得到更多社会关爱。

"每月给村里的老人免费理一次发,新河县人民医院定期到村里义诊。"邢台市建设局驻新河县西流乡白杨林村工作队队长陈志军说,"村里专门建设了一个孝道大院,这为形成孝老敬老的良好风尚,引导下一代增强感恩意识,促进良好民风建设,起到了很好推进作用。"

"今天是个好日子,心想的事儿都能成……"在新河县白神首乡活动

第四部分　"新""新"相应

现场，村民们看着演出跟着唱了起来，几位老人笑着说，这首好日子唱到了俺们的心坎里。

（新华社石家庄 2018 年 10 月 17 日电）

众人划桨开大船
——河北省新河县寻寨镇董夏村脱贫记

陈 平

日前，在新河县三级干部大会上，寻寨镇董夏村被授予全县"脱贫攻坚工作先进村"荣誉称号。邢台海关驻村工作队被评为寻寨镇优秀驻村工作队。村党支部书记刘子芳说，这主要得益于各级领导的关心支持和邢台海关的扎实帮扶。我体会，这是县乡党委政府正确领导，包村领导和驻村工作队等合力攻坚的结果，可谓"众人划桨开大船"。

"对症下药" 扶贫政策精准落地见效

2018年3月26日，邢台海关驻董夏村工作队正式驻村。三名队员以强烈的政治担当和责任担当，紧紧围绕"两不愁、三保障"目标，推进扶贫政策精准落地见效。工作队与村两委班子密切配合，"张开嘴""迈开腿"，对全村528户逐一走访，了解掌握每一户的家庭收入、健康情况、致贫原因和致富需求；遍访村内主要街道、田间地头、人口分布、基础设施等情况。董夏村与南宫市、巨鹿县接壤，是新河县相对偏远的大村，人口1847人，人均只有2亩耕地，以种植小麦和玉米为主，多数青壮年外出务工。村基础设施落后，无规模化特色种植、养殖和加工企业，集体收入仅2.6万元。

根据摸底情况，工作队对照精准识别标准和程序，确定32户79人为建档立卡贫困户，制订了三年帮扶计划，建立了董夏村全村人口、常住人口、建档立卡贫困户、已脱贫户、结对帮扶责任人台账，针对重度残疾、子女上学困难、大病负担重等贫困户，分别制订到户帮扶计划，务求精准施策。

目前，全村所有贫困人员均办理了医保免缴和"一站式"结算，2户享受慢性病门诊报销，为3名残疾人员新办了残疾证，28户贫困户享受低保或特困供养；对10名贫困家庭义务教育阶段学生，提供营养改善计划，学生享受"两免一补"或"三免一助"政策，为6名学生办理了碧桂园资助计划，每人资助1000元。帮助贫困户何占义辍学在家的儿子在南阳小学办理入学手续，重新回到校园；协调有关资金支持，将32户建档立卡贫困户分别入股到新河颐善美食品企业和运得利服装企业，每人每年分红300元；完善村基础设施建设，筹措资金2万余元，为村里购置安装了65盏太阳能路灯。对村主要路面进行硬化，完成村卫生墙面粉刷、农村书屋和卫生室建设，新增设60个垃圾桶摆放在村主要干道，每天定时清运。3户建档立卡贫困户完成危房改造，搬进新家。

"志智双扶" 激发脱贫致富的内生动力

习近平总书记强调，扶贫先扶志，扶贫必扶智。我们在村口、主要街道等显要位置张贴宣传标语，入户发放扶贫政策宣传册，务求扶贫政策家喻户晓。坚持从正面宣传教育入手，鼓励有劳动能力的贫困人员克服懒惰和"等、要、靠"思想，变坐等扶贫为我要脱贫，靠自己的双手脱贫致富。

分包董夏村的新河县委副书记汪鹏，多次深入董夏村调研，推出了《新河：农村危改"钉子户"签约记》《说啥也不能让孩子辍学》两篇"沾泥土""接地气"的扶贫案例和脱贫故事，经新华社播发和新河县干部群众微信圈转发后，成为我们对贫困家庭"扶志"的"催化剂"。为提高董夏村干部群众的思想认识，汪鹏同志协调新华社新闻信息中心河北中心党支部来董夏村开展主题党日活动，深入调研扶贫脱贫工作，共同学习《中共中央关于追授黄群、宋月才、姜开斌、王继才同志"全国优秀共产党员"称号的决定》，并现场捐款，用于支持贫困户就业脱贫。工作队和村干部接受了一次深刻的思想洗礼，坚定了带领广大村民脱贫致富的信心和决心。

贫困人员科技文化、知识水平较低，掌握的实用技术少，缺少特色农业产业是导致贫困的主要原因之一。工作队积极协调新河县农业科技部门送技术服务到村，开办多场专题技术培训，为董夏村10户有劳动力建档立卡贫困户种植玉米、小麦、花生等大田作物提供实用技术指导，推动科技扶贫入户。帮助5名贫困人员走上保洁员公益岗位，实现劳动脱贫。

发挥致富带头人引领作用，吸引更多的贫困人员加入脱贫致富行列。

刘世宝是董夏村靠做毛绒儿童玩具起家的致富能手，毛绒玩具特别适合那些行动不便、不适合外出打工的农村妇女加工制作。工作队多次上门希望她能传授致富技术和经验，精诚所至、金石为开，目前董夏村有10余户贫困户在她的影响和指导帮助下，加入儿童毛绒玩具的加工制造队伍，分散加工、统一收购，实现足不出户脱贫致富。

"挂图作战" 决胜脱贫摘帽"百日会战"

2018年是新河县决战脱贫摘帽的收官之年，县委县政府8月26日召开脱贫攻坚"百日会战"动员会，深入学习贯彻习近平总书记扶贫开发重要论述，全面落实中共中央、国务院和河北省委省政府《关于打赢脱贫攻坚战三年行动的指导意见》，对新河精准扶贫脱贫各项工作进行再安排再部署。

按照县委印发的《脱贫攻坚"百日会战"活动的指导意见》，寻寨镇党委、政府迅即安排抓落实。县委还成立7个督导组，采取查阅资料、实地查看、走访座谈等方式，全程督导"百日会战"。县委副县级干部、督导三组组长朱圣平同志多次带队到董夏村实地督导脱贫攻坚工作，"把脉问诊"。县领导李占鳌、郭保栋多次带领巡查组指导该村脱贫工作，提出具体要求。包村县领导汪鹏副书记，一有空就到董夏村与工作队、村"两委"共商脱贫大计，现场协调解决资金、项目等困难。寻寨镇包村领导陈慧锋常常吃住在村与我们一同开展脱贫攻坚工作。邢台海关关长赵仁博心系脱贫工作，多次携生活物品到村看望驻村工作队，并要求工作队讲政治、识大局，真扶贫、扶真贫。按照县乡统一部署，邢台海关驻村工作队紧绷一根弦，放弃公休时间，全力融入"百日会战"。对全村528户再次深入排查摸底，编报《董夏村基本情况及问题清单一览表》和《董夏村扶贫入户走访情况汇总表》，新建董夏村危房改造、残疾人、重病户、大龄农户、产业和就业扶贫台账，绘制董夏村农户分布图，实行挂图作战。依据《贫困户月收入登记表》，准确核对拟退出贫困户各项收入及支出情况，认真填写《贫困户信息采集表》、《资产收益统计表》及《村级贫困户退出验收表》，严控退出标准和程序，杜绝错退发生，实现建档立卡贫困户29户73人顺

第四部分　"新""新"相应

利退出。按照乡政府统一部署，完成贫困村退出脱贫摘帽，通过市县的检查验收。为防止反弹，我们还因户因人制定了"董夏村脱贫出列后续巩固提升计划"和"建档立卡户后续扶持和巩固提升措施台账"。

2018年12月1日，是我们至今难忘的日子。在脱贫摘帽退出验收中，董夏村被第三方评估组"抽中"，代表新河县接受近5个小时的"解剖"，顺利通过评估。在2019年2月份省扶贫办反馈的"点对点"问题清单中，没有董夏村的。

如今的董夏村村貌整洁美观，村风朴实和谐，村班子凝聚有力，村民的脸上洋溢着满足幸福的微笑。按照新河县乡村振兴推进年、党支部深化年等活动的具体安排，我们和村"两委"正聚力抓好剩余贫困人口扫尾工作，深入开展基层基础工作规范提升行动，落实动态管理服务机制，探索建立健全董夏村稳定可持续的脱贫防贫机制，全力推动董夏村脱贫致富奔小康。

（新河党建网2019年3月28日）

小村要有大志气
——河北新河县荆庄乡盖村脱贫记

牛凤年

4月12日，新河县委书记李群江带队到盖村调研，就脱贫攻坚和乡村振兴与乡村两级干部和驻村工作队员沟通交流，进一步激发了我们巩固提升脱贫成果的信心，谋划乡村振兴重点工作的决心和勇气。回顾三年多的驻村帮扶工作，我深切体会到，决战脱贫、决胜小康必须要有高效务实的调度指挥、坚强有力的战斗堡垒、作风扎实的帮扶工作队。

强化调度　吹响脱贫攻坚集结号

荆庄乡党委、政府认真学习贯彻习近平总书记关于扶贫工作的重要论述，按照县委县政府的安排部署，将脱贫攻坚作为首要政治任务和第一民生工程，一切为了脱贫、为了脱贫用好一切扶贫政策、发挥好一切扶贫力量和措施。县委常委、统战部部长张忠健兼任乡扶贫工作第一书记，成立乡党委书记、乡长"双组长"的扶贫开发和脱贫工作领导小组，定期调度扶贫脱贫工作，协调解决存在的问题。设立扶贫脱贫工作站，层层签订军令状，务求传导责任压力到位。全面推行结对包联责任制，班子成员分包村、乡干部联系贫困户，一级带着一级干，一级做给一级看，将脱贫任务落实到户、到项目、到年度，务求扶贫工作务实、脱贫工作扎实、脱贫结果真实。

包村县领导，新华社挂职县委副书记汪鹏，具有强烈的责任心和责任担当，每月至少两次来村调研和指导推动扶贫脱贫工作，入户了解村情，协商制定扶贫脱贫措施、计划。充分发挥自身优势和智慧，谋划专项扶贫、行业扶贫、社会扶贫等各方力量推动盖村脱贫，联系多家机关单位和公司企业来盖家村"现场办公"，共同谋划扶贫脱贫措施。汪书记常与村民交流谈心，2017年11月的一天，村喇叭广播，"村民请注意，下午3点请

第四部分
"新""新"相应

到村活动广场结合，县里汪鹏书记要给大家宣讲十九大"。他坐在小板凳上，说的都是党中央最新农村政策：土地流转承包、农村医疗保险、农村养老、农村扶贫脱贫、脱贫不脱政策不脱帮扶等，鼓励人们自力更生、勤奋致富，宣扬父母抚养孩子、儿女赡养老人传统美德等与群众息息相关的话题，用的都是浅显易懂、朴实无华的语言，都是咱老百姓的话，非常接地气，大伙听得都非常认真，很受鼓舞，振奋人心。

乡党委书记张献涛、乡长孙翠娟，时任质监局党组书记、局长焦会娈，和现在的市场监管局安学勇书记、陈怀国局长经常来检查指导脱贫工作，增强了盖村脱贫攻坚的针对性和实效性。可以说，加强党的领导和调度指挥，是盖村决战脱贫、决胜小康的前提。

筑牢"堡垒" 打造脱贫攻坚主心骨

盖村距县城 10 公里，现有耕地 1350 亩，农业人口 168 户 506 人，是个人口小村，群众思想封闭，村经济基础薄弱，是周边村中的贫困村。汪鹏书记深入调研后指出，县委书记李书记常讲，咱们新河要有大志气，求大作为。我们盖村小村也要有大志气，求大作为。要充分发挥党支部的战斗堡垒作用，打开解放思想"总阀门"，充分看到盖村发展的机遇：国道 308 改道后依村而傍，为城乡融合发展创造了条件；盖村在外发展的能人多，提供了致富奔小康的人才支撑；乡党委书记张献涛强调，地理位置偏远并不代表思想的闭塞，我们要用新的思维方式给村里带来新的发展模式。

近三年来，按照荆庄乡党委的安排，现年 49 岁的郑书全，自 2016 年 11 月当选盖村党支部书记以来，积极把"两学一做"学习教育贯穿脱贫攻坚全过程，积极引导党员干部提振精神，充分发挥在脱贫攻坚中的先锋模范带头作用。同时，注重将党员发展成致富能手，先富户带动贫困户脱贫致富，并动员外出务工人员返乡创业。在党支部书记郑书全积极倡导下，在县城创业的郑运广等乡贤先后为盖村捐钱捐物，支持家乡发展。

盖村党员活动室年久失修，房顶漏雨，严重影响了党组织正常活动的开展。经汪鹏书记协调，乡村两级组织对接跑办，把党员活动室修葺一新，房顶铺了彩钢瓦，屋内重新粉刷，院里进行了硬化，并更换办公桌椅，安装了空调电视，相关制度上墙，完善了"六有"党员活动室。同时，汪鹏书记牵线搭桥，我们正与碧桂园河北区域对接，探索引进扶贫车间，开展村企党建共建活动，提升村党组织的能力，拓宽群众增收渠道。

党支部还经常开展"五个一"活动，即每月上一次党课、每月开展一次走访、每月为群众办 1~2 件实事，支委定期不定期到党员家中走访，问政于民、问需于民、问计于民，努力做顺民心、合民意、谋民利的"火车头"。在上级领导协调下，郑书全争取相关部门支持，建成了一片 400 多平方米的村民活动广场，安装了健身器材，结束了该村没有活动场所的历史。同时，健全了红白理事会、民调会，安装了 24 个路灯和监控探头，建设了文化长廊，丰富群众精神文化生活，营造了乡风文明建设的浓厚氛围。经组织和群众推荐，2018 年 8 月，新河广播电视台报道了郑书全的先进事迹。

驻村驻心　建设能打硬仗的扶贫工作队

根据县委县政府的统一部署，原质监局（现合并为市场监督管理局）帮扶盖村。2016 年 2 月，我和两名队员进驻盖村。期初住在大队部，后来住到民宅，这一驻就是 3 年多。这些年，我们走访了解，逐户建档案，逐户量身定制该享受的政策，让国家的扶贫政策都落实到贫困户的心坎上，拉着贫困户到残联办理残疾鉴定，帮着行动不便的贫困户看病等都成了我们的义务工作。县委组织部非常关心我们，给我们办理了就医绿色通道服务卡，每年为我们体检，我们工作虽然辛苦些，但心里很温暖。

按照队员当代表、单位做后盾的要求，我们的质监局高度重视帮扶工作，先后为村委会捐赠了电脑、打印机、彩电等办公设备，为贫困户送去了棉衣棉被、家具用品等物资，帮助修建扬水站和防渗垄沟，方便村民浇地排涝，全力以赴为群众办实事、解难题，赢得一致好评。有事找"工作队"，盖村群众说起我们来都竖大拇指，我们工作队觉得扶贫脱贫工作肩上的担子还很重，还有很多工作要做。

要想富先修路，我们与村两委班子积极对接县直有关部门，为盖村硬化街道和田间道路，解决了群众出行难的问题。村东排水坑，常年有水，是周边村过往必经路，位置特殊。我们经常担心安全问题，怕有万一落水的，

第四部分 "新""新"相应

为此一直谋划坑塘整治，顺便再搞个垂钓园，让贫困户干些零活增加收入，也美化了咱村的环境。汪鹏书记亲自安排和谋划，一方面，他协调县扶贫办，按程序把坑塘整治纳入扶贫项目库；另一方面，邀请中证焦桐基金等来村里调研，全力争取支持。

"村子变美了，以前街里光秃秃的，没点绿模样，2018年种上了金叶国槐，现在放眼望去，一排一排，充满生机。一到晚上，太阳能路灯灯火通明，老爷子老太太们三五成群地到活动广场，有跳舞的、健身的、下棋的，玩得不亦乐乎。"在广场健身的郑大爷一直念叨村里的变化。他提到的树就是汪书记积极协调，对接邢台市邮政公司帮助村民种的。

如今，脱贫出列的盖村（尚有1户没有脱贫），正悄然声息地变化着，广大村民在脱贫致富奔小康的路上将越过越红火。我们相信在各级党委的坚强领导下，在汪鹏书记的全力支持下，在"三位一体"大扶贫格局里，工作队和村双委一起努力工作，一定会完成好扶贫脱贫工作。

（长城网2019年5月5日）

不让一个贫困群众掉队
——河北省新河县白神乡暴地贾村脱贫记

王云鹤

"村干部和工作队非常关心我,云鹤、景良、宏远他们几个三天两头来我家,汪书记放心吧。"今年4月11日下午,县委副书记汪鹏到暴地贾村入户走访"两不愁三保障"情况时,略显驼背但很硬朗的暴中伏不忘"表扬"我们工作队。

聚焦特殊困难群众 深入调研扶真贫

2017年4月,教文广体旅游局驻村工作队进驻暴地贾村,落实县乡两级党委部署,迅即开展精准识贫"回头看",首先解决好"扶持谁"的问题,确保贫困群众应纳尽纳、应扶尽扶,为精准扶贫、精准脱贫夯实基础。

经评议和村"两委"研究,暴中伏一家很快被列为重点帮扶对象。暴中伏82岁,10年前一场大病留下脑血栓后遗症,双腿行动不便。儿子暴东风50岁,半聋哑,二级肢残,双腿自膝盖以下截肢,无其他经济来源,生活较为困难。经白神乡协调,暴中伏一家被列为特困供养人员、重点优抚对象,低保兜底、基本医保、大病保险、医疗救助、免交医保费、住院一次报销、家庭签约医生等扶贫政策落实到位,实现"兜底、供养、救助、关爱"四个全覆盖。在扶贫政策扶持下,暴中伏一家年人均收入达到5310元。包村县领导汪鹏书记每次来村,都叮嘱一定要让暴中伏老两口和儿子幸福生活。

我们工作队也经常走访入户帮他解决一些困难和问题。有一次,暴中伏家电扇坏了,本来是件小事,老人却要上午10点给儿子准备好午饭,然后再去县城修电扇。恰逢工作队员许宏远入户,一检查是开关坏了,就因陋就简换了一个备用的。下雪时,工作队员孙景良上门扫雪;窗纱坏了、换个灯泡随叫随到；取暖炉子漏风，我们帮他重新修葺……老人赞不绝口，称工作队是"万金油""全才"。这些琐碎的小事，潜移默化地增进了我们与群众的感情。2018年1月12日，汪鹏书记慰问暴中伏，老人深情地说："感谢党，感谢政府，我们赶上了好社会！"

2018年7月30日，暴中伏的妻子邢平稳因病去世，买菜、做饭等落在了暴中伏一人身上。工作队和村干部及时关心关照，并叮嘱其侄子暴东营也要多多照顾。不久，汪鹏书记来村走访贫困户，暴中伏说没啥困难，就担心"万一我哪天没了，残疾的儿子谁来管"。汪书记听罢，含着热泪给时任民政局局长贾树涛等相关部门同志打电话，研究特殊帮扶措施。2018年10月17日，全国第5个"扶贫日"来临之际，汪书记专门带着新疆若羌红枣慰问暴中伏等贫困户。

在教文广体旅游局和白神乡党委协调下，暴中伏家的情况在河北农民频道"非常帮助"栏目播出，引起社会高度关注。先后有20多人次爱心人士陆续到村看望老人，捐款捐物不胜枚举。其中新河县埝城村王德建夫妻二人特地为暴中伏的儿子暴东风捐助了一辆手摇车，送到家中。南宫爱心人士10余人自带食材为老人一家包白菜肉馅儿饺子，捐赠洗衣机，并送来了大米、白面、食用油等生活食品。其中，一位爱心人士做了12双"异形鞋"，并特地嘱咐不留姓名。暴中伏老人曾多次问我们该如何报答这些好心人？队员们都说："您健康幸福就是他们最大的愿望！"

突出"两不愁三保障" 扑下身子真扶贫

"两不愁三保障"是全面建设小康社会的底线任务，也是打赢脱贫攻坚战的标志性指标。工作队驻村以来，紧紧围绕"两不愁三保障"，与村两委班子密切配合，推进扶贫政策精准落地见效。我们"张开嘴""迈开腿"，对全村逐一走访，了解掌握每一户的家庭收入、健康情况、致贫原因和致富需求；遍访村内主要街道、田间地头、人口分布、基础设施等情况。在摸清底数的基础上，制订计划、建立台账、精准施策。

我们不仅做好帮扶贫困户的"规定动作"，还进家入户，帮助解决非贫困户生活所需。大到法律宣传、政策解读，小到家电修补、电动车充电……

村里文娱活动少，工作队为村里配备文化器材、锣鼓、音响；街道狭窄，投资2.2万元，加宽路肩，美化村里环境……

村民反映吃水困难，局长韩建晓现场研究决定投资1万元更换水泵，在较短时间解决了饮水安全问题。

"要想富，先修路"。在充分调研的基础上，我们建议解决关系全村百姓福祉的基础设施问题。暴地贾村原为暴贾韩村，后改称暴贾家庄，1958年定名暴地贾，位于白神首乡西部，新河县城西南偏北6.5公里处，临近吴秋、聂秋、刘秋等村，但交通出行一直是村民的"老大难"。村北的环村路长满了野草，高速涵洞进村的小路一到雨天就泥泞不堪。2017年7月，汪鹏同志和教文广体旅游局、交通局等主要负责同志实地调研，多方筹措资金，在不到两个月的时间内硬化了村北路和村东路1000多米。

我们这些看似普普通通的工作获得了上级的认可和老百姓的肯定，工作队被评为2017年邢台市先进驻村工作队，许宏远被评为2017年河北省扶贫工作先进个人。

着眼决胜全面小康　心无旁骛真脱贫

坚决打赢脱贫攻坚战，让贫困人口和贫困地区同全国一道进入全面小康社会是我们党的庄严承诺。我们认为，全村脱贫出列是第一步，帮助大家伙致富奔小康，是下一步的工作重点。

县委副书记汪鹏一有空就来村与乡村两级组织和工作队共商脱贫大计，要求工作队因地制宜，多谋划管根本、管长远的帮扶项目。白神乡党委书记李立朝等乡领导，及时协调解决有关困难。村支书贾根瑞专门组建了微信群，加强与在北京、石家庄等在外人士的沟通联络，争取他们对家乡脱贫攻坚工作的支持，为常驻村民脱贫致富贡献智慧和力量。

"出水才见两腿泥"。今年以来，我们紧紧围绕县委县政府乡村振兴推进年、项目建设年、党支部深化年等活动的安排抓落实，确保脱贫工作务实、脱贫过程扎实、脱贫结果真实。一方面，多措并举，做好剩余贫困人口脱贫工作，确保真脱贫、稳脱贫；另一方面，举一反三，坚决做好新河县脱贫退出验收发现问题的整改工作，不搞花拳绣腿，不摆花架子，大

第四部分 "新""新"相应

力巩固提升脱贫成果,确保脱贫成效真正获得群众认可、经得起实践和历史检验。

暴地贾村现有耕地850亩,户数127户,总人口327人,党员27人,建档立卡贫困户4户,共5人。我们帮助贫困户入股新河顺驰盒业公司,着力做好光伏扶贫项目收益分配工作,确保实事办好、好事办实,增强贫困群众获得感和幸福感。

目前,工作队协助村委会,加强支部建设,改善村容村貌,提升百姓宜居宜业的质量,务求把习近平总书记强调的"幼有所育、学有所教、劳有所得、病有所医、老有所养、住有所居、弱有所扶"落地落实,全力推动暴地贾村致富奔小康。

(河北省网络扶贫频道2019年5月9日)

新河印象

乔 伟

我工作之余的爱好之一是读党史，从党的革命历史中汲取精神动力。党史中，红军西路军悲壮的战斗历程，给我留下极其深刻的印象，而红五军军长董振堂的英烈事迹，尤为令人动容。今年春夏之交的一个周末，经汪鹏同志安排，我到董振堂家乡——河北省新河县做了一些调研。

作为首批千年古县，这里曾涌现出燕之处士田光、东光侯耿纯、三国名将颜良、红军高级将领董振堂、开国大印制作者张樾丞等仁人志士，境内也存有脱脱墓、刘公堤、慈明寺等历史古迹……一见面，汪鹏老兄开始了他"如数家珍"的介绍，俨然一个地地道道的新河人。

初到新河，眼前是平整宽阔的柏油路和一望无际、茁壮成长的庄稼，一片生机勃勃、绿意盎然的景象。带着对董将军的敬仰崇拜之情，我想先瞻仰董振堂烈士事迹陈列馆。由于改陈布展，纪念馆暂时封闭一段时间，汪鹏大哥带我参观了"新河之窗"城市综合展馆、南湖湿地公园、脱脱文化园。

走进"新河之窗"城市综合馆，有一种被深深震撼的感觉。"新河""堂阳""蒲泽"等一些巨大的古汉字，依托玻璃墙由上而下排开，矗立在展馆左侧。展馆内，现代化的图文、沙盘、影像及历史实物等讲述着新河的悠久往事和近年来的累累硕果，孩子们在图书馆里静静地阅读各种书籍，4D影院给大家带来强烈的视觉冲击和美的享受，新华社援建的融媒体中心办公区也即将完工。汪鹏介绍，这是县委县政府3年多来倾力打造的重点城建项目，综合考虑建设成本和实际效果等因素，"新河之窗"多馆合一，是一个集规划馆、博物馆、展览馆、图书馆、电影院、大数据中心和融媒体中心为一体，以规划馆为主馆的现代综合性展馆。

从新河之窗出来，突然感觉，这哪是一个贫困县呀，根本看不到贫困县的痕迹。汪鹏说，"新河之窗"以"滏水印记 新河之窗"为展示主题，

第四部分
"新""新"相应

是一个亲民、互动、前瞻的"城市窗口",是新河脱贫攻坚成果的一个呈现,是新河改革发展的一个缩影。新河自古地瘠民贫,但民性不屈,受燕赵古风和齐鲁文化的浸润,形成了勤劳勇敢、怀土心盛的淳朴民风,孕育了忠诚担当、奉献报国的人文精神,这为新河决战脱贫、决胜小康打下了良好的基础。目前,全县上下大力弘扬忠诚、担当、奉献的振堂精神,助力脱贫攻坚和乡村振兴。

南湖公园原是一片盐碱地,长期处于荒芜状态。近年来,县委县政府着力生态扶贫,变废为宝,将其改造成为集休闲、防洪、招商等功能于一体的湿地公园。步入开阔的公园广场,"南湖公园"四个立体的宋体石雕大字一字排开,颇有气势。继续前行,映入眼帘的是一片宽阔的湖面,清澈的湖水上有七孔桥、五孔桥等传统的石拱桥,湖边也有典雅的水榭和专供游人行走的步道,错落有致的各种树木紧紧环绕在湖的周围。漫步下来,这里的诗情画意足以让人流连忘返。脱脱文化园依脱脱墓而建,脱氏宗祠、脱脱大型雕像、民族标志牌坊、民俗文化村(街)等无不彰显着蒙古特色,既尊重史实和民俗,又体现着时代发展和进步。

通过与当地干部群众的交流,此次新河之行,我也更深入地了解了新华社的定点帮扶工作,更深切地体悟了"对党忠诚、勿忘人民、实事求是、开拓创新"的新华精神。新华社驻新河县扶贫工作队牢记组织重托,坚持在扶贫一线实施"扎根工程",与群众打成一片、融为一体,依托新华社民族品牌工程,全媒体推介新河,聚合社内外资源,助力新河产业升级和教育扶贫、健康扶贫等"三保障"水平提升,得到省市领导的肯定性批示和新河干部群众的"口碑相传"。

公务所在,在新河短短一天,但印象深刻,撰写此篇短文,一是向战斗在扶贫一线的新河干部群众,为他们"5+2""白加黑"的作风和辛劳"狠狠"点赞;二是要向以汪鹏同志为队长的新华社驻县扶贫工作队,表达敬佩之情。

众人拾柴火焰高,众人划桨开大船。根据河北省政府有关文件,新河已于2019年5月5日退出贫困县序列,期待在新河县委县政府的正确领导下,以习近平新时代中国特色社会主义思想为指引,谱写决胜全面小康、全民小康的新河篇章。

在扶贫路上
ZAIFUPINLUSHANG

跋

　　结束挂职扶贫，即将离别之际，面对新河同志们纷至沓来的电话、微信、短信等问候，顿悟我已与这块土地结下了难舍难分的深厚情谊。

　　两年须臾过，弹指一挥间。丈夫非无泪，离别何足叹。这不仅是次告别，更是新的"出发"。新河脱贫摘帽，并不意味着新河干部群众已经完成了扶贫任务；离开扶贫岗位，也并不意味着我今后将与扶贫无缘。

　　消除贫困、改善民生、逐步实现共同富裕，是社会主义的本质要求，是中国共产党的初心和使命。"不获全胜，决不收兵"宣示了以习近平同志为核心的党中央全面打赢脱贫攻坚战，如期全面建成小康社会的必胜决心。按照中央的布局，打赢脱贫攻坚战和全面实施乡村振兴战略都是新时代补齐全面建成小康社会短板，决胜全面建成小康社会的重要战略部署。打好脱贫攻坚战是实施乡村振兴战略的优先任务，也为乡村振兴战略实施提供了理论思维和实践经验。从现在到2020年脱贫攻坚目标如期实现是脱贫攻坚的完成期，是实施乡村振兴战略的启动期，也是脱贫攻坚和乡村振兴的交汇期。"三期叠加"，必须做好脱贫攻坚与乡村振兴的有机衔接、统筹推进。2019年中央一号文件明确要求，做好脱贫攻坚与乡村振兴的衔接，对脱贫摘帽后的贫困县要通过实施乡村振兴战略巩固发展成果。就脱贫摘帽的新河县而言，一方面，要严格标准，严格程序，高质量做好剩余1073名建档立卡贫困人口的脱贫工作，确保小康路上一个不少、一户不落；另一方面，我们要通过实施乡村振兴年、项目建设突破年、城市品质提升年等，强化后续帮扶措施，巩固提升脱贫成果，并健全防贫长效机制。

　　脱贫摘帽不摘责任、不摘政策、不摘帮扶、不摘监管，稳脱贫、防返贫的任务仍很艰巨。党的十八大以来，从延安、贵阳、银川、太原、成都，再到重庆，习近平总书记在国内考察调研期间主持召开了六场以脱贫为主题的座谈会，推动脱贫攻坚责任落实、政策落实、工作落实。决胜脱贫攻坚进入关键之年，习近平总书记于2019年4月15日至17日到重庆考察，

第四部分
"新""新"相应

主持召开解决"两不愁三保障"突出问题座谈会并发表重要讲话。习近平总书记指出，脱贫攻坚战进入决胜的关键阶段，务必一鼓作气、顽强作战，不获全胜决不收兵。脱贫既要看数量，更要看质量。要严把贫困退出关，严格执行退出的标准和程序，确保脱真贫、真脱贫。要把防止返贫摆在重要位置，适时组织对脱贫人口开展"回头看"。要探索建立稳定脱贫的长效机制，强化产业扶贫，组织消费扶贫，加大培训力度，促进转移就业，让贫困群众有稳定的工作岗位。要做好易地扶贫搬迁后续帮扶。要加强扶贫同扶志扶智相结合，让脱贫具有可持续的内生动力。习近平总书记强调，贫困县摘帽后，要继续完成剩余贫困人口脱贫任务，实现已脱贫人口的稳定脱贫。贫困县党政正职要保持稳定，做到摘帽不摘责任。脱贫攻坚主要政策要继续执行，做到摘帽不摘政策。扶贫工作队不能撤，做到摘帽不摘帮扶。要把防止返贫放在重要位置，做到摘帽不摘监管。要保持政策的稳定性、连续性。作为对口帮扶单位，新华社领导表示，聚集全社资源和力量，一如既往地加大帮扶力度，助推新河县稳定持续脱贫。

反贫困斗争不可一蹴而就，扶贫永远在路上。贫困是一个相对概念，是一种动态现象，既要打攻坚战，还要打持久战。习近平总书记亲自挂帅、亲自出征、亲自督战的精准脱贫攻坚战，旨在确保到2020年我国现行标准下农村贫困人口实现脱贫，贫困县全部摘帽，解决区域性整体贫困，做到脱真贫、真脱贫，并不意味着消除相对贫困。习近平总书记指出，脱贫和高标准的小康是两码事。我们不是一劳永逸，毕其功于一役。相对贫困、相对落后、相对差距将长期存在。2019年3月7日上午，十三届全国人大二次会议邀请国务院扶贫办主任刘永富就"攻坚克难——坚决打赢脱贫攻坚战"相关问题回答中外记者提问时，刘永富对此问题指出，我国脱贫攻坚取得了显著成就，对全面打赢脱贫攻坚战充满信心。但这并不是说绝对贫困问题解决完，中国就没有贫困了，相对贫困还会长期存在。此前，国务院扶贫办副主任陈志刚在2018年5月23日举行的"2018中国扶贫国际论坛"上介绍未来扶贫工作思路时指出，在2018年到2020年的扶贫攻坚战完成后，扶贫工作重点是"从主要消除绝对贫困向缓解相对贫困转变，从主要解决收入贫困向解决多维贫困转变，从重点解决农村贫困问题向统筹城乡扶贫转变"。所以，反贫困斗争，要打持久战和阵地战，不要也不可能毕其功于一役，特别是要建立解决相对贫困的长效机制。扶贫工作永远在路上。

虽然离开扶贫一线，但我依然继续关心支持反贫困斗争。出于家庭建设的需要，我不得不忍痛结束在新河县的挂职，离开血浓于水的扶贫岗位，但这并不意味着我扶贫工作的结束。我将在以后的工作中以新的方式、新的姿态、新的状态，继续关心、关注、支持扶贫工作。贫困成因包含微观与宏观、个体与社会、经济与政治诸要素，单一的贫困治理手段往往收效有限。可喜的是，我国充分发挥中国共产党领导和社会主义制度能够集中力量办大事的制度优势，强化政府责任，引导市场、社会协同发力，已构建习近平总书记强调的专项扶贫、行业扶贫、社会扶贫互为补充的大扶贫格局。千磨万击还坚劲，大浪淘沙始见金。经过这几年脱贫攻坚战考验的一批公益慈善平台，为组织或个人时时处处为扶贫贡献正能量提供了可能和便捷。就我本人而言，不仅可立足岗位，关注支持新河扶贫工作，而且可通过消费扶贫直接让一些新河建档立卡户受益。2019年5月16日下午，在北京东北三环边的中冶大厦10层，中国社会科学院人口与劳动经济所所长、博士生导师张车伟教授主持，南开大学李建明教授、北京大学王大树教授等组成专家评审委员会，听取了我和五位同学的开题答辩，我的研究课题被确定为"就业扶贫成效及对脱贫摘帽后的影响研究"。这是在新河挂职扶贫期间，深入调研思考就业扶贫工作的初步成果。期待也坚信在老师、专家和同志们的支持下，明年的这个时候，这篇博士论文能顺利通过答辩评审。那将是对反贫困斗争的一种新的支持。

"路漫漫其修远兮，吾将上下而求索。"我将继续坚定地走在反贫困斗争的路上。

（本文系作者2019年7月25日的日志）

第四部分
"新""新"相应

后　记

在即将与第二故乡新河县"告别"之时，在全党深入开展"不忘初心、牢记使命"主题教育、喜迎新中国70周年华诞之际，整理在新河800多个日日夜夜的体会等，请社会科学文献出版社编审出版，有了更多的意义。

《在扶贫路上》这本集子，缘于今年3月1日，我与北京师范大学中国教育与社会发展研究院副院长宋贵伦教授的一次邂逅。宋教授祖籍河北新河田村，是燕赵大地走出去的优秀代表，1983年北师大中文系毕业后，长期在中央、北京市、西城区宣传部门工作；从2007年10月到2018年10月，担任北京市委社会工作委员会书记、北京市社会建设工作办公室主任整整11年。当天，他赠送我一本新著《十年磨一"建"：社会建设理论与实践路径研究》。没有准备，有感而发，我忐忑说了自己准备整理新河挂职期间扶贫日志、工作笔记、调研体会的一些设想。作为宣传思想战线的前辈，宋教授当场不吝赐教，使我茅塞顿开、信心倍增，随后即刻开始了本书的编辑工作。2019年7月8日，当我把书稿捧给宋教授看的时候，他还高兴地答应为本书作序。所以，此书的出版，我首先要感谢宋贵伦教授！

我还要特别感谢十三届全国政协常委、民族和宗教委员会主任，原中国社会科学院院长、党组书记王伟光和《中国扶贫》执行总编文炜同志百忙中审阅稿件并作序。三位领导酣畅淋漓的笔墨，使拙作增色不少。社会科学文献出版社任文武和刘如东老师为本书出版付出了不少辛劳，在此一并致谢。

谨以这本集子，礼赞我们伟大的中国共产党、伟大的中华人民共和国、伟大的人民；感恩多年来组织的培养，感谢领导、师长、同事、家人、亲友的关心支持，致敬奋发图强的新河人民，祝福日新月异的燕赵大地。

2019年7月25日于新河县委

图书在版编目（CIP）数据

在扶贫路上：一位挂职扶贫干部的实践与思考 / 汪鹏著 . -- 北京：社会科学文献出版社，2019.12

ISBN 978-7-5201-5895-4

Ⅰ . ①在… Ⅱ . ①汪… Ⅲ . ①扶贫－中国－文集 Ⅳ . ① F126-53

中国版本图书馆 CIP 数据核字（2019）第 288670 号

在扶贫路上
——一位挂职扶贫干部的实践与思考

著　　者 / 汪　鹏

出 版 人 / 谢寿光
责任编辑 / 王玉霞　李艳芳
文稿编辑 / 刘如东

出　　版 / 社会科学文献出版社·城市和绿色发展分社（010）59367143
　　　　　 地址：北京市北三环中路甲 29 号院华龙大厦　邮编：100029
　　　　　 网址：www.ssap.com.cn

发　　行 / 市场营销中心（010）59367081　59367083
印　　装 / 三河市龙林印务有限公司

规　　格 / 开本：787mm×1092mm　1/16
　　　　　 印张：25.75　字数：395 千字

版　　次 / 2019 年 12 月第 1 版　2019 年 12 月第 1 次印刷
书　　号 / ISBN 978-7-5201-5895-4
定　　价 / 88.00 元

本书如有印装质量问题，请与读者服务中心（010-59367028）联系

版权所有 翻印必究